中国研究与试验发展
卫星账户编制方法与实践

徐蔼婷　靳俊娇　著

本书的出版依托国家社会科学基金重大项目"基于'知识产权强国'战略的高价值专利判别、测度与驱动效应的统计研究"（22&ZD162）和国家社会科学基金重点项目"研发卫星账户编制方法与应用研究"（17ATJ001）

科学出版社

北　京

内 容 简 介

本书遵循"研究目标→理论阐述→表式设计→经验归纳→中国实践"的逻辑脉络，充分分析了研发活动的特征及分类、研发流动脉络、研发卫星账户的编制层次、研发卫星账户与 2008 版 SNA 中心框架的关系等研发卫星账户的编制基础，系统阐释了关键部门研发卫星账户、内生研发卫星账户、外生研发卫星账户的编制框架、可能表式、编制难点等基础问题，以此构建起研发卫星账户编制的理论方法体系。同时，以美国、英国、加拿大等九国为研究对象，细致地分析各国研发卫星账户的编制视角、编制思路与操作细节，以提炼出可供中国借鉴的可行经验。基于此，本书分关键部门研发卫星账户、内生研发卫星账户和外生研发卫星账户三个层次，以 130 张表（39 张理论表式和 91 张实际编制表式）体系化地展示了中国研发卫星账户的编制实践。

本书可供从事国民经济核算卫星账户编制研究以及科技创新统计的相关研究人员使用。

图书在版编目（CIP）数据

中国研究与试验发展卫星账户编制方法与实践 / 徐蔼婷，靳俊娇著. -- 北京：科学出版社，2024. 12. -- ISBN 978-7-03-079630-1

Ⅰ. F123.1

中国国家版本馆 CIP 数据核字第 20245WN297 号

责任编辑：郝　悦 / 责任校对：贾娜娜
责任印制：张　伟 / 封面设计：有道设计

科学出版社 出版
北京东黄城根北街 16 号
邮政编码：100717
http://www.sciencep.com

北京中科印刷有限公司印刷
科学出版社发行　各地新华书店经销

*

2024 年 12 月第 一 版　开本：720×1000　1/16
2024 年 12 月第一次印刷　印张：21 3/4
字数：420 000

定价：236.00 元
（如有印装质量问题，我社负责调换）

作者简介

　　徐蔼婷　1979年9月30日生于浙江慈溪，经济学博士，教授，博士生导师，博士后合作导师，浙江工商大学统计科学研究所所长，浙江工商大学统计与数学学院党委委员。国家社会科学基金重大项目首席专家，入选浙江省"万人计划"哲学社会科学领军人才、首届浙江省"万人计划"青年拔尖人才、浙江省哲学社会科学规划领军人才（青年英才）、浙江省之江青年拔尖人才、首届"浙江省师德楷模"、浙江省第六届师德先进个人、浙江省优秀教师、浙江省"三育人"岗位建功先进个人、浙江省高校中青年学科带头人、浙江工商大学"西湖学者"、浙江省"新世纪 151 人才工程"（届满考核"特别优秀"）、首批"浙江省高校领军创新人才培养计划"、首批浙江省"院士结对培养青年英才计划"，担任中国统计教育学会青年经济统计学者分会副会长、中国统计教育学会第七届理事会常务理事、中国国民经济核算研究会第五届理事会理事、中国消费经济学会常务理事、浙江省哲学社会科学规划"十四五"学科组专家、浙江省之江青年社科学者协会理事等。

长期从事创新测度、国民经济核算理论与实践、统计估算方法与应用、宏观经济统计分析等领域的相关问题研究。先后主持国家社会科学基金项目 5 项（重大项目 1 项、重点项目 1 项），国家自然科学基金项目面上项目 1 项，教育部人文社会科学研究规划项目 1 项，国家统计局重大项目 4 项，国家统计局重点规划项目 2 项，浙江省哲学社会科学规划重大项目 2 项、一般项目 7 项，浙江省科学技术厅软科学研究计划项目 2 项。在《统计研究》、《数量经济技术经济研究》、《科研管理》、《财贸经济》、《经济学家》、《中国人口科学》、*Journal of Business Research* 和 *Technological Forecasting and Social Change* 等国内外高水平期刊上发表学术论文 80 多篇（其中，17 篇发表在《统计研究》上，ESI 高被引论文 7 篇），多篇被中国人民大学书报资料中心复印报刊资料全文转载。出版《未被观测经济估算方法与应用研究》《非 SNA 生产核算方法研究》《城市化进程中的非正规部门形成与动态演化》《植入行政记录的人口普查方法与应用研究》《非正规部门生产规模及其影响的统计研究》《浙江省研发资本化及驱动经济增长的贡献测度》6 部著作，相关科研成果获高等学校科学研究优秀成果奖（人文社会科学）二等奖、三等奖各 1 次，省部级一等奖、二等奖、三等奖共 16 次（其中，独立获省部级一等奖 2 次、省部级二等奖 4 次）。立足浙江实践，关注宏观经济运行、微观企业经营以及百姓民生问题的监测研究，特别重视对宏观经济形势的分析与统计预测，20 项研究成果获省级领导（多为省部级正职领导）肯定性批示。指导学生获第十八届"挑战杯"全国大学生课外学术科技作品竞赛国家特等奖、第三届海峡两岸暨香港、澳门大学生市场调查与分析大赛一等奖等奖项 100 余项。

序 一

　　研究与试验发展（简称研发）是推动科技进步、经济增长和社会进步的关键力量。随着研发活动日益成为塑造全球经济格局的核心变量，如何精准地测度和评估研发活动的经济贡献，成为各国政府和学者面临的重要课题。《中国研究与试验发展卫星账户编制方法与实践》不仅提供了一个系统化的研发卫星账户核算框架，用于理解和分析研发活动在国民经济中的作用，而且为研发卫星账户的实际编制与应用提供了详尽的指南，恰逢其时地回应了中国在知识产权强国战略背景下对精准衡量研发投入产出、深入剖析研发产业结构、全面掌握研发资本流动脉络以及有效推动科技创新与经济增长协同发展的迫切需求。

　　十多年来，法国等国家和经济合作及发展组织等国际组织进行了对经济测度的反思，社会福利再次成为经济测度的焦点，提出了"超越 GDP"的纲领性口号。需要注意的是，口号中的 GDP 其实并不是一个指标，而是 SNA（system of national accounts，国民账户体系）的代名词。因为通常将 GDP 视为 SNA 的核心指标，所以人们常常用 GDP 来指称 SNA。由此可以推断，"超越 GDP"的实质就是"超越 SNA"。正是发展观的演变，SNA 自身的局限性逐步显现。1993 版 SNA 引入"中心框架+卫星账户"模式，最初是出于对核算范围争议的一种妥协，如今已被广泛接纳。这种模式允许通过卫星账户来记录那些无法直接纳入 SNA 中心框架的内容，如环境、健康、教育、研发等领域的经济活动。然而，这一模式也引入了不确定性因素，即卫星账户的数量如何界定、如何确保这些账户能够与 SNA 中心框架实现整合，以及是否有可能将某些卫星账户的内容转化为 SNA 中心框架的一部分。

　　尽管存在这些问题，卫星账户的设立也为经济测度带来了新的机遇。它允许在不破坏 SNA 核心框架的前提下，探索新的经济活动领域，并逐步将这些领域纳入正式的核算体系。虽然 2008 版 SNA 修订了研发支出的核算方法，将能为所有者带来经济利益的研发支出部分计为"固定资本形成"，并将研发产品列入固定资产项下的"知识产权产品"类别，且国家统计局于 2016 年 7 月开展了研发资本化调整工作，但其核算重心仍主要服务于 GDP，研发相关数据被隐含在 GDP 核算结果之中，更不知道研发产业规模有多少，也不知道研发资产规模有多大。研发卫星账户则为研发活动提供了一个系统的记录方式，为客观把脉研发活动所折射的创新资源配置、经济驱动效应奠定基础。

　　当然，维系 SNA 的可持续发展，不仅要关注 SNA 自身的局限性，更要关注发展中国家的核算环境和条件能否适配 SNA。SNA 虽为全球性的公共产品，但它产生于欧美、成熟于欧美，发达市场经济国家实施 SNA 没有"水土不服"的困扰。对于新兴国家而言，SNA 是移植过来的，完全照搬不一定得到理想的核算结果。我一直认为，方法论上的原创性改进固然重要，但国际体系的中国化更是不能忽略。主要原因有两个方面：一是 SNA 本身相当复杂，需要高智力投入才能领略其奥妙；二是 SNA 是发达国家的产物，我国在应用过程中受到诸多约束。

20 世纪 80 年代开始，中国开始接触并采纳 SNA，这一过程经历了从最初的物质产品平衡表体系向 SNA 体系的转变。然而，这一转变并非一帆风顺，其间充满了挑战。首先，东西方两大核算体系并存的局面使得中国在进行模式选择时需要费心思量。其次，当时 SNA 版本的严谨性使得其对用户的友好程度不高，用户需要对体系进行深入解读和剖析。在这一时期，中国的统计工作者和学者们承担起了解读和中国化 SNA 的任务，并通过大量研究和实践，逐步形成中国国民经济核算的基本方法规范。而后《中国国民经济核算体系（试行方案）》（1992 年）、《中国国民经济核算体系（2002）》、《中国国民经济核算体系（2016）》历经更迭，无一不凝着众多统计工作者和学者的智慧与心血。但也应该认识到，在国民经济核算产生和发展的过程中，中国主要扮演着学生的角色。在 SNA 的应用和本地化过程中，面临着双重任务：一方面需要弥补历史欠账，在现有国际标准的基础上，加强统计基础设施建设，提高数据质量；另一方面需要紧跟改革发展步伐，积极探索适合本国国情的 SNA 应用方式。

基于以上认知，我谨以早期读者的身份，认真地向诸位推荐浙江工商大学徐蔼婷教授的《中国研究与试验发展卫星账户编制方法与实践》，该书既是对卫星账户的细化领域研究，也是对 SNA 中国化的一次有益探索。

整部书体现了徐蔼婷教授对 SNA 中国化发展具备较强的自觉意识。无论是对已有研发卫星账户的理论探讨，还是对美国、加拿大、英国、日本等国家的研发卫星账户编制实践的研究，均以研发资本化为核心，强调研发产品资本属性的转变问题，将原本的"中间投入"作为"最终产品"纳入 GDP。我不否认社会经济发展出现新形势需要对核算规则予以更新，但也应该认识到，研发资本化核算夹杂着欧美等发达国家的私心——通过调整核算规则提升经济增速，而研发活动绝不仅止于为 GDP 增速服务。徐蔼婷教授在该书中将研发卫星账户的编制层次划分为关键部门研发卫星账户、内生研发卫星账户和外生研发卫星账户三个层次，突破了欧美等发达国家仅关注内生层次的局限。层次一关键部门研发卫星账户以研发活动、研发产品和研发产业为关键部门，系统展现研发资源配置规模、研发产品产出规模和使用去向、研发产业的发展现状和演化趋势；层次二内生研发卫星账户以实现研发资本化核算为起点，系统展现研发产品生产、使用、资本形成、资本消耗、资本累积，以及研发对国民经济核算中心账户可能影响；层次三外生研发卫星账户则系统展现内生研发卫星账户之外的可能影响，由此对核算期内的研发活动及其在国民经济运行过程中的流动脉络进行全方位、多层次、宽视角地反映与刻画。恰如我一直提倡的，我们不仅仅作为 SNA 或发达国家编制实践的接受者、学习者和执行者，也可以成为国际核算方法和规则改进的参与者。

国民经济核算作为一种国际标准统计体系的制度安排和宏观经济统计工具，特别需要从多维视野探讨新兴国家在应用 SNA 过程中的环境和制度约束，注重"应用"而不是"套用"。徐蔼婷教授自博士阶段，便聚焦于国民经济核算和宏观经济统计领域，她的博士论文《未被观测经济估算方法与应用研究》有 30 余万字，内容系统、翔实、完整，我作为她的博士论文答辩组组长印象十分深刻。十多年之后，徐蔼婷教授瞄准国家和区域发展重大战略需求，以国民经济核算为研究主轴，围绕创新测度、自然资源资产、高质量发展等主题"多点开花"，取得了不少成果。

总之，《中国研究与试验发展卫星账户编制方法与实践》是一部集国民经济核算理论与实践于一体的佳作，它不仅为我国研发卫星账户编制提供了宝贵的参考，也为国际社会提供了一个可供借鉴的中国案例。

以上这些文字，不揣冒昧，谨为徐蔼婷教授的心血之作《中国研究与试验发展卫星账户编制方法与实践》鼓与呼。

邱 东

国家级高层次人才

江西财经大学统计与数据科学学院讲席教授

2024 年 12 月 10 日

序　二

"抓创新就是抓发展、谋创新就是谋未来"。纵观人类发展史，创新始终是一个国家、一个民族发展的不竭动力，是社会生产力提升的关键要素。当前，全球科技创新进入密集活跃期，新一轮科技革命和产业变革迅猛发展，基础研究不断拓展人类认知边界，人工智能、量子科技、生物科技等前沿技术实现多点突破、引发链式变革，推动全球产业结构、经济形态和人类生活方式深刻调整。党的十八大以来，以习近平同志为核心的党中央对深化科技体制改革做出一系列重大决策部署，《国家创新驱动发展战略纲要》《国家中长期科学和技术发展规划（2021—2035 年）》等政策文件相继出台。此后，我国科技创新顶层设计不断优化迭代，党的二十大擘画全面建成社会主义现代化强国的宏伟蓝图，明确到 2035 年建成科技强国的战略目标；《中共中央关于进一步全面深化改革 推进中国式现代化的决定》中提出"优化重大科技创新组织机制，统筹强化关键核心技术攻关"[①]，持续加快实现高水平科技自立自强，以科技现代化为中国式现代化提供有力支撑。作为科技创新的核心活动，研发不仅是体现企业、研究机构乃至整个国家科技创新能力的重要标志，也是衡量一个国家持久竞争力的重要指标。在研发投入不断增加的背景下，如何有效衡量和管理研发活动，提升其对经济增长的贡献，已成为学术界和政策制定者共同关切的问题。

在实际生产活动中，研发能够经成果转化而产生经济利益和社会效益，具有固定资产的属性。早先，鉴于研发成果及研发活动对经济增长推动作用难以测度，无论是 1993 版 SNA 等国际标准还是各国具体实践，都将研发支出作为中间投入处理。进入 21 世纪，随着研发资本化核算方法的不断完善，加上研发对各国经济增长推动作用的日益显著，联合国等五大国际组织在 2008 版 SNA 中引入了知识产权产品概念，拓展了固定资产的边界，将能为所有者带来经济利益的研发支出作为了"固定资本形成"。随后，包括中国在内的 40 余个国家相继对研发核算方法进行改革、对 GDP 历史规模与增速数据进行溯源修订。遗憾的是，就目前研发核算实践来看，中国虽然开展了研发资本化调整工作，但重心仍落在 GDP 上，研发资本相关数据也被隐含在 GDP 核算结果中。目前，公众仍难以从国家统计局公布的数据中获得研发固定资本形成规模、研发资本存量规模、研发产业发展状况

---

① 《中共中央关于进一步全面深化改革 推进中国式现代化的决定》，https://www.gov.cn/zhengce/202407/content_6963770.htm，2025 年 3 月 1 日。

等基础数据，因此基于此类数据而展开的研发溢出测度等问题的研究就面临着较大的困难。

如何解决这一问题？借助卫星账户工具对研发统计进行理论和实践相结合的探索不失为一项有益的尝试。纵观国内外研究发现，关于研发卫星账户理论与实践的体系化研究仍显匮乏。徐蔼婷教授撰写的《中国研究与试验发展卫星账户编制方法与实践》正是对这一重要命题的深刻回应。她长期从事国民经济核算方面的研究，近年来先后承担了国家社会科学基金重大项目"基于'知识产权强国'战略的高价值专利判别、测度与驱动效应的统计研究"、国家社会科学基金重点项目"研发卫星账户编制方法与应用研究"等，出版了《浙江省研发资本化及驱动经济增长的贡献测度》，发表了《一种 R&D 资本存量的综合测算方法及应用研究》《我国研究与试验发展资本存量测算——基于财富与生产双重视角》等论文。特别是论文《高质量发展评价指标体系探讨》荣获教育部第九届高等学校科学研究优秀成果奖（人文社会科学）二等奖、《R&D 卫星账户整体架构与编制的国际实践》荣获首届《统计研究》优秀论文一等奖。她深入解读国际组织经典文献，掌握不同国家实践状况，对国民经济核算框架下的科技创新统计尤其是研发统计问题进行了较为全面透彻的研究，在研发统计研究方面具有很高的学术造诣。

该书立足"两结合一融合"——研发卫星账户理论框架与编制实践相结合，国外方法借鉴与中国国情相结合，统计学、经济学、复杂系统科学交叉融合，对编制中国研发卫星账户进行了系统而详尽的讨论。从内容上看，该书通过对研发卫星账户编制基础、表式设计以及编制重点等基础问题的探讨，构建了研发卫星账户编制理论方法体系；进一步地，在总结、评价、提炼国内外研发卫星账户编制实践经验基础上，从关键部门研发卫星账户、内生研发卫星账户和外生研发卫星账户三个层次，开展中国研发卫星账户的编制实践，体系化地展示中国研发卫星账户的整体图景。

该书具有四大研究贡献：①丰富了国民经济核算体系内容。该书一方面在不破坏 SNA 中心框架的基础上构建内生研发卫星账户，揭示了研发产出的运行状况、研发资本测算中技术参数的处理过程、研发资本化对经济总量指标的影响效应；另一方面构建超出 SNA 生产范畴的外生研发卫星账户，详细分析了研发活动带来的外部效应，进而丰富了中国国民经济核算研究成果。②完善了知识产权产品测度理论。知识产权产品测度理论侧重于对研发固定资本形成、研发资产使用年限、研发资产价格指数等问题的理论讨论，该书在此基础上提出了一种综合体现研发资本财富属性与生产属性的资本存量测算方法，这无疑是对知识产权产品测度理论的重要完善。③量化了科技创新活动全链条。该书立足关键部门研发卫星账户、内生研发卫星账户和外生研发卫星账户三个层次，以研发活动为起点系统刻画研发活动投入、研发产品、研发产业、研发资本的流动轨迹，为定量刻画科技创新水平和创新效率提供了依据。④测算数据层次多样、内容翔实。该书从研发价值量角度编制了研发经费投入表、研发桥接表、研发固定资本形成表、研发资本存量表、研发资本化对 GDP 影响表、研发资本溢出表等共计 81 张表式，提供了丰富的研发统计基础数据，值得数据使用者参考借鉴。

　　该书内容丰富、论证严谨、逻辑清晰，是作者多年研究心血的结晶。我衷心希望该书能够成为相关领域研究者和统计核算人员的重要参考书目，更期待它能够进一步激发出更多新的思考和讨论，为推动我国科技创新统计事业贡献力量。

李金昌

国家"万人计划"哲学社会科学领军人才

浙江财经大学教授

2024 年 12 月 11 日

前　言

作为科技创新之翼、国家强盛之魂，研发是激发新质生产力以赋能高质量发展的"核心要素"，更是重塑世界政治格局、经济格局以及科技格局的"关键变量"。纵观世界研发的发展演变进程，以研发活动为基础、以研发产品为脉络、以研发产业为纽带的多维创新生态已然形成。

由于研发活动呈现显著的投资性质，2008 版 SNA 基于多国核算专家的大量研究调整了对其的核算方法，将能为所有者带来经济利益的研发支出核算为"固定资本形成"。以此为契机，包括中国在内的 40 余个国家对研发核算方法进行了改革，对 GDP 历史规模与增速进行了溯源修订。然而，仅基于 GDP 层面的核算修订无法完整地勾勒研发活动从"投入"到"产出"（包含实物量与价值量双重计价层次）的基本生产面貌，无法系统揭示研发产品在国民经济运行过程中的流动脉络，无法深入考究研发产业与国民经济其他产业之间千丝万缕的经济联系，因此，有必要通过构建研发卫星账户来进一步拓展研究视野。稍显遗憾的是，目前尚缺乏较系统的研发卫星账户编制理论与方法研究，有关研发卫星账户编制的国际实践仍显得过于分散和随意。

作为第二大经济体的中国，面对经济发展新常态下的趋势变化和特点，做出实施创新驱动发展战略的重大决策，以此加快实现先进生产力的质态跃升。作为科技创新活动内核的研发随之成为催生新质生产力进而撬动新发展格局下高质量发展的关键动能。及时对研发开展情况予以量化测度与全景呈现，适时对中国研发整体建设水平形成清晰认知与动态把握，被视为有效推进创新驱动发展战略的重要前提。在理论未成体系但现实国情亟需的双重背景下，开展研发卫星账户的编制理论与方法研究，设计中国情境下的研发卫星账户框架并展开编制实践，无疑具有重要的理论与现实意义。

本着"探讨理论基础、完善方法体系、提炼国际经验、注重中国实践"的指导思想，本书在充分分析研发卫星账户的编制基础上，共分为八章。第一章为绪论。该章阐述了本书的研究背景与研究意义，从卫星账户、研发卫星账户两方面梳理既有研究，据此提出本书的研究框架与研究方法，并指出了研究的创新与不足。

第二章为研究与试验发展卫星账户编制基础研究。从《弗拉斯卡蒂手册》《知识产权产品资本测度手册》《国民经济核算体系》《国际会计准则》四大国际标准与准则出发，该章首先明晰了研发活动的内涵与特征，进而基于主体、客体以及主客体交互视角对研发活动予以分类，为构建研发卫星账户厘清了基本概念。其次，从产品流与价值流两个维度解析了研发活动在国民经济中的流动脉络，并根据卫星账户的类别划分，从关键部门、内生和外生三个层次界定了研发卫星账户。最后，深入探讨了三个层次的研发卫星账户与 SNA 中心框架的逻辑关系，以此奠定了编制研发卫星账户的理论基础。

第三章为研究与试验发展卫星账户体系化构建与编制重点研究。与研发卫星账户具有三个层次的理解与细化定义相匹配，该章围绕关键部门研发卫星账户、内生研发卫星账户和外生研发卫星账户三个层次构建研发卫星账户体系化的理论框架。在具体论述过程中，该章分别从活动、产品、产业三个维度设计了关键部门研发卫星账户所包纳的账户表式序列，围绕研发资本化及其对国民经济核算中心账户的影响设计了内生研发卫星账户所包纳的账户表式序列，聚焦研发活动的外部性设计了外生研发卫星账户所包纳的账户表式序列。同时，该章进一步阐释了各账户表式的编制思路、编制方法与技术难点，以此构建研发卫星账户体系化编制的理论框架。

第四章为研究与试验发展卫星账户编制国际实践与启示。该章选取了美国、加拿大、英国、日本等九个代表性国家作为研究对象，对研发卫星账户编制国际实践进行了深度解析，分析了"研发桥接表、研发供给使用表、研发固定资本形成表、研发资本存量表、研发资本化影响表"五类国际基础表在表式设计、项目设置、编制细节等方面的差异，从中提炼出行之有效、对理论框架搭建具有借鉴价值的经验做法，为中国研发卫星账户的编制奠定了实践基础。

第五章为关键部门研究与试验发展卫星账户编制研究。该章致力于编制中国关键部门研发卫星账户序列，具体研究中，分"活动、产品、产业"三个维度界定了研发关键部门，着重对研发产业分类体系予以创新重构。基于研发统计基础数据，该章编制了研发经费支出表序列（共计 4 张表）、研发人员投入表序列（共计 3 张表）、研发资源配置强度表序列（共计 2 张表）、研发产品实物量表序列（共计 7 张表）、研发产出价值量表序列（共计 2 张表）、研发投入产出效率表序列（共计 3 张表），从而完成了活动和产品两个维度的关键部门研发卫星账户编制实践。基于此，借助投入产出表编制了"四分法"视角下的研发投入产出表（共计 4 张表）以及融入研发核心产业的"18 部门投入产出表"（共计 8 张表），完成了产业维度下关键部门研发卫星账户的编制实践。同时，该章核算了研发产业的总产出、增加值等总量数据，并分析了研发产业与国民经济其他产业的经济技术关联。

第六章为内生研究与试验发展卫星账户编制研究。该章致力于编制中国内生研发卫星账户序列，以细致刻画研发活动在国民经济循环中的全貌为立足点，编制了研发桥接表序列（共计 9 张表）、研发供给使用表序列（共计 4 张表）、研发固定资本形成表序列（共计 3 张表）、研发资本存量表（包括研发资本服务）序列（共计 7 张表）、研发资本化影响表序列（共计 8 张表）、研发投资强度表（共计 1 张表），从而串联起研发产品、研发投资、研发资本积累三位一体的完整研究链条。在具体研究中，一方面拓展了研究维度，将研究尺度细化至经济总体、区域以及行业，多层次地呈现了内生研发卫星账户序列编制结果；另一方面聚焦研发资本属性，以永续盘存法（perpetual inventory method，PIM）为起点，重点改进了现有财富性研发资本存量测算方法，将研发资本的生产属性与财富属性纳入统一的测度框架，提出了一种研发资本存量的综合测算方法，拓展了研发资本存量表的编制结果。此外，该章尝试编制具有中国特点的内生研发卫星账户，如编制了能弥补研发投入强度对创新监测不足的中国研发投资强度表。

　　第七章为外生研究与试验发展卫星账户编制研究。该章致力于编制中国外生研发卫星账户序列。在厘清研发资本溢出的基本内涵后，一方面，将前向乘数和后向乘数理论与多区域投入产出模型相结合，提出了行业与区域双重维度下研发资本溢出的测度方法，编制了研发资本溢出贡献者效应表序列（共计 12 张表）、研发资本溢出受益者效应表序列（共计 12 张表），以此从区域与产业双重维度展现了研发活动的外部溢出效应，从而完成了静态研发资本溢出表的编制实践。另一方面，该章以研发资本溢出效应最为显著的教育行业为例，借助引力模型，编制了 30 个地区高校的动态研发资本溢出表序列（共计 2 张表），以此动态刻画研发活动的外部溢出效应。进一步地，借助社会网络分析法揭示了高校研发资本溢出效应的空间网络特征。

　　第八章为政策建议与研究展望。该章概括全书的主要结论，据此提出相应的政策建议，并指出未来研究的主要方向。

目　录

第一章 绪 论

第一节 研究背景及意义

一、研究背景

（一）经济发展进入新阶段，以创新激发新质生产力、赋能经济高质量发展实现新进展，对政府科技统计提出了新要求

国际金融危机以后，全球经济和贸易复苏乏力，国际治理体系和大国竞争格局调整加快，国际产业链供应链脆弱性加大，中国面临的输入性风险和挑战增多，经济运行的外部环境更加错综复杂（国务院发展研究中心"宏观调控创新"课题组，2022）。特别是 2012 年起中国经济增速正式迈入"破 8"时代，经济结构正经历转型升级的"阵痛期"，经济动能也处于新旧转换的"关键期"，仅靠劳动和投资驱动的粗放式经济增长模式已难以为继，亟须寻找新动力以契合高质量发展的硬要求。为此，党的十八大提出要"实施创新驱动发展战略。科技创新是提高社会生产力和综合国力的战略支撑，必须摆在国家发展全局的核心位置"[①]。党的十九大又接续强调"创新是引领发展的第一动力"[②]，《中共中央关于制定国民经济和社会发展第十四个五年规划和二〇三五年远景目标的建议》指出要"坚持创新在我国现代化建设全局中的核心地位"[③]。2024 年，习近平指出"必须继续做好创新这篇大文章，推动新质生产力加快发展"[④]。显然，随着全球经济持续面临的不确定性增加、逆全球化浪潮愈演愈烈、技术壁垒冲击加剧，大力促进创新尤其是自主创新已然成为中国提升先进生产力质态、构建新发展格局、推动高质量发展的应有之义。

量化测度创新及其对经济增长的贡献，对科学监测我国科技创新驱动高质量发

[①] 《坚定不移沿着中国特色社会主义道路前进 为全面建成小康社会而奋斗——在中国共产党第十八次全国代表大会上的报告》，http://www.xinhuanet.com//18cpcnc/2012-11/17/c_113711665.htm，2024 年 11 月 12 日。

[②] 《习近平：决胜全面建成小康社会 夺取新时代中国特色社会主义伟大胜利——在中国共产党第十九次全国代表大会上的报告》，https://www.gov.cn/zhuanti/2017-10/27/content_5234876.htm，2017 年 10 月 27 日。

[③] 《中共中央关于制定国民经济和社会发展第十四个五年规划和二〇三五年远景目标的建议》，https://www.gov.cn/zhengce/2020-11/03/content_5556991.htm?trs=1，http://www.xinhuanet.com//18cpcnc/2012-11/17/c_113711665.htm，2024 年 11 月 12 日。

[④] 《习近平：发展新质生产力是推动高质量发展的内在要求和重要着力点》，https://www.gov.cn/yaowen/liebiao/202405/content_6954761.htm，2024 年 5 月 31 日。

展的支撑作用、精准把握世界科技强国的建设节奏至关重要。尽管无法直接衡量技术创新的质量和数量（Hill，1978），但研发活动作为技术创新的核心体现，可直接与知识存量关联（高敏雪，2017），已被普遍视为创新的源泉。因此，随着创新驱动发展战略的持续推进，需要客观评估研发活动所折射的创新资源配置规模与配置效率，全景把握研发产品在国民经济循环中的流动脉络，充分掌握研发对国民经济各环节的影响，系统知悉研发产业与国民经济其他产业之间的技术经济关系，深入分析研发所蕴含的潜在溢出效应，这无疑对政府科技统计工作提出了新要求。

（二）研发卫星账户核算实践探讨的步伐催生了国民经济核算理论的更新，但后研发资本化时代统计实务仍面临诸多新挑战

自 20 世纪 90 年代起，世界各国纷纷加大研发经费支出力度。尽管研发活动具有显著的投资性质，但 SNA 在核算经济总量时并不视其为"投资"而是简单地将其核算为"中间消耗"，因此研发支出并不等同于研发投资，研发支出的累计值也与研发资本投入具有本质差异。为弥补 SNA 处理研发活动的不足，美国（1994年）、荷兰（2003 年）、丹麦（2006 年）、以色列（2006 年）、英国（2007 年）、加拿大（2008 年）[①]等国家纷纷尝试开展基于本国层次的研发资本化核算以及以研发资本化为目的的研发卫星账户编制实践。这些丰硕的实践探索直接推动了国际标准的渐次更新。其中，2008 版 SNA 修订了研发支出的核算方法，将能为所有者带来经济利益的研发支出部分计为"固定资本形成"，并将研发产品列入固定资产项下的"知识产权产品"（intellectual property products，IPP）类别。作为响应，国家统计局于 2017 年发布了《中国国民经济核算体系（2016）》，同样做出开展研发资本化核算的重要调整。

无论是研发卫星账户的国际编制实践还是研发资本化核算的理论变革，其关注重点始终在于核算规则变更对 GDP 规模的调整，这既不能充分展现研发资本化繁杂的技术处理过程，也不能系统揭示研发产品在国民经济运行中的流动脉络，更不能细致刻画研发活动与国民经济其他活动之间错综复杂的经济联系（徐蔼婷和祝瑜晗，2017）。此外，就目前研发核算实践来看，中国尚未开展国家层面的研发卫星账户编制实践。国家统计局曾于 2016 年 7 月开展研发支出资本化的调整工作，但其重心仍落在 GDP 上，研发资本相关数据也被隐含在 GDP 核算结果中；并且从当前数据公布情况来看，无法得知每年的研发固定资本形成规模有多少，也不知道研发积累的 IPP 资产有多大（高敏雪，2021），更不清楚研发产业规模有多大、研发溢出程度及行业和地区分布如何。可见，目前的研发资本测算理论以

---

① 美国（1994 年）、荷兰（2003 年）、丹麦（2006 年）、以色列（2006 年）、英国（2007 年）、加拿大（2008年）括号里面的年份是这些国家研发卫星账户的编制年份。

及中国研发统计实务仍存在较大不足，与满足高质量发展背景下监测评估创新驱动发展战略的实施进程、技术创新成效与问题等迫切需求相去甚远。

（三）学术界关于科技创新与研发的研究热情持续高涨，但对以研发活动为核心衍生出的研发产业、研发产品、研发资本仍缺乏系统性探讨

理论与实践均证实，科技创新作为现代经济增长的动力源泉，已成为各国抢占未来经济发展制高点中决胜的关键。鉴于此，采取科学而有效的测度方法量化与评估科技创新成为学术界多年来孜孜不倦的追求，相关研究领域涵盖科技创新能力评估、效率评价、溢出效应测度以及与经济增长关系的探讨等。进一步地，随着研发资本化改革的深入推进，相关学者又把研究的重点聚焦于研发资本化核算的探讨上，对此开展了卓有成效的研究。毋庸置疑，这些大量而富有价值的研究成果为分析国家和区域科技创新能力、技术创新效率等问题，把脉科技创新症结，进而促进经济持续快速发展提供了重要的参考。

一方面，由于科技创新呈现出典型的复杂性、系统性、交叉性等特征，既有的对科技创新能力、科技创新绩效以及科技溢出的测度评估有的侧重研发活动投入层面，有的侧重研发活动产出层面，有的虽二者兼顾但对同一对象的测度结果出现较大分歧。另一方面，尽管众多学者已意识到研发是技术创新的关键内核，但现有研究的关注点仍停留在研发资本化核算上，尚缺乏对其背后一系列相关问题的全面探讨，也未针对以研发活动为基础衍生的研发产品、研发产业、研发资本及其溢出效应的系统研究，且鲜见运用卫星账户对此类问题展开探讨的理论研究，基于国情开展的研发卫星账户设计与试编更是匮乏。

在上述背景下，本书以卫星账户为研究载体，开展对研发卫星账户编制方法的理论探讨，并以此为指导展开中国情境下研发卫星账户的编制实践，进而全方位、系统性、立体化地呈现研发发展图景。这既有一定的理论支持，又有现实的政策要求；既是持续深入实施国民经济核算新标准的需要，也是客观测度创新及其增长效益的内在需求，无疑具有十分重要的学术价值与现实意义。

二、研究意义

（一）学术价值

1. 构建研发卫星账户编制方法体系，是对创新测度理论的一次全方位扩展

既有创新测度主要从科技创新综合评价、地区差异与动态演进、配置效率等视角切入，或从研发活动投入维度、以专利为典型代表的研发产出维度、研发活

动投入与产出双重维度展开探讨，既未完整刻画研发全貌，也未将研发与国民经济运行过程实现有效对接。一方面，构建研发卫星账户方法体系，展开对以研发活动为基础的研发投入、研发产出、研发固定资本形成累计存量（简称研发资本存量）以及研发资本溢出的系统核算，是对以研发为核心的创新测度理论的一次扩展。另一方面，构建研发卫星账户方法体系，不仅能够展现以研发为核心的技术创新变量作用于 GDP 的路径机制，更好地体现创新的经济价值，还能将研发卫星账户提供的研发资本存量作为科技创新的代理变量纳入经济增长分析框架，为量化科技创新对经济增长的影响提供了测量工具，这也进一步丰富了创新测度理论体系。

2. 构建研发卫星账户编制方法体系，是对 IPP 测度理论的一次实质性完善

研发作为一种重要的 IPP，《知识产权产品资本测度手册》（Handbook on Deriving Capital Measures of Intellectual Property Products，HIPPs）围绕研发资本核算问题展开探讨，着重对研发固定资本形成、研发资产使用年限、研发资产价格指数等问题提供理论指导，但对研发资本存量的测算及将此测算纳入 SNA 中心框架的讨论仍显匮乏。一方面，通过构建研发卫星账户编制方法体系，提出一种综合体现研发资本财富属性和生产属性的存量测算方法，并详细探讨测度中关键参数的技术调整等问题，这无疑是对 IPP 资本测算理论的一次完善；另一方面，通过构建研发卫星账户编制方法体系，基于 SNA 全套账户序列视角以展示研发活动对经济运行各个环节的影响效应，这也是对中国如何将 IPP 纳入国民核算体系，进而研究知识产权资产对经济影响效应的一次有益尝试。基于此，通过研发卫星账户编制方法体系，研究研发活动的外部溢出效应，这是对 IPP 测度中如何有效处理溢出这一问题的理论扩展。

3. 构建研发卫星账户编制方法体系，是弥补国民经济核算中心账户不足的一次系统化尝试

SNA 中心框架以系统严谨、范围全面的综合经济账户序列描述国民经济总体的运行过程和结果，但未能完整铺展研发发展全景。构建被视为国民经济核算体系严谨性与灵活性折中产物的研发卫星账户则成为解决问题的重要工具，一方面，通过构建内生研发卫星账户编制方法体系，能够在避免破坏国民经济核算中心账户严谨性与统一性的前提下，深刻揭示研发产出在国民经济各环节的流动效应、研发资本测算纷繁复杂的技术处理过程、研发资本对 GDP 核算及其他关键经济指标的影响机制，进一步扩展国民经济核算中心账户的分析能力；另一方面，通过构建突破 SNA 经济意义生产范围的外生研发卫星账户编制方法体系，细致探究研发活动的外部性引致的研发溢出效应的行业与地区的分布情况，能够在一定程度

上弥补 SNA 中心框架对研发活动分析不足的缺陷,是对弥补国民经济核算中心账户不足的一次系统化尝试。

(二)现实意义

1. 全景式地展现研发活动、研发产品、研发产业、研发资本的流动脉络,为创新水平衡量、创新效率识别、创新格局把脉提供了新元素

以研发活动为考察点,分析了研发活动的经费和人员投入以及二者之间的匹配程度,从而较好地揭示了研发活动所折射的创新资源配置状况;以研发产品为考察线,研究了研发产品在国民经济中"生产→流通→使用"的运行过程,尤其侧重对研发产品的使用即对研发固定资本形成与研发资本存量的研究,从而清晰地呈现了以研发为核心的科技创新活动全链条;进一步地,基于研发活动的投入产出两个方面综合分析了研发活动投入产出效率,从而展现了对以研发为核心的科技创新效率的评估;再者,以研发产业为考察面,详细反映了研发产业的投入产出情况、发展脉络、总体规模,从而展现了研发产业在国民经济中的重要地位。由此,串"点"成"线"、连"线"成"面",全方位分析了以研发为核心的技术创新水平,为创新水平衡量、创新效率识别、创新格局把脉提供了新元素。

2. 立体式地编制关键部门研发卫星账户、内生研发卫星账户和外生研发卫星账户,为创新要素赋能高质量发展、创新驱动发展战略的推进提供了新证据

通过编制关键部门研发卫星账户,可以系统地认识以研发活动为核心的研发投入产出规模和配置效率以及研发产业发展趋势,不管是否将研发活动纳入 GDP 核算框架。另外,研发产品作为投资品进入经济运行过程,通过编制内生研发卫星账户可以全面揭示研发资本对中国 GDP 核算的影响机理,GDP 规模增加能够更好地衡量科技创新对中国经济增长的带动引领作用;GDP 结构变动能够更好地体现科技创新促进经济结构转型发展、调整和优化产业结构的重要驱动力。进一步地,研发产品在经济循环中与其他产业融合渗透,通过编制外生研发卫星账户可以深入挖掘研发产品在行业、区域以及行业与区域等多维度下的溢出效应,为相关部门重新审视研发投资产业布局、充分利用优势产业打造区域经济新增长极、合理制定区域协同发展政策提供了有力支撑。三个层次的研发卫星账户编制为创新要素赋能高质量发展、创新驱动发展战略的推进提供了新证据。

3. 多角度地设计研发实物量、研发价值量、研发投入产出表等账户序列,为研发统计实践的完善、科技统计实务的深化提供了新视角

本书共设计了 39 张理论表式,实际编制 91 张表式。一方面,从研发实物量角度编制了 10 张表式，详细展现了研发活动人员投入的机构部门分布、活动类型分布以及研发活动产出中的专利（包括国内外三类专利申请受理数与申请授权数、三方同族专利数和 PCT[①]专利申请数）和国内外科技论文发表情况的分布。另一方面，从研发价值量角度编制了 69 张表式，详细展现了研发经费在不同机构部门、活动类型中的配置规模，研发经费的资金来源，三类专利价值，研发投入产出效率状况，三种不同尺度下的研发固定资本形成与研发资本存量及其对 GDP 的系列影响以及"行业+区域"、高校两个层面的研发资本溢出等情况。此外，本书还编制了 2007 年、2017 年、2018 年和 2020 年的研发投入产出表以及含研发产业核心层的"18 部门投入产出表"共计 12 张表式，详细展现了研发产业的生产投入与产品分配去向以及研发产业与其他行业部门的技术经济联系等，为研发统计实践的完善、科技统计实务的深化提供了新视角。

第二节　研　究　综　述

一、有关卫星账户的研究

随着 1993 版 SNA 的正式发布，卫星账户的概念首次进入研究的视野。鉴于在不影响国民经济核算中心账户国际可比性的前提下，卫星账户能极大地满足国民经济核算的特殊需要，其在理论研究和实践操作两个层面均得到了快速发展。在理论层面上，有关国际组织出台了一系列国际标准，例如，直接指导旅游卫星账户如何编制的手册、指导研发测算的若干手册，这为卫星账户在相关领域的编制工作提供了操作指南，如表 1.1 所示。从国外统计实践来看，卫星账户的编制已成为国民经济核算的重要内容（蒋萍等，2013）。一些国家政府统计机构在运输、旅游、环境、研发、数字经济等领域对编制卫星账户进行了有益的尝试，如表 1.2 所示。

表 1.1　与卫星账户编制相关的国际标准

研究领域	编制机构	国际标准	
		编制卫星账户专门指导手册	与编制该领域卫星账户相关的手册
旅游	联合国世界旅游组织	《旅游卫星账户：概念性框架》[Tourism Satellite Account (TSA):The Conceptual Framework]	
	OECD	《经合组织经济体中旅游业的作用衡量》（Measuring the Role of Tourism in OECD Economies）	

[①] PCT（patent cooperation treaty）是专利合作条约。

续表

研究领域	编制机构	国际标准	
		编制卫星账户专门指导手册	与编制该领域卫星账户相关的手册
旅游	联合国统计司、联合国世界旅游组织、OECD、欧洲共同体委员会欧盟统计局	《旅游卫星账户：推荐方法框架》（Tourism Satellite Account: Recommended Methodological Framework,TSA:RMF）	
环境	联合国、欧盟委员会、国际货币基金组织、OECD、世界银行		《综合环境与经济核算手册》2003 版（ Integrated Environmental and Economic Accounting 2003）
	联合国、欧盟、联合国粮食及农业组织、国际货币基金组织、OECD、世界银行		《环境与经济核算体系》2012 版（System of Environmental-Economic Accounting 2012:Central Framework）
卫生	OECD	《卫生账户体系手册》（A System of Health Accounts）	
	OECD、欧盟统计局、世界卫生组织	《卫生账户体系手册2011》（A System of Health Accounts 2011）	
非营利机构	联合国	《国民经济核算体系中的非营利机构手册》（Handbook on Non-Profit Institutions in the System of National Accounts）、《非营利及相关机构与志愿者工作卫星账户》（Satellite Account on Non-profit and Related Institutions and Volunteer Work）	
文化	安德烈斯·贝略教育、科学、技术和文化一体化组织，美洲国家组织	《文化卫星账户编制指南》（Cultural Satellite Account: Compilation Guide）	
	欧盟统计局		《文化统计指南》2018 版（Guide to Eurostat Cultural Statistics 2018）
研发	OECD		《弗拉斯卡蒂手册》（Frascati Manual, FM）
	OECD		HIPPs
	欧盟统计局		《2010 版 ESA 的研发测算手册》（Manual on Measuring Research and Development in ESA 2010）
能源	联合国		《能源环境经济核算体系》（System of Environmental-Economic Accounting for Energy，SEEA-Energy）

研究领域	编制机构	国际标准	
		编制卫星账户专门指导手册	与编制该领域卫星账户相关的手册
ICT	OECD		《衡量信息社会指南》（Guide to Measuring the Information Society）、《衡量信息社会指南》2009 版（Guide to Measuring the Information Society, 2009）、《2011 年经合组织信息社会衡量指南》（OECD Guide to Measuring the Information Society 2011）

注：欧洲共同体委员会现称为欧盟委员会；OECD（Organization for Economic Cooperation and Development）为经济合作及发展组织；ICT（information and communication technology）为信息与通信技术；ESA（European System of National and Regional Accounts）为欧洲账户体系

表 1.2　部分国家已编制或在编的卫星账户

国家	编制的卫星账户
美国	运输卫星账户
	旅行与旅游卫星账户
	医疗卫生卫星账户
	研发卫星账户
	环境经济卫星账户
	艺术与文化产品卫星账户
	基于所有权的对外进出口核算
	数字经济卫星账户
	非营利机构卫星账户
英国	旅游卫星账户
	环境卫星账户
	研发卫星账户
	体育卫星账户
	住户卫星账户
加拿大	非营利机构与自愿活动卫星账户
	旅游卫星账户
	运输卫星账户
	养老金卫星账户
	文化卫星账户
	研发卫星账户
	教育培训卫星账户
澳大利亚	旅游卫星账户
	运输卫星账户
	文化与创意产品卫星账户

续表

国家	编制的卫星账户
澳大利亚	非营利机构卫星账户
	ICT 卫星账户
新西兰	旅游卫星账户
	非营利机构卫星账户
	数字经济卫星账户

资料来源：作者在蒋萍等（2013）研究基础上略有补充

从国内研究看，相关学者对卫星账户的研究主要集中在以下两个方面。

一是卫星账户理论层面的研究。如高敏雪（2001）对什么是卫星账户及其在美国的应用进行了详细介绍。蒋萍等（2013）基于 2008 版 SNA，梳理了卫星账户与 SNA 中心框架的联系与区别，并指出卫星账户的编制已成为众多国家经济核算体系的重要内容。蒋萍和蒋再平（2020）从 SNA 中心框架的限定出发，总结了卫星账户的突破视角以及 SNA 中心框架与卫星账户之间的关系，进而展示了卫星账户的研究视角与体系结构。郑彦和夏杰锋（2021）立足于整体视角，深入探究了卫星账户在基本理论及编制实践两个方面的演变脉络。

二是相关国家编制卫星账户的经验介绍以及对中国编制相关领域卫星账户的探讨等。相关研究领域涉及各国旅游卫星账户（谢术平，2003；康蓉，2005；黎洁，2012；马仪亮，2014；韩玉婷，2017）、卫生卫星账户（艾伟强和蒋萍，2013；艾伟强和王文峰，2019）、ICT 卫星账户（屈超和张美慧，2015）、非营利机构卫星账户（王勇等，2020）、体育卫星账户（梁斌等，2017；段绪来和付群，2020；王勇等，2022）、运输卫星账户（王建伟和焦萍，2010；马晓君等，2022b）、能源卫星账户（马晓君等，2022a）、文化卫星账户（孔晴等，2021）。在此基础上，国内相关学者与机构展开了对我国若干领域卫星账户的框架设计与试编。例如，2002年，江苏、广西、厦门和浙江等地在地方政府的推动下进行了旅游卫星账户的试编。李金华（2015）以国家资产负债表为依托，探究了资产负债表卫星账户的标准表式和设计原理。熊浩和鄢慧丽（2014）、黄璿（2017）基于投入产出表，构建与试编了物流卫星账户，并分析了物流产业的经济效应。在数字经济领域，杨仲山和张美慧（2019）、罗良清等（2021）基于不同的视角对数字经济卫星账户进行了基本框架的设计；向书坚和吴文君（2019）在构建卫星账户框架的基础上，试算了中国数字经济主要产业部门的增加值。李海东（2020）从"短表、长表和扩展"三个阶段构建了中国非营利机构卫星账户；王勇等（2021）主要围绕核算对象、核算内容两个方面，对中国非营利机构卫星账户进行了系统阐释。李燕辉（2020）、郑姗姗等（2023）构建与试编了中国体育卫星账户，并分析了体育产业对经济的影响。马晓君等（2022b）在总结现有交通运输卫星账户编制的国际经验的基础上，首次尝试编制了中国交通运输卫星账户的供给使用表。此外，郑彦等（2023）、周南南等（2024）分别在文化、分享经济领域对相应的卫星账户展开了框架体系设计与编制方法探讨。

综上可知，卫星账户凭借其巨大的灵活性优势，可对国民经济中的重要领域、重点行业、新兴经济形式等进行细致刻画，从而为本书构建研发卫星账户提供重要理论依据和经验参考。

二、有关研发卫星账户的研究

（一）研发卫星账户编制的理论研究进展

迄今为止，我们尚未检索到系统探讨研发卫星账户编制方法的理论成果，相关研究大多围绕研发资本化核算方法展开。经过国际组织机构以及多国核算专家的大量理论研究与实证探索后，四大国际标准——FM、SNA、HIPPs和《国际会计准则》（International Accounting Standards，IAS）构成了研发资本化核算的核心理论来源。综合来看，此类研究主要聚焦于如何设定研发资本核算范围、如何核算研发产出（产品）、如何核算研发固定资本形成、如何核算研发资本存量等四个方面的理论分析。

1. 如何设定研发资本核算范围

尽管四大国际标准一致认同专利、论文、专著、样机或原理性模型等是研发产出的有效载体，但 FM 未进一步认可研发产出的资产属性。1993 版 SNA 指出，"企业开展研发活动的支出不是由现期生产水平来决定消耗的中间投入，而是一种为了在未来提高生产率或者扩大生产能力的支出，这与在机器、设备、厂房以及其他建筑物上的支出非常相像"（1993 版 SNA 第 1.51 段），"开展研发活动旨在提高效率或生产率，或者在未来获取其他利益，所以它们本质上是一种投资活动，而非消费活动"（1993 版 SNA 第 6.163 段）。但鉴于实际操作的巨大困难，仍将研发支出作为中间投入，仅认定"专利实体"为非生产资产（1993 版 SNA 第 10.8 段）。2008 版 SNA 基于投入角度将"所有预计出售或能为所有者带来收益的研发支出"视为资产（2008 版 SNA 第 10.103 段）。HIPPs 在沿袭 2008 版 SNA 的观点之外对"失败的研发""研发溢出"等特殊情况做出规定（HIPPs 第 2.2 段）。

2. 如何核算研发产出（产品）

鉴于研发产出的是没有实物形态的新知识，其产出指标非常难以定义和获取（2017 版 FM）。因此，需要借助一定的实物载体（如专利、论文、专著、样机、原理性模型等）来体现。但是这些载体只是研发产出的实物表示形式，并不能精准衡量研发活动所创造的新知识的价值，那么如何核算远超实物载体价值的研发产出？对此，2008 版 SNA 针对不同情形给出了三类估值方法：第一类是市场生产者为自身利益开展研发活动，其产出以商业转包时的基本价格衡量；第二类是专门的商业性研究所/机构的研发产出，其以合同收入、销售收入等衡量；第三类是政府机构、大学或者非营利机构的研发产出，其以开展研发活动产生的总成本衡量（2008 版 SNA 第 6.207 段），同时，2008 版 SNA 指出"除非能直接测算研发产出的市场价值，否则只能按照发生的总成本对研发产出进行估价"（2008 版 SNA 第 10.103 段）。考虑到研发产品市场交易的稀缺性，"成本加和法"是目前较可行的研发产出核算方法。

3. 如何核算研发固定资本形成

作为一种固定资产，研发固定资本形成由生产主体在核算期购置的研发固定资产扣除当期处置的现有研发资产而得。在实践中，HIPPs 建议使用供给法（商品流量法）和需求法测算研发固定资本形成（HIPPs 第 1.3 段和第 1.4 段）。其中，需求法基于调查数据，要求企业和政府提供购置的研发支出以及自产自用的研发支出的详细数据，进而估算研发固定资本形成。供给法则根据"研发固定资本形成总额=国内生产+进口−出口−住户的支出−为避免重复计算排除的部门"估算研发固定资本形成。对于生产单位外购的研发资产，上述两种方法皆可使用。此外，HIPPs 建议，若有可能，估计购置的研发资产价值应采用供给法和需求法，然后对二者进行比较和调整。然而，使用这两种方法估算生产单位自产自用的研发资产，孰优孰劣尚未可知。

4. 如何核算研发资本存量

1951 年，Goldsmith（戈德史密斯）首次提出了测算资本存量的 PIM。经过 Christensen 和 Jorgenson（1973）、Christensen 等（1980）的扩展和完善，PIM 目前已成为资本测算的主流方法，也构成了测算研发资本存量的方法基础。基于 PIM，Griliches 认为研发投入具有滞后效应，并将滞后 i 期的研发支出视为研发投资的代理变量来测算研发资本存量（Griliches，1979，1980），由此提出了 Griliches 法。基于 PIM，美国商务部经济分析局（Bureau of Economic Analysis，BEA）将研发支出资本化，形成研发投资，并将核算当期年中的研发投资予以折旧，用来表示当期部分研发投资形成的资本存量（Sliker，2007），为研发资本存量测算提供了一种更为系统的方法，即 BEA 法。表 1.3 列示了上述三种测算方法的具体差异。

表 1.3　研发资本存量三种测算方法比较

项目	PIM	Griliches 法	BEA 法
测算对象	固定资本存量	研发资本存量	研发资本存量
测算公式	$RDK_t = RDI_t + (1-\delta)$ $\times RDK_{t-1}$	$RDK_t = RDI_{t-1} + (1-\delta)$ $\times RDK_{t-1}$	$RDK_t = (1-\delta)RDK_{t-1}$ $+ \left(1-\dfrac{\delta}{2}\right)RDI_t$
t 期研发固定资本形成	$RDI_t - \delta RDK_{t-1}$	$RDI_{t-1} - \delta RDK_{t-1}$	$\left(1-\dfrac{\delta}{2}\right)RDI_t - \delta RDK_{t-1}$
t 期研发折旧	δRDK_{t-1}	δRDK_{t-1}	$\delta\left(RDK_{t-1} + \dfrac{1}{2}RDI_t\right)$
初始研发资本存量	$\dfrac{RDI_1}{g+\delta}$	$\dfrac{RDI_0}{g+\delta}$	$\dfrac{RDI_1(1-\delta/2)}{g+\delta}$
关键参数	t 期研发固定资本形成、研发投资价格指数、研发资产折旧率、初始研发资本存量		

注：RDK 代表研发资本存量；δ 代表折旧率，且和研发资产的使用寿命与退役模式有关；g 代表研发资本存量增长率

　　比较来看，三种方法的争议聚焦在测算过程中所涉及的研发投资价格指数、研发资产使用寿命与折旧率、初始研发资本存量等关键参数选择中的一些问题。

　　（1）研发投资价格指数。构造研发投资价格指数的目的是得到不变价研发投资。由于缺乏可观测的市场价格数据，世界各国关于研发投资价格指数的编制方法尚未达成一致。目前常用的研发投资价格指数的构造方法有两种，一是调查法，如 Mansfield（1987）运用微观层面的价格调查信息，并借助规模报酬不变的 Cobb-Douglas（柯布-道格拉斯）生产函数，构建不同行业的研发投资价格指数；二是加权法，即通过一组价格指数加权计算，如 Jaffe（1972）、Griliches（1980）、Jensen（1987）利用非金融企业中工资价格指数（权重 0.49）和 GNI（gross national income，国民总收入）隐含价格指数（权重 0.51）加权平均得到研发投资价格指数，该方法也被称为投入成本价格指数法。Loeb 和 Lin（1977）同样采用该思路，利用研发人员的工资价格指数和设备投资的 GNI 价格指数，分别对其赋予权重 0.55 和 0.45，最终加权平均得到研发投资价格指数。HIPPs 认为选用投入成本价格指数是当下的权宜之计（HIPPs 第 2.6 段）。目前各国的统计机构较多采用投入成本价格指数法测算研发投资价格指数。

　　（2）研发资产使用寿命与折旧率。现有研究中对于研发资产使用寿命或服务期限的设定存在较大差异。2006 年堪培拉Ⅱ组和国家科技指标专家组联合会议鼓励采用调查方式估算研发使用寿命。HIPPs 中列举了以色列、英国、德国、韩国和日本等国家的试点调查情况，结果显示通过调查获取研发使用寿命的详细信息是可行的途径。此外，OECD 和欧盟统计局建议将研发资产的使用寿命统一设定为 10 年（OECD，2010；Eurostat，2014）。

　　与实物资本发生物理损耗或磨损不同，研发资本的折旧表现为由于模仿者的跟随或新技术（知识）的更新，现有研发产品的获利能力下降而逐步退出市场的

现象。既有文献对研发资本折旧率的设定归于五种途径：一是经验设定法，该方法主要参考固定资本折旧率而设定，常用的研发折旧率取值有 5%（Coe and Helpman，1995；Coe et al.，2009）、10%（Bernstein and Ishaq Nadiri，1988）、12%（Ishaq Nadiri and Prucha，1996）、15%（Griliches and Lichtenberg，1984；Adams and Jaffe，1996）、25%（Bernstein and Mamuneas，2005）。二是生产函数法，Huang 和 Diewert（2011）将生产函数法理论运用于研发资本折旧率的测算，它也是 BEA 举荐运用的方法。三是专利更新模型，Schankerman 和 Pakes（1986）采用专利更新模型，通过估算欧盟 1930～1939 年的专利价值求得研发折旧率为 0.25。鉴于并非所有的创新活动都会申请专利，这种以专利来衡量研发资产的方法具有一定的片面性。四是摊销模型，Ballester 等（2003）基于 1985～2001 年美国 652 家企业的数据，使用摊销模型测得研发折旧率为 0.12。鉴于该模型设定摊销率与资产的收入存在特定关系，并且假定营业收入即研发资产收益，进而限制了其使用范围。五是前瞻利润模型，Li 和 Hall（2020）为更好地刻画研发资产折旧原理，符合技术更新换代的速度和 IPP 的专有期限，构建了前瞻利润模型。该方法采用完全竞争市场的假定，未能反映研发资本的垄断特性。此外，Hall（2005）基于 1974～2003 年美国制造公司的数据，同时运用生产函数法与市场价值方法测算了研发折旧率。结果显示，生产函数法计算的折旧率接近于零（甚至升值），而市场价值方法测算的折旧率为 20%～40%。

（3）初始研发资本存量。初始研发资本存量的精确性与研究时间序列的时长有重要关系。Hall 和 Mairesse（1995）在研究中指出，若研究样本序列足够长，则初始研发资本存量对后续年份估算结果的影响会越来越弱。目前关于初始研发资本存量的估算方法归纳起来有两种：一是增长率法。该方法由 Griliches（1980）提出，通过假定研发资本存量的平均增长率等于研发经费支出的平均支出增长率，推算而得初始研发资本存量，Goto 和 Suzuk（1989）、Coe 和 Helpman（1995）、Coe 等（2009）均采用此方法。二是稳态估计法，该方法假定在经济稳态的情况下，根据投资率、折旧率以及产出增长率推算初始研发资本存量，相关研究有 Berlemann 和 Wesselhöft（2014）、Baley 和 Blanco（2021）。

（4）研发资本退役模式与相对效率递减模式。研发资本退役模式描述了研发资产围绕平均使用年限退役的随机分布过程，可选的研发资本退役模式有四种：①同时退役模式，该模式假定所有研发资产在达到平均使用年限时退出研发资本存量，在到达使用年限之前，完全不退出；②线性退役模式，该模式假定从研发资产投入生产时开始，直到两倍的平均使用年限内，每年按照相同的退役率退出研发资本存量；③延长线性退役模式，该模式假定研发资产在投入生产一段时间后开始退役，在短于两倍平均使用年限内结束；④钟形退役模式，该模式假定研发资产在投入生产后某一时间逐渐开始退役，在平均使用年限附近达到顶峰，在平均使用年限之后开始逐渐下降。特别地，常用于钟形退役模式的数学函数有温弗里（Winfrey）分布、威布尔（Weibull）分布以及对数正态分布等。在实践中，钟形退役模式下的正态分布最为常见（Schreyer and Zinni，2021）。

研发资产役龄–效率剖面反映单一研发资产随役龄增加其生产效率的变化。常用的役龄–效率剖面模式有四种：①单驾马车式，该模式假定研发资产在使用年限内效率保持不变，当超过其使用年限后效率即刻变为 0；②直线下降式，该模式假定研发资产在使用年限内每年按照固定的量下降，这意味着研发资产效率随使用年限的增加以较快速率下降；③几何递减式，该模式假定研发资产在使用年限内每年按照固定的比率下降，这意味着研发资产在服役第一年下降的绝对量最大，此后每年的下降比例相同，但绝对量逐渐减少；④双曲线递减式，该模式假定研发资产效率在使用年限早期下降缓慢，在即将达到寿命终点时降速加快。实践中，澳大利亚统计局（Australian Bureau of Statistics，ABS）和 OECD 生产率数据库（Schreyer and Zinni，2021）均将研发资产效率模式设定为双曲线递减式。

（二）研发卫星账户编制的国际实践进展

以研发资本化为核心，不少发达国家展开了编制研发卫星账户的实践工作，进而探讨研发资本化对国民经济核算中心账户的系列影响，其基本编制情况如表1.4 所示。

表1.4　部分国家研发卫星账户基本情况表

项目	美国	荷兰	丹麦	加拿大
发布时间	1994 年、2007 年、2010 年	2003 年、2007 年	2006 年 9 月	2008 年 3 月
账户时间	1959～2007 年	1998～2004 年	1990～2003 年	1959～2007 年
发布机构	BEA	荷兰统计局	丹麦统计局	加拿大统计局
国际准则	FM；2008 版 SNA；HIPPs	FM；1993 版 SNA	FM；1993 版 SNA	FM；1993 版 SNA

项目	英国	德国	芬兰	日本
发布时间	2007 年 12 月	2008 年 8 月	2009 年 6 月	2011 年 2 月
账户时间	1997～2004 年	2003 年	1995～2006 年	1960～2008 年
发布机构	英国统计局	德国联邦统计局	芬兰统计局	日本内阁府经济社会综合研究所
国际准则	FM；1993 版 SNA；1995 版 ESA	FM；1993 版 SNA	FM；2008 版 SNA；HIPPs	FM；2008 版 SNA；HIPPs

早在 1963 年，法国就开始对公共研究机构、公用事业单位和企业部门的研发活动进行调查，并于 1994 年编制了研发卫星账户。具体地，法国研发卫星账户分为三个阶段：第一阶段分别编制了按机构部门（教育、政府和私人部门）分类和产业活动（市场行业和非市场行业）分类的研发支出表；第二阶段分析了研发资

金在机构部门之间的流动，编制了研发资金来源与使用平衡表；第三阶段在前两个阶段的基础上，将核算范围进一步扩大到国民层面，编制了研发资金投资表和使用表。相较于其他国家，法国编制的研发卫星账户侧重于研发活动的统计测度，与其余国家编制的研发卫星账户存在较大差异。

作为世界上研发卫星账户编制较为成熟的国家，美国在 1992 年开始着手该项工作，并于 1994 年发布了首个研发卫星账户。具体地，1994 版的研发卫星账户涵盖了三个内容：一是提供与美国国民收入和生产账户（national income and product accounts，NIPAs）核算协同使用的研发支出数据；二是将研发经费支出视为投资，识别其在增加知识、开发或改进工艺和产品以促进生产率和经济增长中的作用；三是提供知识资本存量的估计过程和结果。进一步地，BEA 对 1994版的研发卫星账户在数据和内容上做了较大改进，分别于 2007 年和 2010 年发布了更新后的研发卫星账户，最终形成了包含"研发桥接表、研发供给使用表、研发固定资本形成表、研发资本存量表、研发资本化影响表"的研发卫星账户体系。

随后，丹麦、英国、加拿大、德国、芬兰陆续展开本国研发卫星账户的编制工作。总体来看，上述国家编制的研发卫星账户繁简程度不一，编制重点各有侧重。其中，丹麦统计局编制的研发卫星账户主要提供了两方面的信息：一是研发固定资本形成和研发资本存量的相关数据，二是研发资本化对 GDP 以及其他重要经济总量指标的影响。加拿大统计局编制的研发卫星账户除了重点分析额外增加的研发资本化如何影响经济之外，也展示了全部研发资本化对经济账户的影响①。德国在编制研发卫星账户的过程中，通过概念讨论和初步计算明确了以下三点：①研发统计数据如何转化为国民核算中的概念；②如何核算研发产出、增加值和资本形成；③研发资本化对国民核算总量的影响。特别地，英国在编制研发卫星账户的过程中对研发使用寿命展开了详细调查，同时对测算研发资本存量中的具体参数选择进行了敏感性分析。随着发达国家陆续发布研发卫星账户，如何评价研发的折旧以及研发季度值的推算方法等各种问题仍然存在。基于此，日本于 2011年 2 月发布了 1960～2008 年的研发卫星账户，日本在编制过程中比较注重参数的细节设置，分别就研发折旧率、研发价格缩减指数、初期研发资本存量等关键参数组合的 11 种不同情景展开了细致探讨。

2009 年 5 月欧盟研发特别工作组会议通过了一套包含 6 张表的研发卫星账户以供成员国参考。综合来看，这套表主要涉及三方面内容：①研发产出表，包括"研发产出直接表"和"研发产出间接表"。其中，直接表主要基于直接数据来

① 二者区别在于是否包含软件开发支出，包括软件开发的为全部研发资本化，反之为额外增加的研发资本化。

源测算各个部门的研发产出，间接表则主要实现由研发经费支出向研发产出的调整。②研发资本测算相关表，包括"研发固定资本形成表"和"研发资本及固定资本消耗表"。其中，"研发固定资本形成表"主要实现由研发产出（经研发产品进出口、贸易加价等核算项目调整）向研发固定资本形成的转换，"研发资本及固定资本消耗表"则主要实现研发资本存量和固定资本消耗的核算。③研发资本化影响表，包括"研发资本化对不同产业增加值的影响表"和"研发资本化核算对 GDP 的影响表"。

（三）国内研究进展

与国外研究进程相比，国内研发卫星账户的编制研究仍处于起步阶段，以 2008 版 SNA 实施为分水岭，可将其划分为两个阶段。

1. 2008 版 SNA 实施前，编制研发卫星账户研究的萌芽期

在 2008 版 SNA 实施前，国内学者对研发核算的研究呈现"重研发资本存量核算、轻研发卫星账户编制"的特征。该阶段中，将"研发经费支出"视为"研发投资"的代理变量，采用 PIM 或 Griliches 法测算研发资本存量的研究层出不穷。相关研究对研发资本存量的测算主要包括全国层面（蔡虹和许晓雯，2005；吴延兵，2006；李小胜，2007；刘建翠等，2015；杨林涛等，2015b）、区域层面（肖敏和谢富纪，2009；谢兰云，2010；王孟欣，2011b；刘建翠和郑世林，2016；陈宇峰和朱荣军，2016；刘莉，2017）以及行业层面（朱有为和徐康宁，2006；邓进，2007；吴延兵，2008；王俊，2009；李向东等，2011；孟卫东和孙广绪，2014）。相较之下，此阶段中探讨如何构建我国研发卫星账户的研究可谓凤毛麟角。高敏雪（2000）详细介绍了美国 1994 年编制的研发卫星账户的背景、内容以及存在的问题；马国标（2007）不仅分析了中国研发核算与 OECD 研发核算存在的异同点，还介绍了 OECD 成员国的研发卫星账户编制情况，并提出构建中国研发卫星账户的建议。路守胜（2009）在分析了美国和法国的研发卫星账户后，首次提出构建中国研发卫星账户的具体方案（包含研发活动经费支出来源表、国家财政科技拨款表、研发经费支出分产业用途表、研发直接产出统计表和研发间接产出表等五类表式设计）。

2. 2008 版 SNA 实施后，编制研发卫星账户研究的发展期

自 2008 版 SNA 调整研发核算方法后，国内学术界将研发核算的相关研究推向了一个高潮，相关研究主要聚焦于以下三个方面。

（1）研发资本化的核算。2008 版 SNA 实施以来，国内学者围绕研发资本化核算主题展开了大量且富有价值的研讨，主要涵盖以下内容。①2008 版 SNA

中研发核算方法修订内容的介绍。许涤龙和周光洪（2009）、"SNA 的修订与中国国民经济核算体系改革"课题组等（2012）介绍了 2008 版 SNA 关于研发核算方法的修订内容，比较了研发在 1993 版 SNA 和 2008 版 SNA 中处理方式的异同，并提出了中国实施这些修订的相关建议；魏和清（2012）总结归纳了 1993 版 SNA 和 2008 版 SNA 对研发核算的不同处理，阐明了研发资本化核算可能对 GDP、资产存量与结构等指标的影响，并指出了研发资本化核算面临的技术问题。②国外研发资本化核算经验介绍。王孟欣（2011a）在介绍与分析 BEA 关于研发资本存量的测算方法后，指出了中国研发资本存量测算未来的工作方向。曾五一和王开科（2014）、魏和清（2014）均介绍了美国的研发资本化核算及其对总量指标的影响，并建议尽早实施研发资本化。③研发资本化对经济总量指标的影响。倪红福等（2014）、江永宏和孙凤娥（2016a）、杨林涛等（2015a）、许宪春和郑学工（2016）基于 GDP 三种核算方法，分别考察了研发资本化核算对 GDP 总量核算以及主要经济变量的影响。朱发仓和苏为华（2016）在论述了将研发核算为资本的相关概念的基础上，以浙江省为例测算了研发资本化核算对浙江全社会研发固定资本形成总额、GDP 增速等变量的影响。高敏雪（2017）依据国民经济核算原理，辨析已有研究的认识偏误，阐明了 GDP 核算是实现研发资本化的平台这一关键问题。

（2）研发资本存量的测算。继 2008 版 SNA 实施研发资本化后，国内学者开始遵循"研发支出→研发投资→研发资本存量"路径，采用 PIM 或 BEA 法测算研发资本存量。相关研究对研发资本存量的测算主要包括全国层面（江永宏和孙凤娥，2016b；王华，2017）、区域层面（孙凤娥和江永宏，2018；侯睿婕和陈钰芬，2018；李颖，2019；陈钰芬等，2020；曹跃群等，2022；马树才等，2023）以及行业层面（王亚菲和王春云，2018a，2018b；陈钰芬和侯睿婕，2019；朱发仓等，2019；徐蔼婷和连港慧，2019）。进一步地，徐蔼婷等（2019）将研发资本的生产与财富属性纳入统一的测度框架，综合测算具有财富性与生产性的研发资本存量。朱发仓和杨诗淳（2020）基于研发在经济运行中的财富储备和服务经济运行两个功能，测算了各执行部门的研发财富资本存量和研发资本服务量。杨林涛和邱惠婷（2021）基于非传统 PIM 测算了 1978~2018 年中国具有财富性与生产性的研发资本存量。

（3）研发卫星账户的构建。随着研发资本化核算研究的深入，研发卫星账户因能够拓展国民经济核算中心账户的研究内容并提供详尽的研发资料而受到众多学者的一致认可（蒋萍等，2013；何平和陈丹丹，2014；倪红福等，2014；魏和清，2014；杨林涛等，2015a），其编制研究更是成为研发核算未来的发展方向，具有重要的理论与实践意义。实际上，真正以研发资本化核算为基础的国内研发卫星账户研究始于 2008 版 SNA 颁布之后。魏和清（2012）对研发卫星账户编制的背景与现实意义、理论与现实研究基础、美国编制情况以及中国研发卫星账户编制存在问题等方面进行了介绍。邱叶（2014）深入探讨了研发卫星账户的编制理论，并重点对美国 2010 年编制的研发卫星账户进行了介绍，继而展开中国研发卫星账户编制实践，但其本质仍为研发资本化核算与研发资本存量测算。尹敬东和李敏（2017）对美国研发卫星账户体系（包括结构、方法和产出测量等内容）进行了详细述评，并就中国研发卫星账户的编制提出了建议。陈丹丹（2017）对美国研发卫星账户的发展进行了梳理，并指出了中国编制研发卫星账户具备的条件和存在的问题。徐蔼婷和祝瑜晗（2017）构建了研发卫星账户的编制框架，细致阐释了研发卫星账户的编制方法、表式设计及技术难点，并深度解析了九个国家研发卫星账户的编制实践，从而为编制中国研发卫星账户提供了重要参考。

三、研究述评

通过梳理国内外研究进展发现，在研发卫星账户的相关研究中，既有较为成熟的研发资本测算理论成果，又有相对丰富的研发卫星账户实践研究。具体来看，国外研究大多是出于研发资本化的目的而编制研发卫星账户，因此其关于研发卫星账户编制的理论探讨主要以研发资本测算为核心，其编制实践也主要聚焦研发以资本身份融入国民经济核算体系，继而对 GDP、消费、资本形成等重要经济指标产生的系列影响等。这些丰硕的研究成果为本书搭建中国情境下的研发卫星账户编制框架，并展开对中国研发卫星账户的编制与试算提供了重要的参考借鉴。然而，编制卫星账户是一项复杂烦琐而富有弹性的工作，有关研发卫星账户的研究仍存在进一步探讨的空间。

（1）当前关于研发卫星账户的研究较少涉及对研发卫星账户编制理论的系统探讨。虽然 SNA、HIPPs、FM 以及《2010 版 ESA 的研发测算手册》为研发活动核算提供了重要的参考指导，各国的研发卫星账户编制实践也积累了丰富的操作经验，但无论是理论还是实践的关注点仍局限于研发资本化核算的讨论上。例如，自 2013 年实施研发资本化改革，研发以固定资产身份纳入 NIPAs 以及行业经济账户之后，美国不再以编制研发卫星账户的形式单独发布研发核算的有关信息。可见，目前研究未能完整地呈现研发活动的全貌，进而引致对以研发为核心的技术创新水平的把控有失偏颇。因此，亟须构建一个涵盖从研发活动生产投入、产出以及产出使用去向的完整脉络的研发卫星账户编制理论框架，进而指导研发卫星账户的编制实践。

（2）当前关于研发卫星账户的研究缺乏对研发产业和研发溢出的探讨。以研发资本化为核心的研发卫星账户编制实践研究侧重强调研发产品资本属性的转变问题，而忽视对以研发活动为核心所形成的研发产业的探讨。随着各国对创新重视程度的日益加剧，尤其是中国经济正处于新旧动能转换的关键期，科技创新被摆在了国家发展全局的核心位置，研发产业规模将进一步扩增。因此，不将研发产业纳入研发卫星账户的研究范围，是当前研究中的一个不足。此外，随着产业间相互渗透与融合程度的加深，研发产业与其他产业的关联程度逐渐上升，研发溢出范围不断扩大，而不考虑研发溢出的研发卫星账户也就不能真实而完整地反映研发活动的经济效益。

（3）当前关于研发卫星账户的研究对研发资本的测算缺乏清晰的认识。作为一种固定资本，研发资本无疑具有资本的财富性与生产性两大特征。然而，目前除美国劳工统计局（Bureau of Labor Statistics，BLS）和 ABS 常规发布研发资本的财富性资本存量和生产性资本存量外，现有大多数相关研究中并未完全区分研发资本的财富属性和生产属性。已有文献侧重测算体现资产财富属性的财富性研发资本存量，对于体现资产生产属性的生产性研发资本存量和研发资本服务的测算较少涉及。近来，国内学者开始着眼于从财富与生产两个属性测算全国层面的研发资本存量，但较缺乏对区域和行业层面的探讨，这也正是当前研究中的一个不足。

综上可见，研发卫星账户应当具有明确的概念、清晰的研究范围、系统的体系设置，满足不同数据使用对象的需求。因此，本书旨在以国民经济核算理论为基础，从理论和实践两个层面尝试构建一个内容全面、结构严谨的研发卫星账户编制框架，并展开对中国研发卫星账户的编制实践工作。

第三节　研究框架与方法

一、研究框架

本书以国民经济核算为理论基础，以 FM、HIPPs 为重要指导，遵循"研究目标→理论阐述→表式设计→经验归纳→中国实践"的逻辑脉络，强调"研发卫星账户理论体系架构与编制实践相结合""研发卫星账户国外实践借鉴与中国特点研究相结合"。基于此，本书整体框架如图 1.1 所示。

二、研究方法

本书的主要研究方法包括文献研究法、比较分析法、定性分析法和定量分析法以及大量数据的查询和筛选等。

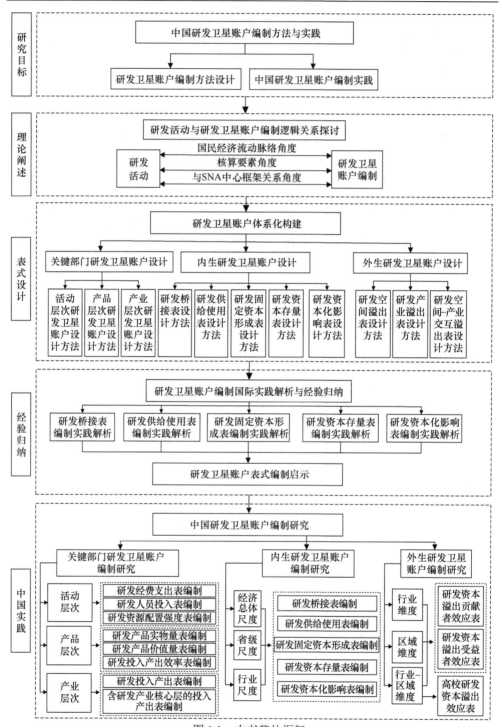

图 1.1　本书整体框架

（1）文献研究法。本书重点梳理了四个方面的文献：一是基于理论与实践两个层面，全方面梳理了国内外理论界与国际组织和各国政府对卫星账户、研发卫星账户的编制探索；二是基于 FM、HIPPs、SNA 和 IAS 四大国际标准与准则，多角度梳理了研发活动的内涵与分类；三是基于研发产业发展蒸蒸日上与研发产业口径莫衷一是的双重背景，系统梳理了研发产业的统计界定研究；四是基于外生研发卫星账户编制范围如何界定这一基本问题，分层次梳理了研发溢出的测度视角、测度方法等研究进展。

（2）比较分析法。本书注重以下三个维度的比较：一是不同国家之间的比较，本书梳理并比较不同国家之间研发卫星账户在表式设计、项目设置与编制细节等方面的差异，提炼出可供中国编制研发卫星账户借鉴的经验做法；二是中国与其他国家之间的比较，本书将中国与世界五个科技强国在研发投入、研发产出以及研发投入产出效率三个方面进行综合比较，更好地衡量中国研发水平在全球的位次；三是不同研究尺度之间的比较，本书将研发卫星账户编制尺度细化至经济总体、省级和工业行业，立体式呈现中国各层级研发固定资本形成及研发资本存量的状况。

（3）定性分析法。本书在四个方面采用了定性分析法：一是归纳总结现有研发卫星账户的研究进展与局限，从而为构建研发卫星账户提出有价值的研究思路或方法；二是深度解析研发活动、卫星账户、研发卫星账户等重要关系词的概念与内涵，以此奠定研发卫星账户编制框架的理论基础；三是基于研发卫星账户三个层次的界定，构建研发卫星账户的具体表式设计方法，以及解决表式编制过程中的重点问题，为编制中国研发卫星账户提供方法基础；四是归纳总结现有研发产业的统计界定，界定中国研发产业的统计口径，并开展研发产业的分类体系设计。

（4）定量分析法。在本书中国研发卫星账户 91 张表式的编制实践中，定量分析法贯穿始终。在关键部门研发卫星账户编制层次，分别编制了活动、产品两个维度的研发卫星账户序列，重点借助投入产出方法编制了研发产业投入产出表，并进一步分析了研发产业与国民经济其他产业的经济技术关联；在内生研发卫星账户编制层次，借助 PIM 测算了经济总体、省级和工业行业三种尺度下的研发资本存量，并进一步分析了研发资本对 GDP 调整的影响等；在外生研发卫星账户编制层次，借助于多区域投入产出方法分析了行业与区域双重维度下的研发溢出效应，并运用引力模型和社会网络分析等方法考察了 30 个地区高校的研发溢出效应。

（5）大量数据的查询和筛选。本书在中国研发卫星账户 91 张表式的编制实践中，所用方法较多、所需数据庞大，例如，时间序列数据，省级、工业行业和国际三个层面的面板数据，全国投入产出表数据和多区域投入产出表数据等，因此数据的搜集、筛选和整理必须科学、准确。本书使用的数据来源主要有《中国统计年鉴》、《中国科技统计年鉴》、《2000 全国 R&D 资源清查综合资料汇编》

《2009 第二次全国 R&D 资源清查资料汇编》、世界知识产权组织（World Intellectual Property Organization，WIPO）官方网站、OECD 官方网站、IncoPat 专利数据库等。

第四节 研究创新与不足

一、研究创新

总体来看，本书的研究创新体现在以下四个方面。

1. 区分研发层次，构建起研发卫星账户的编制理论方法体系

本书区分研发与 SNA 中心框架的关系，构建起包含关键部门、内生、外生三个层次的研发卫星账户编制一般理论框架，这是一种全新的理论尝试。具体的：①区分研发活动、研发产品、研发产业三个层次，勾勒了刻画研发活动蕴含的创新资源配置状况、研发产品的供给与使用状况、研发产业的发展与演化状况、研发产业与其他产业经济技术联系的关键部门研发卫星账户编制理论框架；②区分研发产出、研发投资、研发资本三个层次，构建了全面刻画研发产品在国民经济生产、分配、使用、积累等运行环节的面貌，同时展现研发资本化的内生研发卫星账户编制理论框架；③区分研发资本静态溢出、研发资本动态溢出两个层次，归纳了突破 SNA 经济意义的生产范围口径、展现研发活动外部效应的外生研发卫星账户编制理论框架。

2. 融合多方视角，编制了中国情境下的研发卫星账户序列

本书融合了多方视角，实际编制了包含 91 张表式的中国情境下的研发卫星账户序列，这是一种全新的探索。具体的：①融合一般内容视角，遵循卫星账户一般以实物量表和价值量表为基本内容的编制惯例，本书编制了研发人员投入数量表、PCT 专利申请数量表等系列研发卫星账户实物量表，还编制了研发供给使用表、研发固定资本形成表、财富性研发资本存量表、生产性研发资本存量表等系列研发卫星账户价值量表，以此体现中国研发卫星账户序列的一般性。②融合国际经验视角，以美国、加拿大、丹麦、荷兰、日本、芬兰、以色列、英国、德国九个国家为例，开展对研发卫星账户编制国际实践的深度解析与差异比较。在对各国编制实践的分析中寻共性、探亮点、找参考，据此形成对中国研发卫星账户编制的科学依据。③融合现实需求视角，遵循创新型国家和世界科技强国建设路径，匹配创新驱动发展战略、"知识产权强国"战略等的推进需求，在充分考虑内容构成与编制实践的基础上，设计了符合中国现实需求的系列表式，如编制了客观体现研发活动所折射的创新资源配置效率的中国研发投入产出效率表、能弥

补研发投入强度对创新监测不足的中国研发投资强度表、"数量繁荣"背景下专利真实"含金量"的中国专利价值表、刻画研发产业与国民经济其他产业技术经济关系的研发投入产出表等。

3. 细究研发特征，优化研发资本测算的方法体系

本书细究研发特性，从资本属性、折旧规律、溢出范围等角度，对研发资本测算方法体系进行优化。具体的，①单一属性→双重属性：作为一个与劳动、物质资本相匹配的生产要素，研发资本的测度属性应该包括两方面，即财富属性和生产属性。前者目的在于摸清科技创新积累的"家底"，后者目的在于衡量生产过程中科技创新的贡献，由此勾勒出兼具财富与生产双重属性的研发资本全貌。既有文献的研究重心多在于财富性研发资本存量的测度。本书将研发资本的生产属性与财富属性纳入统一的测度框架，提出一种研发资本存量的综合测算方法，进一步完善了研发资本的测度方法体系。②几何效率→双曲线递减：鉴于价值时变引致的经济折旧和效率时变引致的资产重置在一般情况下是不同的，既有文献通常基于相对效率几何递减假定，难以对其进行有效区分。本书以双曲线固定资本相对效率递减模式为基础，克服几何衰减模式下重置率和折旧率一致所带来的不利影响，可进一步准确区分和衡量折旧率和相对效率对估算生产性研发资本存量和资本服务的影响，继而优化研发经费支出向研发产出的转换调整。③单一维度→双向交互：多边贸易打破了地理边界的限制，行业融合突破了领域边界的壁垒，进而引致了大规模研发资本的跨区域、跨领域流动。既有研究往往只侧重从行业之间或区域之间的单一维度来考察研发资本的溢出效应，而忽略研发资本在区域与行业之间的纵深交互。据此，本书将前向乘数和后向乘数理论与多区域投入产出模型结合，尝试从区域与行业的双向交互层面，完整刻画研发资本溢出效应。

4. 深化账户细节，拓宽中国研发卫星账户的应用广度与深度

本书深化账户细节，从账户分类视角、呈现方式、呈现结果上进行新探索，这是对中国研发卫星账户应用广度与深度的充分拓展。具体的，①分类视角新：核心+支撑+扩展。通过对研发产业并不只是"研发"与"产业"的简单组合而是以研发活动为核心的相关产业有机整合的充分认知，本书突破了既有研究侧重于从福利效应来界定研发产业的局限，创新地将研发产业群细分为研发产业核心层、研发产业支持层、研发产业扩展层，进而根据《国民经济行业分类》（GB/T 4754—2017）划定了研发产业分类体系。据此，编制了"核心+支撑+扩展"视角下的研发投入产出表序列。②呈现方式新：综合账户+专题呈现。在本书编制的91张研发卫星账户序列表式中，32张综合账户表式用来刻画研发活动在国民经济生产、分配、使用、积累等运行环节的全貌。同时，本书还编制了59张更具灵活性的专

题表式，聚焦某一主题，进行专题账户编制系列的尝试，例如，专利主题涵盖专利实物量统计、价值测算等系列内容；高校主题①涉及高校的研发人员与经费投入、研发产出、研发固定资本形成、研发资本存量以及研发溢出等序列内容；研发产业主题包括研发产业总产出、增加值以及研发产业与其他产业间的关联效应及波及效应等系列内容。③呈现结果细：长序列+多尺度。本书编制研发卫星账户的时间序列平均跨度为 28 年，其中，经济总体层面的"研发桥接表、研发供给使用表、研发固定资本形成表、研发资本存量表和研发资本化影响表"时间序列跨度为 45 年。同时，本书囊括了经济总体（样本区间为 1978～2022 年）、区域（样本区间为 2000～2022 年）以及行业（样本区间为 1990～2022 年）三种数据尺度下的研发产出、研发固定资本形成、财富性研发资本存量、生产性研发资本存量等时间序列数据，可以满足不同用户的数据使用需求。

二、研究不足

本书虽然从研发卫星账户编制的理论基础、方法设计以及实践探索三个维度，设计了中国情境下的研发卫星账户综合编制框架，但仍存在一些不足，具体表现如下。

第一，在构建研发卫星账户理论框架时，本书试图从关键部门、内生以及外生三个层次，囊括研发活动、研发产品、研发产业以及研发溢出等内容，力求全景展示研发发展。然而，不容忽视的是，本书仅是立足于现阶段中国研发统计发展的现实基础而构建研发卫星账户编制框架。随着中国科技创新力度的不断增大，自主研发实力的不断提升，新技术、新业态、新模式的不断出现，未来仍需进一步调整研发卫星账户框架设计以适应新情况的发展。

第二，在关键参数设定上，囿于中国研发统计调查数据基础薄弱、开展研发资本化核算较晚等现实问题，在编制内生研发卫星账户过程中，一方面，尽管本书采用一定的统计方法对缺失数据进行了估算填补，尽可能保证估算结果的合理性，但仍不可避免地存在误差；另一方面，本书对研发产品进出口、研发资产使用寿命、初始研发资本存量等参数均做了不同程度的简化处理，这也产生了一定程度的估算偏差。随着中国研发统计基础的不断夯实，仍需借鉴最新的研究成果，深入探讨中国研发资本测算中关键参数的设定问题。

---

① 实践中，由于三个层次的研发卫星账户均涉及高校（也称高等教育部门），且三个层次具有递进的逻辑关系，故书中未专门以高校为专题形式安排内容。但是，将书中和高校相关的内容单独提炼出来，即可构成高校专题统计。

第二章　研究与试验发展卫星账户编制基础研究

"研究与试验发展"或者"研究与开发"，英文译作"research and (experimental) development"，简称"研发（R&D）"。本章基于国际标准较详细地考察了研发活动的内涵特征及分类，解析了研发活动的流动脉络和研发卫星账户的三个层次，阐释了研发卫星账户与 SNA 中心框架之间的关系，以此奠定了研发卫星账户编制的理论基础。

第一节　研发活动特征与分类

一、研发活动及其特征阐释

本节汇集了 OECD 编制的 FM 和 HIPPs、联合国等多个国际组织共同编制的 SNA 以及国际会计准则委员会（International Accounting Standards Committee, IASC）编制的 IAS 四大国际通行的指南与准则，对研发活动及其特征予以阐释。

（一）FM 定义的研发活动及其特征

自 OECD 于 20 世纪 60 年代首次发布 FM 以来，其成为国际标准逾 60 年，通过提供国际公认的研发定义和活动分类，确立研发调查的国际规范和国际分类标准。几经修订，FM 已更新至第七版（简称 2015 版 FM），如今已跃然成为一项全球化准则，指导世界各国的科技活动调查与研发投入统计实践。受 FM 指导，各国的研发调查均围绕研发经费和研发人员展开，这为国家或地区之间的数据一致性与可比性提供了可能。

作为核心概念，研发活动的定义在 FM 各版本的更新中一直保持一致。2015 版 FM 将研发定义为"为增加知识储备（涵盖人类、文化和社会的知识）而进行的系统性和创造性工作，以及利用这些已有知识储备来开展新应用的工作"（2015 版 FM 第 2.5 段）。进一步地，研发活动被定义为"由研发执行者为创造新知识而开展的所有行动"（2015 版 FM 第 2.12 段）。原则上，研发活动需要满足以下五个特征。

（1）新颖性：以新发现为目标。创造并获取新知识是开展研发活动的一个预期目标，且不同活动的新颖程度有所不同。这一特征有效区分了研发活动与获取知识活动。例如，通过复制、模仿或者反工程（reverse engineer）等手段获取知识的活动不属于研发活动范畴，因为这种知识并不具备新颖性。

（2）创造性：以原创/模糊的概念和假定为基础。除了获取新知识，开展研发活动还需以提升拓展已有知识或提出新概念、新想法、新方法为目标。这一特征将研发活动与常规的活动流程有效区分开来。例如，数据处理不属于研发活动，而用新方法开发数据处理则属于研发活动。

（3）不确定性：最终产出在很大程度上具有不确定性。研发活动的最终产出具有较大的不确定性。其不确定性涉及多个方面，如开展研发活动所需付出的成本是不确定的、所付出的时间是不确定的、实现预期目标所需投入的资源是不确定的、目标是否能够实现（或者在多大程度上能够实现）也是不确定的等。

（4）系统性：需要制订计划和编制预算。研发是一类有计划的活动，一般需在活动前制订详细的计划并编制预算方案，而在活动实施过程中也需做好相应的信息系统记录。这一方面是为了明确特定的需求以更好地实现研发活动目的；另一方面是为了掌握活动过程中人力资源和财力资源的配置进度。

（5）可转让性或可复制性：在市场中自由转移或进行贸易活动。研发活动具有转化新知识的潜力，可以保证研发项目具有广阔的应用市场，能够在市场中自由转移或自由贸易。同时，研发活动应具备可复制性，能够复制给他人以融入他人的研发活动。鉴于开展研发活动的本质目的在于增加知识储量，若不涉及保密知识或者知识产权保护等问题，研究成果应尽可能公开以降低被遗失的风险。

（二）SNA 定义的研发活动及其特征

作为一个纲领性统计框架，SNA 为政府决策、经济分析研究提供了一套兼具综合、一致、灵活等特性的宏观经济账户。自 1953 版 SNA 发布以来，国民经济核算体系不断整合现实发展需求和更新核算理论方法，1968 版 SNA、1993 版 SNA、2008 版 SNA 相继出台，已然成为一国进行宏观核算和分析的必备工具。

可以发现，国民经济核算体系的建立不是一蹴而就的，而是一个理论水准与应用价值渐次提升的过程。虽然技术创新驱动一国发展的经济效应逐步显现，但因无法准确辨别此类活动的本质，SNA 在很长一段时间内未能给出关于研发活动的系统性处理。从 SNA 的历次版本来看：1953 版 SNA 与 1968 版 SNA 均未就研发概念及核算处理展开详细探讨；1993 版 SNA 首次提及研发并认可其具有投资性质，但并不建议以"投资活动"的方式处置它。不同的是，2008 版 SNA 扩大了资产边界，将研发活动视为一项投资，将研发产品视为一类 IPP，将研发活动较好地融入国民经济核算框架。

1. 1993 版 SNA 对研发活动的认识

1993 版 SNA 首次较系统地考察了研发活动。于市场生产者（market producer）而言，研发活动是"一种旨在发现或开发新产品——涵盖现有产品版本的改进、质量的提升，或者发现、开发新的/更有效的生产工艺，而进行的活动"（1993版 SNA 第 6.142 段），并认定研发不是一类辅助活动（ancillary activity），而是一类次要活动（secondary activity）。于非市场生产者（non-market producer）而言，1993 版 SNA 虽未明确界定研发活动的概念，但对其如何估价给出了指导意见。1993 版 SNA 建议，非市场生产者开展的研发活动应根据实际发生的总成本进行估算。

同时，1993 版 SNA 虽已认清"开展研发是一类投资活动"（1993 版 SNA 第 6.163 段）的事实，但囿于当时的技术手段与认知局限性（朱发仓和苏为华，2016），其建议将研发支出作为中间消耗处理，致使宏观核算陷入"研发支出越多，GDP越低"的窘境。更为重要的是，1993 版 SNA 明确建议，尽管研发活动无法作为一类投资活动进入 SNA 中心框架，但应编制研发卫星账户以呈现研发活动的完整面貌（1993 版 SNA 第 21.51 段）。

2. 2008 版 SNA 定义的研发活动及其特征

随着研发投资性质的日益凸显以及核算理论与核算方法的逐步成熟，2008 版 SNA 扩大了资产边界，将研发产品视为一类 IPP，列入生产资产类别。2008 版 SNA 认为研发是"一项有计划、有步骤开展的创造性活动，旨在增加知识存量并利用其来开发或推出新产品——包括现有产品版本的改进、质量的提升，发现或者开发新的/更有效率的生产工艺"（2008 版 SNA 第 6.207 段）。可以发现，2008 版 SNA 对研发（活动）的定义基本沿用了 1993 版 SNA 的，并明确了研发活动的目的在于增加并利用知识存量。至此，研发活动以投资活动性质真正进入国民经济运行系统，并构成驱动经济增长的主要生产活动（principal productive activity）或者次要生产活动（secondary productive activity）。当然，在认可研发活动的"投资"性质后，随之伴生的研发统计数据收集也存在诸多无法规避的技术难题，如研发活动的识别问题、统计范围的确定问题等。

2008 版 SNA 借鉴 FM 将研发支出界定为"为了增加知识储备（包括有关人类、文化和社会的知识）并且利用它们开发新的应用，系统地开展创造性工作而支出的价值"（2008 版 SNA 第 10.103 段），并相应调整了对研发支出的处理方式，将能为所有者带来经济利益的研发支出部分计为"固定资本形成"，并将研发产品列入固定资产项下的"知识产权产品"类别，由此以研发资本的身份融入资产范畴中。

2008 版 SNA 不再单独对研发活动的特征进行描述，而是立足于国民经济过程，描绘了研发活动的生产成果——研发产品（R&D products）或研发产出（R&D output）的使用去向。就使用去向而言，研发产品或被作为中间消耗品用到其他产品的生产过程中，或被用于积累而形成研发固定资本形成（又称研发投资），或被远销海外而形成研发出口。其中，出口的研发产出参与国际贸易环节，较为容易识别；对于如何判定"中间消耗"或"资本形成"的研发产出则要复杂得多。2008 版 SNA 将资产（asset）界定为"一种价值储备，代表经济所有者在一定时期内通过持有或使用某实体所产生的一次性或连续性经济利益。它是价值从一个核算期向另一个核算期结转的载体"（2008 版 SNA 第 3.30 段）。这一界定为判别"研发中间消耗"和"研发固定资本形成"提供了理论指导，即研发投资活动应具有以下特征。

（1）存在预期收益。只有能为其经济所有者带来收益的研发产品才可形成研发资产，因此必须考虑研发产品能否在未来预期内可获得经济利益。原则上，不向其所有者提供未来利益的研发产品不形成固定资产，应计入中间消耗（2008 版 SNA 第 10.103 段）。

（2）使用年限超过一年。研发资产的显著特征并不在于其具备物理意义上的耐用性，而在于它可以在一年以上的时间内反复或连续地用于生产。然而，为住户提供服务的耐用消费品，不能视作固定资产。例如，住户为自身提供服务而购入的研发产品不在 SNA 的生产范畴之内。

（3）经济所有权可以转让。只有经济所有权能转让的研发产品才被视为研发资产。

（三）HIPPs 定义的研发活动及其特征

HIPPs 于 2010 年由 OECD 牵头，与 ABS、欧盟统计局等机构合作编纂而成。在编写 HIPPs 过程中，绝大部分欧盟国家和 OECD 国家都已经开始或即将开始编制本国的研发卫星账户，恰逢 2008 版 SNA 将 IPP 纳入资产范畴之际，HIPPs 从实践角度对 IPP 的产出核算、资本形成核算、资本存量及消耗的核算问题展开了系统阐述，以尽可能降低编制研发卫星账户的成本，同时最大化各国之间研发数据的可比性（OECD，2010）。

研发作为 IPP 的核心内容，HIPPs 对其的定义遵从 FM，认为研发是"为增加知识存量（涵盖人类、文化和社会的知识）而开展的创造性、系统性工作，以及利用这些已有知识储备来设计新应用的工作"（HIPPs 第 7 页第 a 段）。区别于其他商品和服务，HIPPs 认为研发活动及产品应具备四大特征：①唯一（独特）但可复制；②通常生产出来供自己使用；③不会出现物理磨损；④复制成本低，除非申请了保密或知识产权保护。进一步地，对于判定研发活动属于中间消耗还是资本形成，HIPPs 在 2008 版 SNA 的基础上讨论了四种特殊情况。

（1）维护和修理（maintenance and repairs）：系统性完善。2008 版 SNA 对生产中使用的固定资产开展的日常定期保养和修理，作中间消耗处理；对生产中使用的固定资产进行的重大更新、改造或扩建，以提高固定资产的生产效率或生产能力，或是延长其预期使用年限的，作固定资本形成处理（2008 版 SNA 第 6.226 段和第 6.227 段）。研发资产虽然不会出现磨损或其他形式的物理退化，但是可以被改进或拓展（HIPPs 中建议 2）。据此，进行大量和有计划的研发产品完善活动而引致的产出，应视作研发投资活动，记录为研发固定资本形成；而次要和无计划的研发产品改进则应视作中间消耗。

（2）失败的（unsuccessful）研发活动：仍视作投资。如何处理失败的研发活动是一个有争议性的问题。HIPPs 指出，由于研发活动的高风险特征，其产出具有很大的不确定性，但事实上即便是一个失败的研发项目，也并非毫无价值，它可以为以后成功的研发活动积累一些经验。因此，当用生产成本法估计研发固定资本形成时，也应该包括失败的研发活动支出。此外，HIPPs 不建议在研发活动失败时将其资产记录为 0（HIPPs 中建议 8）。

（3）研发溢出（spillovers）：可复制性引致的免费传播。多数研发资产的一个特性是它们可以给其他单位（不包括研发资产的所有者）带来巨大利益却不需要支付任何报酬。由于知识的非竞争性质，研发资产一旦被泄露或公开，其他单位便可通过多种渠道从中受益：一是不同国家对专利或者研发产品的使用权利的保护制度存有差异而引致的研发溢出，如某项研发产品通过专利在 A 国得到保护，但在 B 国没有得到保护，可以被其他机构免费获得；二是通过综合或者扩展已有研发产品进而形成新研发产品引致的研发溢出，如一家制药公司生产治疗糖尿病的特效药，其他制药公司通常会在此款药品相关知识的基础上，生产出药效更好的糖尿病药物；三是专利到期时，其他单位可免费获得这些研发产品而引致的研发溢出。研发溢出通常意味着研发原所有者获利下降，SNA 仅能将该部分视作投资，而所有者之外所无偿获取的额外收益不属于任何资产。基于此，HIPPs 提出研发溢出不应被视为投资活动，由此产生的外溢效应更不应该被记录为资本形成（HIPPs 第 9.1 段）。

（4）重复计算（double counting）的研发：尽可能独立测度。IPP 囊括矿藏勘探与评估，计算机软件与数据库，研发，娱乐、文学和艺术原件以及其他的 IPP。虽然上述 IPP 的内容构成具有较大差别，但在实践中又可能相互包含，一类 IPP 可能用于生产其他 IPP，例如，研发产品可用来开发软件，软件也可用来开发研发产品。即使在一类研发产品中，同样存在相互嵌入式的研发产品且均符合资产定义。对此，HIPPs 建议应尽可能对每一种研发产品的生产成本进行独立估值。当内部生产的研发产品被用于生产其他研发产品时，其成本支出记录则尤为重要，必须确保成本支出只用于该种研发产品，而不能用于间接生产其他研发产品。只有直接用于生产研发产品的这部分中间消耗、劳动报酬、资本服务等才能构成此类研发产品的总支出（HIPPs 第 11.3 段）。

（四）IAS 定义的研发活动及其特征

IAS 由 IASC[①]制定并发布，旨在促成国际范围内的会计行为规范化。IAS 通过纳入各国的会计规范体系来对世界各国的会计活动整体施加影响，但不对各国单个企业层面的会计活动形成约束。在 IASC 制定的 41 项准则中，《国际会计准则第 38 号——无形资产》（IAS 38-Intangible Assets）以无形资产的会计处理规范化为目标，较详细地列示了从研发支出到无形资产的确认步骤，这为企业层面的研发活动的会计处理提供了指南。

根据项目性质及进展，企业自行开展的研发活动通常会划分为研究（research）阶段、开发（development）阶段。其中，IAS 将研究阶段定义为"为获取新技术或知识而开展的有计划的调查工作"；将开发阶段定义为"在开始商业化生产或应用之前，将研究成果或知识应用于推出新产品（包括现有产品版本的改进、质量的提高），发现或开发新的/更有效率的生产工艺"（IASB，2004）。

处于研究阶段的研发活动为进一步的开发活动提供理论、方法、资料等多方面的准备，但能否顺利过渡到开发阶段进而形成无形资产仍有较大的不确定性。例如，生产材料、产品、工序、设备或服务替代品的研究等。

处于开发阶段的研发活动基本上已经具备形成一项新技术或新产品的基本条件。例如，含新技术的模具、工具的设计。实际上，只有处于开发阶段的研发活动，其支出项目才能被视作"无形资产"。在研究阶段的研发支出，以及在开发阶段但不符合无形资产条件的支出，均直接计入当期损益。

（五）对研发活动及其特征的再认识

何为研发活动？FM、SNA、HIPPs 以及 IAS 等国际标准基于自身的工作重点做出了阐释。得益于研发活动在全球范围内的兴起以及对宏观经济影响的不断深化，现有版本的国际标准之间的衔接性与协调性得到大大提升，对于研发活动的界定相差无几。然而，虽然定义相似，但欲将 FM、IAS、HIPPs 与 SNA 直接衔接则仍存有不足（Tanriseven et al.，2008；Ker and Galindo-Rueda，2017）。综合来看，国际标准对于研发活动认知的不同主要在于以下四个方面。

---

① IASC 成立于 1973 年，总部设在伦敦。它由澳大利亚、法国、德国、英国、美国等的 16 个会计职业团体设立。IASC 制定的准则为 IAS，共 41 项。

（1）IAS 服务于微观企业层面的专门核算；FM、SNA、HIPPs 则服务于宏观国家层面的综合统计。从基本定义来看，IAS 与 FM、SNA、HIPPs 并没有显著的区别，研发活动的要点均在于获取新知识、实现知识积累、应用知识去创造新的应用。如果每个企业可以按照既定规范提供研发支出数据，通过汇总就能够生成国家层面的企业研发支出统计数据。但是，从实际运作来看，两套体系属于不同的系统，IAS 属于企业会计范畴，FM、SNA、HIPPs 则属于政府统计范畴；从数据应用目的来看，它们服务于不同层次的管理需求，前者对应于单个企业的经营管理目标以实现利益最大化，后者则对应于宏观经济分析需求以实现规模量化、横纵可比。

（2）FM 围绕对研发活动的识别展开，SNA 与 HIPPs 则在研发活动的基础上引申出研发资产。在 FM 中，研发与研发活动通常不作具体区分，新颖性、创造性、不确定性、系统性、可转让性或可复制性的五类特征被用以准确识别研发活动，从而为捕获此类活动的人员投入、资金投入等投入数据提供方法指导。在 SNA 和 HIPPs 中，研发一词不仅可以指代研发活动（与 FM 等同），更将研发作为一类 IPP 生产出来，然后通过累积研发投资，形成研发资产。这无疑对量化知识积累水平赋予了可能性，从而实现了对科学技术要素变量的单独剥离，将科学技术纳入了经济增长的分析框架。实际上，无论是 SNA 还是 HIPPs 对于研发活动特征的论述，均是针对研发资产展开的。

（3）FM 仅就研发活动的投入展开，SNA 与 HIPPs 则刻画了研发活动投入–产出的完整面貌。虽然 2015 版 FM 与 SNA 的关联密切程度更甚从前，并指明"FM 稳固地置于国民经济统计核算框架之内"（2015 版 FM 第 1.6 段），但 FM 本质上是一个研发活动的投入框架（input framework）。显然，研发投入规模尚未触及研发产出效益转化过程，与国民经济运行过程中的经济水平、资本积累和消耗并无直接关联。相较之下，SNA 和 HIPPs 本质上为研发活动提供了一个投入–产出框架（input-output framework）。从研发投入到研发产出，再到研发投资、研发资产，其间集成了对独立创造知识产出活动的高度认可与对研发产品当期、往期经济价值的立体呈现，更为揭示经济增长的源泉与动力构建了框架。可见，蕴含着研发投入与研发产出内核的 SNA 更能够全面且完整地刻画研发成果对于科技创新活动以及国民经济运行的良性反馈，其功能性与适用性较研发投入指标更甚。

（4）HIPPs 有效架起连接 FM 与 SNA 的桥梁。目前 FM 已成为指导世界各国开展研发投入统计实践的国际标准。受到 FM 指导，各国的研发调查均围绕研发经费和研发人员展开，且已经积累了十分丰富的数据资源。遗憾的是，FM 指导的科技活动的调查目的并不与 SNA 的核算框架相匹配，尤其在部门分类、经费支出、资金分类上均无法直接与 SNA 的部门分类、研发产出、研发供给使用等核算内容有效对接。OECD 颁布的 HIPPs 以 2008 版 SNA 提出的 IPP 为基础，刻画了以研发为典型的 IPP 测度思路,不仅为研发活动参与国民经济运行环节提供了技术指导,更为实现 FM 数据与 SNA 核算需求的衔接提供了可能。例如,将 FM 中的高等教育部门开展的研发活动细分至 SNA 的企业部门、一般政府部门与为住户服务的非营利机构(non-profit institutions serving households,NPISH)中;对 FM 的研发投入进行生产税净额、研发固定资本净收益等调整以完成计价基础的转换,进而获取研发产出。

二、基于研发活动主体的分类

研发活动主体,即担负研发活动成本、承担研发活动风险、享受研发活动收益的个人、组织或单位群体。具体地,研发活动可以根据调查主体、核算主体、生产主体进行细分。

(一)研发活动调查主体分类

表 2.1 展示了三类基于研发活动主体的基本分类。其中,研发活动调查主体通常指研发活动的执行和出资机构单位(institutional unit)。实际上,机构单位是一个核算概念,是指能够独立拥有资产、承担负债并与其他单位进行经济交易的实体(2008 版 SNA 第 2.16 段)。在研发调查中,研发机构单位必须具备实施研发的决策能力、供内部或外部使用的财务资源分配能力以及研发项目的管理能力。相较于 2008 版 SNA 所定义的机构单位,研发调查所界定的机构单位并没有要求基层单位编制一套包括资产负债表在内的完整账户,在很大程度上只是为了收集研发统计数据,并尽可能与其他统计框架和数据相互匹配,以发布全国层面甚至国际可比的研发数据。2015 版 FM 基于调查主体,将研发活动划分为企业部门开展的研发活动、政府部门开展的研发活动、高等教育部门开展的研发活动、私人非营利部门开展的研发活动和国外开展的研发活动五类。

表 2.1 三类基于研发活动主体的基本分类

研发活动调查主体	研发活动核算主体	研发活动生产主体	
企业部门	非金融企业部门	市场生产者	外部购买
	金融企业部门		自产自用
政府部门	一般政府部门	非市场生产者	外部购买
私人非营利部门	住户部门		
	NPISH		自产自用
高等教育部门			
国外	国外	—	—

注:SNA 中无单独高等教育部门,而是包含在 SNA 的各个部门中

1. 企业部门开展的研发活动

企业部门开展的研发活动主要指为市场生产研发产品或研发服务（高等教育除外），并以具有经济意义的价格进行销售的活动。一般地，开展该类研发活动的核心主体是私营企业，也包括一些以研发为主要活动的机构（如具有商业性质的研发研究所、实验室等），无论其是否参与利润的分配。同时，该部门还包括国有/集体企业，尽管其从事的研发活动与私营企业无异，但它们往往会将研发产品或服务的定价降至生产成本之下。此外，有两类非营利机构开展的研发活动也归属于企业部门：一是为市场生产研发产品或研发服务的非营利机构，如研究所、医院等，其一般是以成本价或接近生产成本的价格进行销售；二是服务于企业并为联合会成员提供研发服务的非营利机构。当然，此部门的研发活动可根据企业规模、企业性质进行更细层次的分类。

2. 政府部门开展的研发活动

政府部门开展的研发活动主要指其向公众提供（一般不出售）的研发产品或服务（高等教育除外）。开展该类研发活动的核心主体是各个行政层级的所有机关、部门及机构，它们开展诸如行政管理、国防与公共秩序管理、医疗卫生、教育、文化等社会服务活动。除由高等教育部门管理的机构外，所有由政府控制并受其资助的非营利机构所开展的研发活动，也应归属于此部门。当然，此部门的研发活动可以根据政府机构级别进行更细层次的分类。

3. 高等教育部门开展的研发活动

高等教育部门开展的研发活动主要指由所有大学、技术学院以及其他中学及以上的教育机构提供的研发产品或服务，也包括由高等教育部门直接控制或者管理，或者附属于该机构的所有研究所、实验室以及医院等主体开展的研发活动。当然，此部门的研发活动可以根据高等教育部门的性质（如公立、私立）进行更细层次的分类。

4. 私人非营利部门开展的研发活动

私人非营利部门开展的研发活动主要指由非市场性质且服务于住户的私人非营利机构（或者私人个体及住户部门）开展的研发活动。私人非营利部门应仅包括住户所拥有的非市场性质企业和非法人企业，即利用它们自己的资源或者由"非经济目的"资金资助的研发活动。

5. 国外开展的研发活动

除上述调查主体外，国外主要是指在经济领土内，长期从事显著规模的经济活动,但没有固定生产地点、场所的所有机构和个人。由该类机构和个人开展的研发活动即隶属于"国外"。在研发调查中,"国外"只是作为与国内四个执行部门相对应的一个部门,或作为一个研发资金来源部门,或作为一个研发外部经费的接收部门。由于"国外"仅被用作统计单位研发资源的一个子项,因此不存在进一步分类的问题。

(二)研发活动核算主体分类

在国民经济核算体系中,特征相似的机构单位合并构成机构部门。每个常住机构单位都可以归属于五个机构部门中的唯一部门,加上非常住住户或公司以记录与国外的研发活动而形成的"国外"机构部门。2008 版 SNA 基于核算目的,将研发活动划分为六类:①非金融企业开展的研发活动;②金融企业开展的研发活动;③一般政府部门开展的研发活动;④NPISH 开展的研发活动;⑤住户部门开展的研发活动;⑥国外开展的研发活动。

理论上,将研发活动归于这六类部门需五个步骤:一是区分活动主体是常住单位还是非常住单位,若是后者则直接认定为国外开展的研发活动。二是判断研发活动的主体是否为住户,若是则直接认定为住户部门开展的研发活动。三是考察研发活动的主体是市场生产者还是非市场生产者,若该主体的研发产出能够以具有显著经济意义的价格提供,则为企业部门开展的研发活动;若价格无显著经济意义,则为 NPISH 或一般政府部门开展的研发活动。四是对企业部门的研发活动进一步细分,判断活动主体是否能提供金融服务,若可以提供则为金融企业开展的研发活动;若不可以提供则为非金融企业开展的研发活动。五是对 NPISH 和一般政府部门开展的研发活动进一步细分,判断活动主体是否受政府控制,若受控制则为一般政府部门开展的研发活动,若不受控制则为 NPISH 开展的研发活动。

(三)研发活动生产主体分类

1. 市场性研发活动

市场性研发活动是指市场生产者为自身利益从事的研发活动。市场基层单位开展研发活动的目的,主要是以有经济意义的价格出售研发产品或服务。若以自身最终使用为目的,则主要形成企业的固定资本。对市场生产者开展的研发产出进行估价,原则上应按其被商业转包时支付的基本价格估算,但实践中很可能不得不采用生产总成本来估价。此外,对于商业性质的研究所/机构进行的研发,一般按照合同收入、销售收入、佣金收入、服务费等估价。

2. 非市场性研发活动

非市场性研发活动是指非市场生产者开展的研发活动。非市场生产者通常会以免费或非经济意义的价格提供其所生产的大部分研发产品或服务。基于此，诸如政府、大学和非营利性研究机构等开展的研发活动便属于非市场性研发活动。对于非市场性研发活动，SNA 建议以发生的总成本进行估价。原则上，大学或者其他高等教育机构所从事的教学活动应与研发活动严格区分开来。但在实际操作中，当从事这两种活动的人员是同一批人时，将两者区分开十分困难。

三、基于研发活动客体的分类

研发活动的客体，即与研发活动主体相对应的研发产品、研发服务、研发工作等研发活动内容所指向的一切对象。具体地，研发活动可以根据类型客体、产品客体、领域客体以及目标客体进行细分（表 2.2）。

表 2.2　四类基于研发活动客体的基本分类

分类标准	具体类型
研发活动类型客体	基础研究、应用研究、试验发展
研发活动产品客体	产品性质、产品用途
研发活动领域客体	自然科学、工程与技术、医学与健康科学、农学与兽医学、社会科学、人文科学和艺术
研发活动目标客体	地球探测与开发，基础设施和土地利用的总体规划，环境的治理和保护，人类健康的保护与改善，能源的生产、分配和合理利用，农业生产与技术，社会结构与关系，空间探测与开发，非定向研究，非他民用研究，国防，工业生产与技术

（一）研发活动类型客体分类

依据研发活动自身的特征，研发活动的类型客体可分为基础研究（basic research）、应用研究（applied research）与试验发展（experiment and development）。

1. 基础研究

基础研究是一种具有实验性或者理论性的工作，其主要是为了获取关于现象或可观察事实的基本原理和新知识，一般不预设任何特定的应用目的或使用目的。基础研究的成果往往不用于出售，但通常会发表在科学期刊上或者与感兴趣的同行交流。进一步地，基础研究根据有无特殊用途，可进一步细分为"纯基础研究"（pure basic research）与"定向基础研究"（oriented basic research）。

2. 应用研究

应用研究也是一种为了获取新知识而进行的初始性研究工作，但它主要是针对某个具体而实际的目的或目标，使可能的应用有效地转化为产品、操作、方法或系统。应用研究对想法操作赋予可能性，产生的知识应用可由知识产权工具保护，包括采取保密措施进行保护。

3. 试验发展

试验发展是一种利用从科学研究、实践经验中获取的知识以及产生的额外知识，以生产新产品和新工艺，或者改进现有产品和工艺而开展的系统工作。需要注意的是，试验发展并不等同于产品开发。产品开发是一个从想法和概念的形成到商业化的全流程工作，旨在为市场提供新产品。试验发展往往仅涉及产品开发过程中的某个可能性阶段。

（二）研发活动产品客体分类

按照产品领域对研发活动进行分类一般仅限于企业部门，且主要侧重于企业开展研发活动的实际产业应用方向。同时，分类目录的选择通常基于研发统计数据的预期用途，如分析研发贸易情况可采用《国际标准贸易分类》（Standard International Trade Classification，SITC）；分析研发产业的产出情况可应用《全部经济活动国际标准产业分类》（International Standard Industrial Classification of All Economic Activities，ISIC）。在按照产品领域划分研发时，有两种可供选择的标准：一种是产品性质，另一种是产品用途。

1. 根据产品性质的分类

研发活动可按照正在开发的产品性质进行分类。美国国家科学基金会[①]（National Science Foundation，NSF）在开展应用研究、试验发展的调查时采用的分类准则正是基于产品性质——不论产品应用于哪一个制造业细分行业，其研发活动费用根据产品本身性质予以划分。例如，农场机械电气部件的研究不归入农业，而归入电气机械类；研究钢铁行业所使用的耐火砖归入石料、黏土、玻璃和混凝土这一产品类别，不论这项研究是在钢铁行业进行，还是在石料、黏土、玻璃和混凝土行业进行，都不归入黑色金属类。这一分类方法的优点是：无论产品有何用途，任何企业用于开发同一类产品的研发经费支出都属于同一产品领域，因而无论是企业之间还是国家之间都具有较强的数据可比性。但是，这一分类方法不可避免地存在缺点，比如，会大幅低估由大批零部件组装形成的产品（如飞机）的研发支出。

---

① 美国国家科学基金会成立于 1950 年，是美国独立的联邦机构，通过资助基础科学研究计划、改进科学教育、发展科学信息和增进国际科学合作等办法促进美国科学的发展。

2. 根据产品用途的分类

研发活动可按照企业开展研发计划所支持的经济活动进行分类。一般地，仅从事单一产业经济活动的企业，其研发划入该产业部门的产品领域。而当企业从事两个及以上的产业经济活动时，则须考虑产品用途。例如，当企业仅从事半导体产业，超大规模集成电路中进行的研发活动属于电子元配件类别；当企业仅从事计算机产业，超大规模集成电路中进行的研发活动属于办公设备及计算机类别。当企业同时从事半导体产业和计算机产业，这一研发活动应根据其具体用途进行划分：若超大规模集成电路是单独出售，则研发活动应属于电子元配件类别；若超大规模集成电路是装配在计算机中出售，则研发活动应属于办公设备及计算机类别。基于"产品用途"的分类目的是便于在基层组织层面上提供与其他统计数据可比的研发数据，特别是形成增加值的相关数据。因此，针对从事一个以上产业活动的企业，按照这一方法对研发活动进行分类就显得非常有效。

（三）研发活动领域客体分类

研发活动主要发生在科学技术领域。研发活动按照领域客体归类的本质是指将研发活动归入不同的科学技术领域。据此，研发活动的科学技术领域可分为自然科学（natural sciences）、工程与技术（engineering and technology）、医学与健康科学（medical and health sciences）、农学与兽医学（agricultural and veterinary sciences）、社会科学（social sciences）、人文科学和艺术（humanities and the arts）六个大类。相较于研发活动产品客体分类，该分类准则比较适用于高等教育部门、私人非营利部门和政府部门所实施的研发活动。同时，该分类准则与联合国教育、科学及文化组织（United Nations Educational, Scientific and Cultural Organization，UNESCO）统计机构发布的《关于科学技术统计国际标准化的建议》密切相关。需要指出的是，根据科学技术领域的分类可以从两个角度解读：一是所考察的研发活动本身属于哪个具体领域，二是实施单位所从事的主要活动属于哪个技术领域。后者实际上是基于主体的分类，但是企业部门很少做这样的尝试。

（四）研发活动目标客体分类

从宏观层面来说，开展研发活动的目的在于促进经济社会的发展。因而，可以根据从事研发活动的社会经济目标来开展研发活动的分类。基于《科学计划和预算的分析比较术语》（Nomenclature for the Analysis and Comparison of Scientific Budgets and Programmes）的分类目录，研发活动可分为 12 类社会经济目标，分别是地球探测与开发，基础设施和土地利用的总体规划，环境的治理和保护，人类健康的保护与改善，能源的生产、分配和合理利用，农业生产与技术，社会结构与关系，空间探测与开发，非定向研究，非他民用研究，国防，工业生产与技术。在实际操作中，对这 12 类研发活动开展详细的数据记录与分析具有较大的困难，因而 FM 建议可将"国防""环境的治理和保护"置于优先分析的地位。

四、研发活动的主客体交互分类

与研发活动的主体分类相比，尽管研发活动的客体分类更为详细，却往往更难付诸实践。其中的主要原因在于研发活动的客体分类一般建立在一个过于简化的科技系统运作模型之上，且该模型并没有明确的界定。这样一来，处于模糊边界的研发活动在归类上便存在较强的主观性。实际上，尽管任何国家的核算体系都须对经济活动的主体（交易主体）进行分类，但没有必要对该体系的所有部门按照统一方式进行分类，那样做并不理想（2002 版 FM 第 127 段）。因此，对研发活动采用交互性分类可能是一个比较好的选择，这样可较好地满足数据采集、分析与比较的需求。

具体来看，研发活动的主客体交互性分类可基于"部门和类型""部门和产品""部门和领域""部门和目标"等展开。比较而言，研发活动按照"部门和类型"的交互分类模型要优于其他交互分类；部门与产品、领域、目标的交互分类不能完全涵盖所有研发活动，如表 2.3 所示。

表 2.3　研发活动的主客体交互分类

研发活动客体	研发活动主体				交互分类模式
	企业部门	政府部门	私人非营利部门	高等教育部门	
研发活动类型	√		√	√	部门和类型
研发活动产品	√	×	×	×	部门和产品
研发活动领域	○			√	部门和领域
研发活动目标	○	√	○	○	部门和目标

注：研发活动的主体分类主要针对机构部门展开，因此该表以调查主体为例；"√"表示推荐采用；"×"表示采用的可能性不大，可行性未知；"○"表示部分内容适用，具有一定的可行性

第二节　研发流动脉络与三个层次的研发卫星账户解析

一、研发活动在国民经济体系中的流动脉络

研发活动并不局限于某一个生产环节，而是囊括了从研发投入到产出、积累，再到驱动经济增长的全过程，完整地融入国民经济运行各个环节。完整的研发活

动包含两个对应的"流"：一个是研发产品"流"，体现研发生产供应与消费、投资使用的过程；另一个是研发价值"流"，体现研发产品的价值转移过程，如图 2.1 所示。

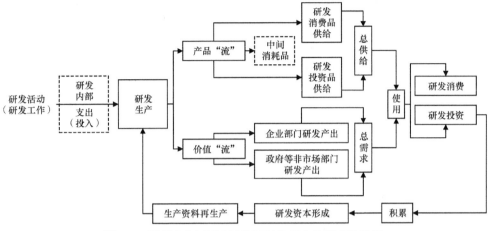

图 2.1　研发活动在国民经济运行体系中的流动脉络图

1993 版 SNA、2008 版 SNA 均明确指出研发活动不应该被视为机构单位的辅助活动，这既是对研发活动生产性的认可，也体现出独立核算研发活动的必要性。基于整个国民经济运行过程，"研发活动"即"研发生产活动"，是生产单位利用各种生产要素投入生产研发产品的过程。研发工作则是对研发活动具有生产性与独立性的进一步强调，也意味着专门开展研发活动的机构单位的存在。因此，（开展）研发活动所投入的全部生产要素费用构成了"研发经费支出"，基于 FM 开展的研发活动调查是其主要的数据来源，"研发活动"的生产成果即"研发产出/产品"。

从研发产品的使用去向看，研发产品或被作为中间消耗品用到其他产品的生产过程中，或被用于积累而形成研发固定资本形成（又称研发投资），或被远销海外而形成研发出口,研发产品始终满足"研发总供给=研发总使用"的平衡勾稽关系。进而，研发活动会沿着 SNA 的系列账户将影响传递至投资、消费、收入与储蓄等经济环节。至此，当期的研发活动刻画已经完成。进一步地，随着时间的累加，往期的研发活动所形成的研发投资品被逐步累积形成"研发资本品"，以量化知识储量水平，进而通过提供研发资本服务驱动经济增长。

进一步地，当积累形成的研发资本品用于后续生产，其引致的固定资本消耗则是社会再生产环节中不可或缺的一环。从资产核算角度看，只有包纳了研发固定资本消耗，才能全面展示研发资本从期初到期末的变化过程：一方面，研发产品积累带来资本的增加；另一方面，研发资本用于再生产而引起价值的减少。至此，研发活动在国民经济运行体系中的完整流动脉络已经刻画完成。

二、卫星账户的三种分类

鉴于 SNA 中心框架的内在严密性，整个账户序列对于统计口径、核算范围等内容均做出了明确的界定与规范，这使得各类核算的勾稽关系足够稳健。在保持账户综合性、经济完整性和内部一致性的同时，SNA 提出可以编制卫星账户以体现账户体系具有的灵活性。因此，卫星账户是国民经济核算体系严谨与灵活的折中产物，与 SNA 中心框架相互关联但又相对独立。

与 1993 版 SNA 相比，2008 版 SNA 的一个重要变化是不仅改变了 1993 版 SNA 中"附属账户"的表述，全面引入了"卫星账户"，还将国际收支平衡表和国际账户、货币与金融统计、政府财政统计均视为卫星账户的形式。从"附属账户"到"卫星账户"不仅是对卫星账户作用与地位的升级诠释，更是对卫星账户与SNA 中心框架间彼此作用、互为补充、缺一不可关系的形象概括（蒋萍等，2013）。

SNA 中心框架的研究口径与范围限定为卫星账户的构建提供了突破视角。蒋萍和蒋再平（2020）将这种突破归纳为七类——突破常住性与经济领土的限定、突破 SNA 的生产范围、突破经济意义的生产范围、突破分类体系（包括机构部门分类体系、行业分类体系等）、突破一国的"经济总体"视角、突破国外账户的"国外"视角、SNA 生产范围框架下的突破（包括辅助生产活动/次要产品外部化、估价方法的改进、基本概念的变化等）。基于此，卫星账户可分为关键部门卫星账户、内生卫星账户、外生卫星账户三种类型。

（一）关键部门卫星账户

关键部门卫星账户（key sector satellite accounts）是那些"打破核心产品分类和ISIC 的标准顺序和排列层级，从中选择对经济具有特殊重要性的一组产品或产业组成关键部门"，属于突破分类体系的卫星账户。SNA 并未对关键活动或关键部门的确定做出具体的规定，关键活动或关键部门可由各个国家根据经济发展水平和发展战略自行判断决定。这些关键活动或关键部门可能是石油部门、农业部门或采矿部门，关键部门在国民经济中的作用具有特殊性，可能产值较大、可能牵动作用较大、可能关系国计民生，也可能是新兴的小产业。例如，对石油和天然气的核算可能包括原油和天然气开采（ISIC 06 门类），管道运输（ISIC 4930 小类），石油炼制品的制造（ISIC 1920 小类），专门商店中汽车燃料的零售（ISIC 4730 小类），固态、液态、气态燃料及相关产品的批发（ISIC 4661 小类）。又如，数字经济产业核算打破了《国民经济行业分类》（GB/T 4754—2017）层级形成新的行业类别，软件和信息技术服务业（GB/T 4754—2017 65 大类）、计算机及通讯设备经营租赁（GB/T 4754—2017 7114 小类）、软件开发（GB/T 4754—2017 651 中类）、电子器件制造

（GB/T 4754—2017 397 中类）、游艺用品及室内游艺器材制造（GB/T 4754—2017 2462 小类）均纳入其核算范畴。

（二）内生卫星账户

内生卫星账户（internal satellite accounts）是在核算范围、核算规则均与 SNA 中心框架保持一致的前提下，打破标准分类与层级关键并可能引入某些补充内容。它们或许与 SNA 中心框架存有差异，如对辅助活动采取了不同于国民经济核算中心账户的处理方法，但并没有从本质上改变 SNA 的基本概念（2008 版 SNA 第 29.5 段和第 29.85 段）。以自然资源为例，国民经济核算中心账户中的自然资源资产仅包括存在货币价值的环境存量。对于那些没有货币价值排除在 SNA 资产范围之外的自然资源，环境卫星账户（内生卫星账户）则可以编制实物量的资产账户。针对水和空气等可能不存在货币价值，甚至没有存量价值的资源，编制实物单位存量变动账户（也是一类内生卫星账户）仍然是有效的。又如，国民核算体系中涉及的旅游统计针对旅游需求方展开调查，从而导致旅游需求、旅客消费的规模水平未能真实反映在国民经济核算与投入产出表中，完整测度旅游业对一国经济的贡献也就显得束手无策。旅游卫星账户则从经济体中旅游产品和服务的供给–需求两端入手，从旅游需求核算出发，展开对旅游产品的供应、旅游产业的增加值及对国民经济的贡献、旅游产业带动的就业等方面的核算，从而揭开了隐匿在国民经济各行业中的旅游业的神秘面纱。再如，企业内部（运输公司除外）的自给性运输服务被视为企业的辅助活动进入企业生产中，这部分运输服务并未列入运输行业，而构建运输卫星账户将企业的辅助运输服务外部化也属于内部卫星账户的研究范围。

（三）外生卫星账户

外生卫星账户（external satellite accounts）主要以对 SNA 概念的替代为基础（2008 版 SNA 第 29.6 段），这些变化可能包括生产范围的变动、资产范围的变动、消费概念或者资本形成概念的扩大，如突破 SNA 生产范围的卫星账户、突破一国"经济总体"的卫星账户等。外生卫星账户的主要目的是对 SNA 中心框架进行拓展。以住户部门为例，该部门作为国民经济核算五大机构部门之一，以生产者和消费者的双重身份在生产、收入形成和使用、资本形成和金融活动等经济运行阶段发挥着不可替代的作用。然而，国民经济核算中心账户的生产核算范围并未包含所有生产活动，住户部门为自身最终消费而进行的服务生产被排除在外。基于综合性生产观构建的住户部门卫星账户，将住户部门在核算期内从事的所有满足经济生产的生产活动全部纳入住户部门卫星账户生产核算范围,从而可以勾勒出住户部门经济活动的全貌。同样地,住户用自己所拥有的汽车向家庭成员提供运输服务也未计入国民经济核算中心账户内,将此类经济活动纳入 SNA 生产范围而构建的物流卫星账户也属于外生卫星账户研究范围。

三、研发卫星账户的三个层次

我们认为,研发卫星账户是对核算期内的研发活动及其在国民经济运行过程中的流动脉络进行全方位、多层次、宽视角地反映与刻画的一系列账户与表式体系。立足于 SNA 中心框架,研发卫星账户具有三个层次的理解。

(一)层次一:关键部门研发卫星账户

将研发活动、研发产品和研发产业视为关键部门,以研发活动为考察点、以研发产品为考察线、以研发产业为考察面,刻画研发活动所折射的创新资源配置、研发产品的供给与使用、研发产业的发展与演化等,而不论其是否纳入 GDP 核算框架,这是研发卫星账户第一个层次的理解。此时编制的研发卫星账户可称为关键部门研发卫星账户(key sector R&D satellite accounts)。

在这一层次中,研发卫星账户很大程度上依赖于研发活动的统计调查。如法国在 1963 年开始对公共事业单位、公共研究机构以及企业部门的研发活动展开调查,在此基础上于 1994 年编制了研发卫星账户,包括的内容有:按照机构部门/产业活动分类的研发支出表、机构部门之间的研发资金来源表与使用平衡表(路守胜,2009;邱叶,2014)。实际上,关键部门研发卫星账户不仅能囊括价值量层面的研发资源配置,而且可包含实物量层面的研发产出水平,如专利申请量、授权量,论文发表量等。

当然,对于研发活动最完整的刻画则是通过投入产出表。一方面,研究与试验发展作为科学研究和技术服务业(GB/T 4754—2017 M 门类)下的一个大类(代码 73),借助于传统的部门投入产出表可以呈现这一行业与国民经济各部门之间相互依存、相互制约的复杂关联关系。另一方面,研发活动分布在国民经济各行业之中,且不同行业开展的研发规模不同,若能将分布在各行业内的研发活动剥离出来形成研发产业,进而通过构造研发行业投入产出表,即可完整刻画研发产业发展全景。

因此,本书将关键部门研发卫星账户定义成以研发活动、研发产品和研发产业为关键部门,系统展现研发资源配置规模、研发产品产出规模和使用去向、研发产业的发展现状和演化趋势的一系列核算表式。

（二）层次二：内生研发卫星账户

以研发资本化核算为契机，以研发产品在国民经济运行体系中的流动脉络为主线，展示 SNA 中心框架未能揭示的研发资本化烦琐的技术调整过程，以及研发固定资本形成、研发资本存量等指标与其他变量之间盘根错节的经济联系，这便是研发卫星账户第二个层次的理解。此时编制的研发卫星账户可称为内生研发卫星账户（internal R&D satellite accounts）。

在这一层次中，研发卫星账户以"资本化核算"为中心，处理研发核算方法变更对 GDP 的影响，其根本目的在于融入国民经济核算中心账户，并以"研发资本"将科技从一揽子剩余影响因素中独立出来，实现其对经济增长贡献的分析。例如，芬兰统计局遵循研发资本化的核算思路，在 2009 年发布了研发卫星账户编制结果。数据显示，研发资本化使 2006 年芬兰现价 GDP 增加了 3.5%，科技创新对经济增长的驱动作用进一步显现。再如，BEA 在 2008 版 SNA 颁布后，以研发资本化核算为主线于 2010 年对最初的研发卫星账户进行了二次调整，其 2007 年GDP 因此相应增加了 2.8%；2011 年日本基于 2008 版 SNA 有关研发核算规则的建议，系统编制了研发卫星账户，以此分析 1960~2004 年本国研发投资、资本存量的实际情况以及研发资本化对 GDP 的定量影响。

可以说，2008 版 SNA 通过引入 IPP 对研发实施资本化处理之后，内生的研发卫星账户便应运而生——基于研发支出统计，遵循研发资本化核算规则，借助GDP 核算平台，实现研发核算的全景呈现。

因此，我们将内生研发卫星账户定义为以实现研发资本化核算为起点，系统展现研发产品生产、使用、资本形成、资本消耗、资本累积，以及研发对国民经济核算中心账户可能影响的一系列具有逻辑关联的核算表式。

（三）层次三：外生研发卫星账户

同时涵盖研发活动的投资全貌及研发活动巨大的外部溢出效应是内生研发卫星账户无法捕捉并刻画的，这也是研发卫星账户第三个层次的理解。基于这个账户，既可详细展现研发资本化核算过程中的研发固定资本形成、研发资本存量等关键指标，揭示研发资本化核算口径由两个层次的调整对 GDP 产生的最终影响，又可进一步刻画研发资本化所引致的 SNA 之外的溢出效应。此时编制的研发卫星账户可称为外生研发卫星账户（external R&D satellite accounts）。

在这一层次中，研发卫星账户在内生研发卫星账户的基础上刻画了研发活动的溢出效应，它既不是研发活动主体内部获得的利益，也不是研发产品使用者获得的利益。本质上，这种利益对于研发活动本身是外在的，即研发活动引致的外部经济效益，因而突破了 SNA 的生产界定范围。一方面，研发溢出来源于示范、模仿和传播，取决于研发活动主体之间的技术信息差异；另一方面，研发溢出来源于竞争，取决于市场环境特征以及研发活动主体之间的相互影响。例如，近年来跨国公司在中国设立的研发中心不断涌现，本土企业通过学习、模仿邻近跨国公司的行为以及吸纳跨国公司中的研发人员可提高自身的研发水平。不容忽视的是，跨国公司的进驻将会进一步加剧东道国企业间的技术竞争程度，迫使本土企业加大研发投资力度以提升自身技术水平，进而刺激跨国公司向东道国输入更多先进技术以维系市场份额，由此展开新一轮的研发溢出。

我们将外生研发卫星账户定义为以实现研发资本化核算为起点，系统展现研发产品生产、使用、资本形成、资本消耗、资本累积，以及研发对国民经济核算中心账户及其之外可能影响的一系列具有逻辑关联的核算表式。由此可见，外生研发卫星账户包含了内生研发卫星账户的大部分内容并进行了扩展。

第三节　研发卫星账户与 SNA 中心框架的关系考察

一、关键部门研发卫星账户与 SNA 中心框架的关系

关键部门研发卫星账户主要刻画研发活动蕴含的创新资源配置状况、研发产品的供给与使用状况、研发产业的发展与演化状况，其与 SNA 中心框架的关系主要集中在研发产品供给使用表的编制上。

研发产品供给使用表用以展示研发产品的生产和消费/累积过程，即研发产品从何而来，研发产品又是如何被消费/累积的。一般而言，可供经济使用的研发产品无非源自两种途径，即国内生产或由国外进口。在一个核算期内，同样数量的研发产品进入经济活动，必定是用于中间消耗、最终消费、资本形成或者出口。那么，研发产品的供给与使用平衡关系为

$$研发产出+研发进口=研发中间消耗+研发最终消费+\\研发固定资本形成+研发出口 \quad (2.1)$$

由于研发产品的生产（供给）通常以基本价格计算，而研发产品的使用通常以购买者价格计算，所以有必要在式（2.1）左侧加上贸易和运输加价以及产品税减产品补贴，以使研发产品的供给方与使用方形成平衡的勾稽关系。由此，研发供给与使用的平衡关系可以调整为：按照基本价格计算的研发产出加研发进口、加贸易和运输加价、加产品税减产品补贴，等于按购买者价格计算的研发中间消耗、研发最终消费、研发固定资本形成之和，再加上研发出口。

如果打破平衡式左边供给与右边使用的界限，对式（2.1）进行重新整理，可以得到

研发产出+贸易和运输加价–研发中间消耗+研发产品税–研发产品补贴
=研发最终消费+研发固定资本形成+研发出口–研发进口
$$\tag{2.2}$$

不难发现，式（2.2）左边是按照市场价格计算的生产法 GDP，右边是按照市场价格计算的支出法 GDP。即研发的全部产出加上进口，必定会用于货物和服务的消费或者积累。然而，受制于对研发活动性质的认知局限以及技术缺憾，1993版 SNA 和 2008 版 SNA 对研发活动的核算处理不尽相同，由此编制的关键部门研发卫星账户与 SNA 中心框架的关系截然不同。

（一）资本化改革前的研发活动刻画——1993 版 SNA

1993 版 SNA 已然认清开展研发是一类投资活动（1993 版 SNA 第 6.163 段）的事实，但是在实际核算处理上并不将其视为投资活动。由此，关键部门研发卫星账户借助供给使用表刻画了三类研发活动。

企业部门开展的研发活动仅能作为一类辅助活动形成中间消耗，无法通过进一步的积累而进入 SNA 中心框架。对于企业部门的研发活动，关键部门研发卫星账户主要刻画了研发产品如何作为中间消耗品用于进一步的加工或作为最终产品供最终使用者消费或被用于出口等使用流向，呈现了研发产品转化为更复杂的其他产品的线索脉络。由于未将研发活动记录为一个独立基层单位的产出，投到此类辅助活动中的所有货物和服务都应该包括在中间消耗之中。

以政府为代表的非企业部门获取的研发产品以最终消费进入 SNA 中心框架。对于以政府为代表的非企业部门而言，研发是一类用于最终消费的产品，且通常以免费或者无经济意义的价格向住户或社会公众提供研发产出。这类消费支出使用的研发产品分类通常基于政府职能分类（classification of the functions of government，COFOG），在一定程度上可与上文提及的"研发活动目标客体"相对应，如国防等公共服务。

通过对外贸易获取的研发产品构成净出口（研发出口–研发进口）进入 SNA 中心框架。资本化改革前研发活动与 SNA 中心框架关系如图 2.2 所示。

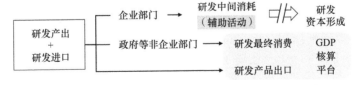

图 2.2　资本化改革前研发活动与 SNA 中心框架关系

（二）资本化改革后的研发活动刻画——2008 版 SNA

2008 版 SNA 重申了研发活动的本质并扩大了资产边界，将研发产品视为一类 IPP，列入生产资产类别，将能为所有者带来经济利益的研发支出部分记为"固定资本形成"。据此，无论是企业部门还是政府等非企业部门，如果它们的研发产出符合研发资产的标准，那么可以作为"固定资本形成"进入 GDP 核算平台，否则仍然作为中间消耗以辅助其他产品的生产。资本化改革后研发活动与 SNA 中心框架关系如图 2.3 所示。与 1993 版 SNA 处理不同的是，记录在供给使用表中的中间消耗矩阵的大部分市场化研发产品将调整至使用表的资本形成中，仅保留小部分仍作为辅助活动的研发。在进入 GDP 核算平台后，研发产出随即生成当期研发投资额，而后逐期累积形成研发资本，最终实现研发产出的资本化。

图 2.3　资本化改革后研发活动与 SNA 中心框架关系

与此同时，研发资本作为生产性资产，还将被用于后续的生产过程中，并随之产生固定资本消耗。这一类消耗，本质上是持有者将研发资产投入使用所带来的贬值，需要在研发资本存量的基础上配合相应的折旧率计算而得。

研发出口的核算操作则仍保持一致，即通过对外贸易获取的研发产品构成净出口（研发出口–研发进口）进入 SNA 中心框架。

二、内生研发卫星账户与 SNA 中心框架的关系

内生研发卫星账户以研发资本化为起点，旨在详细展现研发资本化核算过程中的研发固定资本形成、研发资本存量、研发资本消耗等关键指标，揭示研发资本化对国民经济核算中心账户可能的影响。美国、荷兰、丹麦、以色列、英国、加拿大等国家在 2008 版 SNA 颁布前，尝试编制研发卫星账户以调整 1993 版 SNA 对于研发活动的处理，开展研发资本化核算，并进一步分析研发资本化对国民经济核算中心账户的系列影响。这一系列的研发卫星账户实践均属于内生研发卫星账户范畴，研发资本化处理不仅将研发活动视为一类知识积累活动，而且与 2008 版 SNA 的核算规则相契合。可见，2008 版 SNA 对于研发产品的核算处理可为编制内生研发卫星账户提供方法支持。

内生研发卫星账户涵盖了研发产出、研发投资、研发资本累积三位一体的完整生产链，与国民经济运行高度融合。其中，研发产出将作为一类独立生产活动的成果被积累起来形成研发投资，构成 GDP 的一个有机组成部分，直接展现经济体创新水平的经济价值；研发投资不仅承接了从研发经费支出转化而来的研发投入，而且为研发资本测算提供了实际数据，以正确地开展经济分析，具有承上启

下的关键作用；研发资本积累则是往期所积累形成的经济价值的立体呈现，是经济体实现增长的重要源泉。

（一）研发活动当期效应刻画

1. 研发支出→研发投入→研发产出

由于目前研发支出统计基础较为薄弱，本书暂无法直接采集研发产出数据，因此研发活动的测度唯有以"转换"为起步基调，即以易于获取的"研发经费支出"为起点，依托"研发投入"的"中转"作用，通过系列调整、转换，最终得到"研发产出"。换言之，研发支出需先转换至研发投入，才可进一步调整为研发产出，继而为 GDP 核算提供可资利用的数据基础。依据记录原则的差异（研发支出记录原则为现金收付制，研发投入记录原则为权责发生制），研发支出在剔除资本性支出、增加固定资产消耗以显示当期研发活动所消耗的固定资产价值、扣除重复计算的软件研发费用与生产资产范围之外的土地价值之后，即成研发投入。此后，在研发投入的基础上进行生产税净额、研发固定资本净收益等调整以完成计价基础的转换，进而获取研发产出。具体而言，对于非市场性研发活动，由于其本身并不存在市场价格，其产出便等同于其成本；对于市场性研发活动则需以市场价格计算其产出，即在其投入的基础上追加生产税净额与营业盈余，二者合一形成研发产出。

2. 研发产出→研发投资→GDP 核算

依照 2008 版 SNA 的思路，各部门的研发产出将以"固定资本形成"的形式进入 GDP 核算平台，随即生成当期研发投资额。在此期间，研发投资的形成一方面将引致企业部门资本形成的增加，从而引起支出法 GDP 的上调；另一方面将引致政府部门的内部转移，即政府研发产出从政府最终消费转移至政府资本形成。与此同时，研发资本作为一类生产要素，还将被用于后续的生产过程中，并随之产生固定资本消耗（研发资本折旧）。进一步细化，市场生产者使用研发资产将带来固定资本消耗增加，同时伴随营业盈余等量减少，两相抵消之后其产出保持不变，即该部门的最终消费、资本形成、净出口均保持不变；非市场生产者以总成本法计算其总产出，故追加研发固定资本消耗将引致其总产出的同额增加，而增加的部分最终归于政府消费使用，即政府部门的最终消费增加。由此可见，研发资本化不仅以直接效应（当期投资）调整 GDP——企业部门资本形成增加，也以间接效应（往期消耗）影响 GDP——政府部门最终消费增加，并最终形成"调整后 GDP"。

（二）研发活动累积效应刻画

研发资本化的主要成果——研发资本对量化知识积累水平赋予了可能性，从而实现了科学技术要素变量的单独剥离。作为一种新的资产类型，研发资本将对一个经济体的资产负债结构产生影响，是国民财富不可或缺的组成部分；作为一种关键的生产要素，研发资本投入也将影响一个经济体的产出规模、增长速度以及进一步的增长质量。前者从财富视角切入，相应的研发资本存量旨在衡量研发这一类资产的累积价值；后者从生产视角切入，相应的研发资本存量旨在衡量研发这一类资产在生产过程中的投入水平，是后续测算研发资本服务的基础，从而刻画研发资本的生产能力。也即完整的研发活动累积框架不应仅止步于财富性研发资本存量，还应兼有生产性研发资本存量以及进一步的研发资本服务，从而更好地契合后续的国民财富与经济增长分析需求。

　　至此，以国民经济核算中心账户范畴下的研发活动脉络为主线的内生研发卫星账户的编制框架就已构建完成，如图 2.4 所示。可以发现，内生研发卫星账户所描绘的研发活动全景完全在 SNA 中心框架的生产范围之内，且遵循 SNA 的全套核算规则与惯例。

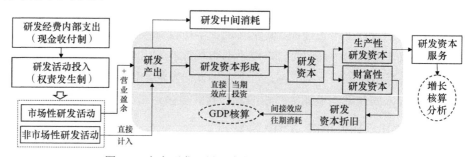

图 2.4　内生研发卫星账户与 SNA 中心框架的关系

三、外生研发卫星账户与 SNA 中心框架的关系

　　外生研发卫星账户在内生研发卫星账户的基础上突破了经济意义的生产范围，对研发活动的外部效应予以测度与分析。不同于一般的物质性资产，以研发为典型的知识兼具非排他性和非竞争性，其他经济主体可以极低成本或者无须付出任何成本，获得研发活动主体所创造的知识，经济学上称之为研发溢出。从经济学角度看，研发溢出效应是研发活动外部效应，且是一种正的外部性（positive externality）。自从 1986 年 Romer（罗默）将技术溢出纳入内生经济增长模型，从理论上验证了技术溢出成为经济增长的重要驱动力后，多年来学术界关于研发溢出效应的探讨方兴未艾（Eaton and Kortum，1999；Keller，2002；潘文卿等，2011；朱平芳等，2016；王秀婷和赵玉林，2020；Asamoah et al.，2021；Guo and Zhang，2022；宋炜等，2023；陈朴和孙丹，2023；Yasin et al.，2024）。

（一）研发产业/空间溢出效应

一般而言，产业间研发溢出依照传导方式不同，可划分为知识性溢出、产业关联性溢出以及市场性溢出（Jaffe，1998）。因此，产业关联程度的强弱以及研发要素流动的广度与幅度是影响研发溢出效应的重要因素。目前，大多数研究通常认为一个企业获得的研发溢出是其他产业研发投入的加权和（潘文卿等，2011）。进而，围绕权重的确定方式不同，形成了以投入产出表中的直接分配/消耗系数为权重来衡量上下游行业间的研发溢出（也称垂直研发溢出），以及以直接消耗系数所表征的技术相似度为权重来衡量生产技术相似、投入产出结构相似产业间的研发溢出（也称水平研发溢出）。

跨区域的市场交易使得研发溢出不再局限于区域内部，区域间的研发溢出愈来愈频繁。随着空间因素被纳入内生经济增长模型，产学研合作、贸易与投资、人力资本流动、企业家创业等因素均被视为引起研发溢出的发生机制（Charlot and Duranton，2004；Keller，2002；Almeida and Kogut，1999；Zucker et al.，1994）。然而，受制于地理距离的影响，研发空间溢出呈现空间"根植性"，辐射范围存在一定的地理边界（Keller，2002；郭嘉仪和张庆霖，2012）。当然，随着信息技术和交通运输业的快速发展，地理距离的影响效应将逐步减弱，技术距离和经济距离对跨区域研发溢出的影响将日渐显著（李婧和何宜丽，2017）。

（二）研发溢出效应解析

随着现代交通运输业的快速发展，区域之间的贸易与合作越发频繁，从而为研发资本在各个区域各个行业范围内的溢出提供了更多可能。因此，某一地区某一产业的研发溢出除取决于该行业自身研发资本投入外，还包括商品贸易、技术人才流动带来的间接研发溢出/流入。

具体而言，任一地区任一产业的研发资本溢出总效应由四种子效应构成。

（1）子效应1：行业自身投入的研发资本引起的溢出效应。该途径引起的研发溢出程度由该行业自身投入的研发经费支出决定，也是决定研发资本溢出规模的最重要方式。

（2）子效应2：同一区域内产业部门间研发资本流动引起的溢出效应。该途径下研发资本溢出路径有两条。一是商品贸易将融入知识的物化型产品从一个行业部门传递到另一个行业部门，技术落后行业从而有了学习模仿先进技术的机会。因此，上游行业研发资本投入溢出到下游行业，将带动下游行业技术水平的提高。例如，芯片封测研发水平的提升将会促进下游芯片应用行业工艺创新与芯片质量的改进。二是生产技术水平相近的行业之间更容易展开相互交流、学习以及研发项目合作，由此产生研发资本溢出。例如，两家造纸企业成立研发合作小组，合作研发清洁高效的制浆技术，最终研发成果由两家企业共同拥有和使用。

（3）子效应 3：跨区域技术相似产业部门间研发资本流动引起的溢出效应。交通运输业的飞速发展打破了横亘在区域间的运输限制，位于不同区域、生产技术相似的行业更倾向于通过相互合作、交流，产生跨区域、跨产业部门的研发溢出。例如，子效应 2 例子中的两家造纸企业若分布在不同的省份，由此产生的研发资本溢出就属于子效应 3。

（4）子效应 4：跨区域跨产业部门间研发资本流动引起的溢出效应。该途径下研发资本溢出路径有两条。一是跨区域的市场交易使得技术落后地区可以模仿先进地区的前沿技术，从而提高自身技术创新水平。例如，当子效应 2 例子中芯片封测研发行业与下游芯片应用行业分布于不同地区，由此产生的研发溢出则属于子效应 4。二是基于区域技术优势互补协同创新视角而开展跨区域不同产业部门间研发合作与共享，进而实现研发资本流动。例如，福建在农业、生物学、医学、电子信息技术等领域基础研究具有较大优势，与科技研发经费投入高、技术转化能力强的台湾形成互补，因此两地通过合作研发可极大地促进先进技术的扩散传播。

内生研发卫星账户系统呈现了研发活动在 GDP 核算平台中的所有生产过程、投入产出关系、资本积累等环节，完成了对增加值/行业增加值这一生产结果核算之外的细化挖掘。相较之下，外生研发卫星账户则综合考虑了各区域直接研发资本投入、区域内以及区域间因产业部门交易而产生的研发溢出效应，进一步延伸了 SNA 中心框架之外的研发活动运行路径。可见，外生研发卫星账户是一个可以更为全面地展现研发活动与经济发展关系的卫星账户，如图 2.5 所示。

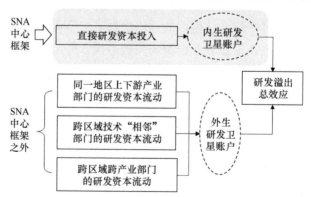

图 2.5　外生研发卫星账户与 SNA 中心框架的关系

第三章 研究与试验发展卫星账户体系化构建与编制重点研究

与研发卫星账户具有三个层次的理解与细化定义相对应，研发卫星账户的编制体系也可基于三个层次进行构建。据此，本章基于关键部门研发卫星账户、内生研发卫星账户和外生研发卫星账户三个层次构建研发卫星账户体系化理论框架，较系统地解析各层次研发卫星账户体系所包纳的账户表式，并进一步阐释各账户表式的编制方法与技术难点，为中国研发卫星账户体系化编制搭建理论框架。

第一节 关键部门研发卫星账户设计及编制重点

以研发活动、研发产品和研发产业为关键部门，关键部门研发卫星账户是刻画研发活动所折射的创新资源配置、研发产品的供给与使用、研发产业的发展现状和演化趋势的一系列核算表式。基于以上界定，本节可围绕研发活动、研发产品和研发产业三个层次展开关键部门研发卫星账户的编制，其基本结构如图 3.1 所示。

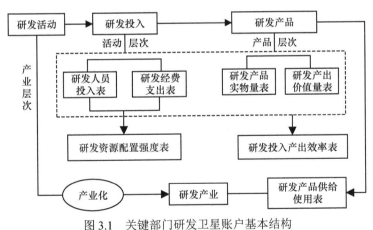

图 3.1 关键部门研发卫星账户基本结构

一、活动层次关键部门研发卫星账户设计与编制重点

活动层次关键部门研发卫星账户以分析研发活动投入资源配置状况为落脚点，以研发活动经费和研发活动人员两个维度为切入点，进而衍生出对研发经费与研发人员匹配状况的研发资源配置强度表编制。

（一）活动层次关键部门研发卫星账户设计

1. 研发经费支出表设计

研发活动需要投入大量的资金，因此，编制研发经费支出表是活动层次关键部门研发卫星账户设计的首要工作。基于 FM 的科技活动调查为编制研发经费支出表提供了十分丰富的素材。根据科技统计调查，研发经费支出是调查单位在报告年度用于开展内部研发活动所产生的全部费用。本节认为，研发经费支出表的主栏可依据科技活动五大调查主体，分别设置为企业部门、政府部门、私人非营利部门、高等教育部门和国外；宾栏则可分设研发经费支出，以及按支出用途分类、按研发类型分类、按资金来源分类等内容，其基本表式如表 3.1 所示。进一步地，为分析研发经费支出的动态演变趋势，可将时间因素纳入表 3.1，进而形成研发经费支出动态表。此时，每一个调查主体与宾栏项目相结合进而可拆分为若干个独立表式，形成诸如"企业部门研发经费支出表""政府部门研发经费支出表""私人非营利部门研发经费支出表""高等教育部门研发经费支出表""国外研发经费支出表"。在研发经费支出动态表中，主栏项目下应设不同的核算期，如不同季度、不同年份等，基本表式如表 3.2 所示。此外，还可以根据研发经费满足"来源=使用"的平衡勾稽关系编制"T"字形研发活动经费来源与使用平衡表，以展现研发活动经费的来源与使用去向，其可能表式如表 3.3 所示。

表 3.1　研发经费支出表

调查主体	研发经费支出	按支出用途分类		按研究类型分类			按资金来源分类				
		日常性支出	资本性支出	基础研究	应用研究	试验发展	企业部门	政府部门	私人非营利部门	高等教育部门	国外
企业部门											
政府部门											
私人非营利部门											
高等教育部门											
国外											

表 3.2　企业部门研发经费支出表（动态表）

核算期	研发经费支出	按支出用途分类		按研究类型分类			按资金来源分类				
		日常性支出	资本性支出	基础研究	应用研究	试验发展	企业部门	政府部门	私人非营利部门	高等教育部门	国外
核算期 1											
核算期 2											
核算期 3											
⋮											
核算期 n											

表 3.3 研发活动经费来源与使用平衡表

研发活动经费来源		研发活动经费使用	
企业部门		企业部门	
政府部门		政府部门	
高等教育部门		高等教育部门	
私人非营利部门		私人非营利部门	
国外		国外	
来源总计		使用合计	

2. 研发人员投入表设计

研发活动需要投入大量的人力。研发人员指所有直接从事研发活动以及提供直接服务的人员。国际上通用的研发人员分类方式有两种：一种是与国际劳工组织《国际标准职业分类》相关联的职业分类法，其将研发人员分为研究人员、技术人员和同等人员以及其他辅助人员；另一种是与 UNESCO 制定的《国际教育标准分类法 2011》相关联的按正式资格水平的分类法，其将研发人员分为博士或等同水平学位证书持有者（《国际教育标准分类法》8 级）、硕士或等同水平学位证书持有者（《国际教育标准分类法》7 级）、学士或等同水平学位证书持有者（《国际教育标准分类法》6 级）、短线高等教育学位证书持有者（《国际教育标准分类法》5 级）、中等后非高等教育证书持有者（《国际教育标准分类法》4 级）、高级中等教育证书持有者（《国际教育标准分类法》3 级）、其他资格（包括《国际教育标准分类法》3 级以下文凭持有者或者在不属于其他 7 类教育机构接受教育的人员）。因此，研发人员投入表可分别按照"职业×执行部门""正式资格×执行部门""正式资格×职业"的结构进行编制，其可能表式如表 3.4、表 3.5 和表 3.6 所示。进一步地，为详尽展示研发劳动力的构成情况，及其是否与科技人员总体结构相匹配，可编制研发研究人员表，其可能表式如表 3.7 所示。

表 3.4 按执行部门和职业归类研发人员投入表（按性别归类全时工作当量和人头数）

职业	执行部门					
	企业部门	政府部门	私人非营利部门	高等教育部门	国外	合计
研究人员						
技术人员和同等人员						
其他辅助人员						
总计						

表 3.5　按执行部门和正式资格归类研发人员投入表（按性别人头数）

正式资格	执行部门					
	企业部门	政府部门	私人非营利部门	高等教育部门	国外	合计
博士或等同学位（《国际教育标准分类法》8 级）						
硕士或等同学位（《国际教育标准分类法》7 级）						
学士或等同学位（《国际教育标准分类法》6 级）						
短线高等教育学位（《国际教育标准分类法》5 级）						
其他学位（《国际教育标准分类法》1～4 级）						
总计						

表 3.6　按职业和正式资格归类研发人员投入表（按性别人头数）

正式资格	职业			
	研究人员	技术人员和同等人员	其他辅助人员	合计
博士或等同学位（《国际教育标准分类法》8 级）				
硕士或等同学位（《国际教育标准分类法》7 级）				
学士或等同学位（《国际教育标准分类法》6 级）				
短线高等教育学位（《国际教育标准分类法》5 级）				
其他学位（《国际教育标准分类法》1～4 级）				
总计				

表 3.7　按执行部门和年龄归类研发研究人员表（按性别人头数）

年龄	执行部门					
	企业部门	政府部门	私人非营利部门	高等教育部门	国外	合计
25 岁以下						
25～35 岁						
35～45 岁						
45～55 岁						
55～65 岁						
65 岁及以上						
总计						

注：该表年龄分类与《国际标准年龄分类暂行准则》（Provisional Guidelines on Standard International Age Classifications）一致

3. 研发资源配置强度表设计

若进一步展示研发投入资源之间的匹配程度以及判断研发投入资源与经济发展阶段的协调程度，可编制研发资源配置强度表。其中，最为典型的当属研发人员经费投入强度表和研发经费投入强度表，前者反映研发经费与研发人员投入之间的匹配程度，后者衡量一个国家（或地区）对科技创新活动的投入力度。编制过程中，研发人员经费投入强度表和研发经费投入强度表均可遵循"核算项目×调查主体""核算项目×区域主体""核算项目×行业主体"的编制思路，其可能的表式如表 3.8 和表 3.9 所示。同样地，也可纳入时间因素，动态展示某一主体的研发投入资源配置状况。

表 3.8　研发人员经费投入强度表

项目	行业 1						…	行业 n					
	企业部门	政府部门	私人非营利部门	高等教育部门	国外	合计		企业部门	政府部门	私人非营利部门	高等教育部门	国外	合计
研发经费支出													
研发人员全时当量													
研发人员经费投入强度													

表 3.9　研发经费投入强度表

项目	行业 1						…	行业 n					
	企业部门	政府部门	私人非营利部门	高等教育部门	国外	合计		企业部门	政府部门	私人非营利部门	高等教育部门	国外	合计
研发经费支出													
部门增加值													
研发经费投入强度													

（二）活动层次关键部门研发卫星账户编制重点

编制活动层次下的研发卫星账户在很大程度上依赖于对研发活动的统计调查，其相关表式的设计较为简单，编制的详尽程度也与一国科技统计调查所能提供基础数据的丰裕程度密切相关。具体来看，活动层次下研发卫星账户编制重点主要集中在如何对研发人员和研发经费进行有效识别上。

1. 对研发人员的有效识别

实际操作中，对研发人员进行有效识别的关键之一是厘清科技活动人员和研发人员之间的联系与区别，这就需要从科技活动与研发活动之间的关联入手。UNESCO 将科技活动界定为在科技领域中（包括自然科学、医药科学、农业科学、工程技术、人文社会科学）与科技知识的产生、发展、传播和应用有密切关系的系统性活动，并将其划分为研发、科技教育与培训以及科技服务三类。相应地，UNESCO 将科技活动人员定义为直接从事科技活动的人员以及为科技活动提供直接服务的人员。OECD 将研发人员定义为所有直接从事研发的人员以及提供直接服务的人员，包括研发管理人员、技术人员及行政人员等。进一步地，根据科技人员在研发活动中的作用，将研发人员分为研究人员、技术人员和辅助人员三种类型。因此，由科技活动与研发活动的关系可知，研发人员是科技活动人员的重要构成部分，二者间存在"包含与被包含"关系。

在实践中判断教师和研究生是否属于研发人员并不容易。对于高校教师而言，一方面，他们从事教学、指导和管理学生工作，肩负向学生传播先进科学知识的重任，因而属于科技活动人员范畴；另一方面，他们进行学术研究，生产富含创新性的研究成果，因而也属于研发人员。鉴于教学与科研工作相互交织、相辅相成，难以对高校教师进行两种身份工作量的具体划分，较为可行的方法是，当教师的指导管理工作具有足够的创新性，并以产生新知识为目标时，将其归为研发人员，反之则归为科技活动人员。对于研究生而言，FM 推荐了三种处理方式：一是若博士/硕士研究生开展研究的报酬由研发实施单位（以工资或者补助金形式）支付，则他们属于研发内部人员；二是若博士研究生在开展研发实施单位的研究时，从外部获取资金或者没有资金，则他们属于研发外部人员；三是若博士研究生开展独立研究，无论他们是否接受资助，都不计入研发人员总量中。此外，研究生为获正式资格水平/证书而进行课程学习（如上必修课、学习研究方法、查阅相关主题文献等），此类活动不属于研发活动，因此研究生不能归为研发人员。

2. 对研发经费的有效识别

FM 将研发经费支出①定义为在某个特定基准期内，统计单位内部实施研发活动的所有费用之和，不论其资金来源如何。进一步地，FM 将研发经费支出划分为经常性支出和资本性支出。在实践中，小型工具与仪器的使用费，小幅改建或者改造现有建筑物所花费用，以及购置期刊、图书和年鉴所花费用应计入经常性支出。购置土地与建筑物、仪器和设备、计算机软件（作资本的部分）、其他 IPP、大量藏书、期刊、整套丛书以及标本所花费用应计入资本性支出。

除了上述常规性操作外，还存在一些较为棘手的问题。比如，在大多数情况下，机构单位购置的固定资产（如计算机和相关设施，用于研发、测试以及质量控制的实验室）既可以用于研发活动，也可用于非研发活动，很难确认购置的固定资产中用于研发的份额。原则上讲，购置固定资产的费用可以按照一定比例分摊到研发活动和其他活动中，而确定合理的比例系数是核算研发经费支出的难点之一。FM 推荐两种方法来确定该比例以估算研发资本性支出，一是利用使用设

---

① 研发经费支出可以分为在统计单位内的经费支出和在统计单位外的经费支出，即研发经费内部支出和研发经费外部支出。考虑到一个统计单位的外部经费为另一个统计单位的内部经费，本书以研发经费内部支出为研究对象，本书所指的研发经费支出均为研发经费内部支出。

备的研发人员数与总人数的比例估算，二是基于行政数据估算。例如，根据研发项目预算中用于资本性支出的比例推算研发资本性支出，或者根据研发项目与其他活动使用这些固定资产的时间来估算研发资本性支出。

二、产品层次关键部门研发卫星账户设计与编制重点

产品层次关键部门研发卫星账户以刻画研发产出的规模为落脚点，以研发产品实物量和研发产出价值量两个维度为切入点，进而衍生出对研发投入产出效率表的编制。

（一）产品层次关键部门研发卫星账户设计

1. 研发产品实物量表设计

尽管研发活动的产出是无形的新知识，但往往借助一定的载体而以实物形式出现。编制研发产品实物量表可直观展示不同类型的研发产出规模分布。在编制过程中，研发产品实物量表的主栏可设为研发活动调查主体，宾栏则可设为不同载体类型的研发产品数量，如发表科技论文篇数、出版科技著作种数、专利申请件数等，其可能的表式如表 3.10 所示。也可纳入时间因素，编制研发产品实物量表（动态表），以连续刻画任一调查主体的实物形式研发产出变化趋势，如表 3.11 所示。同样地，研发产品实物量表的主栏除设置成调查主体外，还可设置为不同区域、不同行业等。

表 3.10　研发产品实物量表（静态表）

调查主体	发表科技论文数/篇		出版科技著作/种	专利申请数/件			
	SCI	EI		PCT	三方同族专利	向欧洲专利局申请专利	向美国专利商标局申请专利
企业部门							
政府部门							
私人非营利部门							
高等教育部门							
国外							

注：SCI（science citation index）是科学引文索引；EI（engineering index）是工程索引

表 3.11　企业部门的研发产品实物量表（动态表）

核算期	发表科技论文数/篇		出版科技著作/种	专利申请数/件			
	SCI	EI		PCT	三方同族专利	向欧洲专利局申请专利	向美国专利商标局申请专利
核算期 1							

续表

核算期	发表科技论文数/篇		出版科技著作/种	专利申请数/件			
	SCI	EI		PCT	三方同族专利	向欧洲专利局申请专利	向美国专利商标局申请专利
核算期 2							
核算期 3							
⋮							
核算期 n							

2. 研发产出价值量表设计

若要进一步揭示研发产品所蕴含的经济价值，以展现研发产品所带来的经济效益，则可编制研发产出价值量表。在编制过程中，研发产出价值量表的主栏可设置为研发活动调查主体，宾栏则可设置成发表科技论文、出版科技著作、专利申请数等研发产品的价值量，其可能表式如表 3.12 所示。当纳入时间因素，研发产出价值量表便升级为研发产出价值量表（动态表），以动态展示任一调查主体的研发产出价值量的变化趋势，如表 3.13 所示。同样地，研发产出价值量表主栏项目除按照调查主体设置外，还可设置为不同区域、不同行业等。

表 3.12　研发产出价值量表（静态表）

调查主体	发表科技论文价值		出版科技著作价值	专利申请数价值			
	SCI	EI		发明专利	实用新型	外观设计	总计
企业部门							
政府部门							
私人非营利部门							
高等教育部门							
国外							

表 3.13　企业部门的研发产出价值量表（动态表）

核算期	发表科技论文价值		出版科技著作价值	专利申请数价值			
	SCI	EI		发明专利	实用新型	外观设计	总计
核算期 1							
核算期 2							
核算期 3							
⋮							
核算期 n							

3. 研发投入产出效率表设计

结合研发活动的投入产出资料可编制研发投入产出效率表，以分析研发资源是否得到充分有效利用。在编制过程中，研发投入产出效率表的主栏可设为调查主体，宾栏可设为科技论文产出效率、专利产出效率等核算项目，其可能的表式如表 3.14 所示。同样地，当纳入时间因素，研发投入产出效率表（静态表）可升级为研发投入产出效率表（动态表），以动态展示任一调查主体的研发投入产出效率变化趋势，其可能表式如表 3.15 所示。当然，表 3.14 主栏项目除按照调查主体设置外，还可设置为不同区域、不同行业等，也可按照科技论文类别与专利类别进一步细分。

表 3.14　研发投入产出效率表（静态表）

调查主体	科技论文产出效率		专利产出效率	
	研发人员论文产出效率	研发经费论文产出效率	研发人员专利产出效率	研发经费专利产出效率
企业部门				
政府部门				
私人非营利部门				
高等教育部门				
国外				

表 3.15　企业部门的研发投入产出效率表（动态表）

核算期	科技论文产出效率		专利产出效率	
	研发人员论文产出效率	研发经费论文产出效率	研发人员专利产出效率	研发经费专利产出效率
核算期 1				
核算期 2				
核算期 3				
⋮				
核算期 n				

（二）产品层次关键部门研发卫星账户编制重点

产品层次关键部门研发卫星账户的编制在很大程度上依赖于研发活动统计调查的基础数据，其相关表式设计相对简单。我们认为，该层次关键部门研发卫星账户的编制重点主要在于对不同类型研发产品的估值。

1. 科技出版物的估值

总体来看，科技出版物（科技论文和科技著作）的价值包括载体形态价值和知识内容价值两部分。其中，载体形态价值指的是出版物载体（如传统的图书、报纸和期刊等纸质材料，胶带、胶片等胶片材料以及磁盘、磁带等电磁材料）的生产成本，此类有形物质载体的价值量以社会必要劳动时间来衡量，是一个"可定数"。相较而言，知识内容价值指的是科技出版物中所蕴含的具有科学性、创造性和新颖性的新知识和生产技术的价值，此类知识的生产投入是一种高度复杂的精神劳动，具有独创性和唯一性等特征，很难用量化的标准予以衡量，是一个"不定数"。

2008 版 SNA 为产出估值推荐基本价格法、收入替代法以及生产成本法等三种方法。鉴于科技出版物中所蕴含的新知识通常属于基础性研究，FM 建议可以用知识为其所有者带来的经济利益来衡量它们的价值。然而，基础研究成果通常是实验性或者理论性知识，一般不出售且无特定的应用，无法通过足够多的市场交易量来确定其基本价格。鉴于此，根据 2008 版 SNA 的建议，当无法获得估价的可靠市场价格时，可以生产成本估计科技出版物的价值。此外，由于不同科学领域的科技出版物中凝聚的智力劳动不同，采用恰当的方法对其进行价值评估也并非易事，而这也进一步增加了科技出版物估值和国际比较的难度。

2. 专利价值的估值

综合既有研究，专利价值的估算方法大致可归为两类：一类是从微观层面估计单项专利的价值，主要采用市场价格法、收益现值法、成本法、实物期权法等；另一类是从宏观层面估计专利群的平均价值，主要采用调查法、专利续期模型。与调查法相比，专利续期模型因具有基础数据易获取、测算过程客观科学、测算结果可靠等优势被学者广泛应用于宏观层面专利价值的测算。

具体来看，基于专利续期模型测算专利价值需重点注意以下两点。

（1）如何依据不同类型专利特征合理设定专利的预期收益衰减模式。现有专利续期模型仅针对发明专利设定预期收益衰减模式，既未能与发明专利实际的预期收益衰减特征相匹配，又无法适用于实用新型专利、外观设计专利等其他类型专利的价值测算。仅考虑发明专利作为公开的技术知识具有快速贬值的特征，现有专利续期模型将发明专利的预期收益设定为"先快后缓"的指数型衰减模式。该模式下发明专利的预期收益从申请阶段便开始快速下降，直至接近失效时才逐渐减缓。然而，兼具创造性和新颖性的发明专利从申请、审查、授权到市场化通常要经历较长时间。在这期间，发明专利被模仿或者淘汰的可能性较小，尤其是在授权之前，发明专利的市场波及面较小、垄断能力更强。因此，"先快后缓"的指数型衰减模式显然并不符合发明专利的收益衰减特征。尽管有学者考虑到专利产生的预期收益可能是不确定的，提出了"不确定"的随机型预期收益衰减模式，但由于涉及过于烦琐的假设和过多的模型参数，其在实际操作中并不适合测算专利价值。鉴于此，根据发明专利、实用新型专利和外观设计专利的特征，分类设定与专利实际预期收益衰减过程相匹配的预期收益衰减模式是测算专利价值时需关注的重点问题之一。

（2）如何将大量具有高价值的未失效专利纳入模型并考虑潜在续期时长的

差异性。专利续期模型基于专利群的续期比率来测算专利价值，但对包含未失效专利群的续期比率无法观测。由于专利产生的经济收益一般与续期时长成正比，未失效专利与已失效专利相比具有更长的续期，价值可能更高。然而，现有的专利续期模型无法准确捕获大量未失效专利的价值，这必然造成对专利总体价值的低估，无法满足像中国这样的创新后发国家存在大量未失效专利的价值测算需求。尽管张古鹏和陈向东（2012）基于中国专利制度建立较晚且大部分专利仍未失效的现实，将专利续期模型拓展应用至未失效专利中，但并未区分未失效专利潜在续期时长的差异性，这影响了专利价值估计结果的准确性。因此，如何构建一种融入不同未失效专利潜在续期时长的差异性、准确测算大量未失效专利价值的改进专利续期模型，是测算专利价值需关注的另一重点。

三、产业层次关键部门研发卫星账户设计与编制重点

产业层次关键部门研发卫星账户以系统刻画研发产业的发展现状和演化趋势以及研发产业与其他产业间的技术经济联系为落脚点，通过编制研发投入产出表来实现。

（一）产业层次关键部门研发卫星账户设计

研发活动发展到一定的阶段便形成了研发产业。为深入揭示研发产业的发展规模、研发产品的生产消耗以及分配去向，可编制研发投入产出表。在满足"总投入=总产出"，即"中间投入+最初投入=中间使用+最终使用"的平衡勾稽关系下，可在相同的价格水平层次编制"T"字形的研发投入产出表，其可能表式如表3.16所示。从行业划分类型看，整个国民经济行业被划分为研发产业与非研发产业。从表3.16的横向结构看，该表由中间使用与最终使用构成。其中，中间使用反映研发产业部门与非研发产业部门的产品被各个产业部门用于中间消耗的情况，最终使用反映研发产业部门与非研发产业部门的产品用于最终消费支出、资本形成总额以及出口的情况，且满足"总产出=中间使用+最终使用（最终消费支出、资本形成总额以及出口之和）"的平衡关系。从表3.16的纵向结构看，该表由中间投入与最初投入构成。其中，中间投入反映研发产业与非研发产业在生产中所消耗的各个产业的产品情况，最初投入则由劳动者报酬、生产税净额、固定资产消耗以及营业盈余构成，且满足"总投入=中间投入+最初投入（劳动者报酬、生产税净额、固定资产消耗以及营业盈余之和）"的平衡关系。此外，为细致展现研发产业与其他产业之间纷繁复杂的技术经济联系，可将表3.16中的非研发产业进一步细分，其可能表式如表3.17所示。

表 3.16　研发投入产出表（简表）

投入		产出											
		中间使用						最终使用				进口	总产出
		研发产业1	研发产业2	…	研发产业 n	非研发产业	中间使用合计	最终消费支出	资本形成总额	出口	最终使用合计		
中间投入	研发产业1												
	研发产业2												
	⋮												
	研发产业 n												
	非研发产业												
	中间投入合计												
最初投入	劳动者报酬												
	生产税净额												
	固定资产消耗												
	营业盈余												
	增加值合计												
总投入													

表 3.17　研发投入产出表（扩展表）

投入			产出											
			中间使用						最终使用				进口	总产出
			研发产业1	研发产业2	…	研发产业 n	非研发产业	中间使用合计	最终消费支出	资本形成总额	出口	最终使用合计		
中间投入	研发产业	研发产业1												
		研发产业2												
		⋮												
		研发产业 n												
	非研发产业	产业1												
		产业2												
		⋮												
		产业 n												
	中间投入合计													
最初投入	劳动者报酬													
	生产税净额													
	固定资产消耗													
	营业盈余													
	增加值合计													
总投入														

（二）产业层次关键部门研发卫星账户编制重点

产业层次关键部门研发卫星账户的编制重点在于研发产业的统计界定问题。根据经济活动具有的同质性划分产业是世界各国和国际组织划分产业所遵循的重要原则。因此，研发活动的存在是研发产业形成的基本前提。目前，世界各国和国际组织大多数遵循 FM 界定研发活动的概念，而完整识别不同机构组织中实施的研发活动并非易事。解决问题的关键在于确定研发产业的基本构成单位。国民经济核算中，产业由从事相同或类似活动的基层单位组成（2008 版 SNA 第 5.2 段）。其中，基层单位（又称产业活动单位）可以是企业或企业的一部分，它具有独立的场所、只从事一种生产活动或者其主要生产活动在全部增加值中占有最大部分、具有相应收支核算资料。因此，遵循 SNA 中产业分类法的定义，研发产业由那些为了增加知识总量以及运用这些知识去创造新的应用所进行的具有系统性、创造性活动的基层单位构成。例如，《北美产业分类体系》（North American Industry Classification System，NAICS）将科学研究服务业界定为从事原创性研究的基层单位的集合。

事实上，一个基层单位通常从事不止一种生产活动，既包括主要生产活动也包括次要生产活动。因此，需要根据主要经济活动来判定特定基层单位的产业归属。也就是说，若一个基层单位的主要活动是研发活动，则将其归为研发产业。然而，由于研发活动单位组织形态呈现多样化，精准划归跨产业生产单位的产业归属并非易事。理想的解决方式是进一步细分研发活动单位进而得到基层单位，而这在实践中又较难实现。

第二节　内生研发卫星账户设计及编制重点

由内生研发卫星账户的定义可知，该层次研发卫星账户的编制可归结为"研发桥接表、研发供给使用表、研发固定资本形成表、研发资本存量表以及研发资本化影响表"等五类表式的编制，基本结构如图 3.2 所示。

一、研发桥接表设计及编制重点

作为研发卫星账户编制起点的研发产出，其基础数据资料来自科技统计调查。然而，基于 FM 而展开的科技统计调查并不能满足编制研发卫星账户的需求，因此需借助某种工具实现科技调查向国民经济核算的概念转化与数据调整。为此，HIPPs 推荐使用"桥接表"以实现研发经费支出到研发产出的数据转换。

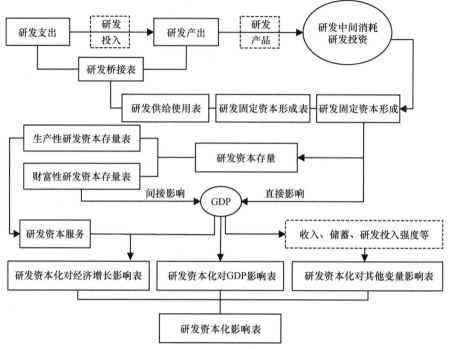

图 3.2　内生研发卫星账户基本结构

（一）研发桥接表设计

从概念上看，研发经费支出作为科技统计指标属于费用化概念，用于统计一个核算期内研发统计单位内部实施研发活动的全部费用。研发产出作为国民经济核算指标属于 SNA 概念，用于反映一个核算期内机构部门实施研发活动的生产成果。从价值构成上看，研发经费支出包括日常性支出与资本性支出。其中，日常性支出由劳动力成本与其他日常支出构成；资本性支出指核算期内研发统计单位购买仪器、设备等固定资产的支出。研发产出不仅包括劳动力成本、固定资本成本，还包括营业盈余和生产税净额等初始投入要素的价值，二者主要差异如表 3.18 所示。从研发活动主体上看，研发经费支出主要基于执行角度对研发活动调查主体分类，研发产出既可以基于执行角度，也可以基于研发活动核算主体的市场化性质对其分类。

表 3.18　**FM 与 SNA 框架下研发基本构成比较**

项目处理方式	FM：研发经费支出		SNA：研发产出
类似处理	日常性支出	劳动力成本	雇员报酬
		其他日常支出	中间消耗

续表

项目处理方式	FM：研发经费支出		SNA：研发产出
不同处理	资本性支出	土地和建筑	×
		设备和机械	×
		计算机软件	×
	×		研发固定资本消耗
	×		研发固定资本净收益
	补贴（未涵盖生产税款）		研发生产税净额（扣除补贴）

注：本表中的×表示表式中不包括该项目

　　编制研发桥接表可遵循以下步骤：①将科技统计调查主体归并转换为研发活动核算主体；②通过核算项目的调整将研发经费支出口径转换为研发产出口径。表3.19列示了研发活动调查主体向研发卫星账户核算主体的归并转换关系。基于此，研发桥接表的宾栏可依据研发卫星账户核算主体予以分类，分别设为非金融企业、金融企业、一般政府部门、住户部门、NPISH和国外等；主栏则由研发经费支出向研发产出调整过程中涉及的一系列核算项目构成，并满足"研发经费支出－软件开发支出－研发资本性支出＋生产税净额＋研发固定资本净收益＋研发固定资本消耗＝研发产出"的勾稽平衡关系，其可能表式如表3.20所示。进一步地，我们也可将时间因素纳入表3.20进而编制动态化的研发桥接表。此时，每一个研发卫星账户核算主体与主栏项目结合可拆分为若干个独立表式，形成"非金融企业研发桥接表""金融企业研发桥接表""一般政府部门研发桥接表"等。在动态化研发桥接表中，宾栏项目下应设不同的核算期，如不同季度、不同年份等，基本表式如表3.21所示。

表3.19　研发活动调查主体向研发卫星账户核算主体的归并转换关系

研发活动调查主体	研发卫星账户核算主体	研发卫星账户生产主体	
企业部门	非金融企业（S11）	市场生产者	市场交易
	金融企业（S12）		自身最终使用
政府部门	一般政府部门（S13）	非市场生产者	非市场交易（所有者能获得经济利益）
私人非营利部门	住户部门（S14）		
	NPISH（S15）		非市场交易（所有者不能获得经济利益）
高等教育部门			
国外	国外（S2）	—	—

注：SNA中无单独高等教育部门，而是包含在SNA的各个部门中

表3.20　研发桥接表（简表）

核算项目	非金融企业（S11）	金融企业（S12）	一般政府部门（S13）	住户部门（S14）	NPISH（S15）	国外（S2）
研发经费支出						
软件开发支出（－）						

续表

核算项目	非金融企业 （S11）	金融企业 （S12）	一般政府部门 （S13）	住户部门 （S14）	NPISH （S15）	国外 （S2）
研发资本性支出（−） 生产税净额（+） 研发固定资本净收益（+） 研发固定资本消耗（+）						
研发产出						

表 3.21　非金融企业研发桥接表（动态表）

核算项目	核算期				
	核算期 1	核算期 2	核算期 3	…	核算期 n
研发经费支出 软件开发支出（−） 研发资本性支出（−） 生产税净额（+） 研发固定资本净收益（+） 研发固定资本消耗（+）					
研发产出					

（二）研发桥接表的编制重点

我们认为，研发桥接表的编制重点主要集中在"不同口径下研发活动主体的归并转换问题"和"研发产出的估值问题"两个方面。

1. 不同口径下研发活动主体的归并转换问题

FM 将从事研发活动的调查主体划分为企业部门、政府部门、私人非营利部门、高等教育部门和国外，而 SNA 将研发活动的核算主体划分为非金融企业、金融企业、一般政府部门、住户部门、NPISH、国外。可见，两种分类的主要区别是 FM 将高等教育部门归为一个独立部门，而将高等教育部门归入 SNA 概念中的机构部门存在不少挑战。一般来看，公立大学和学院归入 SNA 中的政府部门，但高等教育部门的其他组成部分可能属于 SNA 的任何其他部门。为此，FM 对高等教育部门包括或可能包括的单位在 SNA 中的分类提供了指导建议，如表 3.22 所示。

表 3.22　FM 中高等教育部门包括（或可能包括）的单位在 SNA 中的分类

高等教育部门包括（或可能包括） 的单位	市场生产者	非市场生产者
教学机构（以提供高等教育服务为主 要活动）	所有非金融企业（或准公司）	政府单位
	任何以具有经济意义的价格提供高等教 育服务的非法人企业	由政府控制且主要靠其资 助的非营利机构

高等教育部门包括（或可能包括）的单位	市场生产者	非市场生产者
教学机构（以提供高等教育服务为主要活动）	以具有经济意义的价格提供高等教育服务的非营利机构	为住户提供高等教育服务的非营利机构
	为企业服务的非营利机构	
附属于或受高等教育机构控制、管理和（或）具有重要教学任务的大学医院	提供保健服务的非金融企业（或准公司）	提供保健服务的政府单位
	以具有经济意义的价格提供保健服务的非营利机构	提供保健服务的政府单位
		NPISH
附属于或受高等教育机构控制、管理的研究机构或实验站（"边界"研究机构）	出售研发的非金融企业（或准公司）	附属于或受高等教育机构控制、管理的政府单位
	按具有经济意义的价格出售研发的非营利机构	由政府控制并且主要靠其资助，但附属于高等教育机构的非营利机构
	为企业提供服务的非营利机构	NPISH
由助学金资助的研究生		由助学金资助的研究生

2. 研发产出的估值问题

理论上看，研发价值有三种测算方法：一是直接测算研发市场价值；二是按照研发的价值未来预期可提供的经济利益来决定，政府获得研发成果用来提供公共服务的情形也包括在内；三是按照惯例，以其费用之和对研发进行估价，其中包括未成功研发的费用。然而，大多数研发产品是为了自身最终使用而生产，加上它具有的创造性、新颖性和稀缺性，决定了其无法在市场上通过足够多同类研发产品的市场交易量来估计可靠的基本价格，寻找研发产品的市场交易基本价格较为困难。鉴于此，参考 SNA 的建议，我们可以用实施研发活动的生产成本进行研发产出估值，表 3.23 列示了基于生产成本法估价的实现过程。若将研发产出各组成部分与表 3.23 中的桥接过程相对接，便可核算出各组成部分与研发产出的价值。

表 3.23　研发桥接表（详表，基于生产成本法）

核算项目	研发经费支出构成	桥接过程（起点：研发经费支出）	备注
1. 研发中间消耗	各类日常支出	—	—
		GFCF 的 IPP 使用许可支出（－）	主要为研发资产，如专利
	—	自产自用的软件生产支出（－）	满足 GFCF 定义
		外购用于中间消耗的研发支出（＋）	用于科技行业的支出
2. 研发雇员报酬	研发人员成本	—	未涵盖研究生报酬
	—	研究生报酬支付（＋）	—
3. 研发其他生产税（－生产补贴）	增值税	—	—
	—	其他生产税（＋）	FM 未涵盖的生产税
		生产补贴（－）	—

续表

核算项目	研发经费支出构成		桥接过程（起点：研发经费支出）	备注
小计：1+2+3=日常支出				
4. 研发固定资本消耗+研发固定资本净收益	资本支出	土地和建筑物	—	—
		仪器和设备		
		计算机软件		
	—		资本支出（−）	—
			使用许可和非 GFCF 复制许可的产出（+）	不满足资产定义
			研发固定资本消耗（+）	法1：日常支出或研发雇员报酬乘以某一个比例
			研发固定资本净收益（+）	法2：PIM
总计：日常支出+4=各个部门研发产出				

注：GFCF（gross fixed capital formation）是"固定资本形成总额"的简写

二、研发供给使用表设计及编制重点

研发桥接表实现了对核算主体研发总产出的计量，若进一步揭示研发产品的国内外贸易情况以及研发产品的具体使用去向，则可借助研发供给使用表（或者研发供给表和研发使用表）的编制。

（一）研发供给使用表设计

从供给端看，一个经济体的研发产品（产出）由国内生产与国外进口提供；从使用端看，研发产品（产出）使用去向有三种——第一种成为研发中间消耗品，第二种成为研发固定资本形成，第三种出口国外，且始终满足"研发总供给=研发总使用"的平衡勾稽关系。据此，我们可基于相同的估价和产品分类水平成对编制研发供给使用表，进而形成矩阵式的研发供给表和研发使用表，可能表式如表3.24、表3.25 所示。进一步地，还可以根据生产主体市场性质将表3.24 和表3.25 宾栏中的各产业细分为其他非市场生产者、市场生产者和自给性生产者。此外，我们也可以编制"T"形的研发供给使用表用来同时展示研发产品的供给与使用情况，可能表式如表3.26 所示。当然，也可将表3.26 的主栏项目设置为不同的核算期（不同季度、不同年份）动态分析研发产品供给使用变动趋势。

表 3.24 按购买者价格核算的研发供给表

研发产品供给	研发产业					研发总产出（基本价格）	研发进口	研发总供给（基本价格）	产品税费–产品补贴	不可抵扣的增值税	商业毛利和运输费用	研发总供给（购买者价格）
	产业1	产业2	…	产业n	合计							
研发产品 产品1												
产品2												
⋮												
产品n												
合计												

表 3.25 按购买者价格核算的研发使用表

研发产品使用	中间使用					最终使用					研发总使用（购买者价格）
	产业1	产业2	…	产业n	合计	最终消费支出	研发固定资本形成	存货	研发出口	合计	
研发产品 产品1											
产品2											
⋮											
产品n											
合计											
增加值 劳动者报酬											
生产税净额											
固定资本消耗											
营业盈余											
合计											
总投入（基本价格）											

注：研发资本化核算后，研发产品要么作为中间使用，要么用于固定资本形成，故最终消费支出项目处实际为 0

表 3.26 研发供给使用表可能表式

核算主体		研发产品供给			研发产品使用				
		研发国内生产	研发进口	研发总供给	研发中间消耗	研发固定资本形成	研发出口	存货	研发总使用
生产主体市场性质	市场生产者								
	自给性生产者								
	其他非市场生产者								
机构部门	金融企业								
	非金融企业								
	一般政府部门								
	住户部门								
	NPISH								
	国外								

（二）研发供给使用表的编制重点

研发供给使用表的编制重点在于实现科技活动调查所遵循的产业分类向研发卫星账户中的产业分类的转化问题。科技活动调查基于 FM 指导展开，研发卫星账户基于 SNA 指导编制，FM 中的研发活动统计单位（statistical unit）是搜集信息并最终编制统计数据的实体，其统计范围大于 SNA 中基层单位的范围。因此，虽然两个体系均使用 ISIC，但由于单位分类和分类标准的不同，研发的产业分类也有所不同。实践中，科技活动调查通常采用本土化产业分类标准，如《欧盟经济活动统计分类》（Statistical classification of economic activities in the European Community，NACE）、NAICS，而编制研发卫星账户往往参照 ISIC。因此，实现本土化产业分类标准与 ISIC 的匹配转化也面临较大挑战。

三、研发固定资本形成表设计及编制重点

研发资本化核算变革为核算研发产出中形成的固定资本提供了理论基础。从供给角度看，经济体中的研发总产出无非来自国内供给与国外出口。为核算研发总产出中用于固定资本形成的份额，研发固定资本形成表应运而生。

（一）研发固定资本形成表设计

通常，研发供给表经过一系列核算项目的调整便可形成研发固定资本形成表。与研发桥接表使用的"核算项目×机构部门"交叉结构类似，研发固定资本形成表的主栏用于记录核算项目的调整过程，满足"研发总供给（购买者价格）=研发中间消耗+无潜在收益的研发+研发净出口+国内部门间的研发净购买+研发存货变动+研发固定资本形成"的平衡关系；宾栏用于记录研发卫星账户核算主体中的非金融企业、金融企业等六个机构部门。此外，研发固定资本形成表也可以按照"核算项目×行业部门"和"核算项目×生产主体"结构编制，主栏仍记录核算项目的调整过程，宾栏分别为国民经济中的行业部门（如制造业、工业、高技术产业等）、生产主体（分为市场生产者、自给性生产者、其他非市场生产者）。表 3.27、表 3.28 和表 3.29 分别列示了研发固定资本形成表的可能表式。

表 3.27　机构部门的研发固定资本形成表（研发资本流量表）

核算项目	非金融企业（S11）	金融企业（S12）	一般政府部门（S13）	住户部门（S14）	NPISH（S15）	国外（S2）
研发总供给（购买者价格）						
研发中间消耗（−）						
无潜在收益的研发（−）						

续表

核算项目	非金融企业 （S11）	金融企业 （S12）	一般政府部门 （S13）	住户部门 （S14）	NPISH （S15）	国外 （S2）
研发净出口（-）						
研发存货变动（-）						
国内部门间的研发净购买（-）						
研发固定资本形成						

表 3.28　行业部门的研发固定资本形成表（研发资本流量表）

核算项目	行业 1	行业 2	行业 3	行业 4	…	行业 n
研发总供给（购买者价格）						
研发中间消耗（-）						
无潜在收益的研发（-）						
研发净出口（-）						
研发存货变动（-）						
国内部门间的研发净购买（-）						
研发固定资本形成						

表 3.29　不同生产主体的研发固定资本形成表（研发资本流量表）

核算项目	市场生产者	自给性生产者	其他非市场生产者
研发总供给（购买者价格）			
研发中间消耗（-）			
无潜在收益的研发（-）			
研发净出口（-）			
研发存货变动（-）			
国内部门间的研发净购买（-）			
研发固定资本形成			

（二）研发固定资本形成表编制重点

研发固定资本形成表的编制重点在于研发资本化核算范围的界定。依据 2008 版 SNA 对资产的定义，研发可资本化的范围需同时满足三个条件：经济所有权条件、经济利益条件以及使用期限条件。

1. 经济所有权条件的识别

该条件指一项研发产品若能资本化，必须具有特定的经济所有者。其中，经济所有者指由于承担了有关风险而有权享有该实体在经济活动期间内运作带来的经济利益的机构单位（2008 版 SNA 第 3.26 段）。也就是说企业部门、政府部门、住户部门和 NPISH 若要拥有研发资产的经济所有权，必须能够承担研发活动生产过程中的风险以及经济利益跨期转移所产生的风险，以确保经济利益的实现。对于研发这类 IPP 产品而言，寻求法律保护是获取经济所有权的重要途径。例如，机构单位通过在期刊上发表科技论文、申请著作权和专利等方式获取研发产品的经济所有权。然而，如果通过法律保护所支付的成本超过了研发产品所带来的经济利益，那么机构单位会选择放弃申请法律保护。在这种情况下，HIPPs 建议将用于销售的研发产品的购买者视为其经济所有者，将自产自用的研发产品生产者视为其经济所有者（HIPPs 第 136 段）。

2. 经济利益条件的识别

该条件指一项研发产品若要资本化，必须能为其所有者带来经济利益。其中，经济利益指通过一种行为产生的收益/正效用，它意味着要在两种状态①之间进行比较（2008 版 SNA 第 3.19 段）。然而，在实际中如何识别"能否带来经济利益"较为棘手。对于市场性研发产品生产者，其逐利的本质决定了其所生产的研发成果具有经济利益。而对于非市场性研发产品生产者，较难判断所有者能否从研发成果中获取经济利益。

OECD 的研发工作组倾向于不将非市场生产者的所有研发资本化，并提出一种基于社会经济目标数据测度非市场部门研发固定资本形成的方法。基于社会经济目标，FM 将研发经费支出划分为 12 个类别，研发工作组认为政府/非营利机构部门可从基础设施和土地利用的总体规划，环境的治理和保护，人类健康的保护与改善，社会结构与关系，国防，地球探测与开发，能源的生产、分配和合理利用（通过开采矿藏所得的特许权使用费）等七个类别的研发活动中获取经济利益，而不能从农业生产与技术、工业生产与技术、空间探测与开发、非定向研究等四个类别的研发活动获取经济利益。此外，OECD 建议将其他民用研究分配至其余 11 个社会经济目标中考察（HIPPs 中专栏 3）。

3. 使用期限条件的识别

该条件指一项研发产品若要资本化，其使用期限必须在一年以上。较为特殊的是研发产品的复制许可和使用许可的资本化处置。SNA 建议"对于直接出售的复制品，只要被用于生产的时间超过一年，就可被视为研发资本形成；对于需要使用复制许可或复制许可才可获得的复制品，当它被用于生产的时间超过一年，且许可证持有者承担了与所有权相关的一切风险和报酬时，可被视为研发资本形成"（SNA 第 10.100 段）。

---

① 一种是采取某种经济行为后的状态，另一种是不采取该行为时的状态。通过这种比较，可以衡量该行为带来的净收益或正效用。

四、研发资本存量表设计及编制重点

一套完整的内生研发卫星账户应兼具对研发资本流量与存量核算。研发固定资本形成表用于刻画核算主体在一个核算期内形成的研发资本价值，属于研发资本流量核算。为衡量核算主体的研发资本累计至某一时点所积累的价值，则需借助研发资本存量表。

（一）研发资本存量表设计

研发资本存量表的编制依赖于对研发资本存量的测算。综合来看，研发资本存量的测算包括两个视角：一是基于财富视角，其测算结果一般体现为财富性研发资本存量总额和财富性研发资本存量净额，旨在衡量研发这一类资产的累积价值；二是基于生产视角，其测算结果一般体现为生产性研发资本存量和研发资本服务，旨在衡量研发这一类资产在生产过程中的投入水平。与其匹配，编制研发资本存量表可分为财富性研发资本存量表和生产性研发资本存量表的编制。

1. 财富性研发资本存量表设计

由经济系统中流量与存量的对应关系可知，核算期内的研发资本变化量（流量）改变了期初财富性研发资本存量的状态，使其从期初状态转变至期末状态，即满足"期初财富性研发资本存量+核算期研发资本变化量=期末财富性研发资本存量"的勾稽平衡关系。据此，本节可以编制财富性研发资本存量表（也可称为研发资产负债表）。从编制过程看，财富性研发资本存量表可分别按照"核算项目×机构部门""核算项目×行业部门"和"核算项目×生产主体"的交叉结构编制，主栏可依据研发卫星账户核算主体予以分类；宾栏则由期初财富性研发资本存量向期末财富性研发资本存量的一系列核算项目调整项构成，其可能表式如表3.30所示。此外，在编制过程中也可纳入时间维度，动态刻画某一机构部门、行业部门或者市场生产者和非市场生产者的财富性研发资本存量规模发展趋势，其可能表式如表3.31所示。此时，宾栏项目保持不变，主栏项目则为不同的核算期。至此，研发卫星账户完成财富性研发资本存量的表式编制。

表 3.30 **财富性研发资本存量表/研发资产负债表（静态表）**

研发卫星账户核算主体	期初财富性研发资本存量	期间变化			期末财富性研发资本存量
		研发固定资本形成	持有收益	研发固定资本消耗	
非金融企业（S11）					
金融企业（S12）					
一般政府部门（S13）					
住户部门（S14）					
NPISH（S15）					
国外（S2）					

表 3.31 财富性研发资本存量表/研发资产负债表（动态表）

核算期	期初财富性研发资本存量	期间变化			期末财富性研发资本存量
		研发固定资本形成	持有收益	研发固定资本消耗	
核算期1					
核算期2					
核算期3					
⋮					
核算期 n					

2. 生产性研发资本存量表设计

若要进一步反映经济生产过程中的研发资本投入量，我们可以编制生产性研发资本存量表。从编制过程看，生产性研发资本存量表可借鉴财富性研发资本存量表的表式结构，主栏可按照研发卫星账户核算主体予以分类；宾栏则由生产性研发固定资本存量、研发资本服务等核算项目构成，其可能表式如表 3.32 所示。此外，我们也可纳入时间因素，编制生产性研发资本存量动态表，以连续刻画任一调查主体的生产性研发固定资本存量和研发资本服务等的变化趋势，如表 3.33 所示。

表 3.32 生产性研发资本存量表（静态表）

研发卫星账户核算主体	研发固定资本形成	生产性研发固定资本存量	研发资本服务	研发资本服务指数
非金融企业（S11）				
金融企业（S12）				
一般政府部门（S13）				
住户部门（S14）				
NPISH（S15）				
国外（S2）				

表 3.33 企业部门的生产性研发资本存量表（动态表）

核算期	研发固定资本形成	生产性研发固定资本存量	研发资本服务	研发资本服务指数
核算期1				
核算期2				
核算期3				
⋮				
核算期 n				

（二）研发资本存量表编制重点

财富性研发资本存量表和生产性研发资本存量表的编制重点集中于对研发资本存量的测算。对于研发资本存量的测算方法，2008 版 SNA 和 HIPPs 一致推荐 PIM。综合看来，参考 OECD（2001）基于 PIM 测算资本存量的两类测算思路，研发资本存量的具体测算方法可归结为两种：一是传统 PIM 测算思路，遵循"研发资本存量总额→研发固定资本消耗→研发资本存量净额"路径，首先，通过 PIM 测算研发资本存量总额，其次，利用折旧函数估算研发固定资本消耗，最后，从研发资本存量总额中减去累计研发固定资本消耗，间接得到研发资本存量净额。二是综合 PIM 测算思路，遵循"研发资本存量总额→研发资本存量净额→研发固定资本消耗"路径，首先，通过设定研发资本退役剖面获得研发资本存量总额，其次，利用役龄–效率剖面获得每类资产的生产性研发资本存量，并结合资产价值公式与役龄–效率剖面得到役龄–价格剖面，直接测算研发资本存量净额，最后，间接估算研发固定资本消耗。考虑到本书从财富与生产双重视角分别编制研发资本存量表，本节基于综合 PIM 测算思路同时完成对财富性研发资本存量与生产性研发资本存量的测算。

由图 3.3 的测算思路可知，综合 PIM 测算方法涉及了诸多参数设置与模式选择等关键问题，特别是研发资产的退役模式、役龄–效率剖面以及役龄–价格剖面等，而这也构成了财富性研发资本存量表和生产性研发资本存量表的编制重点。

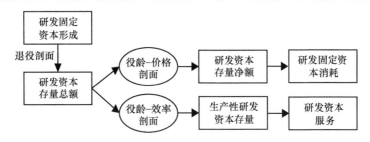

图 3.3　财富与生产双重视角下研发资本存量测算思路

1. 研发资产的退役模式选择

研发资本的退役剖面描述了研发资产围绕平均使用年限退役的随机分布过程，与研发资本的退役率和残存率密切相关。可选的研发资本退役剖面有四种模式：同时退役模式、线性退役模式、延长线性退役模式和钟形退役模式。其中，同时退役模式和线性退役模式缺乏实际应用的合理性，延长线性退役模式和钟形退役模式相对而言更贴近现实。实践中，BLS、ABS 和 OECD 在其研发资本存量测算中均采用钟形退役模式。钟形退役模式包括 γ 分布模式、温弗里曲线模式、威布尔曲线模式、正态分布模式和对数正态分布模式（OECD，2001），后两种分布形式更为常见（Schreyer and Zinni，2021；朱发仓和杨诗淳，2020；杨林涛和邱惠婷，2021）。

（1）正态分布模式。分布函数为对称型且具有一个有用特性，即有 95% 的可能性置于平均数附近的两个标准差之内（OECD，2001）。正态分布模式退役剖面如式（3.1）所示：

$$f_\tau = \frac{1}{\sqrt{2\pi s}} \exp\left(-\frac{(\tau - \overline{T})}{2s^2}\right) \tag{3.1}$$

其中，f_τ 为资产使用 τ 年后的退出比例；$\overline{T}$ 为平均使用年限；s 为标准差，一般取 $s = \overline{T}/4$。

（2）对数正态分布模式。分布函数为左偏峰，同样具有上述的正态分布特性。此外，对数正态分布模式所刻画的资产在使用的第一年废弃的可能性为 0，函数右侧分布的尾部接近 0 但不会达到 0，当达到最大使用年限时设为 0（OECD，2001）。对数正态分布模式退役剖面如式（3.2）所示：

$$f_\tau = \frac{1}{\sqrt{2\pi}\sigma\tau} \exp\left(-\frac{(\ln\tau - \mu)}{2\sigma^2}\right) \tag{3.2}$$

其中，σ 为对数正态分布的标准差，且 $\sigma = \sqrt{\ln(1 + 1/(\overline{T}/s)^2)}$；$\mu$ 为对数正态分布的平均数，且 $\mu = \ln\overline{T} - 0.5\sigma^2$；$\tau$ 为资产的役龄。

2. 研发资产的役龄–效率剖面选择

研发资产的役龄–效率剖面反映单一研发资产随役龄增加其生产效率的变化。研发资产在使用过程中会受到技术溢出和新技术替代等影响而生产能力下降，进而引起其所能提供服务数量的减少。研发资产效率改变可用依赖于其使用年限的相对效率表示。役龄–效率剖面的直接测算非常困难，通常假定役龄–效率在资产使用年限内呈现规律性下降模式，其具体形式的选择是一个经验问题（OECD，2009）。常用的役龄–效率剖面形式有四种：单驾马车式、直线下降式、几何递减式、双曲线递减式。实践中，测算研发资本存量通常选取几何递减式和双曲线递减式。假定役龄为 τ 的研发资产相对于新资产的效率为 d_τ，且 d_τ 是介于[0,1]间的任意数，$d(0)=1$。

（1）几何递减式。该模式下资产的生产效率每年以固定比率下降，且在最初使用的第一年效率降幅最大，此后年份降幅逐渐减少。假设效率下降比率为 δ，则几何效率递减如式（3.3）所示：

$$d_\tau = (1-\delta)^\tau, \quad \tau = 0, 1, 2, \cdots \tag{3.3}$$

（2）双曲线递减式。该模式下资产的生产效率在使用早期下降缓慢，在即将达到资产使用寿命终点时快速下降。双曲线效率递减如式（3.4）所示：

$$d_\tau = \frac{L - (\tau - 1)}{L - \beta(\tau - 1)}, \quad \beta \leq 1, \quad \tau = 1, 2, \cdots \tag{3.4}$$

其中，L 为研发资产最大使用年限；β 为效率递减因子，与研发资产使用年限有关。

3. 研发资产的役龄-价格剖面选择

研发资产的役龄-价格剖面反映单一研发资产随役龄增加其资产价值的变化。具体地，研发资产的价值取决于其在服役年限内预期赢得的租金收入（OECD，2001），租金收入由研发资产提供的资本服务数量与服务价格决定。此外，考虑到租金收入是在若干年内收取，在计算某一时点研发资产价值时需要将未来时期预期获得的租金收入进行贴现。

基于研发资产价值和研发资产的役龄-效率剖面，可以进一步推导得到研发资产的役龄-价格剖面，推导过程如表3.34所示。具体步骤为，首先，利用研发资产的资本服务数量与服务价格得到 t 时期各役龄下研发资产的租金收入 $p_k(t+\tau)$（τ=0，1，…，t^{max}）；其次，利用贴现率 r 贴现 t 时期各役龄下研发资产的租金收入，进而加总得到 t 时期各役龄下的研发资产价值[1] $V_s^t = \sum_{\tau=0}^{t^{max}} \frac{p_k(t+\tau+s)}{(1+r)^\tau} = \sum_{\tau=0}^{T} \frac{d(\tau+s)p_k(t+0)}{(1+r)^\tau}$

（s=0,1,…,T）；最后，t 时期各役龄下研发资产的役龄-价格剖面根据 $\psi(\tau) = \frac{V_\tau^t}{V_0^t}$（$\tau$=0,1,…,$T$）求得。

表3.34　研发资产役龄-效率剖面向役龄-价格剖面转化过程

役龄	服务数量	价格	租金收入	租金收入在各期贴现价值				
				0	1	2	…	T
0	$d(0)$	p	$p_k(t+0)$	$p_k(t+0)/1+r$				
1	$d(1)$	p	$p_k(t+1)$	$p_k(t+1)/(1+r)^2$	$p_k(t+1)/1+r$			
2	$d(2)$	p	$p_k(t+2)$	$p_k(t+2)/(1+r)^3$	$p_k(t+2)/(1+r)^2$	$p_k(t+2)/1+r$		
⋮	⋮	⋮	⋮	⋮	⋮	⋮	⋮	⋮
T	$d(t^{max})$	p	$p_k(t+t^{max})$	$\dfrac{p_k(t+t^{max})}{(1+r)^{max+1}}$	$\dfrac{p_k(t+t^{max})}{(1+r)^{max}}$	$\dfrac{p_k(t+t^{max})}{(1+r)^{max-1}}$	…	0
贴现至期初年末租金收入之和（即资产价值）				V_0^t	V_1^t	V_2^t	…	$V_{t^{max}}^t$
平均役龄-价格剖面 $\psi(\tau)$				$\psi(0)=\dfrac{V_0^t}{V_0^t}$	$\psi(1)=\dfrac{V_1^t}{V_0^t}$	$\psi(2)=\dfrac{V_2^t}{V_0^t}$	…	$\psi(T)=\dfrac{V_T^t}{V_0^t}$

注：在不影响最终役龄-价格剖面结果情况下，为简化计算过程，这里假设研发资产在各役龄提供的资本服务数量为役龄-效率，资本服务价格为 p，二者之积为资本服务价值，即租金收入

4. 研发产品价格指数的选择与估算

在测算研发资本存量之前，需借助研发产品价格指数将现价研发投资序列缩减为不变价研发投资序列。在实际操作中，估算研发产品价格指数成为编制研发资本存量表的又一技术难点。2008版SNA推荐了两种价格指数：投入价格指数

---

[1] 考虑到残值对资产价值的影响较小，此处在运用资产价值与平均役龄-效率剖面推导平均役龄-价格剖面过程时，忽略了残值。

和虚拟产出价格指数（2008 版 SNA，第 15.148 段和第 15.155 段）。其中，对于非市场研发产品的不变价核算，2008 版 SNA 和 HIPPs 均建议使用虚拟产出价格指数（2008 版 SNA 第 15.153 段；HIPPs 中建议 2.6）。然而，2008 版 SNA 仅给出了可通过生产率提高程度调整价格指数或考察类似产品的产出价格指数的理论指导，尚未详细阐释虚拟产出价格指数的估算流程。因此，尽管不能反映生产率的增长，但基于不同研发产品投入价格指数加权而成的投入价格指数备受各国统计部门和学者的青睐。

五、研发资本化影响表设计及编制重点

研发固定资本形成及研发资本所积累的研发资本存量必将对宏观经济产生深远影响。为细致刻画这种影响效应，可借助于研发资本化影响表。

（一）研发资本化影响表设计

1. 研发资本化对 GDP 影响表设计

研发资本化对 GDP 影响表用来揭示研发资本化对 GDP 核算带来的定量影响。沿着资本化的核算路径，研发资本化由直接路径（当期研发投资）与间接路径（往期研发资本消耗）对 GDP 的规模和结构产生影响。其中，直接路径刻画了研发产品的价值属性从中间产品转化为最终产品；间接路径涵盖了政府持有的研发资产的固定资本消耗增大所引致的总产出增加。以支出法 GDP 为例，研发资本化的直接路径为

ΔGDP（直接）
=研发投资−非企业部门研发投资（原先作为"政府消费"计入 GDP）
=企业部门研发投资（原先作为"中间消耗"剔除）　　　　　　　　（3.5）

研发资本化的间接路径为

ΔGDP（间接）
=追加的政府最终消费（非企业部门研发资本消耗引致的产出增加）　（3.6）

结合式（3.5）和式（3.6），GDP 的规模调整为

调整后 GDP=原始 GDP+ΔGDP（直接）+ΔGDP（间接）
　　　　　=原始 GDP+企业部门研发投资+追加的政府最终消费　　（3.7）

在式（3.7）中，追加的政府最终消费源于非企业部门研发固定资本存量引致的资本消耗，因此间接路径的影响测度在财富性研发资本存量与资本消耗之后。

对于研发资本化对 GDP 影响表的编制，可按照"核算项目×机构部门"和

"核算项目×生产主体"结构编制，主栏可设置为生产法、收入法和支出法的 GDP 核算项目，若数据无法细化至构成项目，灰色底纹一栏则必须保留。宾栏则可分设研发生产主体和研发机构部门，其可能的表式如表 3.35 所示。当然，若要深入分析研发资本化对 GDP 的直接与间接影响，表 3.35 也可满足需求。进一步地，在编制过程中也可纳入时间维度，探寻研发资本化对不同核算部门 GDP/增加值的动态影响。例如，可将表 3.35 宾栏中的每一列分别与主栏相结合，拆分为若干个独立表式，形成"市场生产者研发资本化对 GDP 影响表（动态表）"，如表 3.36 所示。此时，宾栏应设置为不同的核算期。

表 3.35 研发资本化对 GDP 影响表（静态表）

GDP 核算项目		研发生产主体			研发机构部门					
		市场生产者	自给性生产者	其他非市场生产者	非金融企业（S11）	金融企业（S12）	一般政府部门（S13）	住户部门（S14）	NPISH（S15）	国外（S2）
生产法	总产出									
	中间消耗									
	增加值									
收入法	劳动者报酬									
	生产税净额									
	固定资本消耗									
	营业盈余									
	增加值									
支出法	最终消费支出									
	资本形成总额									
	净出口									
	GDP									
统计误差										

注：灰色底纹此行须保持一致

表 3.36 市场生产者研发资本化对 GDP 影响表（动态表）

GDP 核算项目		核算期				
		核算期 1	核算期 2	核算期 3	…	核算期 n
生产法	总产出					
	中间消耗					
	增加值					
收入法	劳动者报酬					
	生产税净额					
	固定资本消耗					
	营业盈余					
	增加值					
支出法	最终消费支出					
	资本形成总额					
	净出口					
	GDP					
统计误差						

2. 研发资本化对其他变量影响表设计

1）研发资本化对收入分配、使用影响表设计

研发资本化除了对国民经济运行的生产环节产生影响，还将影响继续传导至国民经济的收入分配、使用等环节。此时可编制研发资本化对收入分配、使用影响表来反映这种影响。在编制过程中，宾栏可按照"核算项目×生产主体"和"核算项目×机构部门"结构编制，主栏可设置营业盈余/混合收入、应收雇员报酬（住户）、应收生产税净额（政府）、应收财产收入、应付财产收入、初始收入等初始收入核算项目，经常转移调整项、可支配收入、实物社会转移调整项、调整后可支配收入等收入再分配项目以及实际最终消费和总储蓄等收入使用核算项目。宾栏则可分设研发生产主体和研发机构部门，其可能的表式如表3.37所示。进一步地，在编制过程中也可纳入时间维度，动态分析研发资本化对收入分配、使用的影响，编制步骤类似于表3.36。

表3.37　研发资本化对收入分配、使用影响表（静态表）

核算项目	研发生产主体			研发机构部门					
	市场生产者	自给性生产者	其他非市场生产者	非金融企业（S11）	金融企业（S12）	一般政府部门（S13）	住户部门（S14）	NPISH（S15）	国外（S2）
营业盈余/混合收入									
应收雇员报酬（住户）（+）									
应收生产税净额（政府）（-）									
应收财产收入（+）									
应付财产收入（-）									
初始收入									
经常转移调整项（+/-）									
可支配收入									
实物社会转移调整项（+/-）									
调整后可支配收入									
实际最终消费									
总储蓄									

注：表中（+）代表加上该项目；（-）代表减去该项目；（+/-）是调整项，代表对不同主体或机构部门可能是加上该项目，也可能是减去该项目

2）研发资本化对最终消费和投资需求经济贡献影响表设计

研发资本化对 GDP 结构的影响将进一步传导至最终消费和投资需求对经济增长的驱动作用上，此时可借助编制研发资本化对最终消费和投资需求经济贡献影响表以反映这种影响效应。在编制过程中，宾栏可按照"核算项目×生产主体"和"核算项目×机构部门"结构编制，主栏可设置最终消费贡献率、投资贡献率、最终消费拉动度和投资拉动度等核算项目，其可能的表式如表3.38所示。当然，

在编制过程中也可纳入时间维度，动态分析研发资本化对消费、投资对经济增长的影响，编制步骤类似于表3.36的动态化影响表。

表3.38　研发资本化对最终消费和投资需求经济贡献影响表（静态表）

核算项目		研发生产主体			研发机构部门					
		市场生产者	自给性生产者	其他非市场生产者	非金融企业 (S11)	金融企业 (S12)	一般政府部门 (S13)	住户部门 (S14)	NPISH (S15)	国外 (S2)
研发资本化前	最终消费贡献率									
	投资贡献率									
	最终消费拉动度									
	投资拉动度									
研发资本化后	最终消费贡献率									
	投资贡献率									
	最终消费拉动度									
	投资拉动度									

3）研发投资强度表

立足于"研发经费支出"的研发投入强度与国民经济运行过程中的资本积累、消耗以及经济水平并无直接关联，难以直观刻画研发成果对于科技创新活动以及国民经济运行的良性反馈。研发资本化核算变革衍生了一个新的测度指标——研发投资强度，即研发投资（研发固定资本形成）与GDP之比，以拓展创新水平量化测度指标的维度和视界。在编制过程中，宾栏可按照"核算项目×生产主体"和"核算项目×机构部门"结构编制，主栏设置研发投资强度与研发投入强度，其可能的表式如表3.39所示。当然，在编制过程中也可纳入时间维度，深入揭示研发投资强度变动趋势。

表3.39　研发投资强度表

核算项目	研发生产主体			研发机构部门					
	市场生产者	自给性生产者	其他非市场生产者	非金融企业 (S11)	金融企业 (S12)	一般政府部门 (S13)	住户部门 (S14)	NPISH (S15)	国外 (S2)
研发投入强度									
研发投资强度									

3. 研发资本驱动经济增长贡献表设计

如果进一步刻画研发资本参与经济生产所发挥的重要作用，可借助编制研发资本驱动经济增长贡献表。在编制过程中，宾栏可按照"核算项目×生产主体"和"核算项目×机构部门"结构编制，主栏可设置为研发资本贡献值与研发资本贡献率，其可能的表式如表3.40所示。进一步地，在编制过程中也可纳入时间维度，动态分析研发资本对经济增长的驱动效应。例如，可将表 3.40 宾栏中的每一列分别与主栏相结合，拆分为若干个独立表式，形成"市场生产者研发资本驱动经济增长贡献表（动态表）"，如表 3.41 所示。此时，宾栏应设置为不同的核算时期（不同季度、不同年份）。

表 3.40　研发资本驱动经济增长贡献表（静态表）

核算项目	研发生产主体			研发机构部门					
	市场生产者	自给性生产者	其他非市场生产者	非金融企业（S11）	金融企业（S12）	一般政府部门（S13）	住户部门（S14）	NPISH（S15）	国外（S2）
研发资本贡献值									
研发资本贡献率									

表 3.41　市场生产者研发资本驱动经济增长贡献表（动态表）

核算项目	核算期				
	核算期 1	核算期 2	核算期 3	…	核算期 n
研发资本贡献值					
研发资本贡献率					

（二）研发资本化影响表编制重点

由研发资本化影响表的编制过程可知，准确核算研发资本化对 GDP 规模与结构的影响是后续表式编制的前提。因此，研发资本化影响表的编制重点集中于以下两个方面。

1. 厘清研发资本化对 GDP 结构的影响机理

研发资本化将引起消费与固定资本形成（投资）的变动。那么，精准捕捉研发资本化通过直接与间接两条路径引致消费与投资的变化并非易事。依照 2008 版 SNA 的核算思路，无论是市场生产者还是非市场生产者，其研发产出均将以"固定资本形成"的形式进入 GDP 核算平台，并随即生成当期研发投资额，而后逐期累积形成（财富性）研发资本存量，最终实现研发产出的资本化。在此期间，研发投资的形成一方面将导致企业部门资本形成的增加，从而引起支出法 GDP 的上调，另一方面将导致政府部门的内部转移，即政府研发产出从政府最终消费转移至政府资本形成（仅具有结构效应而无规模效应）。与此同时，研发资本作为生产性资产，还将被用于后续的生产过程中，并随之产生固定资本消耗。进一步细化，市场生产者使用研发资产将带来固定资本消耗增加，同时伴随营业盈余等量减少，两相抵消之后其产出保持不变，即该部门的最终消费、资本形成、净出口均保持不变；非市场生产者以总成本法计算其总产出，故追加研发固定资本消耗将引致其总产出的同额增加，而增加的部分最终归于政府消费使用，即政府部门的最终消费增加。完整的研发资本化所引致的结构影响详见表 3.42。

表 3.42　研发资本化对 GDP 的结构影响

核算项目		中间产品使用		最终产品使用		总产出
		市场生产者（企业）	非市场生产者（政府）	最终消费	资本形成	
中间投入	研发产品	直接：↓		直接：政府消费↓	直接：↑	
	其他产品			间接：政府消费↑		间接：↑
增加值	劳动者报酬					
	生产税净额					
	固定资本消耗	间接：↑	间接：↑			
	营业盈余	直接：↑；间接：↓				
总投入			间接：↑			

注：↑表示增加；↓表示降低

2. 选定合适的比例系数以准确估算研发资本服务

研发资本驱动经济增长贡献表的编制难点集中在对研发资本服务的测算上。OECD（2001）指出研发资本服务才是研发资本投入的精准衡量，而研发资本服务被假定为生产性研发资本存量的比例。然而，如何设置该比例系数目前尚无一致定论。例如，OECD（2001）假定该比例系数取值为 1，即研发资本服务就是当期生产性研发资本存量；Oulton 和 Srinivasan（2003）、Jorgenson 等（2005）分别以相邻两期生产性研发资本存量的几何平均值、相邻两期生产性研发资本存量的算术平均值作为研发资本服务的代理变量。可见，研发资本服务的测算结果具有一定的弹性空间，这将会对研发资本的经济贡献效应产生波动影响。

第三节　外生研发卫星账户设计及编制重点

由外生研发卫星账户的定义可知，编制该层次的研发卫星账户可归结为研发空间溢出效应表、研发产业溢出效应表以及研发空间-产业交互溢出效应表等三类表式，基本结构如图 3.4 所示。

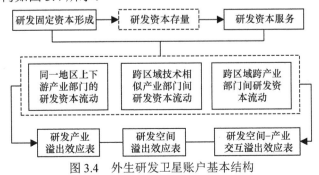

图 3.4　外生研发卫星账户基本结构

一、研发空间溢出效应表设计及编制重点

研发空间溢出效应表刻画了某一地区研发活动所形成的外部性对其他地区产生的影响。一般而言，研发技术溢出的影响随着空间距离的增加而下降。当区域之间技术差距过大时，欠发达地区吸收能力太弱，难以有效获得发达地区的技术溢出效应。实际上，研发主体的异质性与技术知识差异的异质性耦合将导致研发活动在地理空间上具有显著的差异，进而可能存在创新在地理空间上的相互依赖或者创新的局域俱乐部集团。研发空间溢出效应表可以量化呈现创新技术在区域之间的转移与流动水平，有效捕捉研发活动在地理空间上的集聚、扩散效应。

（一）研发空间溢出效应表设计

区域贸易的发展突破了空间的限制，助力研发资本实现了跨区域流动。本质上看，一个区域的技术进步不仅依赖于其自身的努力，也取决于其他区域/国家技术进步的水平。以三区域为例，本节构造了研发空间溢出效应的分解框架，如表3.43所示。例如，区域1的溢出效应/强度由以下三部分决定：一是区域1自身的研发投资所引起的发生在区域1内部的溢出效应/强度（S_{11}），二是区域1的研发投资对区域2、区域3产生的溢出效应/强度（S_{12}、S_{13}），三是区域2、区域3的研发投资对区域1产生的溢出效应/强度（S_{21}、S_{31}）。其中，S_{12}、S_{13}为区域1的研发资本流出效应，即区域1的贡献者效应；S_{21}、S_{31}为区域1的流入效应。可见，研发空间溢出效应综合考虑了由各区域直接研发投资、各区域间的市场交易而产生的研发溢出效应，较为完整地揭示了区域创新系统的运行机制。正如Cohen和Levinthal（1989）指出的那样，区域的研发投资具有两面性，一方面研发成果直接促进了研发主体的技术进步，另一方面研发投入增强了研发主体对外来技术的吸收、学习和模仿能力，使得某一区域拥有更强的能力去吸收外部技术。

表3.43　研发空间溢出效应的分解框架（以三区域为例）

区域	区域1	区域2	区域3
区域1	S_{11}	S_{12}	S_{13}
区域2	S_{21}	S_{22}	S_{23}
区域3	S_{31}	S_{32}	S_{33}

注：灰色底纹表示区域内部的研发溢出；白色底纹表示区域之间的研发溢出

从编制过程来看，研发空间溢出效应表的主栏可设置不同的区域类型，如按州/省划分为不同地区；宾栏项目则为区域内研发溢出效应/强度、区域间研发溢出效应/强度以及区域研发溢出总效应/强度，可能的表式如表3.44所示。当然，也可纳入时间因素，研究某一区域的研发溢出效应，那么宾栏项目应设置为不同的

核算期（不同季度、不同年份）。此外，本节还可以根据研发主体的类型进一步细分，例如，分析不同地区同类研发主体，如企业部门（或高等教育部门、科研机构部门）之间的研发资本溢出程度，也可分析不同地区不同研发主体，如企业部门与高等教育部门之间的研发资本溢出程度。此时宾栏项目不变，主栏项目设置为不同的研发主体即可。

表 3.44　研发空间溢出效应表

区域	区域内研发溢出效应/强度	区域间研发溢出效应/强度	区域研发溢出总效应/强度
区域 1			
区域 2			
⋮			
区域 n			

（二）研发空间溢出效应表编制重点

编制研发空间溢出效应表的重点在于区域之间研发溢出的测度。目前国内外对研发溢出效应直接测算的研究成果较少，甚至存在争议。例如，Kaiser（2002）强调知识溢出具有的无形性使得无法对其进行有效的测度，而 Jaffe 和 Trajtenberg（1996）则使用专利数据和其他变量对知识溢出予以测度。当前研究研发空间溢出效应的主流文献通常借助空间计量经济学模型，间接证明研发溢出的存在以及研发溢出程度的强弱（苏方林，2007；黄苹，2008；钟祖昌，2013；谢兰云，2013；李晓飞等，2018）。然而，这种处理存在两个弊端，一方面回避了研发空间溢出的测度，另一方面非常依赖变量的选择与控制，很可能造成遗漏变量或互为因果的建模问题，这使得测算结果不够稳健。

实践中可用的研发空间溢出测度方法有三种：第一种是间接测算法，该方法将一个区域获取的邻近区域研发溢出的加权和作为该区域的研发溢出。进一步地，可基于地理、经济、技术等多维度来定义"邻近"距离以分析不同情境下的研发活动溢出效应。当然，这一方法可操作性相对较高，但权重选取仍具有一定的主观性和随意性。第二种方法是采用空间引力模型测度研发空间溢出。例如，区域 i 和区域 j 之间的研发溢出 S_{ij}（$S_{ij} = H \times RD_i \times RD_j / d_{ij}^2$）既取决于两地研发的规模（$RD_i$、$RD_j$），也依赖于两地之间的地理距离（$d_{ij}$）；其中，$H$ 是引力常数。然而，该方法仅度量了地理距离对研发溢出程度的影响，存在一定的片面性。第三种方法则是借助区域间投入产出（interregional input-output，IRIO）模型，通过区域联结的投入产出模型中区域间流量估计研发溢出。从本质上看，这一模型抓住了每个区域间由于开展研发活动而受到的影响。例如，区域 r 的研发产出新增最终需求为 100，由区域 r 的这一新需求而引致的区域 s 的新产出为 20，这是对区域间研发活动溢出效应的一个刻画。然而，区域投入产出的数据发布具有时滞性与非连续性，从而限制了研发空间溢出测度的时效性。

二、研发产业溢出效应表设计及编制重点

研发产业溢出效应表刻画了某一产业研发活动所形成的外部性对其他产业部门的影响。从溢出的形成机制看，研发产业溢出分为知识性溢出、产业关联性溢出、市场性溢出三种类型。一般而言，研发产业溢出效应的大小与产业关联强度存在较强联系，关联性较强的行业之间更容易模仿对方的新技术，从而促进自身的技术创新。当然，投入产出结构相似的企业之间也更容易发生研发资本溢出。因此，研发产业溢出效应表可以量化呈现技术创新在产业之间的转移路径与流动水平，能有效捕捉研发活动在产业之间的集聚、扩散效应。

（一）研发产业溢出效应表设计

从本质上看，三种类型的研发产业溢出可归结为两种溢出路径：一种是上游产业部门、下游产业部门之间由于商品交易而产生的溢出效应，另一种是投入产出结构类似的产业之间由于科技人员交流、研发项目合作等而产生的溢出效应。以四部门为例，本节构造了研发产业溢出效应的分解框架，如表 3.45 所示。以产业部门 2 为例，假设产业部门 1 和产业部门 3 分别是产业部门 2 的上游、下游产业，产业部门 4 是与产业部门 2 具有相似投入产出结构的产业，则产业部门 2 的溢出效应/强度由以下三部分决定：一是产业部门 2 自身的研发资本产业的溢出效应/强度（S_{22}），二是产业部门 2 与上游产业部门、下游产业部门之间产生的研发溢出效应/强度溢出（S_{12}、S_{32}、S_{21}、S_{23}），三是产业部门 2 与产业部门 4 产生的关联性溢出（S_{24}、S_{42}）。

表 3.45　研发产业溢出效应的分解框架（以四部门为例）

产业部门	产业部门 1	产业部门 2	产业部门 3	产业部门 4
产业部门 1	S_{11}	S_{12}	S_{13}	S_{14}
产业部门 2	S_{21}	S_{22}	S_{23}	S_{24}
产业部门 3	S_{31}	S_{32}	S_{33}	S_{34}
产业部门 4	S_{41}	S_{42}	S_{43}	S_{44}

从编制过程来看，研发产业溢出效应表的主栏可分列研究各个产业部门，如行业门类、工业细分行业大类等，宾栏项目可设置产业内研发溢出效应/强度、产业间研发溢出效应/强度、产业研发溢出总效应/强度，可能的表式如表 3.46 所示。当然，本节可以纳入时间因素，分析某一行业部门的研发溢出效应/强度，那么其

宾栏项目应设置为不同的核算期,如不同季度、不同年份等。

表 3.46 研发产业溢出效应表

产业部门	产业内研发溢出效应/强度	产业间研发溢出效应/强度					产业研发溢出总效应/强度
		产业部门 1	产业部门 2	⋯	产业部门 n	合计	
产业部门 1			—				
产业部门 2			—				
⋮							
产业部门 n					—		

注:"—"处表示编制实践中此处没有值

(二)研发产业溢出效应表编制重点

研发产业溢出是一个复杂的动态过程,产业集聚、区位特征、区域环境等均会影响产业间研发溢出强度。因此,编制研发产业溢出效应表的重点在于如何完整刻画市场性溢出、知识性溢出和产业关联性溢出这三个溢出途径所表征的研发产业溢出效应。当前多数研究用一个产业获取的其他产业的研发溢出的加权和来测度产业间的研发溢出。然而,确定权重并非易事,常用方法分为两种:一种是利用投入产出分析技术中的分配系数(Wolff,1997)、直接消耗系数以及 Leontief(里昂惕夫)逆矩阵确权(Wolff and Ishaq Nadiri,1993);另一种是构建技术相似度矩阵确权(Jaffe,1986;尹静和平新乔,2006;潘文卿等,2011;王秀婷和赵玉林,2020)。从本质上看,投入产出表衡量的是市场性交易引起的研发在产业间的溢出,即市场性溢出;技术相似度矩阵反映的是知识、人力资本在投入产出技术相似的产业间的互动、交流而产生的溢出,即知识性溢出和产业关联性溢出。因此,仅使用其中一种方法测度研发在产业间的溢出可能有失偏颇,同时包含上述两种方法的综合方法更为合适。

三、研发空间–产业交互溢出效应表设计及编制重点

研发空间–产业交互溢出效应表刻画了地区与产业相互叠加所形成的二维溢出格局。在研发空间溢出效应表、研发产业溢出效应表的基础上,研发空间–产业交互溢出效应表突破了产业在地理空间上的限制,实现了对跨地区、跨产业的溢出效应的刻画。由此,研发空间–产业交互溢出效应表与研发空间溢出效应表、研发产业溢出效应表共同完成了对研发溢出效应的完整刻画。

(一)研发空间–产业交互溢出效应表设计

任一地区任一产业的研发资本既取决于该行业自身的研发资本投资,也依赖于

伴随市场交易活动涌入的其他产业（本地区和其他地区）研发资本。以两区域×三部门为例，本节构造了研发空间–产业交互溢出效应的分解框架，如表3.47所示。例如，区域1产业部门1的溢出效应/强度由以下三部分决定：一是产业部门1自身的研发投资水平所引起的发生在产业部门1内部的溢出效应/强度，如区域①所示；二是发生在区域1内部不同产业部门之间的研发溢出效应/强度，如区域②所示；三是跨区域的研发产业溢出效应，既包含不同区域之间产业部门1的间接研发投资，又包含不同区域不同产业部门的间接研发投资，如区域③所示。可见，研发空间–产业交互溢出效应综合考虑了各区域各产业部门的直接研发投资，以及区域内和区域外不同产业间的研发溢出效应，全面解析了研发资本的溢出机制。

表 3.47　研发空间–产业交互溢出效应的分解框架（以两区域×三部门为例）

区域×部门		区域1			区域2		
		产业部门1	产业部门2	产业部门3	产业部门1	产业部门2	产业部门3
区域1	产业部门1	①	②	②	③	③	③
	产业部门2	②		②	③	③	③
	产业部门3	②	②		③	③	③
区域2	产业部门1						
	产业部门2						
	产业部门3						

从编制过程来看，研发空间–产业交互溢出效应表的主栏可设置不同区域×产业部门的双层表式，宾栏可设置区域间不同产业部门的研发溢出效应/强度等核心指标，且可进一步细分至每一个区域的每一个产业部门，其可能的表式如表3.48所示。当然，我们可以纳入时间因素，分析不同区域、不同产业部门的研发溢出效应，那么其主栏项目应设置为不同的核算期，如不同季度、不同年份等。

表 3.48　研发空间–产业交互溢出效应表

区域×部门		研发溢出效应/强度				
		区域1				区域2
		产业部门1	产业部门2	…	产业部门n	…
区域1	产业部门1					
	产业部门2					
	⋮					
	产业部门n					
区域2	⋮					

（二）研发空间–产业交互溢出效应表编制重点

若测度单一产业（如制造业或高技术产业等）在区域间的溢出效应，则上述三种研发空间溢出测度方法即可满足需求。若测度多个产业（如农业和制造业）在区域间的交互溢出效应，上述方法则显得束手无策，而这也成为研发空间-产业交互溢出效应表的主要编制重点。因此，兼具区域和产业双重维度的多区域投入产出模型则成为测度研发空间-产业交互溢出效应的重要方法基础。编制过程中本节可以借鉴 Dietzenbacher 和 Los（2002）提出的前向乘数和后向乘数理论，将其拓展至多区域以研究研发跨区域跨行业溢出效应。其中，多区域前向乘数 g_{ij}^{RS} 表示区域 R 产品部门 i 为增加 1 单位增加值而需要区域 S 产品部门 j 提供的总产出量，在此基础上乘以区域 S 产品部门 j 的研发投资强度可得区域 R 产品部门 i 增加 1 单位研发投资对区域 S 产品部门 j 产生的溢出效应。多区域后向乘数 l_{ij}^{RS} 表示区域 S 产品部门 j 为增加 1 单位最终需求所需要消耗的区域 R 产品部门 i 的总产出，在此基础上乘以区域 R 产品部门 i 的研发投资强度可得区域 S 产品部门 j 为增加 1 单位最终需求所需区域 R 产品部门 i 投入的研发投资。当然，根据研发溢出的方向性，可对各行业在区域间溢出中所扮演的角色（研发溢出贡献者或研发溢出受益者）进行具体判断。

第四章　研究与试验发展卫星账户编制国际实践与启示

　　尽管众多学者早已对研发资本存量、研发溢出效应等构成研发卫星账户的技术元素展开了大量研究并形成了系列成果（Forni and Paba，2002；Cabrer-Borrás and Serrano-Domingo，2007），但各个国家仍以开发内生研发卫星账户为主，且发布时间多集中于 2008 版 SNA 出版前。与此同时，由于对研发卫星账户的现实需求、重视程度截然不同且相应统计基础、数据质量迥然有异，加上研发卫星账户编制方法至今尚未形成具有广泛适用性的一般理论框架，不同国家间内生研发卫星账户的框架设计、编制过程及研究重点大相径庭（徐蔼婷和祝瑜晗，2017）。在缺乏理论指导的情况下，全方面复盘各国内生研发卫星账户的编制思路与操作细节，以知其固然差异、明其内化经验，对中国研发卫星账户的编制至关重要。因此，本章以内生研发卫星账户为研究对象，聚焦美国、荷兰、丹麦、以色列、加拿大、英国、德国、芬兰、日本九个国家[①]，对研发卫星账户编制的国际实践予以深度解析，分析五类国际基础表在表式设计与项目设置、编制细节等方面的差异，并从中提炼出行之有效的经验做法，为后续编制中国研发卫星账户提供参考借鉴。

第一节　研发桥接表编制国际实践解析

一、研发桥接表表式设计与项目设置

（一）研发桥接表表式设计

　　如表 4.1 所示，为全景式刻画"研发经费支出"向"研发产出"调整转化的实现过程，所选九个国家均构建了具有自身特色、符合统计需求的研发桥接表，且超半数国家为单一表式，如荷兰的"研发支出至产出桥接表"、丹麦的"科技调查与国民账户研发口径桥接表"、英国的"基于 FM 的研发支出对研发产出的估算表"、芬兰的"研发产出表"、日本的"研发桥接表"和以色列的"简化桥

---

　　① 据不完全检索，美国（1994 年、2007 年、2010 年）、荷兰（2003 年、2007 年）、丹麦（2006 年）、以色列（2006 年）、加拿大（2008 年）、英国（2008 年）、德国（2008 年）、芬兰（2009 年）、日本（2011 年）等十多个国家已经编制完成或正在编制研发卫星账户。选择上述九个国家为代表的主要原因是，美国、加拿大、丹麦、芬兰、英国、以色列、荷兰在 2008 版 SNA 发布之前便已开始研发卫星账户的编制工作，其实践经验较为丰富，而日本、德国这两个国家不仅具备较好的统计基础且拥有相对完整的研发卫星账户编制资料。

接表结果汇总表"。

表 4.1　部分国家研发桥接表基本情况

国家	表式数量	划分依据	表式类型
美国	4	相关部门和产业	私人企业部门研发桥接表、联邦政府部门研发桥接表、制药和药品制造业研发桥接表、科学研究与开发服务业研发桥接表
加拿大	4	溢价情况假定	研发产出表–无利润、研发产出表–无溢价、研发产出表–5%溢价、研发产出表–10%溢价
德国	2	机构部门和分支机构	分机构部门研发产出桥接表、不同分支机构研发产出桥接表
以色列	1	—	简化桥接表结果汇总表
荷兰	1	—	研发支出至产出桥接表
丹麦	1	—	科技调查与国民账户研发口径桥接表
芬兰	1	—	研发产出表
英国	1	—	基于 FM 的研发支出对研发产出的估算表
日本	1	—	研发桥接表

　　进一步地，按照溢价情况假定，加拿大对本国研发活动进行了深入分析，继而形成了"研发产出表–无利润"、"研发产出表–无溢价"、"研发产出表–5%溢价"和"研发产出表–10%溢价"；美国针对不同机构部门和产业分别编制了私人企业部门研发桥接表、联邦政府部门研发桥接表、制药和药品制造业研发桥接表、科学研究与开发服务业研发桥接表；德国的研发桥接表不仅针对机构部门开展，还基于不同产业完成调查数据与账户数据的连接，由此形成了"分机构部门研发产出桥接表"与"不同分支机构研发产出桥接表"两张表式。

（二）研发桥接表项目设置

　　就结构内容来看，各国研发桥接表的区别主要在于主栏项目的设置，而其设置思路依赖于"研发经费支出"向"研发产出"调整的具体步骤，通常可归纳为"研发经费支出–软件开发支出–研发资本性支出+研发固定资本消耗+研发固定资本净收益+生产税净额=研发产出"的"五步式"转换环节。
　　在所分析的九个国家中，荷兰、以色列、英国、芬兰、德国均以此为基本思路设置本国研发桥接表的主栏项目。以芬兰为例（表 4.2），其研发产出表在实际操作中主要从私人企业部门与一般政府部门两个角度分别实现研发支出向研发产出的调整。前者的起点为私人企业研发支出，通过"–研发资本性支出（投资）+固定资本消耗+营业盈余（资本回报）+贸易营业盈余（独立）[1]–其他生产补贴–

---

　　① 由于跨国公司的贸易盈余占据近一半的企业研发产出，芬兰在编制研发产出表时对贸易营业盈余项目予以单独列示，以体现其在研发产出中的主导地位。

软件开发支出+中间消耗"的系列转化最终得到研发（企业）产出；后者则从一般政府部门研发支出出发，经"−研发资本性支出（投资）+固定资本消耗−软件开发支出"的路径获取研发产出。

表 4.2　芬兰研发产出表

核算项目	非金融企业（S11）		一般政府部门（S13）		NPISH（S15）		总计	
	+	−	+	−	+	−	+	−
1　FM 中研发经费支出								
2　软件自主生产支出（−）								
3　资本支出（−）								
4　其他生产补贴（−）								
5　小计（1~4）：日常支出								
6　以 PIM 衡量的资本服务成本（+）								
7　基于 SBS 的跨国公司贸易盈余（+）								
8　应记录为中间消耗的外部购买的研发支出（+）								
9　平衡项：研发产出								

注：SBS（structural business statistics）为结构性业务统计；灰色底纹表示此处数据是扣除项；第 8 项仅适用于研发产业

除此之外，部分国家因实际操作的局限性，选择简化研发产出的转换步骤，如加拿大研发产出表的起始项直接越过"研发经费支出"转由"研发经常性支出"承担，其调整过程随之缩减为"研发经常性支出−软件−产品补贴+研发净收入+研发资本消耗=研发产出"四步；日本研发桥接表的主栏项目同样始于"研发各类日常支出"[①]，但其转换口径更为精简，即"研发各类日常支出+研发固定资本消耗=研发产出"。较为特殊的是，以国内研发总支出（gross domestic expenditure on research and development，GERD）为起点的丹麦科技调查与国民账户研发口径桥接表（表 4.3）在五个通用步骤的基础上增设了"第三方账户的输出（进口/出口）"和"研发固定资本形成总额"两项内容，使得该桥接表的核算层面进一步延伸至资本价值，由此具备了刻画产出与衡量资本形成的双重功能。

表 4.3　丹麦科技调查与国民账户研发口径桥接表

核算项目	2002 年	2001 年	2000 年	1999 年	1998 年	…	1990 年
1　GERD							
2　GERD 中包含的固定资本形成总额							
3　固定资本消耗							
4　软件							

① 研发各类日常支出等同于研发日常支出，与研发资本性支出共同构成研发经费支出。

续表

	核算项目	2002 年	2001 年	2000 年	1999 年	1998 年	...	1990 年
5	（净）补贴							
6	资本回报							
7	研发产出							
8	第三方账户的输出（进口/出口）							
9	研发固定资本形成总额							

注：7=1-2+3-4+5+6，9=7+8；GERD 为核算起点；灰色底纹表示该行项目是若干个项目汇总的结果

以复杂程度而论，美国编制的研发桥接表当属其中翘楚，其主栏项目包括但不仅限于"五步式"调整环节，且直接考虑进口形成研发投资。如表 4.4 所示，美国私人企业部门研发桥接表将研发产出细分为内部生产、外部购买两类，并进一步根据实际情况对下辖项目做出相应设定，同时就其数量关系与数据来源予以充分说明。其中，基于 NSF 调查的所有产业研发支出在经过 SIRD（survey of industrial research and development，产业研发调查）至 BRDIS（business research and development and innovation survey，商业研发及创新调查）时序数据调整[①]、全成本核算口径调整并扣除软件开发支出与研发销售额之后，即得到内部生产的研发产出；外部购买的研发产出则以进口研发为基础，追加来自学术机构、NPISH、政府、FFRDCs（Federally Funded R&D Centers，联邦政府出资的研发中心）、人文社科领域的研发，以及企业总部、子公司及附属机构开展研发的总成本和从其他企业部门购买的研发。类似地，美国其余三类桥接表——联邦政府部门研发桥接表、制药和药品制造业研发桥接表、科学研究与开发服务业研发桥接表，同样列示了详细的对接步骤以及特殊情况的说明。

表 4.4 美国私人企业部门研发桥接表

	调整过程	说明	1959 年	...	2007 年
1	私人企业部门研发投资	1=2+8			
2	内部生产的研发支出	2=3+4+5-6-7			
3	所有产业研发支出	数据来源：NSF 调查			
4	SIRD 至 BRDIS 时序数据调整（+）	SIRD 与 BRDIS 数据对接			
5	全成本核算口径调整（+）	研发固定资本消耗调整			
6	软件开发支出（-）	防止软件在中心账户中重复计算			
7	研发销售额（-）	计入购买者的"外部购买研发"			
8	外部购买的研发支出	8=9+10+11+12+13+14+15+16			
9	进口研发	数据来源：BEA ITA 数据			
10	来自学术机构的研发（+）	NSF 调查：学院和大学研发支出			

---

① 2007 年及以前，美国开展 SIRD 调查获得数据，2008 年开始开展 BRDIS，因此需对往年数据进行调整。

	调整过程	说明	1959 年	⋯	2007 年
11	来自 NPISH 的研发（+）	CB 数据：免税科学研发机构			
12	来自政府的研发（+）	NSF 州政府研发调查			
13	来自 FFRDCs 的研发（+）	联邦政府出资的研发中心调查			
14	来自人文社科领域的研发（+）	CB 经济普查以及 SAS 数据			
15	企业总部、子公司及附属机构开展研发的总成本（+）				
16	从其他企业部门购买的研发（+）				

注：CB（Census Bureau）是人口普查局；SAS（service annual survey）是年度服务调查；ITA（international transactions accounts）是国际交易账户；灰色底纹表示该行项目是若干项目汇总的结果

二、研发桥接表编制细节

（一）研发产出估值方法的选择

研发支出到研发产出的转化不仅涉及记录原则的调整，还涉及不同研发主体的市场性质导致的估价方法差异的调整。对此，以色列、丹麦、加拿大、英国、德国、日本六国皆依照 2008 版 SNA 的意见，在"无法获得用于估价的可靠的市场价格的情况下，使用次优方法来估值"，即直接以生产成本[中间消耗、雇员报酬、固定资本消耗、固定资本净收益以及其他生产税（减生产补贴）]衡量研发产出（产品）的价值。相较而言，芬兰、荷兰与美国对该项操作的细节赋予了更多关注（Finland，2009；van Rooijen-Horsten et al.，2007；Mataloni and Moylan，2007）。为进一步勾勒研发产出的经济效益，三者同时使用生产成本法（针对非市场研发产出和自用研发产出）与基本价格法（针对市场研发产出）开展研发产出口径转化。

（二）研发产出调整步骤的设定

在"五步式"调整路径中，前三步（−软件开发支出−研发资本性支出+研发固定资本消耗）旨在将研发支出转换为研发总成本，后两步（+研发固定资本净收益+生产税净额）是为了实现研发总成本到研发总产出的转换。依次分析各个调整步骤，各国选择因实际而异。

1）软件开发支出

2008 版 SNA 扩展了资产边界，将研发成果归入 IPP，与计算机软件并列，由此造成了重复核算。据考察，除日本之外，本书所选的其余八个国家均将软件开发支出认定为应从研发经费支出中识别并剔除的调整项，其区别仅在于剔除的具体方式。以典型代表美国为例，其所扣除的软件开发支出估计值取自 NSF 行业调查中的"软件开发"技术研发总量[①]（Mataloni and Moylan，2007）。其余国家则因缺乏专门的软件行业调查数据，从而选择不同形式的替代方案实现软件开发支出的剔除。丹麦基于企业研发支出用途的调查结果，将"14%的研发经费支出"等同为软件开发支出并排除在研发支出之外（Gysting，2006）；芬兰使用"软件开发人员占研究人员的比例与研发人员人均成本之积"来抵消软件开发支出的重叠（Finland，2009）；德国研发卫星账户则将"一定比例的软件支出"直接作为软件开发支出并以包含于资本支出的形式加以剔除（Oltmanns，2008）。再者如荷兰，通过企业研发调查与研究所调查获得的"ICT产业全时当量劳动力投入占比与研发支出之积"对非市场研发产出展开调整，以避免软件开发支出的重复计算（Tanriseven et al.，2008）；加拿大更倾向于以"软件开发人员报酬"替代软件开发支出并将其从研发支出中剔除的做法（Barber-Dueck，2008）；英国统计局则将"计算机服务部门研发经费支出的一半"作为软件开发支出并予以剔除（Galindo-Rueda，2007）。

2）研发资本性支出

根据 FM 定义，研发资本性支出是指研发活动中用于购买固定资产的经费支出，通常包含计算机软件（已于此前扣除）、土地和建筑物以及仪器和设备三类。考虑到土地和建筑物、仪器和设备的经费支出不属于固定资产折旧范畴，所选的九个国家均支持将其从研发支出中扣除的做法，但囿于当时的科技活动调查技术条件，部分国家研发资本性支出的涵盖范围往往具有不完整性，例如，芬兰包含机器、设备、建筑物和其他资本支出（Finland，2009），而丹麦、荷兰的研发资本性支出仅涵盖建筑物和设备支出（Gysting，2006；van Rooijen-Horsten et al.，2007）。

3）研发固定资本消耗

研发固定资本消耗是指持有者使用研发资产所带来的贬值，构成了研发产出的核心部分。对此，日本直接以本国科学技术研究调查获得的"有形固定资产折旧清偿费"代替研发固定资本消耗（内阁府经济社会総合研究所国民经济计算部，2011），而其余八个国家一律采用 PIM 估算研发固定资本消耗。尽管计算方法已基本一致，但对于其中的参数设置，如研发退役模式、研发资本相对效率模式、初始研发资本存量、研发产品价格指数、研发折旧率与役龄等，各国的选择大相径庭。比如，在设定研发资本相对效率模式时，美国、加拿大、丹麦、英国、芬兰等国使用了几何递减模式，而以色列、德国则选择了线性递减模式[②]。

4）研发固定资本净收益

以市场价格为计价基础的研发产出应包含研发固定资本净收益（资本回报），

[①] 美国 NSF 行业调查始于 2002 年。对于 1990~2001 年的数据，可由 NIPAs 以及可用的 NSF 数据估计得到；对于 1978~1989 年的缺失数据，由 1990 以后的软件研发总量构成的时间序列数据估算而来；而 1978 年之前的软件开发支出，则忽略不计。

[②] 更为详细的阐释将于本章第三节（研发资本存量表编制国际实践解析）展开，此处不予赘述。

即研发活动的营业盈余。由于无法直接获取市场价格和回报率的数据资料，多数国家采用间接方法对研发固定资本净收益进行估算，仅日本径自对此予以忽略。具体地，丹麦根据净营业盈余占员工薪酬与行业中间消耗的比例，在工资和薪金成本、经常性支出的基础上估算得到研发固定资本净收益（Gysting，2006）；芬兰通过各产业产品净回报率的加权平均实现对研发固定资本净收益的度量（Finland，2009）；德国以（非金融和金融）公司净营业盈余与员工薪酬之间的关系推算研发固定资本净收益（Oltmanns，2008）；英国使用基于季度运营利润调查的利润数据、临时英国税务海关总署公司利润数据和英国统计局股本估计的年度化"使用资本回报率"来近似计算研发固定资本净收益（Ker，2014）；荷兰直接将研发总产出的 5%确定为研发固定资本净收益（Tanriseven et al.，2008）；以色列则以研发服务产业的资本回报率估算研发固定资本净收益；加拿大设置了四种资本回报率场景（无利润、无溢价、5%溢价、10%溢价），用以估算不同情形下的研发固定资本净收益，由此演化出四张研发桥接表（Barber-Dueck，2008）。

5）生产税净额

除研发固定资本净收益外，生产税净额（研发活动所涉及的生产税减去生产补贴）同样是研发产出的构成部分之一。对于其中的生产税，德国根据研发产品税率与收入税率的加权平均展开估算（Oltmanns，2008）；加拿大主要是使用每个投入产出（input-output）行业的税率并将其乘以该行业的研发产出来计算（Barber-Dueck，2008）；更多国家认为可忽略不计，但必须扣除生产补贴。例如，英国统计局将研发生产主体的应付税收抵免（payable tax credits）视作研发生产补贴（Galindo-Rueda，2007）；丹麦则将国民经济核算中心账户中与研发有关的产品补贴直接确定为研发生产补贴（Gysting，2006）；芬兰按研发支出统计中外部融资（补贴、收费研究）的加权总和计算研发生产补贴（Finland，2009）；荷兰则根据研发人员工资占比对非市场产出的研发生产补贴进行估算剔除，但对市场产出的研发生产补贴不予考虑，因为其已成为创造收益的独立条目，对产出并无影响（Tanriseven et al.，2008）。

三、研发桥接表编制启示

（一）呈现类型丰富多元

从表式数量来看，超半数国家的研发桥接表为单一表式（或是分析不同部门、不同产业的静态表，或是更关注调整项目趋势变化的动态表），仅美国、德国、加拿大三国依据不同部门、不同产业或不同假定划分出多张研发桥接表，从时间、结构等多重视角呈现本国研发活动的生产成果。在主栏项目方面，各国通常可遵循"研发经费支出－软件开发支出－研发资本性支出＋研发固定资本消耗＋研发净收益+生产税净额=研发产出"的"五步式"调整思路进行设置。进一步地，按照不同统计基础与现实诉求，各国又可对调整步骤采取增设或简化的操作，以适应不同客观条件的变化。由此可见，研发桥接表的表式设计与项目设置并不是一成不变，而是随核算环境、数据基础、方法体系的变动而不断调整。灵活多样的表达形式赋予了研发桥接表以丰富的呈现内容，为中国研发卫星账户的编制提供了经验借鉴。

（二）调整步骤兼收并蓄

依次分析"五步式"调整步骤，各国的选择因实际情况而异。对于重复计算的软件开发支出，除日本之外的八个国家均将其认定为应从研发经费支出中识别并扣除的调整项，其中，多数国家受制于有限的数据基础，选择替代方案实现其近似剔除。作为固定资产折旧范畴之外的剔除项，所选九个国家均支持将研发资本性支出排除在研发产出外的做法，但部分国家研发资本性支出涵盖的范围相对有限，如丹麦、荷兰仅包含建筑物和设备支出。在研发固定资本消耗估算过程中，美国、英国、丹麦等八国（除日本外）一致采用 PIM，但相关的技术参数设定存在较大分歧。各国研发固定资本净收益的测算也因无法直接获取市场价格和回报率的数据资料而千差万别，对于生产税净额（生产税减去生产补贴）的处理较为简单笼统，或显或隐地为后续归纳出一套具有广泛适用性的操作方案增加了难度。总括而言，各国研发桥接表的细节编制截然不同、呈现方式目不暇接，但不可否认的是，其间仍有一定的局限性。在借鉴时，既要避免对各个环节设定思路的浅尝辄止，也要防止对各国研发桥接表编制过程的生搬硬套，实现国际经验与中国国情的有机协同。

第二节　研发供给使用表和研发固定资本形成表编制国际实践解析

一、研发供给使用表和研发固定资本形成表表式设计与项目设置

（一）研发供给使用表和研发固定资本形成表表式设计

表 4.5 列示了各国研发供给使用表及研发固定资本形成表基本情况。经分析，在各国研发卫星账户中，日本、芬兰、德国三国未曾提及研发供给使用表，其余六个国家则均编制了研发供给使用表，且形式、内容纷繁多样。譬如，荷兰、英国与以色列依据平衡勾稽关系，相应编制了"T"字形的"研发供给使用表"、"货物与服务账户影响汇总表"以及"研发资本化假定下的研发供给使用表"。

特别地，丹麦的研发供给使用表包含于研发资本化对国民账户影响表中；美国的研发供给使用表并不是单一表式，而是囊括"供给表"与"使用表"的两类"矩阵式"；加拿大仍旧基于四种假定，逐一编制了"T"字形的"研发供给使用表—无利润"、"研发供给使用表—无溢价"、"研发供给使用表—5%溢价"以及"研发供给使用表—10%溢价"四张研发供给使用表。

表 4.5　各国研发供给使用表及研发固定资本形成表基本情况

国家	研发供给使用表	研发固定资本形成表
美国	供给表、使用表	内嵌于研发桥接表
加拿大	研发供给使用表	FM 数据与研发卫星账户之间的核对表
以色列	研发资本化假定下的研发供给使用表	研发固定资本形成净额表
荷兰	研发供给使用表	—
丹麦	包含于研发资本化对国民账户影响表	内嵌于研发桥接表
芬兰	—	研发固定资本形成表
德国	—	研发资本化对经济指标的定量影响表
日本	—	研发固定资本形成表
英国	货物与服务账户影响汇总表	内嵌于研发供给使用表

就研发固定资本形成表而言，仅日本、加拿大、德国、芬兰、以色列已完成单独编制，部分国家则倾向于将其内嵌于研发供给使用表（如英国）或研发桥接表中（如丹麦、美国），而荷兰对此只字未提。其中，日本编制了"研发固定资本形成表"；德国、加拿大分别以"研发资本化对经济指标的定量影响表"、"FM 数据与研发卫星账户之间的核对表"的形式命名其研发固定资本形成表；芬兰编制了"研发固定资本形成表"；以色列编制了"研发固定资本形成净额表"。

（二）研发供给使用表和研发固定资本形成表项目设置

从主宾栏项目来看，美国的设置最具特色，其"矩阵式"的研发供给表与研发使用表基于产业分类水平与同一估价层次，分别按照供给来源和使用去向进行成对编制。其余各国的"T"字形研发供给使用表则仅涉及供给来源和使用去向，同时伴随不同观点的碰撞与交锋。如表 4.6 所示，荷兰在宾栏中分列了"研究机构"、"高校"、"公共部门"、"研发产业"、"进口"、"出口"以及"政府消费"，主栏则同时研究了"外部研发"、"外部研发（非市场）"与"内部研发"。以色列更关注研发资本主体的市场性质，从而将研发产品使用方进一步划分为"固定资本形成总额（市场生产者）"与"固定资本形成总额（非市场生产者）"。加拿大基于机构部门（企业部门、政府部门和非营利机构）的主栏项目，将宾栏项目中的研发产品供给方区分为"研发国内生产""研发进口""研发国内购买"，研发产品使用方则更偏好"研发国内销售""研发固定资本形成""存货""研发出口"的设置。丹麦的研发产品使用方在"中间消费""存货变动""货物和服务出口"的基础上追加了"政府消费支出"和"个人消费支出"，以此体现研发资本化前后本国最终消费支出的变化。稍显特别的是，英国研发供给使用表的主栏项目综合了研发供给和使用、研发固定资本形成二者的信息（表4.7）。

表 4.6　荷兰研发供给使用表

供给	研究机构	高校	公共部门	研发产业	进口		总计
外部研发							
外部研发（非市场）							
内部研发							
总计							
使用	研究机构	高校	公共部门	研发产业	出口	政府消费	总计
外部研发							
外部研发（非市场）							
内部研发							
总计							

表 4.7　英国货物与服务账户影响汇总表

来源		使用	
研发产出		研发中间消耗	
其他产出（非市场资本服务）		其他中间消耗（重复计算）	
其他产出（重复计算）		出口（调整后）	
进口（调整后）		政府资本形成（服务）	
		政府资本形成（资本化后）	
		NPISH 资本形成（服务）	
		NPISH 资本形成（资本化后）	
		NPISH 研发固定资本形成	
		研发总固定资本形成	
		存货	
研发总供给		研发总需求	
其他商品和服务总供给		其他商品和服务总需求	
总来源		总使用	

在研发固定资本形成表项目设置方面，芬兰的宾栏分设了"非金融企业""一般政府""NPISH"三大核算部门，而主栏仅涉及"研发进出口"增减调整项目，即"研发产出+研发进口−研发出口=研发总资本形成"；德国以三类资本化范围为宾栏，列示了"产出""中间消耗""总增加值""GDP""消费

支出""固定资本形成总额""固定资本消耗"七项主栏项目，如表 4.8 所示；以色列的宾栏项目区分为"市场和非市场生产者研发固定资本形成总额""减少的研发折旧""研发固定资本形成净额""实际增加的 GDP 减去研发折旧"。丹麦与美国虽未独立编制研发固定资本形成表，但由此衍生出一系列关于不同机构部门或产业分类的研发投资表，如"按行业分类的私营企业研发投资表"（美国）、"按活动类型分类的研发投资表"（丹麦）等。其中，丹麦的"按活动类型分类的研发投资表"就其不同价格水平进行了展示，形成了现价与不变价两个层次的表式，如表 4.9 所示。

表 4.8　德国研发资本化对经济指标的定量影响表

	项目	情景 1：广泛资本化	情景 2：折中资本化	情景 3：约束资本化
1	产出			
2	中间消耗			
3	总增加值			
4	GDP			
5	消费支出			
6	固定资本形成总额			
7	固定资本消耗			

表 4.9　丹麦不同活动类型的研发投资表（现价/不变价）

	活动类型	1990 年	1991 年	1992 年	1993 年	1994 年	…	2002 年
1	研发总投资							
2	农业、渔业和采石业							
3	制造业							
4	电力、燃气和供水业							
5	建筑业							
6	批发和零售贸易业							
7	交通运输、仓储和通信业							
8	金融业和商业活动							
9	公共和个人服务业							

二、研发供给使用表和研发固定资本形成表编制细节

（一）产业分类标准的对接

研发供给使用表涉及一套完整的按产业部门编制的研发生产和收入形成账户，而实现科技活动调查所使用的产业分类标准向 ISIC 的转化是其关键所在。遗憾的是，已完成研发供给使用表编制的荷兰、英国、以色列、丹麦、美国、加拿大六国并没有对此做出详尽说明，仅有部分国家采用折中方法大致实现两类标准的对接。

据检索，加拿大主要依托 NAICS 完成科技活动调查、研发卫星账户编制以及

两者的衔接，但具体衔接过程未予以说明（Barber-Dueck，2008）；类似地，荷兰基于 NACE 同时开展科技活动调查与研发卫星账户编制，并根据系数估算形成市场研发、非市场研发以及内部生产研发三大类（Tanriseven et al.，2008）；丹麦选择"拆分"的方式，实现就业统计中的就业类别 DISCO（Danish international standard classification of occupations，丹麦国际标准职业分类）编码与 57 个 NACE 产业中含有研发投资的产业之间的识别与匹配（Gysting，2006）；德国通过 ISIC 的两位十进制阿拉伯数字代码，将 Stifterverband[①]科技活动调查遵循的产业分类标准与研发卫星账户遵循的 ISIC（第三版）相连接（Oltmanns，2008）；美国则按照 NAICS 产业代码，从 NSF 中分离汇总出 13 个具体产业以及一个其他（营利）产业（"13+1"产业）（Okubo，2007）。

（二）研发可资本化范围的界定

　　研发可资本化范围的界定及其严格程度将直接决定研发固定资本形成的最终规模，进而影响研发固定资本形成表。基于国际实践，本书归纳出三类研发可资本化范围的判定模式。

　　（1）研发产出 100%资本化模式。尽管 2008 版 SNA 已鲜明地指出研发构成投资的必要条件，但在实践处理中始终没有明确标准可判定何种产出具有未来收益性，且相关数据往往难以单独剥离。因此，部分国家更推崇将研发产出尽数转化为研发投资的做法。如美国将所有领域内任何类型的研发支出都涵盖在资本化范围内（Lee and Schmidt，2010）；以色列、芬兰基于简化操作角度，将研发产出 100%资本化（Finland，2009）；丹麦参照 FM 对研发的定义并借鉴堪培拉第Ⅱ组关于测算非金融资产中测算研发的建议，将有偿获得的研发做资本化处理，但在实践操作时仍将全部研发产出资本化为研发投资（Gysting，2006）。

　　（2）研发产出部分资本化模式。荷兰以"免费提供的研发（freely available R&D）不属于资本范畴，但国防研发和企业资助的研发存在预期收益且可执行经济所有权转让"为由，将非市场研发产出排除在研发可资本化范围之外，而国防研发产出和企业资助的研发产出未予以剔除（Tanriseven et al.，2008）。此外，不同的研发支出供给者（执行者）与研发活动类型也为各国判别哪些研发产出具备预期收益提供了可行思路。日本以前者为依据，将政府部门与 NPISHs 的研发产出从研发投资中剔除（内阁府经济社会综合研究所国民经济计算部，2011）；加拿大与英国则基于后者的视角将基础研究中的纯基础研究摒除在外（Barber-Dueck，2008）。

---

　　① Stifterverband 全称为 Stifterverband für die Deutsche Wissenschaft，是德国科学基金赞助者联合会。

（3）研发产出情景资本化模式。相较而言，德国的处理方式更加契合研发卫星账户具有的灵活性特质。该国基于数据可得性设定了三种不同程度的研发投资转化模式（Oltmanns，2008）：广泛资本化、约束资本化以及折中资本化。其中，广泛资本化以"量化研发资本化对 GDP 的影响提供上限"为目的，涵盖了所有部门和所有分支机构的研发产出；约束资本化对应的研发投资范围仅为企业部门的研发产出；折中资本化则介于两者之间，排除公立图书馆、博物馆以及高等教育机构的研发活动。

三、研发供给使用表和研发固定资本形成表编制启示

（一）标准对接路径各异

由于数据资料与技术水平有限，各国研发供给使用表的表式设计往往大相径庭，如美国编制了 2 张"矩阵型"表，加拿大编制了 4 张"T"字形表，以色列、荷兰、英国均编制了 1 张"T"字形表，而日本、芬兰、德国未对此作明确说明；项目设置偏好也是参差不齐，例如，以色列将研发产品使用方进一步划分为"固定资本形成总额（市场生产者）"与"固定资本形成总额（非市场生产者）"，加拿大的研发产品使用方包含"研发国内销售""研发固定资本形成""存货""研发出口"，而丹麦的研发产品使用方被区分为"中间消费""存货变动""货物和服务出口""政府消费支出""个人消费支出"。总体来看，美国、丹麦、英国、以色列等国基于不同角度对研发产品的供给来源和使用去向进行展示，为别国研发供给使用表的编制提供了多种路径选择。

对于产业分类标准的转换，各国的对接途径虽截然不同，但匹配思路对我国而言，也不失为一种有益借鉴。例如，丹麦通过就业统计中的 DISCO 编码实现产业之间的识别与匹配，德国按照 ISIC 的两位十进制阿拉伯数字代码将 ISIC 与科技活动调查遵循的产业分类标准相连接，美国依托三位或四位十进制 NAICS 产业代码从 NSF 中分离汇总出"13+1"产业等。诸如此类的对接方法进一步拓宽了国际研发卫星账户的编制思路，同时为中国研发供给使用表的试算增加了更多可靠性。

（二）范围界定不拘一格

不难看出，无论是依附于其他表式的英国、丹麦、美国，还是选择单独编制的日本、加拿大、德国、芬兰、以色列，其研发固定资本形成表都存在极大的差异性。在结构方面，德国的"研发资本化对经济指标的定量影响表"以三类资本化范围为宾栏，列示了"产出""GDP""消费支出""固定资本形成总额"等

七项主栏项目；芬兰的"研发固定资本形成表"主栏则仅涉及"研发进出口"增减调整项目，即"研发产出+研发进口−研发出口=研发总资本形成"。在研发可资本化范围的界定方面，美国、以色列、芬兰及丹麦将研发产出全部纳入可资本化范围；荷兰、日本、加拿大与英国以不同形式将部分研发产出排除在可资本化范围之外；德国设定了三种不同程度的研发投资转化情景模式。显然，各国在编制研发固定资本形成表时，不可避免地会带有一定的主观色彩，但对尚未形成研发卫星账户的国家而言仍存在诸多良性参考价值，例如德国的"多重口径"研发资本转化模式，往后可顺应本国当下的具体国情，充分借鉴各国的实践经验，以推动研发卫星账户的构建与完善。

第三节　研发资本存量表编制国际实践解析

一、研发资本存量表表式设计

本书选定的九个国家均完成了研发资本存量的测算，但其中英国、德国、荷兰三国暂未单独披露研发资本存量表。具体而言，丹麦编制了"不同活动类型的研发总存量表"、"不同活动类型的研发净存量表"与"研发固定资本消耗表"，且同时区分现价与不变价两个层次；芬兰探索形成了分部门的"研发资产与固定资本消耗表"，并将其进一步拓展至不同价格层次的"私人部门研发固定资本存量与消耗表"以及"芬兰公共部门研发资本存量与固定资本消耗表"（表4.10）；美国根据两种价格层次生成了"不同出资部门的研发资本存量净额"；加拿大、以色列、日本则分别止步于"研发存量价值表"（表4.11）、"研发存量表"和"存量额推算表"的编制。

表 4.10　芬兰公共部门研发资本存量与固定资本消耗表

年份	研发固定资本形成总额	研发资本存量	研发固定资本消耗
1995			
1996			
1997			
1998			
1999			
2000			
2001			
2002			
⋮			
2006			

表 4.11　加拿大研发存量价值表

项目	1997 年	1998 年	1999 年	2000 年	2001 年	2002 年	2003 年	2004 年
总资产								
企业部门								
政府部门								
非营利部门								

注：底色底纹表示该行项目是汇总的结果

二、研发资本存量表编制细节

"研发固定资本存量"可理解为基于基期的研发固定资本初始存量、研发投资品的使用年限、研发投资品的折旧模式和历年的研发固定资本形成，选择资本存量计算公式累计形成。显然，计算方法及技术参数的确定是研发固定资本存量的测算前提。目前较为一致的是，九个国家皆采用 PIM 进行研发资本存量的测算，但在研发资本退役模式、研发资本相对效率模式、研发产品平均使用年限、研发资本折旧率的技术参数设定上，各国分歧依旧明显（表 4.12）。

表 4.12　部分国家研发资本存量技术参数比较

国家	平均使用年限	酝酿与应用时滞	折旧率	退役模式	相对效率模式
德国	9～13	—	—	钟形退役（伽马分布）	线性递减模式
加拿大	5～20	—	10%～25%		几何递减模式
芬兰	7、10、15、20	—	10%～30%		几何递减模式
以色列	7	2	15%	钟形退役（截断正态分布）	线性递减模式
荷兰	12.5、15.5、9.5	1	11%～25%	钟形退役（威布尔分布）	双曲线递减模式、线性递减模式
英国	4～12	—	5%～25%	钟形退役（威布尔分布）	几何递减模式
丹麦	13、11、9	—		钟形退役（温弗里 S3 对称分布）	几何递减模式
日本	10	0	11%、15%		
美国	13.3	0	7%～40%		几何递减模式

（1）研发资本退役模式。较为遗憾的是，本书仅检索到丹麦、以色列、荷兰、英国、德国等国关于退役模式的资料。结果显示，这五个国家均选择了钟形退役模式，但各自服从的分布纷纷不一，如德国假定服从伽马（Gamma）分布（OECD，2009）、丹麦假定服从温弗里 S3 对称分布（Gysting，2006）、英国与荷兰假定服从威布尔分布（Ker，2014；OECD，2009）、以色列假定服从截断正态分布（徐蔼婷和祝瑜晗，2017）。

（2）研发资本相对效率模式。除日本直接使用"有形固定资产折旧清偿费"代替外，其余八国均基于不同相对效率模式获取研发固定资本消耗，如荷兰选用形状参数为 0.75 的双曲线递减模式实现对研发固定资本消耗的测算，但对软件和矿产勘探业使用线性递减模式（van Rooijen-Horsten et al.，2007）；德国和以色列假定研发资产效率等量递减，即线性递减模式（Oltmanns，2008；Ballester et al.，2003）；美国、丹麦、芬兰、英国、加拿大则遵循 OECD 资本测度手册的建议，使用几何递减模式（Mataloni and Moylan，2007；Ker，2014；Gysting，2006；Finland，2009；Barber-Dueck，2008；Edworthy and Wallis，2007）。

（3）研发产品平均使用年限。对于平均使用年限，美国、日本、德国、以色列相应设定为 13.3 年、10 年、9～13 年、7 年（内阁府经济社会综合研究所国民经济计算部，2011；Oltmanns，2008）。另外地，荷兰通过 PatVal-EU survey 报告推断，除化学制造业（15.5 年）和电子技术制造业（9.5 年）外，所有研发资产的平均使用年限应为 12.5 年（van Rooijen-Horsten et al.，2007）；丹麦为基础研究、应用研究、试验发展三类研发活动类型配置了不同役龄，依次为 13 年、11 年、9 年（Gysting，2006）；加拿大在 10 年基本平均使用年限的基础上，同时设置了 5 年、7 年与 20 年三种额外情况（Barber-Dueck，2008）；芬兰针对特定产业分设了 7 年（软件业）、10 年（通信设备业、电信业、其他产业）、15 年（政府部门，包括非营利机构）、20 年（化学和制药业）不等水平（Finland，2009）；英国根据专项调查结果，对不同部门及产业假定了九类平均使用年限，区间范围为 4～12 年（Ker，2014）；美国则为 7 年（小型研究设备）、16 年（大型研究设备）、48 年（建筑物）（Mataloni and Moylan，2007）。对于酝酿与应用时滞，仅荷兰、以色列、美国、日本四国曾明确提及，分别为 1 年、2 年、0 年、0 年（内阁府经济社会综合研究所国民经济计算部，2011）。

（4）研发资本折旧率。各国折旧率的设定较为灵活，多半以专项调查为基准。细究而言，荷兰将折旧率设定为 11%～25%（Tanriseven et al.，2008），以色列设为 15%，芬兰、英国、加拿大分别为 10%～30%、5%～25%、10%～25%（Finland，2009；Evans et al.，2008；Barber-Dueck，2008），日本则包含 11% 和 15% 两类折旧率（内阁府经济社会综合研究所国民经济计算部，2011）。在九个国家中，美国的折旧率设定最为烦琐，其依据不同部门、不同产业划分了十余种折旧率（7%～40%），部分设定如表 4.13 所示（Lee and Schmidt，2010）。

表 4.13　美国部分行业研发产品折旧率的设定

NAICS 代码	行业	折旧率
3254	制药及医药制造业	10%
3341	计算机及其他电子设备制造业	40%
3342	通信设备制造业	27%
3344	半导体及其他电子元件制造业	25%
3345	电子仪器制造业	29%

续表

NAICS 代码	行业	折旧率
3361~3363	机动车、车身和拖车及零部件制造	31%
3364	航空航天产品及零部件制造	22%
5112	软件出版业	22%
5415	计算机系统设计及其辅助业	36%
5417	科学开发服务	16%

三、研发资本存量表编制启示

(一) 项目设置各有侧重

作为揭示各国科技创新积累"家底"的重要依托，研发资本存量表不仅要与国民经济核算中心账户保持一致性，也要兼顾各国基本国情、统计体制的独特性，守正与创新并举。对此，多数国家进行了初步的探索尝试，并形成了一系列各具特色、各有侧重的研究成果，进而推动国际研发卫星账户的演化进程，如丹麦编制的研发资本存量表可细化至研发资本存量总额、研发资本存量净额、研发固定资本消耗三类，且区分现价与不变价两个层次；芬兰设计的研发资本存量表可拓展至私人企业部门与公共部门（不同价格层次）的研发资本存量与研发固定资本消耗两类。凡此种种，都将有助于摸清研发资本存量表编制过程中可能存在的技术难题与实践障碍，为我国进一步推进研发卫星账户试算提供可行的方法参照。当然，部分国家的编制过程也会受到数据可获得性和实际可操作性的牵制，如加拿大、以色列、日本三国仅限于现价层次与单一表式的编制，英国、德国、荷兰三国甚至未予以单独展示。

(二) 参数选择灵活多变

用以测算研发固定资本存量的 PIM 涉及的技术参数种类繁多，且目前尚无统一模式可循，致使各国研发资本存量表的差异性愈发显著。如在选择研发资本退役模式时，即便一致倾向于钟形递减模式，但各国所服从的分布却截然不同，如德国假定为伽马分布、丹麦假定为温弗里对称分布、英国与荷兰假定为威布尔分布、以色列假定为截断正态分布；在选择研发资本相对效率模式时，美国、芬兰、丹麦、英国、加拿大青睐几何递减模式，而德国、以色列推崇线性递减模式，荷兰则属意双重递减模式（双曲线递减模式与线性递减模式）；在设定研发产品平均使用年限时，丹麦、加拿大、英国、荷兰、美国等六国针对不同产业、部门、活动类型设计了多种平均使用年限，而日本与以色列将平均使用年限分别统一为 10 年和 7 年；在设定研发资本折旧率时，各国的取值范围也是灵活多变，如美国为 7%~40%、芬兰为 10%~30%、荷兰为 11%~25%等。从研发资本退役模式到研发资本折旧率，各国以自身实践为例，多方位呈现了对研发资本化核算的理论探索，为他国补充和完善国民经济核算体系提供了新视角、新经验。相应地，研发卫星账户尚处于探索阶段的各国也要立足于基本国情与统计需求，在分析中参考、在比较中借鉴，充分吸收国际先进经验，借以推进本国研发卫星账户的编制与相关研究的开展。

第四节 研发资本化影响表编制国际实践解析

一、研发资本化影响表表式设计

更好地展示研发资本化对宏观经济的影响是各国编制研发卫星账户的根本用意。上述九国均编制了研发资本化影响表以刻画研发成果对于国民经济运行的良性反馈，但其表式类型和主宾栏项目设置因各国实际选择不同而截然不同。

美国设计了两大类表式——不同部门研发资本化前后 GDP、GDI（gross domestic income，国内总收入）、国民储蓄、资本回报的变化情况以及不同产业研发资本化前后总产出、增加值的变化情况，并且采用了两种不同的价格指数进行缩减，以全景式呈现研发资本化对宏观经济的贡献，具体包括"GDP 及将研发视为投资的 GDP 表"、"国民储蓄和将研发视为投资的国民储蓄表"、"未调整的私人产业增加值及将研发视为投资后的调整私人产业增加值表"和"将研发视为投资的年均效应、总产出、中间投入及增加值的影响表"等 15 张动态表，其中，美国研发资本化对总产出、中间投入及增加值的影响表如表 4.14 所示。

表 4.14 美国研发资本化对总产出、中间投入及增加值的影响表

NAICS 代码	产业	对水平的年均百分比影响			年均增长率					
					总产出		中间投入		增加值	
		总产出	中间投入	增加值	调整前	调整后	调整前	调整后	调整前	调整后
3254	制药及医药制造业									
3251~3253、3255、3256、3259	化学品制造减去制药及医药制造业									
3341	计算机及其他电子设备制造业									
3342	通信设备制造业									
3344	半导体及其他电子元件制造业									
3345	电子仪器制造业									

续表

NAICS 代码	产业	对水平的年均百分比影响			年均增长率					
					总产出		中间投入		增加值	
		总产出	中间投入	增加值	调整前	调整后	调整前	调整后	调整前	调整后
3343、3346	音频及视频设备制造业、制造和再现磁场和光学介质									
3361～3363	机动车、车身和拖车及零部件制造									
3364	航空航天产品及零部件制造									
3365、3366、3369	其他运输设备制造									
5112	软件出版业									
52～53	金融、保险、房地产、租赁和租赁									
5415	计算机系统设计及其辅助业									
5417	科学开发服务									
—	所有其他产业									
—	非营利产业									
—	联邦政府									
—	州和地方政府									

如表 4.15 所示，以色列在"市场与非市场研发资本化对 GDP 净影响表"的基础上，另外编制了以色列市场研发资本化对 GDP 净影响表；英国编制了"研发资本化对 GDP 和 NDP[①]影响汇总表"和"研发强度与研发资本化对关键经济指标影响表"，且二者均以现价的形式呈现；丹麦不仅编制了融入研发供给使用信息的"国民账户中研发重新分类的影响表"（现价），还公布了"资本化后不同活动类型的总增加值表"（现价与不变价）、"总增加值调整表"（现价）、"不同活动类型的总增加值增长率影响表"等独立表式；加拿大则重点关注研发资本化与国民经济核算中心账户之间的联系，并从现价水平层次编制了"SNA 经常账户"、"SNA 资本账户"与"SNA 资本负债账户"三张研发资本化影响表。

表 4.15　以色列市场研发资本化对 GDP 净影响表

年份	市场生产者固定资本形成总额	增加的市场研发在建工作	减少的已列入在建工作的初创企业研发	研发资本化的影响
1998				
1999				
2000				
2001				

---

① NDP（net domestic product）是国民生产净值。

续表

年份	市场生产者 固定资本形成总额	增加的市场 研发在建工作	减少的已列入在建 工作的初创企业研发	研发资本化的影响
2002				
2003				
2004				
2005				

此外，部分国家研发资本化影响表的表式与数量相对单一，如荷兰的"研发资本化后国民经济核算总量影响表"、日本研发资本化对 GDP 影响表（表 4.16）以及德国的"研发资本化对经济指标的定量影响表"。

表 4.16　日本研发资本化对 GDP 影响表

年份	当前方法 名义 GDP	研发资本化后的 GDP							
		方案 A		方案 B		方案 C		方案 D	
		GDP	占比/%	GDP	占比/%	GDP	占比/%	GDP	占比/%
1960									
1970									
1980									
1990									
2002									
1959～2002 年平均值									

注：灰色底纹表示该行结果是均值

二、研发资本化影响表编制细节

鉴于开展不变价研发固定资本测算须以获取能直接表达其价格的指标为前提，而研发产品较少以显性市场价格售卖，美国、丹麦、以色列等八国（德国未予以说明）均选择研发投入价格指数作为编制研发资本化影响表的承接载体。

对于如何构造研发投入价格指数，芬兰、丹麦、英国、以色列与荷兰达成了较为一致的共识，即分别编制形成各个研发投入要素的价格指数。其中，英国、丹麦按照劳动者报酬、中间消耗、固定资本消耗、补贴、营业盈余五项要素分别确定了研发投入价格指数（Edworthy and Wallis, 2007；Gysting, 2006）；芬兰在此基础上进一步引入了进出口与软件产业的研发投入价格指数（Finland, 2009）；荷兰的研发产品投入要素价格指数则仅针对员工报酬、中间消耗、营业盈余三部分（Tanriseven et al., 2008）。特殊的是，日本同时测算了基于研发投入要素价格指数以及基于 GDP 平减指数的不变价研发固定资本（内阁府经济社会总合研究所国民经济计算部，2011）。当然，也有国家借助综合投入价格指数对现价研发固定资本形成总额进行缩减，如加拿大由各种具有代表性的研发产品的价格指数加权形成的研发综合投入价格指数（Barber-Dueck，2008）。

作为研发卫星账户编制的先驱者，美国在研发产品价格指数方面进行了颇具深度与广度的探索，创新地构建了以研发投入价格指数与研发总产出价格指数为主、剩余无形资产价格指数与研发产出综合价格指数为辅的研发产品价格指数体系（Robbins and Moylan，2007）。其中，研发投入价格指数类似于 NIPAs 中用于政府和其他难以衡量的服务的投入价格指数；研发总产出价格指数由 13 个研发密集型产业的产出价格的 Fisher（费希尔）加权平均构造而成；剩余无形资产价格指数为研发产品收益的五年移动平均值；研发产出综合价格指数则根据每个研发密集型产业的产出价格推算获取。

三、研发资本化影响表编制启示

（一）表式设计纷繁多样

基于 SNA、FM、HIPPs 等国际标准，各国依据自身能力定位和价值选择，从不同视角出发构建了各式各样的研发资本化影响表。譬如，美国设计了两类表式用以呈现不同部门研发资本化前后 GDP、GDI、国民储蓄、资本回报的变化情况以及不同产业研发资本化前后总产出、增加值的变化情况，并采用两种不同的价格指数进行缩减；丹麦渐次分析了研发资本化前后国民账户、总增加值的变化；加拿大重点关注研发资本化后 SNA 中经常账户、积累账户与资产负债表的最终结果；英国、荷兰、日本、德国均强调研发资本化对 GDP、国民储蓄等关键经济指标的影响。回溯各个先进国家的实践探索历程，研发资本化影响表在多维度中呈现出多元化的态势，并形成了诸多可供借鉴的宝贵经验，为后发国家进一步开展研发卫星账户编制提供了更多开创性元素。

（二）指数构建错综复杂

面对研发产品价格指数的选择，各国步调不一且纷繁多样，如英国、芬兰、丹麦、以色列与荷兰构建了基于不同研发投入要素的价格指数，日本同时测算了基于研发投入要素价格指数以及基于 GDP 平减指数的不变价研发固定资本，加拿大构建了由各种具有代表性的研发产品的价格指数加权形成的研发综合投入价格指数。即使上述诸国的研发产品价格指数迥然不同，且各自的利弊难言，但在不同国别和不同需求下，其仍存在着重要的借鉴价值，正如美国在此方面做出的尝试与探索。在历次版本的研发卫星账户中，美国针对不同产业先后测试了四种研发资产价格指数构建方案，由此衍生出极具前瞻性的实践经验，为各国研发产品价格指数的拓展深化提供了更为广泛的构建思路。

第五章　关键部门研究与试验发展卫星账户编制研究

　　关键部门研发卫星账户的编制是中国研发卫星账户编制实践的首要一环。本章基于"活动、产品、产业"三个层次，遵循"研发关键部门统计界定→活动层次关键部门研发卫星账户编制实践→产品层次关键部门研发卫星账户编制实践→产业层次关键部门研发卫星账户编制实践"的研究逻辑，较为详细地分析了研发活动所折射的创新资源配置状况、研发活动投入产出效率、研发产业规模与结构的动态演进、研发产业与国民经济其他行业间的经济技术关联，力图详细展现作为关键部门的中国研发卫星账户编制发展图景。

第一节　研发关键部门统计界定

一、活动层次的研发关键部门统计界定

　　何为经济体系中的关键部门？2008 版 SNA 并未提供一套精确的识别准则。因此，界定研发关键部门是编制中国关键部门研发卫星账户的"基石"。研发第一个层次的理解便是一种生产活动，是基于人力、财力、物力等要素投入进而获得研发产品的过程。本节基于中国开展研发调查以及相关科技活动的统计基础，从活动层次展开对研发关键部门的界定。

（一）国家统计局定义的研发活动及其特征

　　中国开展研发活动统计的时间相对较短，1991 年才引入研发的概念并发布相关统计数据。2000 年开展了"第一次全国研发资源清查"工作。此后，研发统计逐步迈入制度化和规范化，进一步接轨国际标准。

　　作为中国科技统计的核心内容，国家统计局于 2000 年发布的《科技投入统计规程（试行）》将研发定义为"在科学技术领域，为增加知识总量、以及运用这些知识去创造新的应用进行的系统的创造性活动"。2009 年，国家统计局修订了《科技投入统计规程（试行）》，开始强调自主创新，科技统计重心向研发统计转变。2019 年，为适应新形势发展要求，进一步规范研发投入统计工作，国家统计局制定了《研究与试验发展（R&D）投入统计规范（试行）》。其中，研发被定义为"为增加知识存量（也包括有关人类、文化和社会的知识）以及设计已有知识的新应

用而进行的创造性、系统性工作"。

综合来看，国家统计局对研发活动的概念界定与 FM 保持一致，均强调研发活动的新颖性、创造性、不确定性、系统性和可转让性（可复制性）特征。

（二）研发活动的分类

如第二章所述，对研发活动的分类可基于活动主体、活动客体以及活动主客体交互三个维度。结合中国科技统计的具体情况，尽管中国研发活动主要依据活动主体进行划分，但并未与 FM 的分类体系相衔接。其中，中国研发活动基于调查主体归为四类，分别是企业部门的研发活动、研究与开发机构的研发活动、高等学校的研发活动以及其他部门的研发活动。企业部门主要针对规模以上/大中型工业企业，且不包含国外部门。此外，基于核算主体以及生产主体分类的中国研发活动划分类别与国际标准保持一致。

同时，与 FM 根据类型客体、产品客体、领域客体以及目标客体对研发活动的分类不同，中国仅依据活动类型将研发划分为基础研究、应用研究、试验发展三类。

据此，我们认为，中国研发活动的主客体交互分类可依据"部门×活动类型"具体展开，这也构成了本节编制活动层次关键部门研发卫星账户的主要依据。

（三）研发活动衍生的统计核算

由于研发活动需投入一定的人力、财力和物力才能获得产出，因此衍生出了有关研发活动相关投入的统计核算，这也构成了中国研发活动调查的核心内容之一。

1. 研发经费支出核算

基于中国研发活动调查，研发经费支出指生产单位为开展研发活动所支付的各种投入要素的经费总和。从内容构成上看，研发经费支出包括研发活动中的劳动力成本、中间投入成本以及在固定资产上的支出成本。根据使用情况，研发经费可分为研发经费支出和研发经费外部支出。其中，研发经费支出指生产单位在特定时间内实施研发活动的全部经费，不论其资金来源如何。研发经费外部支出指生产单位在特定时期内为实施研发活动已支付或承诺支付给另一生产单位的费用总和。由此可知，一个单位的研发经费外部支出，即相关单位的研发经费支出。为避免重复计算，使用研发经费支出衡量研发经费规模和研发资本化核算。如无特殊说明，本书所提研发经费支出指标皆为研发经费支出。

2. 研发人员投入核算

研发人员指所有直接从事研发活动以及那些提供直接服务的人员。国际上一般按照职业分类法、正式资格水平分类法两种方式对研发人员进行分类。中国研发活动调查并未严格遵循上述两种方式对研发人员进行分类，仅将研发人员分为研发研究人员、女性研发人员、本科毕业研发人员、硕士毕业研发人员、博士毕业研发人员。

基于此分类方式，可从两个层次对中国研发人员进行统计核算：①统计从事研发活动人员总数，从而与其他数据（如教育、就业、人口普查等）相关联以开展相关分析。②统计研发人员全时当量，以实现科技人力投入的国际可比。其中，研发人员全时当量指全时人员数加非全时人员按工作量折算为全时人员数的总和。例如，参与一项研发活动的有 10 个全时人员和 2 个工作时间分别为 20%、40% 的非全时人员，则研发人员全时当量为 10+0.2+0.4=10.6（人年）。

需要指出的是，中国研发活动调查仅对女性研发人员、本科毕业研发人员、硕士毕业研发人员、博士毕业研发人员进行了人员数统计，对研发研究人员进行了全时工作当量统计。

二、产品层次的研发关键部门统计界定

研发第二个层次的理解是研发产出，即研发产品。考虑到研发产品性质的特殊，我们基于中国开展研发调查的统计基础以及研发产品所内含的溢出程度的可控性，从产品层次对研发关键部门进行界定。

（一）研发产品及其特征

研发生产活动的总成果称为研发产品（或研发产出）。与一般产品无异，研发产品具有以下两个特征：①生产性，即研发产品可投到生产过程中，生产新的产品或提供服务；②稀缺性，即虽然不同生产者研发活动的投资规模不同，但研发产品总是稀缺的。

较为特殊的是，研发产品本质上是无形的新知识、新概念和新观点，因此自身具有以下四个特性。①依附性。研发产品是没有实物形态的新知识，难以用具体的统计指标来定义和测度。因此，需要借助科技论文、专利、专著、产品原型、原始样机等载体来体现。②不可分割性。研发产品一旦与人或物结合后，便与其融为一体，不可单独剥离出来。③非竞争性。研发产品的所有者使用该产品，并不影响其他人同时使用该产品，且使用该产品增加的边际成本为 0。④部分排他性。研发产品本身不具有排他性，但是可以通过建立诸如专利或许可证制度来限

制他人使用研发产品，从而致使研发产品具有部分排他性。

（二）研发产品的分类

1. 基于产品物理形态的分类

本质上看，研发产出是没有实物形式的无形资本，但在统计核算中仍借助一定的载体来体现研发产品的价值[①]。依据载体形式的不同，研发产品通常分为专利、科技著作、科技论文。其中，专利指对发明人的发明创造审查合格后，由专利局依据专利法授予发明人和设计人对该项发明创造享有的专有权。科技著作指经正式出版部门出版，论述科技问题的相关理论性论文集或专著，以及大专院校教科书和科普著作。科技论文指以书面形式在学术刊物上发表的最初科研成果，应具备首次发、结论和试验能被同行重复并验证、发表后科技界能引用等三个条件。

此外，除上述有实物形式的研发产出类型外，新产品销售收入、技术市场成交额也是研发产出的无形资产形式。

2. 基于产品公共属性的分类

我们认为研发产品还可基于经济学的角度划分。一般地，依据非竞争性和非排他性，经济学将所有产品划分为公共产品、准公共产品和私人产品三种类型。这种分类是从产品的消费属性角度划分的，并没有考虑产品生产主体对产品的控制性。特别是，研发产品的生产者可对自己的发明创造申请专利保护，从而对产品拥有可控性。因此，拓宽产品分类维度，从排他性、竞争性和可控性三个维度将所有产品划分为公共产品、准公共产品、类私人产品和私人产品四种类型（许良胜和李莉，2016）。

依循上述思路，我们依据溢出程度的可控性将研发产品进行重新分类，如图5.1所示。其中，基础研究归入公共产品类别。基础研究所产生的新知识是完全溢出的，任何生产者都可以使用，单个生产者对其不具有控制能力。应用研究则根据溢出程度归结为两种情况：①归入类公共产品的应用研究。此类应用研究成果溢出程度较强，容易被其他同类企业模仿吸收，因此其生产者对其控制能力较差；②归入类私人产品的应用研究。此类应用研究成果不容易在一段时间内被其他企业模仿吸收，因此研发主体对其拥有了控制权。试验发展因在知识溢出程度上更容易控制而将其归入类私人产品类别。

---

① 值得注意的是，这些载体只是研发产出的实物表示形式，不能将其与研发创造的新知识混为一谈。

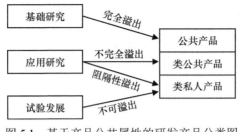

图 5.1　基于产品公共属性的研发产品分类图

（三）研发产品衍生的统计核算

1. 研发产品实物量核算

研发产品实物量核算指对专利、科技论文、科技著作等实物形式的研发产品开展的统计。国家知识产权局分别从以下七个维度核算了 1985～2022 年专利申请、专利授权、专利有效状况：分国内外三种专利申请量/授权量/有效量、分地区国内发明专利申请量/授权量/有效量、分地区国内实用新型专利申请量/授权量/有效量、分地区国内外观设计专利申请量/授权量/有效量、分国别（地区）国外在华发明专利申请量/授权量/有效量、分国别（地区）国外在华实用新型专利申请量/授权量/有效量、分国别（地区）国外在华外观设计专利申请量/授权量/有效量。此外，国家知识产权局同时公布了 2008～2022 年专利申请、授权按国际专利分类分布状况。

国家统计局分别从经济总体层面核算了 1995～2022 年各类高等学校发表学术论文篇数、出版科技著作部数、专利授权数，从省级层面核算了 2009～2022年各地区理工农医类、人文社科类高等学校发表科技论文篇数、出版科技著作部类数、专利申请数、有效发明专利数。

另外，国家统计局汇总核算了 2005～2022 年研究与发展机构发表科技论文篇数、出版科技著作种类数、专利申请数、专利授权数，以及 2009～2022 年各地区地方部门下属的研究与开发机构发表科技论文篇数、专利申请受理数、有效发明专利拥有量、形成国家或行业标准数。

国家统计局分别核算了 2009～2021 年按企业规模及登记注册类型、行业、地区划分的规模以上工业企业专利申请数、有效发明专利数，以及 1999～2010 年按登记注册类型、行业、地区划分的大中型工业企业的专利申请数、发明专利数、有效发明专利数。此外，国家统计局还分别核算了 1990～2021 年国外主要检索工具收录的中国科技人员在国内外期刊上发表论文篇数，1990～2020 年按机构类型分类核算的中文科技期刊刊登的科技论文篇数，以及 1990～2020 年按学科、地区分布的国外主要检索工具收录我国科技论文篇数。

2. 研发产出价值量核算

研发产出价值量的核算对象是核算期内新创造的研发产出价值。鉴于价值量测度存在实际困难，中国研发活动调查并未对此进行统计。如前所述，2008版 SNA 明确指出应该按照研发产出未来预期可提供的经济利益来决定（2008 版 SNA 第 10.103 段）。具体地，2008 版 SNA 针对市场生产者为自身利益从事的研发，专业的商业性研究所/研究机构进行的研发，以及政府、大学和非营利性研究机构等进行的研发分别提出了基本价格法、收入法和总成本法来核算研发产出价值。

比较各类研发产出，我们认为专利作为最重要的研发产出表现形式，可在一定程度上反映研发活动的产出成果。因此，测度专利价值成为核算研发产出的重要内容。通常地，专利价值包含两层含义：一是专利的社会价值，指专利对全社会技术存量的贡献；二是专利的私人价值，指专利在有效期内预期为所有者带来的经济利益。前者体现的是专利技术对全社会带来的公共福利增量，后者刻画的是专利技术为创新主体带来的私人研发投资回报。由于直接体现技术创新的经济绩效，专利的私人价值更被政府和学者们关注，因此专利价值通常是指专利的私人价值。另外，技术市场成交额与新产品销售收入也反映了部分研发产出价值。

三、产业层次的研发关键部门统计界定

研发的第三个层次理解便是研发产业，这也是研发关键部门的核心识别视角。研发产业（R&D industry）是研发活动发展到一定阶段的产物（赵红光，2007），其内涵与外延不断拓展变化。我们认为，研发产业并不是"研发"与"产业"两个词语的简单组合，而是以研发活动为核心的相关产业的有机整合。通过对既有研究中研发产业的界定进行比较，我们提出了基于产业群视角的研发产业分类体系，以此奠定从产业层次开展关键部门研发卫星账户的编制基础。

（一）既有研究的四种研发产业口径

2000 年美国"缅因州公共资金用于研发的评价研究"中首次使用了"R&D industry"的术语。此后，一些国际相关组织也将研发产业纳入产业分类目录中。例如，在 NAICS 中，科学研究服务业（scientific research and development services）的代码为 5417。NACE 第 2 版和 ISIC 第 4 版将研发独立归入产业目录中——72-Scientific research and development（科学研究与发展）。同样地，中国《国民经济行业分类》（GB/T 4754—2017）也将研发作为科学研究和技术服务业门类下的一个大类纳入产业分类体系，代码为 73，且下设五个小类（7310 是自然科学研究和试验发展、7320 为工程和技术研究和试验发展、7330 为农业科学研究和试验发展、7340 为医学研究和试验发展、7350 为社会人文科学研究）。

作为技术层次的研发活动，其本身并无任何分歧。然而，当研发活动延伸至研发产业时，学术界与实践部门对其的理解仍充满分歧。表 5.1 列示了国内研究中较有代表性的研发产业定义。归纳来看，不同学者一致认为研发产业是从事研发活动的单位集合，但就"是否将非市场性研发活动、研发相关活动（即支撑研发活动的相关辅助活动）以及研发联动活动（即研发及相关活动对其他相关产业活动的影响）纳入研发产业范畴"充满分歧，进而衍生出四种不同的口径。

表 5.1　不同学者对研发产业的定义

代表性研究	研发产业定义	包含市场性研发活动	包含非市场性研发活动	包含研发相关活动	包含研发联动活动	对应口径类型
高汝熹等（2001）	研发产业指从事研发活动的企业和组织的集合	√	√	×	×	口径 2
吴敏辉（2003）	研发产业是研发产业化的结果，产业化研发也就是市场化研发	√	×	×	×	口径 4
李京文和黄鲁成（2004）	研发产业是从事研发活动并提供产品或服务的企业和机构的集合	√	×	×	×	口径 4
柳卸林（2005）	研发产业是指直接从事研发活动，并以研发活动的产出为主要收入的行业	√	×	×	×	口径 4
赵红光（2007）	研发产业是指从事研发活动并从研发活动产出中获取直接经济利益的企业和机构的集合	√	×	×	×	口径 4
杜德斌等（2007）	注：作者在文中未明确给出定义	√	×	√	×	口径 3
姜念云（2008）	研发产业是指围绕着生产、扩散和应用科学技术知识所开展的各类研究、生产、服务活动的总和	√	√	√	√	口径 1
邹文杰（2012）	注：作者在文中未明确给出定义	√	×	√	×	口径 3
初钊鹏和王铮（2013）	研发产业的本质内涵是以研发活动为基础，向市场提供具有创意性质的研发产品作为交易品的经济活动和经济联系	√	×	×	×	口径 4

注："√"表示包含，"×"表示不包含，此外，有关研究也将市场性研究和非市场性研究分别称为商品性研发/传统的研发和非商品性研发

1. 口径 1 下的研发产业边界

姜念云（2008）认为研发产业指围绕着生产、扩散和应用科学技术知识所开展的各类研究、生产、服务活动的总和。这种口径不仅将市场性和非市场性研发活动都归入研发产业，还纳入了为保障研发活动顺利展开而实施的研发相关活动

以及为充分实现研发活动的社会经济效应而实施的联动活动。

2. 口径 2 下的研发产业边界

高汝熹等（2001）认为研发产业指从事研发活动的企业和组织的集合。这种口径将经济体中所有的研发活动都归入研发产业，而不论是发生在机构单位内部的自给性研发生产活动还是市场性研发生产活动。

3. 口径 3 下的研发产业边界

杜德斌等（2007）、邹文杰（2012）认为研发产业主要是提供智力产品或相关增值性服务的市场化研发活动，以及为其直接提供服务的相关活动。这种口径将市场化的研发活动以及为其提供直接服务的有关活动共同纳入研发产业。

4. 口径 4 下的研发产业边界

相较前三种口径，这类划分条件更为严苛，对研发产业的界定更强调市场和交易这两个因素。吴敏辉（2003）、李京文和黄鲁成（2004）、柳卸林（2005）、赵红光（2007）、初钊鹏和王铮（2013）仅将从事市场性研发活动并从研发产品中获取经济利益的企业和机构纳入研发产业。

比较来看，多数研究倾向于从全部研发活动中分离出由企业、科研机构以及高等教育等机构承担的用于市场交易的那部分研发，以此归并形成研发产业。然而，这是否与目前中国研发产业发展相匹配，仍待进一步商榷。

（二）基于产业群视角研发产业分类体系设计

尽管将从事市场性研发活动组织的集合视作研发产业具有一定的合理性，但这种观点主要基于产业组织理论，对研发活动的考察侧重点在于福利效应，并非聚焦于产业层面（覃睿和田先钰，2007）。我们认为，将企业部门或者独立研发部门所从事的市场性研发从全部研发活动中割裂出来，单独形成研发产业，具有一定片面性。出于这种考量的原因有三点：一是研发活动大部分属于自给性研发生产。例如，2009 年澳大利亚 90% 的市场化生产者的研发活动属于自给性生产；美国研发卫星账户显示，1987～2007 年美国私有部门年平均自给性生产比例为 74%，进入市场交易的研发份额较小，因此这部分研发不能完整反映整个国民经济中的研发发展规模，由此可能引起政策制定的偏误。二是机构单位自给性生产以及从外部市场购买是研发需求方获取研发的两种渠道，市场化研发活动规模增大并未改变二者都是获取所需新知识的本质。三是研发活动规模扩增导致其与其他行业或产业的关联日益密切，加之研发产品市场交易涉及的产品价值评估更为复杂，服务于研发活动的相关产业逐渐增多，一个以研发为核心、融合多业态、多主体的研发系统已然形成。

基于此，我们认为研发产业部门应以研发活动为核心，覆盖与研发相关活动的研发产业群。根据活动目的，研发产业群可进一步细分为研发产业核心层、研发产业支持层、研发产业扩展层，其基本构成如图 5.2 所示。

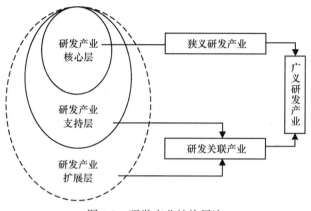

图 5.2　研发产业结构层次

其中，研发产业核心层是研发活动行为主体（企业、高等院校、科研机构以及政府等机构部门）从事的市场性和非市场性研发活动的集合，其生产成果构成全社会科技创新的源泉。

研发产业支持层是为保障研发工作顺利开展，有关单位提供的科技教育与培训、科技文献情报、调查与勘探、研发产品的市场调查等服务支持。

研发产业扩展层是为充分发挥研发产出的社会经济价值，有关单位提供的科技传播、科技出版、研发策略规划、专利价值评估、知识产权代理等服务支持。略有不同的是，研发产业支持层服务研发活动实施过程，而研发产业扩展层为研发活动的最终成果提供服务。

在我们的分类体系中，以创造新知识或设计已有知识的新应用为目的的研发活动是研发产业的关键所在，也可称为窄口径或者狭义研发产业；而研发产业支持层和研发产业扩展层则是为保障研发顺利进行而提供相关服务的关联产业群，本质上并不创造新知识，两者可并称为研发关联产业。从演变趋势看，产品更新速度加快、产业竞争压力加剧以及内部化研发活动风险大、成本高等不利因素增多，市场化研发活动规模将会逐渐占据产业主导地位，研发产业关联层的市场份额也将持续扩增。需要说明的是，研发产业涉及国民经济的各行各业，基于分析目的和统计工作量的综合考量，本书仅选取和研发核心产业关联较为紧密的产业作为研发产业关联层。

（三）基于 GB/T 4754—2017 的研发产业分类体系呈现

那么如何将基于产业群视角的研发产业分类与现行的《国民经济行业分类》连接起来呢？我们称研发产业核心层为研发核心产业。同时，由于研发产业支持层和研发产业扩展层存在一定程度的交融，我们将其合称为研发关联产业。研发核心产业分类依据其生产活动的性质展开，是对创造新知识以及设计已有知识的新应用这类活动的分类；研发关联产业分类按照与研发活动的关联关系进行，是对研发相关活动的分类。

基于《国民经济行业分类》（GB/T 4754—2017），我们对研发核心产业和研发关联产业的识别路径为：首先，筛选与研发相关的产业，依据与研发活动的关联关系将这些产业归为研发核心产业和研发关联产业。其次，根据研发活动性质分别对研发核心产业和研发关联产业进行细化。最后，为显现研发产业与国民经济之间的内在关联，将细化类别与 GB/T 4754—2017 的小类建立对应关系。这种对应关系的实现需要借助对 GB/T 4754—2017 进行类别调整、结构调整、类别合并与扩展等步骤来实现。

1. 门类和大类的调整

参照本书所界定的研发产业范畴，GB/T 4754—2017 有八个门类、22 个大类、51 个中类和 101 个小类与研发产业存在关联。其中，研发核心产业共涉及研究与试验发展业、软件开发等两个大类，内容涉及 GB/T 4754—2017 中的两个门类——信息传输、软件和信息技术服务业（代码 I）以及科学研究和技术服务业（代码 M）；研发关联产业共涉及科技教育业、专业技术服务业、研发设备和试剂制造业、研发设备修理业、研发租赁业、科技推广和应用服务业、科技信息服务业、研发金融与保险业等八个大类，其内容涉及 GB/T 4754—2017 中的八个门类——制造业（代码 C），信息传输、软件和信息技术服务业（代码 I），金融业（代码 J），租赁和商务服务业（代码 L），科学研究和技术服务业（代码 M），教育（代码 P），文化、体育和娱乐业（代码 R），公共管理、社会保障和社会组织（代码 S）。

2. 结构的调整

为充分体现研发活动的特色，我们在分类过程中突破了 GB/T 4754—2017 中原有的部门分类结构，并对其进行了重新组合。例如，在对科技综合服务业的分类过程中，将文化、体育和娱乐业门类中与科技相关的图书出版、报纸出版、期刊出版、音像制品出版、电子出版物出版以及科技博物馆，信息传输、软件和信息技术服务业门类中的互联网科技创新平台，租赁和商务服务业门类中的科技会展服务和创业指导服务，公共管理、社会保障和社会组织门类中的经济事务管理机构合并为科技综合服务业。

3. 分类的扩展

鉴于 GB/T 4754—2017 中有些行业划分不能细致体现研发活动特点，我们在分类过程中对其进行了扩展，从而形成了与 GB/T 4754—2017 中的小类代码"一对多"的对应关系。例如，研发租赁业中除包括汽车租赁、计算机及通讯设备经营租赁、仪器设备租赁外，还将较具研发特色的专利租赁服务纳入分类项目中。

4. 分类的合并

根据研发产业的特点，我们在分类过程中对部分行业进行了合并，从而形成了与 GB/T 4754—2017 中的小类代码"多对一"的对应关系。例如，实验分析仪器制造（代码4014），试验机制造（代码4015），环境监测专用仪器仪表制造（代码4021），导航、测绘、气象及海洋专用仪器制造（代码4023），地质勘探和地震专用仪器制造（代码4025），核子及核辐射测量仪器制造（代码4027），光学仪器制造（代码4040）合并为仪器仪表制造。

5. 研发核心产业分类结果

表 5.2 列示了研发核心产业分类结果。综合来看，研发核心产业由研究与试验发展业（代码11）和软件开发（代码12）两个大类组成。作为研发核心产业的主要构成部门，研究与试验发展业下设五个中类——自然科学研究和试验发展（代码111）、工程和技术研究和试验发展（代码112）、农业科学研究和试验发展（代码113）、医学研究和试验发展（代码114）、社会人文科学研究（代码115）。特别地，以上五个中类未进一步进行小类划分，且与《国民经济行业分类》（GB/T 4754—2017）形成一一对应的关系。同样地，软件开发下设的四个中类——基础软件开发（代码121）、支撑软件开发（代码122）、应用软件开发（代码123）和其他软件开发（代码129）也未进一步细分小类，且与《国民经济行业分类》（GB/T 4754—2017）形成一一对应的关系。

表5.2　研发核心产业分类表

代码			类别名称	《国民经济行业分类》（GB/T 4754—2017）
大类	中类	小类		
11			研究与试验发展业	
	111	1110	自然科学研究和试验发展	7310
	112	1120	工程和技术研究和试验发展	7320
	113	1130	农业科学研究和试验发展	7330
	114	1140	医学研究和试验发展	7340
	115	1150	社会人文科学研究	7350

续表

代码			类别名称	《国民经济行业分类》
大类	中类	小类		（GB/T 4754—2017）
12			软件开发	
	121	1210	基础软件开发	6511
	122	1220	支撑软件开发	6512
	123	1230	应用软件开发	6513
	129	1290	其他软件开发	6519

6. 研发关联产业分类结果

表 5.3 列示了研发关联产业分类结果。综合来看，研发关联产业共由八个大类构成，分别为科技教育业（代码 21）、研发设备和试剂制造业（代码 22）、研发设备修理业（代码 23）、研发租赁业（代码 24）、专业技术服务业（代码 25）、科技推广和应用服务业（代码 26）、科技信息服务业（代码 27）、研发金融与保险业（代码 28）。

表 5.3　研发关联产业分类表

代码			类别名称	《国民经济行业分类》
大类	中类	小类		（GB/T 4754—2017）
21			科技教育业	
	211	2110	科技高等教育	8341*、8342*
	212	2120	科技培训	8391*
22			研发设备和试剂制造业	
	221		研发设备制造	
		2211	航天相关设备制造	3743*
		2212	仪器仪表制造	3053、4014、4015、4021、4023、4025、4027、4040
		2213	计算机及其他电子设备制造	391～392、3940、3562、3563
	222	2220	研发试剂制造	1499*、261、2661*、2665*、2669*、3089*、3099*
23			研发设备修理业	
	231	2310	航空航天器修理	4343
	232	2320	仪器仪表修理	4360
	233	2330	其他机械和设备修理业	4390
24			研发租赁业	
	241		有形设备租赁	
		2411	实验室租赁	新增
		2412	汽车租赁	7111
		2413	计算机及通讯设备经营租赁	7114
		2414	仪器设备租赁	7119*

续表

代码			类别名称	《国民经济行业分类》(GB/T 4754—2017)
大类	中类	小类		
	242	2420	专利租赁服务	新增
25			专业技术服务业	
	251	2510	气象服务	7410*
	252	2520	地震服务	7420*
	253	2530	海洋服务	7431*、7432*、7439*
	254	2540	测绘地理信息服务	7441*、7449*
	255	2550	检测服务	7452
	256	2560	认证认可服务	7455
	257		工业与专业设计服务	
		2571	工业设计服务	7491
		2572	专业设计服务	7492
		2573	集成电路设计	6520
	258	2580	产品研发市场调查服务	7242*
	259	2590	地质勘查服务	7471*~7475*
26			科技推广和应用服务业	
	261		技术推广服务	
		2611	农林牧渔技术推广服务	7511
		2612	生物技术推广服务	7512
		2613	新材料技术推广服务	7513
		2614	节能技术推广服务	7514
		2615	新能源技术推广服务	7515
		2616	环保技术推广服务	7516
		2617	三维（3D）打印技术推广服务	7517
		2619	其他技术推广服务	7519
	262	2620	知识产权服务	7520
	263	2630	科技中介服务	7530
	264	2640	创业空间服务	7540
	265	2650	其他科技推广服务业	7590
27			科技信息服务业	
	271		科技出版业	
		2711	科技图书出版	8621*
		2712	科技报纸出版	8622*
		2713	科技期刊出版	8623*
		2714	科技音像制品出版	8624*
		2715	科技电子出版物出版	8625*
		2719	其他科技出版业	8629*

续表

代码			类别名称	《国民经济行业分类》 (GB/T 4754—2017)
大类	中类	小类		
	272	2720	互联网科技创新平台	6433
	273		科技展览服务	
		2731	科技会展服务	7281
		2732	科技博物馆	8850*
	274	2740	经济事务管理机构	9225*
	275	2750	科技创业指导服务	7264*
28			研发金融与保险业	
	281		研发金融	
		2811	商业银行贷款服务	6621*
		2812	政策性银行贷款服务	6622*
		2813	融资租赁服务	6631*
		2814	专利权出资入股	6632*
	282		研发保险	
		2821	高管人员和关键研发人员健康保险	6813*
		2822	高管人员和关键研发人员意外伤害保险	6814*
		2823	关键研发设备保险	6820*
		2824	高新技术企业产品研发责任保险	6890*
		2825	营业中断保险	6890*
		2826	出口信用保险	6890*

注："*"表示该行业中仅有部分内容包含在研发产业中，新增是指在国民经济行业分类中无对应行业，属研发产业新增内容

　　具体地，科技教育业包括两个中类——科技高等教育（代码 211）和科技培训（代码 212），其中，科技高等教育未细分小类，指为培养科研人才做出极大贡献的高等院校提供的高等教育活动。科技培训未细分小类，指为提高相关人员的科研能力而开展的各类培训。

　　研发设备和试剂制造业包括两个中类——研发设备制造（代码 221）和研发试剂制造（代码 222）。其中，研发设备制造指开展研发活动所需投入的仪器设备等固定资产的生产，根据仪器设备类型进一步细分为航天相关设备制造（代码2211）、仪器仪表制造（代码2212）、计算机及其他电子设备制造（代码2213）三个小类；研发试剂制造未进一步细分小类，它指研发过程中使用的生物试剂、化学试剂、分析试剂和材料试剂等科研试剂的生产。

　　研发设备修理业指对研发过程中投入的各种机械设备进行的修理活动。该大

类包括三个中类——航空航天器修理（代码 231）、仪器仪表修理（代码 232）以及其他机械和设备修理业（代码 233），且上述三个中类未再划分小类。

研发租赁业指为各类研发单位提供仪器设备等租赁服务，以满足生产单位的日常研发以及生产中遇到的测试和使用需求，并降低运营成本的活动。该大类包括有形设备租赁（代码 241）和专利租赁服务（代码 242）。其中，有形设备租赁下设四个小类，分别涉及实验室租赁、汽车租赁、计算机及通讯设备经营租赁以及仪器设备租赁等租赁服务；专利租赁服务指向各类研发单位提供的专利租赁服务，且该中类未再细分小类。

专业技术服务业指为满足各单位研发活动的需求而提供的各类专业性很强的技术服务。该大类包括九个中类，内容覆盖气象服务、地震服务、海洋服务、测绘地理信息服务、检测服务、认证认可服务、工业与专业设计服务、产品研发市场调查服务、地质勘查服务。

科技推广和应用服务业包括五个中类，其中技术推广服务（代码 261）指将新产品、新技术、新工艺直接推向市场而进行的相关技术活动，并根据技术活动类型的不同进一步划分八个小类。知识产权服务（代码 262）未进一步划分小类，其指专利、版权、软件、技术秘密等各类知识产权的代理、转让、登记、鉴定、评估、认证等服务。科技中介服务（代码 263）指为科技活动提供技术咨询、科技评估与鉴证等社会化服务与管理活动。创业空间服务（代码 264）指为创业者提供低成本的工作空间、孵化器、创业基地等各类资源空间服务。其他科技推广服务业（代码 265）指除技术推广、科技中介以外的其他科技服务等。除技术推广服务（代码 261）外，其余四个中类皆未再进行小类划分。

科技信息服务业包括五个中类，其中科技出版业（代码 271）指通过多种媒介出版科技信息、科技成果、科普知识等服务的产业，并依据传播载体的不同划分为六个小类。互联网科技创新平台（代码 272）未再划分小类，它指专门为科技创新和创业提供各类第三方服务平台的互联网活动。科技展览服务（代码 273）包括科技会展服务和科技博物馆，其以展览的形式传播科技史、新科技等。经济事务管理机构（代码 274）未再划分小类，主要包括为研发单位实施管理的行政管理机构提供的服务。科技创业指导服务（代码 275）未再划分小类，其指为科技创业人员提供创业辅导与培训、人才引进、技术转移、市场开拓、国际合作等服务。

研发金融与保险业包括两个中类：研发金融（代码 281）指在研发单位的运营过程中，通过应用和开发各种金融产品，有效保证研发单位货币资金的正常运转的活动。该中类进一步划分为四个小类，其中，商业银行贷款服务（代码 2811）、政策性银行贷款服务（代码 2812）和融资租赁服务（代码 2813）是研发单位获取运行资金以及运营设备的主要途径，专利权出资入股（代码 2814）是研发单位以转让自身所有的专利权作价入股公司，是研发单位获取收益的重要渠道。研发保险（代码 282）指对各研发单位在研发、生产、销售、售后等经营管理活动中提供的有关人员、研发产品、研发设备以及生产过程等方面的保险服务，根据参保对象不同进一步划分为六个小类。

第二节　活动层次关键部门研发卫星账户编制实践

一、研发经费支出表编制实践

编制研发经费支出表是编制活动层次关键部门研发卫星账户的首要工作，用来多视角、深层次、动态化解析研发经费支出在研发活动的不同调查主体和活动类型中的配置规模，以及研发活动经费资金的来源渠道和规模分布。利用《中国科技统计年鉴》发布的相关数据，我们编制了基于执行部门、活动类型、资金来源等多视角的研发经费支出表，编制结果如表 5.4～表 5.7 所示。

表 5.4　按执行部门分类的研发经费支出表（单位：亿元）

执行部门	1995 年	2000 年	2005 年	2010 年	2015 年	2020 年	2022 年
企业	—	537.00	1 673.80	5 185.47	10 881.30	18 673.80	23 878.57
研究与开发机构	146.40	258.00	513.10	1 186.40	2 136.50	3 408.80	3 814.41
高等学校	42.30	76.70	242.30	597.30	998.60	1 882.50	2 412.40
其他部门	—	24.00	20.80	93.41	153.50	428.10	677.50
经济总体	348.69	895.66	2 449.97	7 062.58	14 169.88	24 393.10	30 782.88

注：企业和其他部门缺失 1995～1999 年的研发经费支出数据，故用"—"表示缺失数据

（一）按执行部门分类的研发经费支出表

表 5.4 列示了按执行部门分类的研发经费支出表。综合来看，研发经费支出呈现如下特征。

（1）研发经费支出规模持续扩增，且企业是其主要来源。数据显示，1995～2022 年，研发经费支出规模从 348.69 亿元增至 30 782.88 亿元，年均增速高达 18.05%，较同期 GDP 增速高出 6.62 个百分点。特别是在"九五"计划和"十五"计划时期，其增速约是 GDP 增速的两倍。从执行部门看，企业、研究与开发机构、高等学校和其他部门的平均占比分别为 72.39%、17.92%、8.32%和 1.38%，年均增速依次为 18.83%、12.83%、16.16%和 16.40%。可见，企业是中国研发经费支出的主要贡献部门。

表 5.5　按活动类型分类的研发经费支出表（单位：亿元）

活动类型		2010 年	2011 年	2012 年	2013 年	2014 年	2015 年	2016 年	2017 年	2018 年	2019 年	2020 年	2022 年
基础研究	企业	4.33	7.27	7.09	8.61	10.00	11.40	26.08	28.94	33.49	50.77	95.61	174.92
	研究与开发机构	129.92	160.15	197.93	221.59	258.85	295.29	337.40	384.39	423.10	510.31	573.92	725.09
	高等学校	179.93	226.67	275.65	307.61	328.65	391.03	432.46	531.12	589.86	722.24	724.84	996.95
	其他部门	10.32	17.71	18.13	17.14	16.04	18.41	26.95	31.04	43.92	52.25	72.63	126.50
	经济总体	324.49	411.81	498.81	554.95	613.54	716.12	822.89	975.49	1 090.37	1 335.57	1467	2 023.46
应用研究	企业	126.21	190.97	238.86	249.20	315.16	329.31	368.57	438.26	578.23	560.71	565.18	797.17
	研究与开发机构	387.63	417.24	469.30	525.84	552.91	618.35	642.06	699.42	792.11	933.63	1 084.52	1 266.90
	高等学校	337.03	372.42	402.7	441.32	476.37	516.31	528.4	623.06	711.5	879.3	964.18	1 177.10
	其他部门	42.91	47.76	51.11	52.76	54.09	64.66	71.46	88.48	109.04	124.81	143.36	241.36
	经济总体	893.79	1 028.39	1 161.97	1 269.12	1 398.53	1 528.64	1 610.49	1 849.21	2 190.87	2 498.46	2 757.24	3 482.52
试验发展	企业	5 054.93	6 381.09	7 596.29	8 818.04	9 735.48	10 540.65	11 749.31	13 193.02	14 622.01	16 310.31	18 012.96	22 906.49
	研究与开发机构	668.85	729.32	881.70	1 033.97	1 114.42	1 222.84	1 280.72	1 351.89	1 476.47	1 636.89	1 750.38	1 822.43
	高等学校	80.34	89.76	102.2	107.78	93.13	91.25	111.37	111.79	156.53	195.07	193.47	238.35
	其他部门	40.18	46.64	57.44	62.74	60.54	70.39	101.96	124.73	141.68	167.28	212.07	309.64
	经济总体	5 844.30	7 246.81	8 637.63	10 022.53	11 003.56	11 925.13	13 243.36	14 781.43	16 396.69	18 309.55	20 168.88	25 276.91

表5.6 按资金来源分类的研发经费支出表（单位：亿元）

资金来源		2004年	2005年	2008年	2010年	2013年	2015年	2017年	2019年	2020年	2022年
政府资金	企业	62.60	76.50	145.50	236.75	409.00	463.40	469.70	648.40	525.30	572.80
	研究与开发机构	344.30	425.70	699.80	1 036.53	1 481.20	1 802.70	2 025.90	2 582.40	2 847.40	2 996.20
	高等学校	108.80	133.10	225.50	358.84	516.90	637.30	804.50	1048.50	1 128.00	1 384.20
	其他部门	7.80	10.20	18.20	64.18	93.50	109.80	187.30	258.00	324.80	517.70
	经济总体	523.60	645.40	1 088.90	1 696.30	2 500.60	3 013.20	3 487.40	4 537.30	4 825.60	5 470.90
企业资金	企业	1 189.30	1 527.20	3 137.20	4 808.97	8 461.00	10 197.80	12 982.40	16 257.40	18 040.20	23 252.10
	研究与开发机构	22.40	17.60	28.20	34.24	60.90	65.40	91.90	118.70	135.10	210.90
	高等学校	74.50	88.90	134.90	198.51	289.30	301.50	360.40	471.00	666.00	779.70
	其他部门	5.10	8.80	11.20	21.43	26.50	24.00	30.30	40.10	53.70	80.60
	经济总体	1 291.30	1 642.50	3 311.50	5 063.10	8 837.70	10 588.60	13 464.90	16 887.20	18 895.00	24 323.30
国外资金	企业	19.80	16.80	48.20	82.84	94.30	94.60	102.60	12.10	79.70	38.60
	研究与开发机构	2.60	1.80	4.00	3.44	5.70	5.00	4.40	5.00	3.70	7.00
	高等学校	2.60	4.00	4.80	5.41	5.50	5.20	5.90	6.20	6.50	6.90
	其他部门	0.10	0.10	0.20	0.44	0.40	0.30	0.40	0.50	0.10	0.30
	经济总体	25.20	22.70	57.20	92.10	105.90	105.20	113.30	23.90	90.10	52.70
其他资金	企业	42.30	53.30	50.80	56.91	111.50	125.60	105.50	3.90	28.50	15.10
	研究与开发机构	62.40	68.00	79.30	112.19	233.50	263.40	313.60	374.70	422.60	600.40
	高等学校	14.90	16.30	24.90	34.54	45.00	54.60	95.10	270.90	81.90	241.60
	其他部门	6.60	1.70	3.30	7.36	12.30	19.30	26.30	45.70	49.50	78.90
	经济总体	126.20	139.40	158.40	211.00	402.50	462.90	540.50	695.20	582.50	935.90

表 5.7 2022 年研发活动经费来源与使用平衡表（单位：亿元）

使用		来源	
总计	30 782.88	总计	30 782.80
其中：		其中：	
企业	23 878.57	政府资金	5 470.90
研究与开发机构	3 814.41	企业资金	24 323.30
高等学校	2 412.40	国外资金	52.70
其他部门	677.50	其他资金	935.90

（2）研发经费支出增速回落，且累积量不足。数据显示，2012 年之前研发经费支出增速保持在 20%以上，2012 年首次跌破 20%，随后进一步放缓并持续回落。究其原因，主要是企业和高等学校研发经费支出增速双双放缓。作为研发经费支出的主要来源，企业研发经费支出增速由 2012 年前的 25%跌至 2012 年后的 12%左右，高等学校研发经费支出增速由 2012 年前的 22%跌至 2012 年后的 13%左右。此外，从投入规模及增速看，研发经费支出尽管经历了快速的增长过程，但与美国仍有较大差距。OECD 发布数据显示[①]，以 2015 年不变价美元计算，1995～2021 年中国研发经费累计投入 5.78 万亿美元，仅相当于美国（11.94 万亿美元）的 48.41%。由于科技创新具有较强的循环累积效应，持续加大研发投入力度仍是必要之举。

（二）按活动类型分类的研发经费支出表

表 5.5 列示了按活动类型分类的研发经费支出表。数据显示，样本考察期内研发经费支出呈现如下特征。

（1）三类研发活动经费支出增速不同，但大多高于同期 GDP 增速（12.33%）。从三类研发活动经费增长速度看，2010～2022 年，基础研究、应用研究和试验发展研发经费支出增速较高，分别为 16.48%、12.00%、12.98%；企业三类研发活动年均增速分别为 36.10%、16.60%、13.42%，研究与开发机构分别为 15.41%、10.37%、8.71%，高等学校分别为 15.34%、10.98%、9.49%。

（2）三类研发活动经费占研发经费支出总额比重不同，基础研究占比基本稳定，应用研究占比不断下降，试验发展占比持续上升。从三类研发活动经费占研发经费支出总额比重看，2010～2018 年，基础研究所占比例基本稳定在 5%，且 2019 年以来基础研究所占比重达到 6%以上；应用研究所占比重呈下降趋势，从 2010 年的 12.66%降至 2022 年的 11.31%。比较而言，试验发展所占比重基本稳定

① 数据见 OECD 官网 https://stats.oecd.org/viewhtml.aspx?datasetcode=MSTI_PUB&lang=en#。

在 83%。从发达国家研发经费分配情况看，基础研究所占比重为 15%～30%，应用研究所占比重为 20%～50%。相比之下，中国基础研究和应用研究的研发经费占比远远落后于主要发达国家。

（3）三类研发活动的执行主体相异，高等学校、研究与开发机构是基础研究和应用研究的执行主体，企业则是试验发展的执行主体。从三类研发活动经费支出在执行部门间的分配情况看，高等学校和研究与开发机构分别承担了 40%～54%的基础研究，企业承担的基础研究进一步增多，占比从 2010 年的 1.33%升至 2022 年的 8.64%。同时，研究与开发机构、高等学校也是应用研究的执行主体，分别承担了 35%～40%的应用研究；企业承担的应用研究比例基本维持在 20%。企业是试验发展的执行主体，承担全国大约 88%的试验发展。与美国相比，中国的基础研究主要由高等学校和研究与开发机构承担，而美国则主要集中在高等学校，同时企业部门也承担了较高比例。OECD 数据显示，2019 年美国企业部门承担了 29.67%的基础研究，远远高于中国企业承担的比例。此外，中国企业仅承担了 20%的应用研究，相当于美国高等学校承担的比重（2019 年为 17.69%），且远远低于美国企业承担的比例（2019 年为 58.24%）。

（三）按资金来源分类的研发经费支出表

表 5.6 列示了按资金来源分类的研发经费支出表。从四种资金来源渠道看，大约 74%资金由企业提供，企业成为我国研发经费的主要出资者，政府提供的研发经费资金相对较少，约占 22%。从研发资金在执行部门间的配置情况看，政府资金分别约有 60%和 20%分配至研究与开发机构、高等学校，从而构成了这两个部门研发经费的主要来源；企业资金集中用于企业部门，占比高达 95%；国外资金中约有 80%流入企业，其余约有 8%和 10%分配至研究与开发机构、高等学校两个部门；其他资金中约有 52%流入研究与开发机构，约有 25%流入企业，但 2019～2022 年以来该比例明显下降。

OECD 数据显示，与中国类似，企业和政府部门是美国研发资金的主要来源，分别提供了约 63%、22%[①]的研发经费。较为不同的是，美国政府研发资金除用于政府部门（43%）和高等学校（30%）外，也成为企业研发资金的重要来源，占比为 21%。

此外，由表 5.4 和表 5.6 可知，研发活动经费支出满足"来源=使用"的平衡勾稽关系。据此，可编制研发活动经费来源与使用平衡表，如表 5.7 所示。以 2022 年例，企业、研究与开发机构、高等学校和其他部门四部门的研发经费支出总额

---

① 依据 OECD 提供的 2010～2019 年数据计算而得。

合计为 30 782.88 亿元，由政府部门、企业部门、国外部门和其他部门提供的研发资金分别为 5470.90 亿元、24 323.30 亿元、52.70 亿元、935.90 亿元，合计为 30 782.80 亿元。

二、研发人员投入表编制实践

编制研发人员投入表是编制活动层次关键部门研发卫星账户的又一重要工作，其用来客观展示研发活动投入人员在执行主体、区域以及活动类型的配置规模。基于《中国科技统计年鉴》发布的相关数据，我们编制了研发人员投入表和研发人员全时当量表。

（一）研发人员投入表

表 5.8 列示了研发人员投入表。数据显示，2009～2022 年，研发人员从 3 183 687 人提升至 9 401 258 人，年均增速为 8.69%，企业、研究与开发机构、高等学校以及其他部门的年均增速分别为 9.51%、4.31%、8.77%、1.45%。从研发人员在执行部门的分配结构看，约 73% 的研发人员集中在企业，约 16%、8% 的研发人员分布于高等学校、研究与开发机构。从研发人员的区域分布看，约 63% 的研发人员集中在东部地区，约 19%、14% 的研发人员分布在中部地区、西部地区[①]。从研发人员性别结构看，女性在研发活动中的占比不断提升。2009～2022 年女性研发人员数年均增速达 9.10%，特别是企业和高等学校的增速更是高达 10.17% 和 10.29%。进一步地，从女性研发人员的执行部门分布看，约 60% 的女性集中在企业，约 23% 的女性集中在高等学校，并且女性研发人员在高等学校的占比呈逐年提高态势。

此外，研发人员可根据工作性质细分为研究人员、技术人员以及辅助人员，特别是研发研究人员更能代表研发人员的整体素质以及研发活动的质量。图 5.3 展示的 1996～2021 年中国与世界主要科技强国研发研究人员的规模及变动表明，该段时期内中国、德国、英国、日本、美国的研发研究人员都呈现出规模增大的趋势，但各国研发研究人员增速并不一致。世界银行发布的数据[②]显示，1996～2021 年中国每百万人中研发研究人员数从 1996 年的 447.93 增长至 2021 年的 1687.06，年均增长率达 5.45%，高于同期位列世界科技强国的德国（2.71%）、英国（2.84%）、

---

① 东部、中部和西部地区合计数不等于 1，原因是书中所用比例数据为样本期内的平均数，且 2012 年之前未统计东北地区，2012～2019 年包含东北地区。

② 数据见世界银行官网，世界银行中研发研究人员指参与新知识、新产品、新流程、新方法或新系统的概念成形或创造，以及与相关项目管理的专业人员，包括参与研发的博士研究生（《国际教育标准分类法 1997》第 6 级）。

表5.8 研发人员投入表（单位：人）

部门		2009年		2012年		2016年		2020年		2022年	
		人员数	女性	人员数	女性	人员数	女性	人员数	女性	人员数	女性
执行部门	企业	2 185 241	455 192	3 366 426	698 318	4 331 234	961 300	5 604 827	1 251 723	7 122 874	1 603 726
	研究与开发机构	323 034	102 903	388 303	127 776	449 916	147 394	519 355	173 338	559 094	186 029
	高等学校	509 366	164 706	677 787	254 407	851 764	358 727	1 273 926	503 834	1 518 988	588 725
	其他部门	166 046	66 176	184 604	73 526	197 827	77 811	154 878	54 968	200 302	68 494
经济总体		3 183 687	788 977	4 617 120	1 154 027	5 830 741	1 545 232	7 552 986	1 983 863	9 401 258	2 446 974
地区类型	东部地区	2 017 182	497 263	2 275 470	707 804	3 124 633	957 323	3 684 795	1 237 512	5 900 850	1 519 406
	中部地区	691 268	162 331	760 225	181 204	896 790	251 659	1 034 186	355 312	1 814 709	448 279
	西部地区	475 203	129 379	506 549	172 443	678 101	238 508	811 130	288 348	1 313 746	362 321

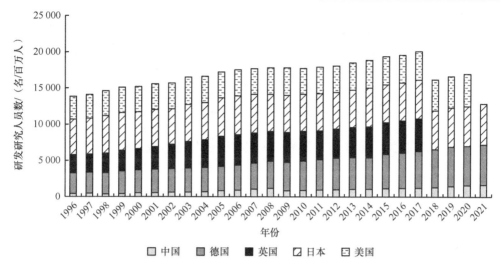

图 5.3　1996～2021 年中国与世界主要科技强国研发研究人员的规模及变动

日本（0.55%）和美国（1.45%）①。然而，与上述四个国家相比，中国的研发研究人员数仍处于落后水平。以 2020 年为例，德国、日本和美国的每百万人中研发研究人员数分别为 5413.82 名、5495.25 名、4451.78 名，分别是中国的 3.38 倍、3.43 倍、2.78 倍。

（二）研发人员全时当量表

1. 按执行部门分类的研发人员全时当量表

表 5.9 列示了按执行部门分类的研发人员全时当量表。数据显示，2000～2022 年经济总体的研发人员全时当量从 92.21 万人年增至 635.36 万人年，年均增长率为 9.17%，企业、研究与开发机构、高等学校以及其他部门的年均增长率分别为 11.23%、3.50%、7.14%、4.57%。从研发人员的执行部门分布看，企业汇聚了大部分的研发人员全时当量，占经济总体平均比例为 70.16%，且该比例总体呈递增趋势；研究与开发机构和高等学校占比分别为 13.05% 和 12.84%，且研究与开发机构占比呈现逐渐下降趋势，高等学校则呈现出先下降后上升的变动趋势。

表 5.9　按执行部门分类的研发人员全时当量表（单位：万人年）

执行部门	2000 年	2005 年	2010 年	2015 年	2020 年	2022 年
企业	48.08	88.31	187.39	291.08	406.04	499.78
研究与开发机构	22.88	21.53	29.35	38.36	45.37	48.75

① 世界银行中日本、德国、英国、美国的研发研究人员数公布时间并不一致，日本和德国可检索至 2021 年的数据，英国和美国分别可检索至 2018 年、2020 年的数据。

续表

执行部门	2000 年	2005 年	2010 年	2015 年	2020 年	2022 年
高等学校	15.92	22.72	28.97	35.49	61.48	72.59
其他部门	5.33	3.92	9.68	10.96	10.56	14.24
经济总体	92.21	136.48	255.39	375.89	523.45	635.36

基于国际视野，2021 年中国研发人员全时当量远远高于位列世界科技强国的日本（94.20 万人年）、德国（75.39 万人年）和法国（49.63 万人年）[①]。此外，2000～2021 年中国研发人员全时当量年均增速为 9.08%，也远远高于日本（0.23%）、德国（2.13%）和法国（2.00%）。

2. 按活动类型分类的研发人员全时当量表

表 5.10 列示了按活动类型分类的研发人员全时当量表。数据显示，2009～2022 年从事基础研究、应用研究和试验发展的研发人员在全国研发人员全时当量的平均占比分别为 7.17%、12.08%、80.74%，年均增速分别为 9.07%、6.79%、8.29%。可见，研发人员主要集中从事试验发展活动，但从事基础研究的研发人员增速显著。

表 5.10　按活动类型分类的研发人员全时当量表（单位：万人年）

活动类型		2009 年	2010 年	2012 年	2014 年	2016 年	2018 年	2020 年	2022 年
基础研究	企业	0.17	0.16	0.23	0.23	0.68	0.92	2.34	2.15
	研究与开发机构	4.08	4.20	5.66	6.56	8.38	8.50	10.31	11.96
	高等学校	11.27	12.00	14.01	15.47	16.71	19.13	28.47	34.83
	其他部门	0.94	1.00	1.32	1.27	1.71	1.94	1.56	1.97
	经济总体	16.46	17.37	21.22	23.54	27.47	30.50	42.68	50.91
应用研究	企业	2.50	2.72	5.80	6.58	8.26	12.90	15.79	19.13
	研究与开发机构	10.29	10.91	12.14	12.84	12.71	14.75	15.51	16.89
	高等学校	14.12	14.83	15.43	16.08	17.25	19.69	28.95	32.82
	其他部门	4.62	5.10	5.01	5.20	5.66	6.54	4.07	5.26
	经济总体	31.53	33.56	38.38	40.70	43.89	53.88	64.31	74.10
试验发展	企业	162.08	184.51	242.61	282.82	292.26	328.66	387.91	478.50
	研究与开发机构	13.35	14.24	16.55	17.98	17.92	18.05	19.55	19.90
	高等学校	2.12	2.14	1.92	1.93	2.05	2.27	4.06	4.94
	其他部门	3.59	3.57	4.02	4.09	4.21	4.80	4.94	7.01
	经济总体	181.14	204.46	265.09	306.82	316.44	353.77	416.46	510.34

[①] 数据来自 OECD 网站 https://stats.oecd.org，需要指出的是美国未统计此项数据，英国仅能检索至 2017 年的数据。

从参与基础研究研发人员的执行部门分布情况看，约有 66% 的研发人员集中在高等学校。企业、研究与开发机构、高等学校和其他部门的研发人员年均增速分别为 21.55%、8.62%、9.07%、5.86%，这表明越来越多的企业研发人员投到基础研究中。从参与应用研究研发人员的执行部门分布情况看，约有 70% 的研发人员集中在高等学校（41%）和研究与开发机构（29%）。企业、研究与开发机构、高等学校和其他部门的研发人员年均增速分别为 16.95%、3.89%、6.70%、1.00%，表明企业投到应用研究中的研发人员也逐渐增多。从参与试验发展研发人员的执行部门分布情况看，约有 92% 的研发人员集中在企业。企业、研究与开发机构、高等学校和其他部门的研发人员年均增速分别为 8.68%、3.12%、6.72%、5.28%，表明企业投到试验发展的研发人员不仅基数庞大，且增速也最为明显。

三、研发资源配置强度表编制实践

编制研发资源配置强度表是编制活动层次关键部门研发卫星账户的可行工作，用来深入解析研发经费投入与研发人员间的结构配置状况，以及研发经费投入与经济发展阶段的匹配程度，从而为提升国家科技创新能力提供参考借鉴。

（一）研发人员经费投入强度表

充分发掘科技人才的创新潜能，高效开展研发活动的一个重要前提是提供与研发人员相匹配的研发经费。此处用研发人员经费投入强度（研发经费支出与研发人员之比）来衡量二者的匹配程度，表 5.11 列示了研发人员经费投入强度表。数据显示，1995～2021 年研发人员经费投入强度从 2.23 万美元/人年增至 10.85 万美元/人年，年均增速为 6.27%，增速明显。

表 5.11 研发人员经费投入强度表（单位：万美元/人年）

年份	研发人员经费投入强度	年份	研发人员经费投入强度	年份	研发人员经费投入强度
1995	2.23	2004	6.73	2013	8.75
1996	2.27	2005	6.82	2014	9.06
1997	2.72	2006	7.30	2015	9.74
1998	3.27	2007	7.25	2016	10.30
1999	3.75	2008	7.39	2017	10.67
2000	4.32	2009	7.98	2018	10.61
2001	4.75	2010	8.16	2019	10.77
2002	5.38	2011	8.22	2020	10.81
2003	5.93	2012	8.46	2021	10.85

注：表中数据根据 OECD 网站 https://stats.oecd.org 提供的研发经费支出和研发人员全时当量计算而得

与罗马尼亚、阿根廷与俄罗斯相比，中国研发人员经费投入强度不论是绝对数还是增长率，均高于上述国家。例如，2021 年罗马尼亚、阿根廷与俄罗斯的研发人员经费投入强度分别为 7.39 万美元/人年、4.92 万美元/人年、5.39 万美元/人年[①]，皆低于中国的 10.85 万美元/人年。1995～2021 年罗马尼亚与俄罗斯研发人员经费投入强度年均增速分别为 3.39%、6.12%，而阿根廷甚至出现了负增长（–0.85%）。

由图 5.4 可以发现，与世界主要科技强国相比，中国研发人员经费投入强度偏低。例如，2021 年法国、德国、日本的研发人员经费投入强度分别为 12.85 万美元/人年、17.61 万美元/人年、18.27 万美元/人年。可见，除略低于法国之外，中国研发人员经费投入强度尚不足德国和日本的 62%。

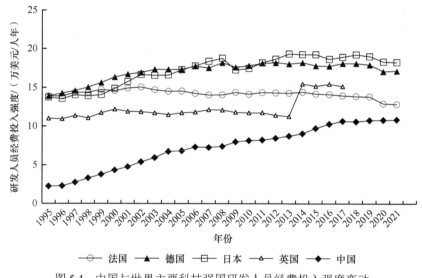

图 5.4　中国与世界主要科技强国研发人员经费投入强度变动

不容忽视的是，虽然中国研发人员经费投入强度规模落后于法国、德国、英国、日本，但其增长速度却领先于上述四个科技强国。1995～2021 年法国、德国、日本、英国的研发人员经费投入强度年均增速分别为 –0.30%、0.81%、1.10%、1.29%，远远落后于中国的 6.27%。

（二）研发经费投入强度表

表 5.12 列示了研发经费投入强度表。数据显示，1995～2022 年，研发经费投入强度从 0.57% 提升至 2.54%，增长了 3.46 倍。尤其是 21 世纪以来，随着研发经

---

① 截至 2022 年 2 月，OECD 官网中仅能检索到俄罗斯 2020 年的研发经费支出及研发人员数据，故此处数据为 2020 年的研发人员经费投入强度。

费投入规模的迅速增大，研发经费投入强度不断提高，分别于 2002 年、2013 年突破 1%、2%关口。2022 年研发经费投入强度达到历史最高水平 2.54%，高于欧盟 27 国的平均水平（2.16%）。其中，北京（6.83%）、上海（4.44%）、天津（3.49%）、广东（3.42%）、江苏（3.12%）、浙江（3.11%）、安徽（2.56%）等七个地区的研发经费投入强度高于全国水平。尤其是北京，甚至超越了研发经费投入强度长期居于世界首位的以色列（4.93%）。

表 5.12　研发经费投入强度表

年份	研发经费投入强度	年份	研发经费投入强度	年份	研发经费投入强度	年份	研发经费投入强度
1995	0.57%	2002	1.06%	2009	1.66%	2016	2.10%
1996	0.56%	2003	1.12%	2010	1.71%	2017	2.12%
1997	0.64%	2004	1.21%	2011	1.78%	2018	2.14%
1998	0.65%	2005	1.31%	2012	1.91%	2019	2.23%
1999	0.75%	2006	1.37%	2013	2.00%	2020	2.41%
2000	0.89%	2007	1.37%	2014	2.02%	2021	2.43%
2001	0.94%	2008	1.45%	2015	2.06%	2022	2.54%

研究证实，在社会经济正常运转情况下，研发经费投入强度的运行轨迹呈"S"形曲线（曾国屏和谭文华，2003）。其中，1%和 2.5%两个拐点将该曲线划分为三个阶段，且在 1%～2.5%这一阶段中，研发经费投入强度增速较快，其余两个阶段则增速较缓。比较来看，从 1%升至 2%，中国历时 12 年，虽慢于美国（7 年），但仍快于澳大利亚（22 年）、丹麦（17 年）等发达国家。这充分表明创新已逐渐成为中国经济发展的重要推动力。

第三节　产品层次关键部门研发卫星账户编制实践

一、研发产品实物量表编制实践

编制研发产品实物量表是编制产品层次关键部门研发卫星账户的首要工作，用以直观、动态地展示多种类型的研发产出的实物数量及其区域、部门的规模分布。本节基于《中国科技统计年鉴》、OECD 官方网站以及科睿唯安数据库发布的相关数据，分别以专利和论文两个具有代表性的研发产品为分析对象，编制了系列研发产品实物量表。

（一）专利数统计表

1. 国内外三类专利申请受理数表

表 5.13 列示了 2000~2022 年国内外三类专利申请受理数。数据显示，三类专利受理呈现如下特点：一是三类专利申请受理数量连年攀升、增速迅猛。三类专利从 170 682 件猛增至 5 364 639 件，增长了约 30 倍，发明、实用新型和外观设计专利数量的年均增速更是高达 16.94%、18.63%、13.38%。二是从三类专利构成比例看，实用新型>发明>外观设计。发明、实用新型和外观设计专利平均占比分别为 34%、39%、27%。特别地，近年来实用新型和外观设计专利的占比呈现"一升一降"的趋势。三是从专利申请受理数的国别分布看，国内>国外。国内专利平均占有量达 88%，国外平均约占 12%，且 2010 年后国内占有量进一步上升。

表 5.13　国内外三类专利申请受理数（单位：件）

专利类型		2000 年	2005 年	2010 年	2015 年	2020 年	2022 年
发明	国内	25 346	93 485	293 066	968 251	1 344 817	1 464 605
	国外	26 401	79 842	98 111	133 613	152 342	154 663
	合计	51 747	173 327	391 177	1 101 864	1 497 159	1 619 268
实用新型	国内	68 461	138 085	407 238	1 119 714	2 918 874	2 944 139
	国外	354	1 481	2 598	7 863	7 759	6514
	合计	68 815	139 566	409 836	1 127 577	2 926 633	2 950 653
外观设计	国内	46 532	151 587	409 124	551 481	752 339	777 663
	国外	3 588	11 784	12 149	17 578	18 023	17 055
	合计	50 120	163 371	421 273	569 059	770 362	794 718
三种专利合计		170 682	476 264	1 222 286	2 798 500	5 194 154	5 364 639

此外，由表 5.14 可知，企业是国内三类专利申请受理的主体部门。2000~2022 年，全国约有 83% 的专利申请发生于企业，剩余的 11%、5%、1% 分别由大专院校、科研单位和机关团体执行。具体地，企业分别执行了约 70% 的发明专利、约 86% 的实用新型专利和约 94% 的外观设计专利。

表 5.14　国内三类专利申请受理机构部门分布（单位：件）

专利类型		2000 年	2005 年	2010 年	2015 年	2020 年	2022 年
发明	大专院校	1 942	14 643	48 294	133 645	226 090	265 072
	科研单位	2 228	6 726	18 254	44 545	69 564	68 258
	企业	8 316	40 196	154 581	582 512	898 925	1 042 541
	机关团体	123	705	2 625	15 415	19 425	34 203
	合计	12 609	62 270	223 754	776 117	1 214 004	1 410 074

续表

专利类型		2000 年	2005 年	2010 年	2015 年	2020 年	2022 年
实用新型	大专院校	965	3 843	18 223	89 077	169 208	112 471
	科研单位	1 616	2 661	7 474	18 830	27 789	21 907
	企业	14 912	39 649	212 081	730 865	2 133 461	2 377 721
	机关团体	299	726	4 701	19 971	61 503	91 726
	合计	17 792	46 879	242 479	858 743	2 391 961	2 603 825
外观设计	大专院校	17	1 435	12 815	12 440	24 144	17 730
	科研单位	278	359	1 234	1 101	1 618	1 543
	企业	22 634	47 552	173 338	252 374	413 128	480 352
	机关团体	45	387	4 950	2 299	2 449	3 277
	合计	22 974	49 733	192 337	268 214	441 339	502 902
三种专利合计		53 375	158 882	658 570	1 903 074	5 194 154	5 364 639

2. 国内外三类专利申请授权数表

表 5.15 和表 5.16 分别列示了 2000～2022 年国内外三类专利申请授权数以及国内三类专利申请授权机构部门分布情况。数据显示，与三类专利申请受理数一致，三类专利申请授权数也呈现授权数增幅提升，实用新型专利占比最大、发明专利和外观设计专利位居其后，国内授权占有量为主等三个明显特征。进一步地，企业仍是国内三类专利申请授权的主要部门，2000～2022 年全国约有 85% 的专利授予企业，剩余的 9%、4%、2% 分别由大专院校、科研单位和机关团体执行。

表 5.15　国内外三类专利申请授权数（单位：件）

专利类型		2000 年	2005 年	2010 年	2015 年	2020 年	2022 年
发明	国内	6 177	20 705	79 767	263 436	440 691	695 591
	国外	6 506	32 600	55 343	95 880	89 436	102 756
	合计	12 683	53 305	135 110	359 316	530 127	798 347
实用新型	国内	54 407	78 137	342 256	868 734	2 368 651	2 796 049
	国外	336	1 212	2 216	7 483	8 572	8 106
	合计	54 743	79 349	344 472	876 217	2 377 223	2 804 155
外观设计	国内	34 652	72 777	318 597	464 807	711 559	709 563
	国外	3 267	8 572	16 646	17 852	20 359	11 344
	合计	37 919	81 349	335 243	482 659	731 918	720 907
三种专利合计		105 345	214 003	814 825	1 718 192	3 639 268	4 323 409

表 5.16　国内三类专利申请授权机构部门分布（单位：件）

专利类型		2000 年	2005 年	2010 年	2015 年	2020 年	2022 年
发明	大专院校	652	4 453	19 036	57 196	118 675	171 779
	科研单位	910	2 423	6 557	19 243	31 349	39 917
	企业	1 016	7 712	40 049	158 620	268 366	457 968

续表

专利类型		2000 年	2005 年	2010 年	2015 年	2020 年	2022 年
发明	机关团体	246	173	507	3 759	5 377	12 954
	合计	2 824	14 761	66 149	238 818	423 767	682 618
实用新型	大专院校	868	2 391	16 002	68 827	162 615	98 971
	科研单位	1 529	1 599	7 074	13 680	26 134	21 581
	企业	12 821	24 743	183 289	592 771	1 822 840	2 384 678
	机关团体	301	458	2 910	12 094	49 849	77 342
	合计	15 519	29 191	209 275	687 372	2 061 438	2 582 572
外观设计	大专院校	28	555	8 115	10 311	22 381	16 506
	科研单位	248	170	637	728	1 493	1 367
	企业	17 482	26 658	135 680	237 326	395 975	435 817
	机关团体	31	183	1975	1 173	2 545	2 755
	合计	17 789	27 566	146 407	249 538	422 394	456 445
三种专利合计		36 132	71 518	421 831	1 175 728	2 907 599	3 721 635

　　较为不同的是，2000～2022 年发明、实用新型和外观设计专利申请授权数量的年均增速高达 20.72%、19.59%、14.32%，均高于同期三类专利申请受理数的增速。另外，2000～2022 年专利申请授权量以实用新型和外观设计专利为主，二者平均占比分别为 49.05%、32.04%，而创新水平和技术含量最高、质量最有保证、审查程序最严的发明专利平均占比仅为 18.91%，由此反映出中国专利质量发展失衡的现象较为明显。

　　除此之外，由表 5.13 和表 5.15 可知，相较于国内外三类专利巨大的申请受理量，专利申请授权量规模仍然相对较小。例如，2022 年共受理专利申请 5 364 639件，同年授权量为 4 323 409 件，为受理量的 80.59%。尤其是 2022 年发明专利申请受理量为 1 619 268 件，同年授权量为 798 347 件[①]，不及受理量的一半。可见中国具有专利受理量大而授权量不大、专利量大而发明专利量不大等显著特征。

3. PCT 专利申请数表

　　表 5.17 列示了 WIPO 发布的发明者居住国为中国的 PCT 专利申请数。数据显示，2000～2020 年中国 PCT 专利申请量增长了约 46 倍，申请总量已位居世界前列。进一步地，从 PCT 专利申请的技术领域分布看，中国 PCT 专利申请主要集中在电机、仪器和能源，视听技术，数字通信，计算机技术，半导体等五个行业。例如，2020 年上述五个行业的 PCT 专利申请量占到总量的 47.88%。

---

　① 考虑到专利审查授权的滞后性，当年授权的发明专利基本上是前几年提出的申请。

表 5.17　PCT 专利申请数（单位：件）

专利类型	2000 年	2005 年	2010 年	2015 年	2020 年
PCT 专利申请总数	1 452.5	3 529.4	13 405.9	33 116.5	68 696.7
电机、仪器和能源	31.3	187.7	910.4	2 061.9	4 694.0
视听技术	16.3	158.1	500.7	1 987.6	4 262.4
数字通信	29.1	899.6	4 210.7	7 205.6	10 156.7
计算机技术	36.2	263.6	1 091.2	5 070.4	10 738.5
半导体	2.9	47.0	371.2	1 028.8	3 042.8
其余 30 个行业	1 336.7	1 973.4	6 321.7	15 762.2	35 802.3

注：该表中数据出现小数点的原因是有些专利存在多国合作，为避免重复计算，采用分数方法计数

图 5.5 展示了中国与世界主要科技强国 PCT 专利申请量变动情况。结果显示，与世界主要科技强国相比，中国 PCT 专利申请量于 2019 年超越美国成为世界最大的 PCT 专利申请国，近 20 年间增速高达 21.27%，远高于美国（1.76%）、法国（2.05%）、英国（0.59%）、德国（1.45%）、日本（7.44%）。从 PCT 专利申请的技术领域看，美国集中在计算机技术、半导体和医药技术领域，法国集中在电机、仪器和能源，半导体，交通等领域；德国集中在电机、仪器和能源，测量，交通等领域；日本集中在视听技术，计算机技术，半导体，电机、仪器和能源等领域；英国集中在计算机技术、半导体、医药技术等领域。

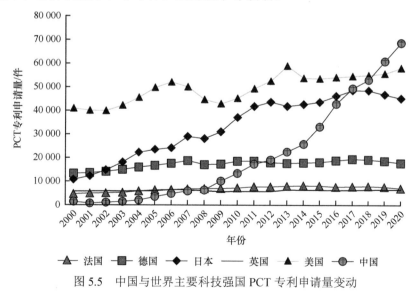

图 5.5　中国与世界主要科技强国 PCT 专利申请量变动

4. 三方同族专利数表

三方同族专利是申请人为保护同一项发明创造而在欧洲专利局（European Patent Office，EPO）、日本专利局（Japan Patent Office，JPO）以及美国专利商标局（United States Patent and Trademark Office，USPTO）申请的专利。表 5.18 列示

了 WIPO 发布的发明者居住国为中国的三方同族专利数。数据显示，2000～2020年中国三方同族专利年均增速为 15.05%，申请总量已位居世界前列。从三方同族专利的技术领域分布看，中国三方同族专利主要集中在电机、仪器和能源，视听技术，数字通信，计算机技术，制药等五个行业。例如，2020 年上述五个行业的三方同族专利占到总量的 62.20%。

表 5.18　三方同族专利数（单位：件）

专利类型	2000 年	2005 年	2010 年	2015 年	2020 年
三方同族专利	87.0	523.5	1424.8	3260.8	1435.9
电机、仪器和能源	9.1	29.5	105.8	179.4	157.4
视听技术	2.4	31.8	42.5	142.3	51.5
数字通信	3.0	79.4	335.4	757.9	92.5
计算机技术	4.6	44.4	137.0	475.1	572.6
制药	12.2	51.9	100.0	226.9	19.2
其余 30 个行业	55.7	286.5	704.1	1479.2	542.7

注：表中数据出现小数点的原因是有些专利存在多国合作，为避免重复计算，采用分数方法计数

　　图 5.6 展示了中国与世界主要科技强国三方同族专利变动情况，可以发现，与世界主要科技强国相比，中国三方同族专利总量虽然不敌美国、日本和德国，但近 20 年间增速高达 15.05%，而其余五国增速均为负。从三方同族专利的技术领域分布看，美国集中在计算机技术、半导体和医药技术领域；法国集中在电机、仪器和能源，计算机技术，半导体，测量等领域；德国集中在电机、仪器和能源，测量，医药技术等领域；日本集中在电机、仪器和能源，视听技术，计算机技术，半导体等领域；英国集中在制药、计算机技术、医药技术等领域。

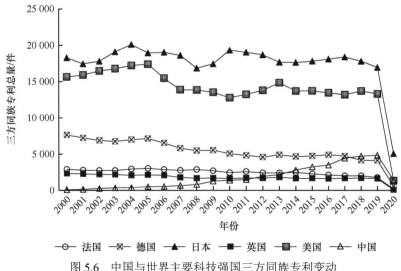

图 5.6　中国与世界主要科技强国三方同族专利变动

（二）国内外科技论文发表数统计表

表 5.19 列示了 2000～2021 年国内外检索工具收录的中国科技论文总数。数据显示，国外主要检索工具收录的论文中 SCI 论文发文量最大，发文量年均增速为 15.35%，国际位次从全球第八位跃升至第一位。其中，SCI 论文以科技论文为主，其发文量平均占比为 85.49%。国内中文期刊刊登的科技论文总数也实现了快速增长，年均增速为 5.06%，高等学校、研究机构、企业、医院和其他部门的年均增速分别为 5.31%、3.13%、4.75%、7.22%、3.79%，可见近 20 年医院发文数增速最为显著。此外，从国内科技论文发表的机构部门分布看，全国平均约 63.71% 的科技论文由高等学校部门发表，平均约 11.59% 的科技论文来自研究机构，平均 14.88%、5.80%、4.02% 的科技论文来自医院、企业和其他部门，且近年来医院发文量占比攀升迅速。由国内外论文发表情况可知，中国论文发表呈现由"国内发表为主、国外发表为辅"向"国内外发表并驾齐驱"转变的特征。

表 5.19　国内外检索工具收录的中国科技论文总数（单位：篇）

论文数		2000 年	2005 年	2010 年	2015 年	2020 年	2021 年
国外检索中国论文数	SCI 总数	30 499	68 226	143 769	296 847	552 557	612 263
	#收录科技论文数	22 608	63 150	121 026	265 469	501 576	557 238
	EI 总数	13 163	54 362	119 374	218 666	364 829	367 809
	#收录科技论文数	13 991	60 301	119 374	204 332	340 715	344 085
中文期刊科技论文数	高等院校	104 073	234 609	343 027	319 447	285 567	308 618
	研究机构	28 327	36 270	57 022	56 705	51 878	54 070
	企业	12 030	14 034	19 925	22 058	43 087	31 876
	医院	11 363	52 331	89 372	74 878	52 024	49 145
	其他	6 986	17 826	21 289	20 442	18 999	15 255
	合计	162 779	355 070	530 635	493 530	451 555	458 964

注：#代表 SCI 总数或 EI 总数中收录的我国科技人员发表的论文数

二、研发产出价值量表编制实践

编制研发产出价值量表是编制产品层次关键部门研发卫星账户的核心工作，用以刻画研发产出所蕴含的经济价值及产生的经济效应。本节基于《中国科技统计年鉴》发布的新产品销售收入数据，以及 incoPat 专利数据库提供的专利数据资料，运用专利续期模型测算专利价值，分别编制专利价值表和新产品销售收入表，编制结果如表 5.20 和表 5.21 所示。

表 5.20　专利价值表

申请年	生存区间	发明	实用新型	外观设计	总价值/亿元
1985	1985～2005 年	0.8773	0.6174	0.0107	1.5054
1987	1987～2007 年	1.4065	0.9463	0.0437	2.3965
1989	1989～2009 年	1.1027	0.3772	0.0213	1.5012
1991	1991～2011 年	1.1496	0.6169	0.0544	1.8209
1993	1993～2013 年	1.5936	0.4128	0.0827	2.0891
1995	1995～2015 年	1.7213	0.7094	0.1776	2.6083
1997	1997～2017 年	1.7700	0.8636	0.2763	2.9099
1999	1999～2019 年	3.7843	1.0468	0.4294	5.2605
2001	2001～2021 年	6.7081	2.1325	1.6763	10.5169
2003	2003～2023 年	18.777	4.2781	2.3483	25.4034
2005	2005～2025 年	46.8755	4.7254	2.6904	54.2913
2007	2007～2027 年	89.2657	8.3219	3.8968	101.4844
2009	2009～2029 年	269.2183	12.2412	5.5645	287.0240
2010	2010～2030 年	280.9696	14.8347	5.3766	301.1809

注：该表中数据以 1998 年为基期

表 5.21　新产品销售收入表（单位：亿元）

新产品销售收入		2009 年	2010 年	2013 年	2016 年	2019 年	2022 年
高技术产业新产品销售收入	全国	13 736.72	16 364.76	31 229.61	47 924.24	59 164.22	87 548.26
	东部地区	11 836.96	14 681.67	25 200.42	37 273.09	44 839.01	61 012.61
	中部地区	709.93	808.77	4 044.60	6 724.78	9 373.36	17 769.93
	西部地区	938.69	594.79	1 400.14	3 200.38	4 287.86	7 580.61
	东北地区	251.13	279.53	584.45	726.00	664.00	1 185.11
规上工业企业新产品销售收入	全国	65 838.21	72 863.90	128 460.69	174 604.15	212 060.26	327 982.97
	东部地区	44 417.08	51 109.66	90 341.31	121 330.88	144 226.82	217 184.52
	中部地区	8 573.97	9 865.28	22 259.84	32 469.95	42 617.34	72 017.12
	西部地区	6 857.61	7 521.82	10 480.67	14 285.85	17 571.29	30 106.34
	东北地区	5 989.22	4 367.14	5 378.87	6 517.47	7 644.81	8 674.99

注：规上为规模以上

（一）专利价值表

表 5.20 列示了中国本土申请授权、申请年处于 1985～2010 年、生存区间处于 1985～2030 年的发明、实用新型、外观设计三类专利的价值以及总价值。数据显示，总体看来，中国本土申请授权的专利总价值呈现跨越式发展态势，价值规模从 1985 年的 1.5054 亿元迅速攀升至 2010 年的 301.1809 亿元，年均增速高达 23.61%。从三类专利价值变动看，发明、实用新型和外观设计三类专利的

价值均呈现增长态势，但三者间的价值规模以及增长速率大相径庭。具体地，申请数量最低、技术创新含量最高的发明专利价值年均增速达 25.96%，实用新型和外观设计专利的价值年均增速分别为 13.56%、28.25%。从三类专利价值构成看，发明专利价值占比从 1985 年的 58.28%增至 2010 年的 93.29%，实用新型专利价值占比从 1985 年的 41.01%断崖式跌落至 2010 年的 4.93%，外观设计专利价值占比从 1985 年的 0.71%小幅提升至 2010 年的 1.79%。可见，发明专利已成为决定中国专利价值的核心力量。

（二）新产品销售收入表

表 5.21 列示了 2009～2022 年高技术产业和规上工业企业的新产品销售收入。数据显示，高技术产业和规上工业企业的新产品销售收入呈现扩增态势，年均增速分别高达 15.31%、13.15%。从区域分布看，规上工业企业和高技术产业在东部地区的新产品销售收入占比最高，平均占比分别为 68.85%、79.18%；中部地区的规上工业企业和高技术产业新产品销售收入增速最快，分别为 17.79%、28.11%；东北地区增速最慢，分别为 2.89%、12.68%。此外，无论是从全国总量层次还是从地区层次比较，高科技产业新产品销售收入增速始终领先规上工业企业。这也充分体现了高科技产业更注重产业的技术含量和创新能力的突出特点。

三、研发投入产出效率表编制实践

基于活动层次提供的研发经费和研发人员等投入数据、产品层次提供的专利和论文等产出数据，本节编制了研发投入产出效率表，用以分析研发投入资源是否得到有效利用，为提升研发成果对经济增长的促进作用提供有效参考，结果如表 5.22～表 5.24 所示。需要指出的是，为便于分析中国研发投入产出效率的国际位次，本节选择国际可比性较强的 SCI 论文、PCT 专利和三方同族专利作为研发产出的代表性指标。

表 5.22　SCI 论文产出效率表

年份	研发人员论文产出效率/（篇/万人年）	研发经费论文产出效率/（篇/万美元）	年份	研发人员论文产出效率/（篇/万人年）	研发经费论文产出效率/（篇/万美元）
2000	330.74	76.62	2012	593.69	70.19
2002	393.72	73.12	2014	712.89	78.67
2004	497.80	73.97	2016	835.96	81.17
2006	473.78	64.88	2018	954.51	90.00
2008	593.67	80.36	2020	1055.60	97.63
2010	562.95	69.03	2021	1071.08	98.74

表 5.23　PCT 专利产出效率表

年份	研发人员 PCT 专利产出效率/（件/万人年）	研发经费 PCT 专利产出效率/（件/万美元）	年份	研发人员 PCT 专利产出效率/（件/万人年）	研发经费 PCT 专利产出效率/（件/万美元）
2000	15.75	3.65	2012	58.67	6.94
2002	10.88	2.02	2014	69.73	7.69
2004	17.93	2.66	2016	110.40	10.72
2006	31.96	4.38	2018	120.85	11.39
2008	32.32	4.37	2020	131.24	12.14
2010	52.49	6.44		—	

表 5.24　三方同族专利产出效率表

年份	研发人员三方同族专利产出效率/（件/万人年）	研发经费三方同族专利产出效率/（件/万美元）	年份	研发人员三方同族专利产出效率/（件/万人年）	研发经费三方同族专利产出效率/（件/万美元）
2000	0.94	0.22	2010	5.58	0.68
2002	2.64	0.49	2012	6.01	0.71
2004	3.52	0.52	2014	7.65	0.84
2006	3.76	0.51	2016	9.04	0.88
2008	4.22	0.57	2018	10.81	1.02

（一）基于论文视角的研发投入产出效率表

表 5.22 列示了 2000～2021 年中国科技论文投入产出效率情况。数据显示，单位研发人员和单位研发经费发表的 SCI 论文数变动呈现齐头并进的增长态势。其中，每万名研发人员的 SCI 论文发表数从 2000 年的 330.74 篇攀升至 2021 年的 1071.08 篇，年均增幅为 5.76%，而每万美元研发经费的 SCI 论文发表数从 2000 年的 76.62 篇波动增长至 2021 年的 98.74 篇，年均增幅为 1.22%。

从图 5.7 所示的世界主要科技强国 SCI 发文情况看，2008～2017 年英国每万名研发人员的 SCI 发文数始终位于世界第一梯队，德国和法国位于世界第二梯队，日本和中国则分列第四位、第五位。尤其是 2012 年之后，英国 SCI 发文量突破 3500 篇/万人年，德国、法国发文量则为 2000～2200 篇/万人年，日本为 1100 篇/万人年左右，而中国从 2008 年的 593.67 篇/万人年攀升到 2021 年的 1071.08 篇/万人年，13 年间提升了 4.64%，遥遥领先其余四国。尽管增速显著，中国每万名研发人员每年 SCI 发文数仍与英国、法国、德国存在较大差距。因此，研发人员的科技论文产出效率仍存在很大的提升空间。

此外，从图 5.8 所示的世界主要科技强国研发经费 SCI 发文情况看，2008～2021 年英国每万美元研发经费的 SCI 发文数始终以 200 篇以上的绝对优势处于世界领先地位；法国和德国仍处于第二梯队，为 115～195 篇/万美元；美国、中国、日本位列后三位，在 120 篇/万美元之内。比较来看，中国不仅落后于英国、法国、德国三国每万美元研发经费的 SCI 发文数，而且发文量增速（中国为 1.60%）也不及同期的法国（2.45%）、德国（2.06%）。因此，从研发经费投入角度看，中国论文产出效率仍需大幅提升。

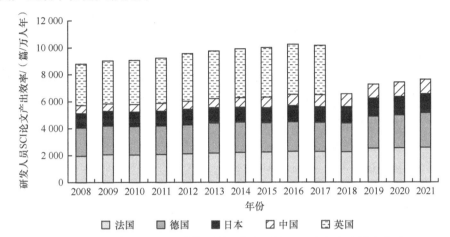

图 5.7　中国与世界主要科技强国研发人员的 SCI 论文产出效率变动

2018～2021 年英国数据未在 OECD 官网公布

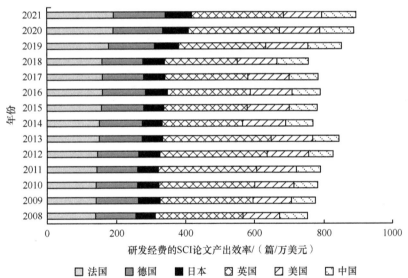

图 5.8　中国与世界主要科技强国研发经费的 SCI 论文产出效率变动

（二）基于专利视角的研发投入产出效率表

1. PCT 专利产出效率表

表 5.23 列示了 2000～2020 年中国 PCT 专利产出效率情况。数据显示，单位研发人员的 PCT 专利产出呈现较快增长势头，年均增速为 11.18%，而单位研发经费的 PCT 专利产出则呈现波动上升趋势，年均增速为 6.19%。WIPO 数据显示，

2000~2018年日本和德国平均每万名研发人员每年的PCT专利产出分别以377.18件、305.39件居世界前列,法国和英国分别以173.80件、174.05件处于第二梯队,而中国仅为59.02件。

从增速角度看,中国每万名研发人员每年的PCT专利产出增速遥遥领先世界主要科技强国。2000~2020年中国每万名研发人员每年产出的PCT专利年均增速高达11.08%,同期世界主要科技强国中只有日本(7.35%)和法国(0.18%)保持了正增长,英国和德国则出现了负增长。

此外,WIPO数据显示,2000~2020年日本平均每万美元的PCT专利产出为20.65件,位列第一。德国、英国、法国、美国位列其后,分别为17.33件、13.28件、12.20件、10.84件。中国仅为6.54件,远远落后于上述五国。然而从增速角度看,与单位研发人员每年的PCT专利产出增速类似,中国每万美元研发经费的PCT专利产出增速高达6.19%,略低于日本(6.23%),大幅高于法国(0.77%),而英国(−3.37%)、美国(−1.36%)、德国(−0.86%)均增速为负。

2. 三方同族专利产出效率表

表5.24列示了2000~2020年中国三方同族专利产出效率情况。数据显示,无论是单位研发人员的三方同族专利产出,还是单位研发经费的三方同族专利产出,在考察期内均实现了较高速的增长。

WIPO数据显示,2000~2018年,位于平均每万名研发人员的三方同族专利产出量第一梯队的仍是日本(208.23件)和德国(107.48件),法国(68.56件)和英国(55.50件[①])次之,中国仅为5.46件,约为英国的1/10。类似地,世界主要科技强国中平均每万美元研发经费的三方同族专利产出量最高的仍是日本,高达11.24件,之后依次为德国(5.73件)、法国(4.46件)、英国(4.10件)、美国(3.19件)。相较之下,中国每万美元研发经费的三方同族专利产出量仅为0.65件,约为美国的1/5。

国际上通常采用PCT专利和三方同族专利分别反映专利产出的规模和质量。由表5.23和表5.24可知,无论是从研发人员投入还是从研发经费投入角度看,中国的PCT专利产出效率均高于三方同族专利。从与世界主要科技强国专利产出效率的横向对比看,中国PCT专利和三方同族专利产出效率均大幅落后于日本、美国、英国、法国、德国等国家。这深刻表明提升中国专利的规模和质量产出效率已迫在眉睫。

第四节　产业层次关键部门研发卫星账户编制实践

编制研发投入产出表必然是产业层次关键部门研发卫星账户编制实践的生动

---

① 英国缺少2018年研发人员数据,故55.50件是根据2000~2017年的数据推算得到的。

诠释。本节将基于研发核心产业、研发关联产业、研发辐射产业、研发无关产业的实际划分，编制"四分法"视角下的研发投入产出表。进一步地，基于《中国统计年鉴》对 17 个行业部门的分类方式，编制融入研发核心产业的"18 部门投入产出表"，据此展现研发产出的供需平衡关系、研发产业的发展现状和演化趋势、研发产业与非研发产业的相互影响关系，深入揭示研发产业与国民经济其他行业之间的经济技术联系。

一、"四分法"视角下的研发投入产出表编制基础

（一）国民经济产业的"四分法"化归

将国民经济产业进行"四分法"化归，源于艾伟强（2020）提出的卫生卫星账户的编制思路。在编制卫生卫星账户过程中，艾伟强（2020）基于"四分法"将国民经济全口径投入产出表进行分解、归并，从而将第一、第二、第三产业整合为医疗健康产业与非医疗健康产业，即将原本以国民经济整体为核心的投入产出表转化为以医疗健康产业为核心的投入产出表。进一步地，为了能够充分展现医疗健康产业的内部结构以及医疗健康产业与国民经济其他产业的经济技术关联，进而将医疗健康产业细分为核心层医疗健康产业、关联层医疗健康产业、扩展层医疗健康产业。本节认为，该方法在不影响编制结果的前提下，能够充分利用现有投入产出调查资料，具有避免重复劳动、节省成本的明显优势。

遵循艾伟强（2020）的思路，同时匹配前文对研发产业的划分，本节将国民经济产业进行"四分法"化归，将国民经济各行业分解、归并为研发产业和非研发产业，并将研发产业进一步划分为核心层研发产业、关联层研发产业，以此反映研发产业内部部门之间的关联关系。此外，研发产业规模的不断壮大也将间接地引致印刷、交通、通信、餐饮服务等产业的进一步发展。为揭示这部分影响，本书将非研发产业进一步划分为受研发产业影响的研发辐射产业和不受研发产业影响的研发无关产业。

表 5.25 列示了"四分法"视角下的中国研发投入产出表的基本结构。其中，左上为第 I 象限，用来刻画研发产业与非研发产业，以及研发产业核心层与关联层的中间流量之间的关联，是中国研发投入产出表的核心构成；右上为第 II 象限，用来反映研发产业与非研发产业各个部门产品的最终使用情况；左下为第 III 象限，用来展示研发产业与非研发产业各个产品生产中所需的初始投入情况。

表 5.25　中国研发投入产出表

投入			产出				最终使用	总产出
			中间使用					
			研发产业		非研发产业			
			核心层	关联层	辐射产业	无关产业		
中间投入	研发产业	核心层	I				II	
		关联层						
	非研发产业	辐射产业						
		无关产业						
	初始投入		III				IV	
	总投入							

（二）"四分法"视角下产业具体识别

官方发布的投入产出表是本节编制中国研发投入产出表的主要数据来源。分析 2007 年、2012 年、2017 年和 2018 年的中国投入产出表，尽管均涵盖本节界定的"四分法"产业分类，但未能将"软件（开发）服务"从 2012 年中国投入产出表的"软件和信息技术服务"部门中剥离出来①，本节据此对 2007 年中国研发投入产出表、2017 年中国研发投入产出表、2018 年中国研发投入产出表以及 2020 年中国研发投入产出表展开编制。

《国民经济行业分类》（GB/T 4754—2017）与投入产出表的行业部门划分并不一致，进而导致不同年份的研发产业识别存有差异。本节发现，除研发产业核心层在不同年份的中国投入产出表中保持稳定之外，研发产业关联层、研发辐射产业以及研发无关产业的具体行业类别均不尽相同，具体差异如表 5.26 所示。

二、"四分法"视角下的研发投入产出表具体编制

研发投入产出表的基本编制路径是打破中国研发投入产出表原有的分类体系，将分散在国民经济各行业部门的研发产业剥离出来，从而构成以研发产业为核心的投入产出表。现实却是有些研发产业仅属于国民经济行业部门的小类及以下，如"文化艺术业"中仅有科技博物馆归入研发产业中，因而需要采取恰当的技术手段，从现有的相关行业部门中剥离出研发产业相关数据。此处以 2007 年研发投入产出表为例，阐释数据编制过程。

---

① 本书所界定的研发核心产业在 2007 年、2017 年、2018 年、2020 年投入产出表中均为"软件业/软件服务"、"研究与试验发展业"两个行业。然而，2012 年投入产出表中的软件业融入了"软件和信息技术服务"，需从中剥离出"软件业"。考虑到目前尚无有效的参考依据进行行业剥离（例如，"软件和信息技术服务"与"软件和信息技术服务"的交叉数据为 5 344 052，如果将"软件和信息技术服务"分解为"软件服务"和"信息技术服务"，则 5 344 052 也要分解为 4 个数据），因此未使用 2012 年投入产出表。

表 5.26　不同年份投入产出表中的研发产业归并

产业分类	产业归并（2007年）	行业名称	产业归并（2017年）	行业名称	产业归并（2018年、2020年）	行业名称
研发产业	核心层（含2个行业部门）	软件业；研究与试验发展业	核心层（含2个行业部门）	软件服务；研究与试验发展业	核心层（含2个行业部门）	软件服务；研究与试验发展业
	关联层（含13个行业部门）	专用化学产品制造业；仪器仪表制造业；金融业；保险业；租赁业；商务服务业；专业技术服务业；科技交流和推广服务业；教育；新闻出版业；广播、电视、电影和音像业；文化艺术业；公共管理和社会组织	关联层（含14个行业部门）	在2007年基础上新增"互联网和相关服务"和"资本市场服务"，减少了"文化艺术业"	关联层（含15个行业部门）	在2017年基础上新增"文化艺术业"
	研发辐射产业（含96个行业部门）	农业；林业；畜牧业；渔业；煤炭采选和洗选造业等	研发辐射产业（含118个行业部门）	在2007年基础上新增了"工业美术品""有色金属及其制品""砖瓦、石材等建筑材料"等22个行业部门，这主要是由于《国民经济行业分类》标准更选	研发辐射产业（含117个行业部门）	在2017年基础上减少了"文化艺术业"
非研发产业	研发无关产业（含24个行业部门）	农、林、牧、渔服务业；饲料加工业；制糖业；方便食品制造业等	研发无关产业（含15个行业部门）	在2007年基础上减少了"地质勘查业"等9个行业部门，这主要是由于《国民经济行业分类》标准更选	研发无关产业（含19个行业部门）	在2017年基础上新增"烘炉、风机、包装等设备""医疗仪器设备及器械""体育场馆和其他房屋建筑""铁路、道路、隧道和桥梁工程建筑"

（一）研发产业核心层编制路径

为获取研发投入产出表中核心层的相关数据，需要先将 2007 年投入产出表中的"软件业"和"研究与试验发展业"的行数据、列数据分别进行合并，并命名为"研发产业核心层"。也即，将 2007 年投入产出表的 135 个部门调整为 134 个部门。因此，研发投入产出表中研发产业核心层与研发产业核心层的交叉项就是 134 部门投入产出表中部门"研发产业核心层"横行与纵列的交叉项数据；研发产业核心层与研发产业关联层的交叉项是 134 部门投入产出表中位于行方向的"研发产业核心层"与位于列方向的 13 个关联产业交叉项数据的加总；研发产业核心层与研发辐射产业的交叉项是 134 部门投入产出表中位于行方向的"研发产业核心层"与位于列方向的 96 个辐射产业交叉项数据的加总；研发产业核心层与研发无关产业的交叉项是 134 部门投入产出表中位于行方向的"研发产业核心层"与位于列方向的 24 个无关产业交叉项数据的加总。此外，研发产业核心层的最终消费、资本形成总额、进口、总产出等以及研发产业核心层的劳动者报酬、生产税净额、固定资产折旧、营业盈余、总投入等均与 134 部门投入产出表的"研发产业核心层"对应数据保持一致。

（二）研发产业关联层编制路径

与研发产业核心层估算过程一致，研发投入产出表中研发产业关联层的编制也需要估算三类数据：一是研发产业关联层与研发产业核心层、研发产业关联层、研发辐射产业以及研发无关产业的交叉项数据（即各产业层对研发产业关联层的中间使用数据）；二是研发产业关联层的最终消费、资本形成总额、进口、总产出等数据；三是研发产业关联层的劳动者报酬、生产税净额、固定资产折旧、营业盈余、总投入等数据。

1. 第一类数据估算

研发产业关联层与研发产业核心层的交叉项为 134 部门投入产出表中位于行方向的 13 个关联产业与位于列方向的"研发产业核心层"交叉项的加总。研发产业关联层与研发产业关联层以及研发辐射产业的交叉项，参考艾伟强（2020）的做法，借助研发产业关联层与研发产业核心层中间使用比例系数，从 134 部门投入产出表相应行业中剥离出与研发相关的份额。具体地，研发产业关联层与研发产业核心层的中间使用比例系数如表 5.27 所示。

表 5.27　研发产业关联层与研发产业核心层中间使用比例系数

关联层	核心层		
	中间使用/万元	中间使用合计/万元	中间使用比例系数
专用化学产品制造业	894 397.28	71 442 223.15	0.012 5
仪器仪表制造业	603 685.21	37 009 529.49	0.016 3
金融业	474 600.74	119 420 515.18	0.004 0
保险业	139 430.78	26 141 900.95	0.005 3
租赁业	13 948.31	2 700 287.49	0.005 2
商务服务业	1 229 351.52	83 806 705.18	0.014 7
专业技术服务业	205 338.15	24 693 579.81	0.008 3
科技交流和推广服务业	109 024.47	5 718 665.46	0.019 1
教育	178 090.74	12 904 145.68	0.013 8
新闻出版业	176 988.48	4 573 657.49	0.038 7
广播、电视、电影和音像业	7 693.65	4 268 663.57	0.001 8
文化艺术业	3 522.69	1 494 197.83	0.002 4
公共管理和社会组织	5 791.14	1 353 563.21	0.004 3

注：该表中中间使用、中间使用合计数据来自 2007 年中国投入产出表，中间使用比例系数为二者之比

　　基于中间使用比例系数以及 134 部门中国投入产出表中研发产业关联层对研发产业关联层中间使用矩阵、研发产业关联层对研发辐射产业中间使用矩阵，即可得到研发投入产出表中研发产业关联层与研发产业关联层、研发产业关联层与研发辐射产业的交叉项数据。其中，研发产业关联层对研发产业关联层的交叉项数据计算如式（5.1）、式（5.2）所示：

$$
\begin{bmatrix}
92\,291.38 & 74\,316.36 & \cdots & 85\,037.13 \\
325\,887.13 & 3\,157\,024.97 & \cdots & 124\,155.03 \\
\vdots & \vdots & & \vdots \\
5325.20 & 4049.71 & \cdots & 45\,769.25
\end{bmatrix}_{13\times13}^{T}
\times
\begin{bmatrix}
0.0125 \\
0.0163 \\
\vdots \\
0.0043
\end{bmatrix}_{13\times1}
$$

$$
=
\begin{bmatrix}
112\,920.86 \\
61\,124.22 \\
\vdots \\
126\,301.17
\end{bmatrix}_{13\times1}
\tag{5.1}
$$

$$
\sum_{i=1}^{13}(112\,920.86+61\,124.22+\cdots+126\,301.17)=879\,650.53 \tag{5.2}
$$

　　研发产业关联层与研发辐射产业交叉项数据计算如式（5.3）、式（5.4）所示：

$$
\begin{bmatrix}
2922.32 & 4274.77 & \cdots & 10\,258.74 \\
1786.79 & 10\,320.38 & \cdots & 1681.87 \\
\vdots & \vdots & & \vdots \\
84\,637.55 & 6738.61 & \cdots & 2495.98
\end{bmatrix}_{13\times96}^{T}
\times
\begin{bmatrix}
0.0125 \\
0.0163 \\
\vdots \\
0.0043
\end{bmatrix}_{13\times1}
=
\begin{bmatrix}
40\,692.39 \\
5163.58 \\
\vdots \\
4754.30
\end{bmatrix}_{96\times1}
\tag{5.3}
$$

$$\sum_{i=1}^{96}(40\,692.39+5163.58+\cdots+4754.30)=2\,912\,735.29 \tag{5.4}$$

2. 第二类数据估算

为将关联层研发产业的最终使用、进口和总产出等从 134 部门投入产出表中关联层的对应数据中剥离出来，本节假定研发卫星账户投入产出表中关联层与134 部门投入产出表中关联层的中间使用调整系数与最终使用、进口和总产出调整系数等保持一致。具体地，中间使用调整系数如表 5.28 所示，调整后中间使用合计计算如式（5.5）所示。

表 5.28　研发投入产出表关联层与 134 部门投入产出表关联层中间使用调整系数

关联层	关联层		
	调整前中间使用合计/万元	调整后中间使用合计/万元	中间使用调整系数
专用化学产品制造业	71 442 223.15	1 777 597.46	0.024 9
仪器仪表制造业	37 009 529.49	1 197 523.33	0.032 4
金融业	119 420 515.18	947 315.32	0.007 9
保险业	26 141 900.95	278 117.90	0.010 6
租赁业	2 700 287.49	27 824.57	0.010 3
商务服务业	83 806 705.18	2 440 669.82	0.029 1
专业技术服务业	24 693 579.81	408 968.81	0.016 6
科技交流和推广服务业	5 718 665.46	215 970.43	0.037 8
教育	12 904 145.68	353 723.63	0.027 4
新闻出版业	4 573 657.49	347 127.97	0.075 9
广播、电视、电影和音像业	4 268 663.57	15 373.44	0.003 6
文化艺术业	1 494 197.83	7 037.08	0.004 7
公共管理和社会组织	1 353 563.21	11 557.51	0.008 5

$$\begin{bmatrix} 71\,442\,223.15 \\ 37\,009\,529.49 \\ \vdots \\ 1\,353\,563.21 \end{bmatrix}_{13\times1} \times \begin{bmatrix} 0.0125 \\ 0.0163 \\ \vdots \\ 0.0043 \end{bmatrix}_{13\times1} + \begin{bmatrix} 894\,397.28 \\ 603\,685.21 \\ \vdots \\ 5791.14 \end{bmatrix}_{13\times1} \times \begin{bmatrix} 0.9751 \\ 0.9676 \\ \vdots \\ 0.9915 \end{bmatrix}_{13\times1}$$
$$= \begin{bmatrix} 1\,777\,597.46 \\ 1\,197\,523.33 \\ \vdots \\ 11\,557.51 \end{bmatrix}_{13\times1} \tag{5.5}$$

基于表 5.27 提供的中间使用比例系数，以及 134 部门中国投入产出表中关联层的最终消费支出、资本形成总额、出口、最终使用合计、进口、其他和总产出等七项指标，即可得到研发投入产出表关联层的上述七项指标。具体计算如式

（5.6）所示：

$$
\begin{bmatrix}
51\,899 & 1\,144\,508 & \cdots & 3\,897\,658 & 156\,573\,054 \\
227\,985 & 9\,239\,003 & \cdots & 0 & 0 \\
6\,267\,535 & 18\,973\,776 & \cdots & 534\,143 & 419\,999 \\
6\,547\,419 & 29\,357\,286 & \cdots & 4\,431\,801 & 156\,993\,054 \\
10\,484\,421 & 36\,281\,070 & \cdots & 379\,542 & 651\,359 \\
-2\,161\,104 & 206\,590 & \cdots & 86\,449 & 480\,459 \\
65\,344\,117 & 30\,292\,335 & \cdots & 5\,632\,906 & 158\,175\,717
\end{bmatrix}_{7\times13}
\times
\begin{bmatrix}
0.0249 \\
0.0324 \\
0.0079 \\
\vdots \\
0.0036 \\
0.0047 \\
0.0085
\end{bmatrix}_{13\times1}
$$

$$
=
\begin{bmatrix}
5\,731\,261.43 \\
304\,620.53 \\
1\,755\,965.32 \\
7\,791\,847.27 \\
2\,248\,228.76 \\
21\,754.46 \\
13\,594\,180.25
\end{bmatrix}_{7\times1}
\tag{5.6}
$$

3. 第三类数据估算

基于表 5.27 提供的中间使用比例系数以及 134 部门中国投入产出表中关联层的劳动者报酬、生产税净额、固定资本消耗、营业盈余和增加值合计等五项指标，即可得到研发投入产出表关联层的上述五项指标。具体计算过程如式（5.7）所示：

$$
\begin{bmatrix}
4\,553\,170 & 2\,900\,112 & \cdots & 1\,813\,608 & 75\,329\,462 \\
2\,584\,815 & 1\,493\,426 & \cdots & 61\,951 & 433\,694 \\
1\,765\,614 & 684\,290 & \cdots & 172\,952 & 10\,700\,176 \\
1\,184\,002 & 2\,582\,065 & \cdots & 120\,920 & 388\,750 \\
10\,087\,600 & 7\,659\,892 & \cdots & 2\,169\,431 & 86\,852\,081
\end{bmatrix}_{5\times13}
\times
\begin{bmatrix}
0.0125 \\
0.0163 \\
\vdots \\
0.0024 \\
0.0043
\end{bmatrix}_{13\times1}
$$

$$
=
\begin{bmatrix}
1\,707\,552.45 \\
237\,950.92 \\
332\,092.60 \\
765\,742.66 \\
3\,043\,338.63
\end{bmatrix}_{5\times1}
\tag{5.7}
$$

（三）研发产业辐射层编制路径

研发投入产出表中的研发产业辐射层的编制也需基于上述三类数据的估算。其所运用的中间使用比例系数和中间使用调整系数如表 5.29 和表 5.30 所示，其余编制路径与研发产业关联层编制路径一致。

表 5.29 研发产业辐射层与研发产业核心层中间使用比例系数

研发产业辐射层	研发产业核心层		
	中间使用/万元	中间使用合计/万元	中间使用比例系数
农业	124 445.03	191 591 932.17	0.000 6
林业	61 614.03	25 165 114.36	0.002 4
畜牧业	147 594.16	86 397 195.55	0.001 7
渔业	97 752.87	26 461 953.97	0.003 7
煤炭开采和洗选业	15 438.70	96 188 823.13	0.000 2
石油和天然气开采业	1 448.40	151 633 732.66	0
⋮	⋮	⋮	⋮
环境管理业	9 133.78	3 802 621.72	0.002 4
居民服务业	3 603.05	6 687 211.77	0.000 5
其他服务业	55 205.85	36 688 674.08	0.001 5
卫生	45 196.63	9 923 457.86	0.004 6
社会保障业	2 902.87	678 487.96	0.004 3
娱乐业	53 436.63	8 159 447.81	0.006 5

注：该表中中间使用、中间使用合计数据来自 2007 年中国投入产出表，中间使用比例系数为二者之比

表 5.30 研发投入产出表研发产业辐射层与 134 部门投入产出表研发产业辐射层中间使用调整系数

研发产业辐射层	研发产业辐射层		
	调整前中间使用合计/万元	调整后中间使用合计/万元	中间使用调整系数
农业	191 591 932.17	248 809.22	0.001 3
林业	25 165 114.36	123 077.20	0.004 9
畜牧业	86 397 195.55	294 936.18	0.003 4
渔业	26 461 953.97	195 144.62	0.007 4
煤炭开采和洗选业	96 188 823.13	30 874.91	0.000 3
石油和天然气开采业	15 1633 732.66	2 896.79	0
⋮	⋮	⋮	⋮
环境管理业	3 802 621.72	18 245.61	0.004 8
居民服务业	6 687 211.77	7 204.15	0.001 1
其他服务业	36 688 674.08	110 328.62	0.003 0
卫生	9 923 457.86	90 187.40	0.009 1
社会保障业	678 487.96	5 793.33	0.008 5
娱乐业	8 159 447.81	106 523.30	0.013 1

注：表 5.30 中调整前中间使用合计数据与表 5.29 相同

（四）研发产业无关层编制路径

同样地，研发投入产出表中的研发产业无关层也涉及对上述三类数据的估算。鉴于研发产业无关层与研发核心产业之间没有技术经济联系，因此研发核心产业在生产过程中对研发无关产业的中间消耗为 0，因此不能采用前文的估算方法。

考虑到按照前文的估算流程，其余三个产业层面各项指标的相应数据以及合计数均已获得，研发产业无关层的数据可作为剩余项估算出来。

（五）基于"四分法"投入产出表的研发产业特征分析

基于上述测算流程，本节分别编制了 2007 年研发卫星账户投入产出表、2017 年研发卫星账户投入产出表、2018 年研发卫星账户投入产出表和 2020 年研发卫星账户投入产出表，结果如表 5.31～表 5.34 所示。动态分析研发投入产出表，研发产业发展呈现四个特征。

1. 研发产业总产出扩增显著

2020 年研发产业总产出为 82 140.82 亿元，占国民经济总产出的比重为 8.10%，分别是 2007 年的 20.17 倍、2017 年的 1.70 倍、2018 年的 1.49 倍。2007～2020 年，研发产业总产出年均增速为 26.00%，高于研发辐射产业 3.15 个百分点、高于研发无关产业 16.78 个百分点。研发产业核心层较研发产业关联层的总产出发展更为迅猛，其年均增速达 26.69%，高于研发产业关联层 2.22 个百分点，占研发产业总产出的比重从 2007 年的 66.62% 提高到 2020 年的 71.51%，年均提升 0.38 个百分点。由此可见，以创造新知识为核心、连接和辐射多种产业的研发产业的新型业态正在形成，研发活动的社会和经济效益逐步显现。

2. 研发产业总产出用于中间使用的占比明显下降

研发产业总产出中用于中间使用的份额从 2007 年的 55.98% 下降为 2020 年的 25.88%，而用于最终使用的份额则从 2007 年的 73.45% 上升至 2020 年的 81.76%。本节认为，中间使用的占比下降的原因有两个：一方面是 2016 年中国实施研发资本化核算。具体来看，2007 年研发产业核心层总产出中间使用的占比为 54.44%。其中，作为研发产业核心层构成之一的研究与试验发展业，其产出完全用于中间使用。2016 年，研发资本化将能为所有者带来经济利益的研发产出从"中间使用"调整至最终使用的"固定资本形成"，由此导致 2017 年、2018 年、2020 年研发产业核心层总产出中的中间使用比重出现滑铁卢式回落，分别为 3.98%、3.76%、4.16%，分别较 2007 年降低了 50.46 个百分点、50.68 个百分点、50.28 个百分点。另一方面是研发产业核心层产出规模的大幅攀升，需要消耗更多研发产业链其他环节的产品/服务。具体来看，2007 年研发产业辐射层总产出中中间使用占比为 49.20%，2017 年、2018 年、2020 年占比分别提升至 56.73%、58.61%、59.64%，分别较 2007 年高出 7.53 个百分点、9.41 个百分点、10.44 个百分点。可见，研发产业核心层中间使用占比的下降以及研发产业辐射层中间使用占比的上升，双重效应叠加致使研发产业中间使用占比降低。

表 5.31　2007 年研发卫星账户投入产出表（单位：亿元）

投入	中间使用					最终使用				进口	其他	总产出
	核心层研发产业	关联层研发产业	研发辐射产业	研发无关产业	中间使用合计	最终消费支出	资本形成总额	出口	最终使用合计			
核心层研发产业	32.47	106.33	1 204.78	133.01	1 476.60	735.75	1 234.16	241.82	2 211.72	872.10	-103.67	2 712.55
关联层研发产业	404.19	87.97	291.27	19.46	802.88	573.13	30.46	175.60	779.18	224.82	2.18	1 359.42
研发辐射产业	1 151.40	233.30	834.14	67.76	2 286.60	1 090.42	629.00	969.60	2 689.03	379.95	52.26	4 647.94
研发无关产业	0	627.49	1 452.31	546 169.27	548 249.07	129 344.24	109 025.80	94 153.97	332 524.01	72 543.68	1 909.66	810 139.06
中间投入合计	1 588.06	1 055.08	3 782.51	546 389.49	552 815.15	131 743.54	110 919.42	95 540.99	338 203.95	74 020.55	1 860.42	818 858.96
劳动者报酬	638.27	170.76	248.23	108 990.04	110 047.30							
生产税净额	55.52	23.80	120.30	38 319.11	38 518.72							
固定资产折旧	135.72	33.21	236.68	36 849.92	37 255.53							
营业盈余	294.97	76.57	260.21	79 590.50	80 222.26							
增加值合计	1 124.49	304.33	865.43	263 749.56	266 043.81							
总投入	2 712.55	1 359.42	4 647.94	810 139.06	818 858.96							

表5.32　2017年研发卫星账户投入产出表（单位：亿元）

投入	产出										
	中间使用					最终使用				进口	总产出
	核心层研发产业	关联层研发产业	研发辐射产业	研发无关产业	中间使用合计	最终消费支出	资本形成总额	出口	最终使用合计		
核心层研发产业	1 054.71	50.00	335.13	0	1 439.84	2 890.28	32 764.48	1 995.69	37 650.45	2 955.45	36 134.84
关联层研发产业	4 965.14	1 454.60	2 715.45	585.09	9 720.29	2 443.02	164.06	553.09	3 160.17	786.05	12 094.41
研发辐射产业	11 582.77	3 464.74	6 727.20	797.39	22 572.09	10 969.31	2 793.11	6 001.65	19 764.07	2 550.11	39 786.05
研发无关产业	0	4 803.95	21 721.76	1 374 259.89	1 400 785.60	427 874.38	328 738.62	155 296.39	911 909.40	142 976.77	2 169 718.23
中间投入合计	17 602.62	9 773.29	31 499.55	1 375 642.36	1 434 517.82	444 177.00	364 460.27	163 846.82	972 484.09	149 268.38	2 257 733.53
劳动者报酬	9 767.77	1 449.54	3 120.92	408 929.80	423 268.03						
生产税净额	527.99	185.52	920.37	93 344.73	94 978.60						
固定资产折旧	1 781.41	303.32	1 323.11	106 917.49	110 325.33						
营业盈余	6 455.05	382.74	2 922.10	184 883.85	194 643.75						
增加值合计	18 532.22	2 321.12	8 286.50	794 075.87	823 215.71						
总投入	36 134.84	12 094.41	39 786.05	2 169 718.23	2 257 733.53						

表 5.33　2018 年研发卫星账户投入产出表（单位：亿元）

投入	中间使用					最终使用				进口	总产出
	核心层研发产业	关联层研发产业	研发辐射产业	研发无关产业	中间使用合计	最终消费支出	资本形成总额	出口	最终使用合计		
核心层研发产业	1 005.37	103.66	395.15	0	1504.18	3 848.80	35 460.33	2 436.42	41 745.55	3 216.81	40 032.92
关联层研发产业	6 019.32	1 866.83	3 097.69	777.17	11 761.02	3 417.26	267.90	673.20	4 358.36	960.74	15 158.63
研发辐射产业	13 214.56	4 046.79	7 611.45	998.30	25 871.10	12 386.13	2 866.76	6 061.28	21 314.18	3 045.99	44 139.29
研发无关产业	0	6 220.21	23 947.32	1 504 137.28	1 534 304.80	476 117.06	380 633.18	166 523.06	1 023 273.30	161 410.68	2 396 167.42
中间投入合计	20 239.25	12 237.49	35 051.61	1 505 912.75	1 573 441.10	495 769.25	419 228.17	175 693.96	1 090 691.39	168 634.22	2 495 498.27
劳动者报酬	11 067.05	1 801.44	3 574.46	458 584.49	475 027.44						
生产税净额	516.66	211.00	825.25	94 766.16	96 319.08						
固定资产折旧	2 261.22	429.57	1 538.78	129 468.70	133 698.27						
营业盈余	5 948.74	479.13	3 149.19	207 435.33	217 012.39						
增加值合计	19 793.67	2 921.15	9 087.68	890 254.67	922 057.17						
总投入	40 032.92	15 158.63	44 139.29	2 396 167.42	2 495 498.27						

表5.34 2020年研发卫星账户投入产出表（单位：亿元）

投入	中间使用					最终使用				进口	总产出
	核心层研发产业	关联层研发产业	研发辐射产业	研发无关产业	中间使用合计	最终消费支出	资本形成总额	出口	最终使用合计		
核心层研发产业	1 821.15	120.81	499.76	0	2 441.71	6 156.71	51 652.66	3 555.29	61 364.66	5 067.09	58 739.28
关联层研发产业	9 710.40	2 964.57	5 014.17	1 124.28	18 813.41	4 781.83	152.23	858.40	5 792.46	1 204.34	23 401.54
研发辐射产业	20 857.65	6 289.26	11 728.27	1 381.66	40 256.84	19 320.83	2 621.70	8 863.55	30 806.08	3 565.56	67 497.36
研发无关产业	0	9 304.54	35 595.97	1 576 193.32	1 621 093.84	527 374.32	379 094.80	174 648.82	1 081 117.95	152 822.16	2 549 389.63
中间投入合计	32 389.20	18 679.18	52 838.17	1 578 699.27	1 682 605.80	557 633.69	433 521.39	187 926.07	1 179 081.15	162 659.15	2 699 027.80
劳动者报酬	16 591.13	2 852.34	6 003.79	504 118.27	529 565.54						
生产税净额	742.39	317.90	1 254.66	87 265.28	89 580.22						
固定资产折旧	3 255.20	731.81	2 655.57	143 939.39	150 581.98						
营业盈余	5 761.37	820.30	4 745.18	235 367.41	246 694.26						
增加值合计	26 350.09	4 722.36	14 659.19	970 690.36	1 016 422.00						
总投入	58 739.28	23 401.54	67 497.36	2 549 389.63	2 699 027.80						

此外，数据显示 2007 年、2017 年、2018 年、2020 年研发产业进出口均呈逆差态势，且逆差缺口有所增大。因此，大力实施科技创新，提高科技自主创新能力，破解核心技术"卡脖子"难题是当务之急。

3. 研发产业增加值实现了快速增长

研发产业增加值从 2007 年的 1428.82 亿元增至 2020 年的 31 072.45 亿元，年均增长 26.73%。其中，研发产业核心层增加值年均增长 27.46%，研发产业关联层增加值增速稍低，为 23.48%。从研发产业构成来看，研发产业核心层增加值占研发产业增加值的比例由 2007 年的 78.70%提升至 2020 年的 84.80%，占全社会总增加值的比例由 2007 年的 0.42%提升至 2020 年的 2.62%，增速较为明显。

此外，研发产业核心层规模的扩增带动了辐射层研发产业的快速发展。具体来看，2007～2020 年，研发产业辐射层的总产出和增加值分别增长了 14.5 倍、16.9 倍。这在一定程度上揭示出研发产业对研发产业辐射层具有较强的溢出效应。

4. 研发产业核心层的产业结构日趋优化

从研发产业核心层的生产过程看，2007 年、2017 年、2018 年和 2020 年研发产业核心层的中间投入率[①]分别为 58.54%、48.71%、50.56%、55.14%，增加值率[②]分别为 41.46%、51.29%、49.44%、44.86%，这表明研发产业核心层对其他产业提供的中间产品依赖程度有所减弱，产业附加值率逐步攀升。从研发产业核心层的使用去向看，2007 年、2017 年、2018 年和 2020 年研发产业核心层的中间使用率分别为 54.44%、3.98%、3.75%和 4.16%，最终使用率分别为 81.54%、104.19%、104.28%、104.47%。可见，研发产业核心层产出大部分用于自身最终使用，且需要从国外进口部分研发产出以满足国内最终需求。从研发产业核心层的最初投入构成维度看，2007 年、2017 年、2018 年和 2020 年研发产业核心层的劳动者报酬占增加值的比重始终在 52%以上，这表明该行业具有较高的劳动者报酬，但涨幅较慢；生产税净额以及固定资产折旧占比较低，基本维持在 3%和 10%；营业盈余占比则从 2007 年的 26.23%提升至 2018 年的 30.05%，但 2020 年营业盈余占比略微下降。

三、含研发产业核心层的 18 部门投入产出表编制

（一）18 部门（含研发产业核心层）投入产出表

基于"四分法"编制的研发投入产出表聚焦研发产业未能详细展示研发产业

---

① 中间投入率=中间投入总计/总投入。
② 增加值率=增加值合计/总投入。

与国民经济其他行业间的技术关联。为深入揭示研发产业与国民经济其他行业间千丝万缕的依存关系，量化测度研发产业投入产出水平的变动直接或间接引致其他部门投入产出水平的波动程度，本节进一步编制了含研发产业核心层的18部门投入产出表。

本节参考《中国统计年鉴》的17部门行业分类方式，将2007年投入产出表、2017年投入产出表和2018年投入产出表的细分部门归并为18部门，分别是农业，工业，建筑业，批发和零售业，交通运输、仓储和邮政业，住宿和餐饮业，信息传输和信息技术服务业，金融业，房地产业，租赁和商务服务业，科学研究、技术服务和地质勘查，水利、环境和公共设施管理业，居民服务和其他服务业，教育，卫生和社会工作，文化、体育和娱乐业，公共管理、社会保障和社会组织，研发产业核心层[①]，据此编制形成2007年含研发产业核心层的18部门投入产出表、2017年含研发产业核心层的18部门投入产出表、2018年含研发产业核心层的18部门投入产出表、2020年含研发产业核心层的18部门投入产出表，编制结果如表5.35～表5.42所示[②]。

（二）研发产业关联效应分析

研发产业关联反映研发产业与其他产业部门在生产过程中以投入和产出为联系纽带的技术经济关系。根据关联方向不同，研发产业关联可分为研发产业前向关联和研发产业后向关联。其中，研发产业前向关联是研发产业通过供给端与其他产业发生的关联；研发产业后向关联是研发产业通过需求端与其他产业发生的关联。研发产业前向关联分析衡量研发产业核心层对下游产业的需求依赖程度。研发产业后向关联分析衡量研发产业核心层对上游产业的需求依赖程度。

1. 研发产业后向关联分析

研发产业的后向关联可分为直接后向关联与完全后向关联。其中，直接后向关联是指研发产业与其生产中消耗的中间产品提供部门间的直接技术联系，可用直接消耗系数表示，计算公式如式（5.8）所示：

---

① 只涉及研发产业核心层的原因有两点：一是研发投入产出表编制结果显示，研发产业核心层作为研发产业的支柱构成，分析其与其他产业间的经济技术关联更具研究价值；二是当将2007年投入产出表（135部门）、2017年投入产出表（149部门）和2018年投入产出表（153部门）合并为高度综合的18部门后，此时除研发产业核心层外，其余17个部门都包含部分研发产业关联信息，从而较难刻画研发产业与其他部门之间的关联关系。因此，此部分内容中的研发产业即研发产业核心层。

② 在含研发产业的18部门投入产出表的编制过程中，需要分别将2007年投入产出表中的135个行业部门、2017年投入产出表中的149个行业部门以及2018年投入产出表中的153个行业部门分别合并为18个部门，由于此过程不涉及复杂的数据处理，故书中不再详细展示编制步骤。

表5.35 2007年18部门（含研发产业核心层）投入产出表（中间使用部分）（单位：亿元）

投入＼产出	中间使用																		中间使用合计
	01	02	03	04	05	06	07	08	09	10	11	12	13	14	15	16	17	18	
01	6 877	24 657	259	8	380	1 777	0	0	1	20	13	103	88	37	59	22	0	43	34 344
02	10 248	326 100	37 925	3 199	10 913	5 650	1 924	1 229	958	4 921	1 079	573	3 030	2 793	5 715	1 124	3 102	772	421 256
03	11	160	598	90	123	37	14	25	180	9	11	39	66	95	272	35	230	4	2 000
04	722	9 768	1 467	188	401	413	257	77	42	241	46	23	167	153	450	82	178	39	14 714
05	797	11 706	4 737	2 598	2 265	220	95	448	62	509	169	28	165	411	60	95	628	129	25 121
06	129	2 569	556	685	389	122	104	734	162	765	168	35	139	494	118	133	1 115	89	8 505
07	173	1 885	939	317	298	57	211	494	42	42	20	14	34	183	144	39	353	136	5 384
08	406	7 083	549	1 141	1 586	267	84	1 251	367	472	124	80	196	456	68	73	293	61	14 556
09	10	1 049	35	694	117	203	145	515	132	154	40	5	254	80	27	61	95	63	3 679
10	72	3 805	219	1 743	167	219	226	867	323	479	59	24	129	355	92	95	169	132	9 176
11	309	1 780	629	121	31	3	7	9	17	7	212	6	6	37	18	2	22	31	3 247
12	99	311	3	9	10	6	2	13	3	85	1	40	14	28	4	4	42	1	674
13	185	1 236	103	416	608	205	69	107	92	201	44	50	394	164	92	53	311	6	4 338
14	48	213	21	62	61	13	18	120	7	14	11	6	8	251	37	13	370	18	1 290
15	38	717	21	2	17	3	1	18	0	1	5	7	3	41	35	10	68	5	992
16	12	589	90	157	62	48	27	114	57	50	22	12	40	131	18	171	235	24	1 859
17	23	88	11	14	12	4	4	11	10	3	2	1	3	6	3	1	7	1	203
18	73	1 161	44	57	10	0	9	18	2	5	8	2	0	41	7	5	0	32	1 477
中间投入合计	20 234	394 877	48 208	11 500	17 448	9 249	3 199	6 050	2 455	7 977	2 033	1 048	4 737	5 755	7 218	2 019	7 220	1 588	552 815

续表

投入		01	02	03	04	05	06	07	08	09	10	11	12	13	14	15	16	17	18	中间使用合计
增加值	劳动者报酬	27 182	38 589	7 405	4 189	4 059	1 538	859	3 489	1 339	1 318	1 236	550	1 140	5 735	2 446	693	7 643	638	110 047
	生产税净额	48	25 210	1 800	4 205	1 420	616	307	1 516	1 894	395	210	43	266	187	133	170	44	56	38 519
	固定资产折旧	1 430	17 386	776	1 231	2 835	533	2 444	194	6 409	836	284	274	197	677	338	201	1 075	136	37 256
	营业盈余	0	38 797	4 532	7 708	6 669	2 880	1 888	8 233	2 678	1 258	634	242	2 415	711	776	458	48	295	80 222
	增加值合计	28 659	119 982	14 513	17 332	14 983	5 567	5 498	13 431	12 319	3 807	2 364	1 110	4 018	7 310	3 693	1 522	8 810	1 124	266 044
总投入		48 893	1 126 567	62 722	28 833	32 431	14 815	8 697	19 481	14 775	11 785	4 397	2 158	8 754	13 066	10 911	3 541	16 029	2 713	818 859

注：限于篇幅编表中以阿拉伯数字01~18分别指代以下具体行业：01为农业、02为工业、03为建筑业、04为批发和零售业、05为交通运输、仓储和邮政业、06为住宿和餐饮业、07为信息传输和信息技术服务业、08为金融业、09为房地产业、10为租赁和商务服务业、11为科学研究、技术服务和地质勘查、12为水利、环境和公共设施管理业、13为居民服务和其他服务业、14为教育、15为卫生和社会工作、16为文化、体育和娱乐业、17为公共管理、社会保障和社会组织、18为研发产业。

表 5.36　2007 年 18 部门（含研发产业核心层）投入产出表（最终使用和产出部分）（单位：亿元）

行业	最终使用				进口	其他	总产出
	最终消费支出	资本形成总额	出口	最终使用合计			
农业	11 498	2 042	666	10 971	0	2 672	48 893
工业	38 617	42 798	81 199	5 002	2 411	-3 369	514 859
建筑业	932	58 847	409	1 092	0	756	62 722
批发和零售业	7 748	1 985	4 008	1 436	0	379	28 833
交通运输、仓储和邮政业	4 032	289	4 032	4 290	202	61	32 431
住宿和餐饮业	5 748	0	737	11 780	47	349	14 815
信息传输和信息技术服务业	2 929	0	231	10 325	20	304	8 697
金融业	4 415	0	86	2 000	304	553	19 481
房地产业	7 565	3 406	0	15 852	65	125	14 775
租赁和商务服务业	1 792	0	3 209	2 212	872	18	11 785
科学研究、技术服务和地质勘查	773	319	0	338 204	74 021	59	4 397
水利、环境和公共设施管理业	1 436	0	0	10 971	0	48	2 158
居民服务和其他服务业	4 005	0	285	5 002	2 411	329	8 754
教育	11 754	0	26	1 092	0	43	13 066
卫生和社会工作	10 282	0	42	1 436	0	-386	10 911
文化、体育和娱乐业	1 672	0	328	4 290	202	-14	3 541
公共管理、社会保障和社会组织	15 810	0	42	11 780	47	40	16 029
研发产业	736	1 234	242	10 325	20	-104	2 713
总计	131 744	110 919	95 541	2 000	304	1 860	818 859

表 5.37　2017 年 18 部门（含研发产业核心层）投入产出表（中间使用部分）（单位：亿元）

投入＼产出	01	02	03	04	05	06	07	08	09	10	11	12	13	14	15	16	17	18	中间使用合计
01	14 684	62 795	1 896	1	10	3 733	36	9	22	515	67	775	188	40	36	33	0	225	85 067
02	21 738	643 470	111 996	4 455	22 808	13 766	4 938	4 796	1 868	18 994	9 098	2 021	6 820	3 707	17 947	2 590	5 322	6 480	902 814
03	75	469	7 307	116	138	87	57	315	697	29	30	92	45	207	89	78	644	24	10 500
04	2 367	48 779	9 989	736	2 512	2 058	506	606	207	2 409	794	215	704	383	2 551	376	705	686	76 582
05	2 503	33 413	7 184	7 236	11 043	1 363	597	1 656	358	4 510	1 641	353	767	1 235	1 287	506	2 296	945	78 893
06	240	5 279	1 584	631	1 660	97	226	3 336	326	4 125	1 293	102	325	823	206	486	2 942	778	24 459
07	159	4 304	2 903	694	1 766	220	5 724	3 064	451	686	483	126	125	543	655	178	2 303	2 277	26 662
08	1 451	19 321	8 841	4 773	11 054	403	937	7 912	8 733	4 887	1 280	426	336	981	331	336	1 354	361	73 717
09	1	368	32	7 126	778	1 362	1 480	7 658	2 682	3 556	480	100	2 259	977	506	414	818	1 632	32 229
10	269	18 749	3 481	10 887	2 096	787	2 402	8 412	4 125	7 241	1 577	265	605	349	217	542	1 428	1 810	65 242
11	784	5 600	16 381	840	245	19	76	110	63	8	4 856	33	1	98	26	3	28	930	30 104
12	196	1 008	63	170	159	29	46	236	28	273	38	311	45	38	41	30	122	47	2 881
13	128	3 568	1 500	883	1 565	271	149	592	152	690	418	454	519	469	348	211	1 299	238	13 453
14	14	144	45	112	73	27	32	374	18	37	29	5	16	420	77	19	488	12	1 942
15	12	348	90	34	25	1	1	34	0	0	3	2	7	14	226	5	185	1	989
16	9	1 181	163	115	126	67	162	1 112	87	236	78	25	90	215	31	793	627	87	5 204
17	41	361	32	21	39	13	27	85	94	92	34	9	16	66	14	14	1 366	15	2 337
18	0	0	0	0	0	0	385	0	0	0	0	0	0	0	0	0	0	1 055	1 440
中间投入合计	44 672	849 158	173 487	38 831	56 096	24 304	17 782	40 307	19 912	48 287	22 200	5 314	12 870	10 565	24 589	6 614	21 927	17 603	1 434 515

续表

投入		产出																		中间使用合计
		中间使用																		
		01	02	03	04	05	06	07	08	09	10	11	12	13	14	15	16	17	18	
增加值	劳动者报酬	65 271	105 011	34 212	35 080	22 067	7 624	5 266	24 254	8 888	18 578	8 566	1 850	11 099	19 441	13 817	4 471	28 006	9 768	423 268
	生产税净额	-3 411	56 263	8 073	9 781	1 016	315	554	5 360	12 138	2 270	875	60	631	91	13	225	196	528	94 979
	固定资产折旧	2 285	38 496	1 958	8 074	19 801	3 738	7 161	2 219	2 955	2 279	3 195	1 186	1 423	4 895	2 342	1 524	5 011	1 781	110 325
	营业盈余	1 307	77 636	11 056	24 127	3 573	2 083	4 293	22 201	34 360	391	1 548	843	936	1 776	757	876	426	6 455	194 644
	增加值合计	65 452	277 406	55 299	77 063	46 458	13 760	17 274	54 033	58 341	23 518	14 183	3 939	14 090	26 202	16 929	7 096	33 639	18 532	823 216
总投入		110 124	1 126 567	228 786	115 894	102 553	38 063	35 056	94 341	78 253	71 805	36 383	9 253	26 959	36 767	41 518	13 710	55 567	36 135	2 257 734

表 5.38　2017 年 18 部门（含研发产业核心层）投入产出表（最终使用和产出部分）（单位：亿元）

行业	项目				进口	总产出
	最终使用					
	最终消费支出	资本形成总额	出口	最终使用合计		
农业	27 479	2 401	1 194	31 073	6 016	110 124
工业	123 835	88 154	132 202	344 192	120 441	1 126 567
建筑业	0	218 044	825	218 869	583	228 786
批发和零售业	17 714	7 968	13 629	39 311	0	115 894
交通运输、仓储和邮政业	18 064	3 824	7 969	29 856	6 196	102 553

注：限于篇幅表中以阿拉伯数字 01～18 分别指代以下具体行业：01 为农业、02 为工业、03 为建筑业、04 为批发和零售业、05 为交通运输、仓储和邮政业、06 为住宿和餐饮业、07 为信息传输和信息技术服务业、08 为金融业、09 为房地产业、10 为租赁和商务服务业、11 为科学研究、技术服务和地质勘查、12 为水利、环境和公共设施管理业、13 为居民服务和其他服务业、14 为教育、15 为卫生和社会工作、16 为文化、体育和娱乐业、17 为公共管理、社会保障和社会组织、18 为研发产业

续表

行业	项目					
	最终使用				进口	总产出
	最终消费支出	资本形成总额	出口	最终使用合计		
住宿和餐饮业	17 378	0	475	17 853	4 248	38 063
信息传输和信息技术服务业	8 585	0	727	9 311	917	35 056
金融业	21 416	0	592	22 007	1 384	94 341
房地产业	35 486	10 537	0	46 023	0	78 253
租赁和商务服务业	5 783	0	2 826	8 609	2 046	71 805
科学研究、技术服务和地质勘查业	5 525	768	685	6 978	699	36 383
水利、环境和公共设施管理业	6 893	0	91	6 984	612	9 253
居民服务和其他服务业	13 754	0	28	13 782	276	26 959
教育	35 104	0	0	35 104	279	36 767
卫生和社会工作	40 777	0	83	40 861	331	41 518
文化、体育和娱乐业	10 146	0	410	10 556	2 050	13 710
公共管理、社会保障和社会组织	53 349	0	115	53 463	234	55 567
研发产业	2 890	32 764	1 996	37 650	2 955	36 135
总计	444 177	364 460	163 847	972 484	149 268	2 257 734

表 5.39 2018年18部门（含研发产业核心层）投入产出表（中间使用部分）（单位：亿元）

投入＼产出	01	02	03	04	05	06	07	08	09	10	11	12	13	14	15	16	17	18	中间使用合计
01	14 056	60 246	1 804	1	13	5 102	43	10	25	598	79	740	196	47	50	40	0	285	83 337
02	20 639	680 559	128 418	5 158	25 113	15 610	6 606	5 166	2 184	21 576	10 561	1 972	6 550	4 349	18 160	3 057	6 947	7 597	970 223
03	78	561	9 633	134	160	111	79	375	1 160	36	38	88	49	263	92	101	829	33	13 821
04	2 517	55 587	13 072	921	2 706	2 650	737	685	259	2 910	1 010	233	735	485	2 843	479	968	862	89 657
05	2 438	36 164	7 998	8 636	13 046	1 533	943	1 799	413	5 554	1 884	318	752	1 481	1 272	580	2 912	1 135	88 859
06	251	5 568	1 697	742	1 756	117	358	3 940	387	4 729	1 533	93	327	1 150	198	624	4 106	985	28 563
07	201	5 175	3 663	892	2 578	358	9 075	4 390	643	1 022	806	130	152	769	795	266	3 913	2 531	37 359
08	1 452	20 780	9 762	5 942	10 453	486	1 286	8 977	10 281	5 617	1 584	372	331	1 183	314	416	1 683	395	81 313
09	1	397	38	8 270	984	1 857	2 079	9 056	3 073	4 330	579	94	2 459	1 485	540	559	1 258	1 751	38 811
10	269	19 809	4 511	12 962	2 537	948	3 486	10 013	4 942	8 490	2 026	278	611	420	218	704	1 965	1 991	76 181
11	784	5 924	19 984	1 014	293	23	103	126	75	10	5 779	28	1	118	25	3	35	1 187	35 511
12	157	1 024	90	180	199	34	65	266	33	282	45	264	48	46	39	34	149	59	3 016
13	108	3 136	1 471	969	1 358	277	174	555	149	672	456	365	505	530	324	220	1 468	282	13 019
14	15	155	70	132	80	33	41	431	21	44	35	5	17	612	73	23	602	14	2 403
15	12	380	106	38	36	1	1	40	0	1	3	2	7	18	259	6	232	2	1 144
16	9	1 241	213	140	156	80	239	1 268	102	277	93	23	92	207	30	963	628	107	5 867
17	42	376	37	25	44	15	38	97	110	109	41	8	16	79	14	16	1 765	18	2 853
18	0	0	0	0	0	0	499	0	0	0	0	0	0	0	0	0	0	1 005	1 504
中间投入合计	44 672	43 029	897 082	202 567	46 156	61 514	29 235	25 854	47 194	23 859	56 259	26 555	5 015	12 848	13 241	25 244	8 092	29 459	20 239

续表

投入		01	02	03	04	05	06	07	08	09	10	11	12	13	14	15	16	17	18	中间使用 合计
	劳动者报酬	66 672	109 478	42 158	40 192	24 912	8 990	7 503	28 341	12 032	21 595	9 927	1 679	11 222	23 414	14 071	5 390	36 383	11 067	475 027
	生产税净额	-3 508	55 629	9 342	10 641	1 256	310	557	5 773	10 925	2 599	991	72	662	98	15	240	199	517	96 319
增加值	固定资产折旧	2 740	48 015	2 750	9 009	21 242	4 618	9 063	2 875	4 195	2 866	3 883	1 148	1 580	6 183	2 466	1 953	6 851	2 261	133 698
	营业盈余	2 334	85 970	10 764	27 865	3 715	2 143	5 637	24 051	40 982	416	1 580	698	866	1 884	677	993	488	5 949	217 012
	增加值合计	68 238	299 092	65 015	87 707	51 124	16 062	22 760	61 040	68 134	27 476	16 381	3 598	14 330	31 579	17 229	8 576	43 922	19 794	922 057
总投入		112 910	111 267	1 126 567	267 581	133 863	112 638	45 297	48 614	108 234	91 993	83 735	42 936	8 613	27 179	44 820	42 473	16 668	73 381	40 033

注：限于篇幅表中以阿拉伯数字 01～18 分别指代以下具体行业：01 为农业、02 为工业、03 为建筑业、04 为批发和零售业、05 为交通运输、仓储和邮政业、06 为住宿和餐饮业、07 为信息传输和信息技术服务业、08 为金融业、09 为房地产业、10 为租赁和商务服务业、11 为科学研究、技术服务和地质勘查、12 为水利、环境和公共设施管理业、13 为居民服务和其他服务业、14 为教育、15 为卫生和社会工作、16 为文化、体育和娱乐、17 为公共管理、社会保障和社会组织、18 为研发产业。

表 5.40　2018 年 18 部门（含研发产业核心层）投入产出表（最终使用和产出部分）（单位：亿元）

行业	项目						总产出
	最终消费支出	资本形成总额	最终使用合计	出口	进口	最终使用合计	
农业	29 673	2 974	33 824	1 178	5 894		111 267
工业	120 391	102 927	363 788	140 470	137 838		1 196 173
建筑业	0	253 434	254 331	897	570		267 581

续表

行业	项目				进口	总产出
	最终使用					
	最终消费支出	资本形成总额	出口	最终使用合计		
批发和零售业	18 322	10 314	15 569	44 206	0	133 863
交通运输、仓储和邮政业	17 851	4 539	8 831	31 222	7 443	112 638
住宿和餐饮业	21 126	0	680	21 806	5 072	45 297
信息传输和信息技术服务业	11 338	0	409	11 747	492	48 614
金融业	27 430	0	627	28 057	1 136	108 234
房地产业	44 992	8 190	0	53 182	0	91 993
租赁和商务服务业	6 784	0	3 805	10 589	3 034	83 735
科学研究、技术服务和地质勘查	6 721	703	0	7 425	0	42 936
水利、环境和公共设施管理业	6 038	0	82	6 121	524	8 613
居民服务和其他服务业	14 395	0	46	14 441	281	27 179
教育	42 417	0	0	42 417	0	44 820
卫生和社会工作	41 564	0	40	41 604	276	42 473
文化、体育和娱乐业	12 170	686	507	13 363	2 562	16 668
公共管理、社会保障和社会组织	70 708	0	116	70 824	296	73 381
研发产业	3 849	35 460	2 436	41 746	3 217	40 033
总计	495 769	419 228	175 694	1 090 691	168 634	2 495 498

表5.41　2020年18部门（含研发产业核心层）投入产出表（中间使用部分）（单位：亿元）

投入	产出 中间使用 01	02	03	04	05	06	07	08	09	10	11	12	13	14	15	16	17	18	中间使用合计
01	18 313	67 172	1 883	1	15	5 386	51	7	34	736	115	952	227	61	61	48	0	423	95 485
02	23 248	687 016	132 001	5 836	28 058	14 934	7 924	4 038	2 548	23 726	13 244	2 694	7 000	5 222	20 554	2 889	7 873	10 573	999 379
03	77	623	10 278	149	202	90	95	249	1 419	45	51	105	53	332	107	99	982	43	14 999
04	3 245	60 839	14 308	1 123	3 546	2 804	963	574	331	3 487	1 390	349	848	637	3 425	484	1 162	1 355	100 868
05	2 550	35 418	7 746	9 098	17 325	1 528	1 024	1 354	428	5 754	1 890	442	747	1 217	1 577	522	2 646	1 279	92 544
06	237	5 393	1 488	719	2 182	94	367	2 845	419	4 605	1 784	137	336	1 268	199	510	3 678	1 172	27 436
07	238	6 584	3 943	1 127	3 636	319	11 938	4 150	871	1 442	1 133	186	181	1 076	1 037	290	4 939	5 429	48 518
08	1 577	21 723	10 469	6 662	11 245	407	1 488	8 812	12 067	6 618	2 041	495	382	1 420	359	387	1 997	647	88 795
09	2	529	53	10 956	1 529	1 820	2 961	7 470	4 413	5 801	876	133	3 052	2 161	743	611	1 560	3 750	48 421
10	313	22 522	5 255	15 994	3 619	869	4 599	7 704	6 563	10 461	2 745	372	722	571	273	721	2 440	3 707	89 450
11	818	6 301	24 092	1 128	380	17	145	84	89	12	7 283	33	1	137	25	3	36	1 542	42 127
12	180	1 169	113	209	200	31	91	190	43	374	64	356	53	57	42	35	169	84	3 461
13	116	3 470	1 859	1 094	1 796	237	199	369	182	755	609	440	548	639	373	216	1 694	368	14 962
14	17	180	86	156	131	30	51	310	27	58	49	9	19	770	79	25	749	21	2 767
15	11	442	122	41	59	1	2	28	0	1	4	3	7	21	288	5	240	2	1 275
16	10	1 394	282	173	256	67	328	1 069	132	395	131	42	114	239	32	923	659	148	6 394
17	41	389	43	28	60	13	52	67	131	133	54	13	17	91	14	16	2 096	24	3 283
18	0	0	0	0	0	0	621	0	0	0	0	0	0	0	0	0	0	1 821	2 442
中间投入合计	50 994	921 165	214 021	54 491	74 240	28 647	32 897	39 320	29 697	64 404	33 464	6 761	14 306	15 920	29 187	7 783	32 922	32 389	1 682 606

续表

投入	产出 中间使用																		中间使用合计
	01	02	03	04	05	06	07	08	09	10	11	12	13	14	15	16	17	18	
劳动者报酬	82 111	108 061	46 965	51 979	23 052	8 507	10 690	21 528	19 273	25 276	11 542	2 282	12 769	28 165	17 178	5 117	38 478	16 591	529 566
生产税净额	−4 553	46 833	9 812	9 538	851	136	726	8 272	12 344	2 769	1 172	17	502	63	12	159	185	742	89 580
固定资产折旧	2 305	51 377	2 771	11 847	20 022	4 618	11 504	3 620	7 028	3 522	4 726	1 666	1 881	7 778	3 148	1 944	7 569	3 255	150 582
营业盈余	2 312	102 264	12 462	21 996	1 752	1 291	5 124	50 197	38 321	286	1 075	591	575	1 323	483	580	301	5 761	246 694
增加值合计	82 175	308 536	72 009	95 360	45 677	14 552	28 044	83 617	76 967	31 853	18 514	4 556	15 728	37 329	20 821	7 801	46 532	26 350	1 016 422
总投入	133 168	1 229 702	286 030	149 851	119 917	43 199	60 941	122 937	106 663	96 256	51 979	11 316	30 034	53 249	50 007	15 584	79 454	58 739	2 699 028

注：限于篇幅表中以阿拉伯数字 01~18 分别指代以下具体行业：01 为农业，02 为工业，03 为建筑业，04 为批发和零售业，05 为交通运输、仓储和邮政业，06 为住宿和餐饮业，07 为信息传输和信息技术服务业，08 为金融业，09 为房地产业，10 为租赁和商务服务业，11 为科学研究、技术服务和地质勘查，12 为水利、环境和公共设施管理业，13 为居民服务和其他服务业，14 为教育，15 为卫生和社会工作，16 为文化、体育和娱乐业，17 为公共管理、社会保障和社会组织，18 为研发产业。

表 5.42 2020 年 18 部门（含研发产业核心层）投入产出表（最终使用和产出部分）（单位：亿元）

项目	最终使用			出口	进口	总产出
行业	最终消费支出	资本形成总额	最终使用合计			
农业	35 044	7 248	44 109	1 178	6 426	133 168
工业	133 309	86 168	367 781	140 470	137 458	1 229 702
建筑业	0	270 718	271 586	897	555	286 030

续表

行业	项目				进口	总产出
	最终使用					
	最终消费支出	资本形成总额	出口	最终使用合计		
批发和零售业	21 798	9 327	15 569	48 984	0	149 851
交通运输、仓储和邮政业	18 077	3 717	8 831	31 305	3 932	119 917
住宿和餐饮业	18 269	0	680	18 540	2 777	43 199
信息传输和信息技术服务业	12 408	0	409	12 895	473	60 941
金融业	34 509	0	627	35 199	1 056	122 937
房地产业	54 946	3 296	0	58 242	0	106 663
租赁和商务服务业	5 798	0	3 805	9 850	3 044	96 256
科学研究、技术服务和地质勘查	8 979	872	0	9 851	0	51 979
水利、环境和公共设施管理业	8 095	0	82	8 124	268	11 316
居民服务和其他服务业	15 176	0	46	15 185	114	30 034
教育	50 482	0	0	50 482	0	53 249
卫生和社会工作	48 836	0	40	48 852	120	50 007
文化、体育和娱乐业	9 507	523	507	10 315	1 124	15 584
公共管理、社会保障和社会组织	76 244	0	116	76 418	246	79 454
研发产业	6 157	51 653	2 436	61 365	5 067	58 739
总计	557 634	433 521	175 694	1 179 081	162 659	2 699 028

$$a_{i\mathrm{RD}} = \frac{x_{i\mathrm{RD}}}{X_{\mathrm{RD}}}, \quad i = 1, 2, \cdots, 18 \tag{5.8}$$

其中，$a_{i\mathrm{RD}}$ 为研发产业对第 i 个行业的直接消耗系数；$x_{i\mathrm{RD}}$ 为研发产业对第 i 个行业的直接消耗量；X_{RD} 为研发产业的总产出。特别地，$a_{i\mathrm{RD}}$ 值的大小反映了研发产业对 i 行业产品作为中间需求的程度，$a_{i\mathrm{RD}}$ 值越大，研发产业对 i 个行业产品的需求越强烈。

表 5.43 列示了研发产业核心层的消耗系数。数据显示，2007 年、2017 年、2018 年和 2020 年研发产业与其余 17 个行业部门之间都存在直接后向关联，对上游供应链均存在一定程度的拉动作用，这表明研发产业核心层产业链较长、波及面广。从行业关联强弱程度看，与 2007 年、2017 年、2018 年和 2020 年研发产业关联程度最强（即研发产业对其直接消耗系数最大）的三个产业均为工业、信息传输和信息技术服务业、租赁和商务服务业。这表明随着研发产业总产出规模的扩大，既需要工业行业提供更多的产品作为原材料，也需要信息传输和信息技术服务业、租赁和商务服务业提供更多的产品或服务以支撑研发产品的生产，由此有力地推动这些行业的发展。相反，2007 年、2017 年、2018 年和 2020 年研发产业对卫生和社会工作，建筑业，公共管理、社会保障和社会组织三个行业的直接消耗系数较低，说明研发产业对这些行业的直接依赖程度较低，对它们的拉动作用也较小。从行业关联程度动态变化看，研发产业核心层对房地产业的直接消耗系数从 2007 年的 0.0231 上升到 2020 年的 0.0630，对科学研究、技术服务和地质勘查的直接消耗系数从 2007 年的 0.0116 上升到 2020 年的 0.0263，这表明随着研发产业总产出规模的扩大，其既需要房地产业提供更多的研发生产场所（车间、实验室等），也需要科技服务业提供更多服务以满足研发产品的市场推广与成果转化。此外，研发产业核心层对其自身的直接消耗系数从 0.0120 升至 0.0310，表明研发产业内部的直接后向关联日趋密切，对行业自身的带动作用越来越强。

表 5.43　研发产业核心层的消耗系数

行业	直接消耗系数				完全消耗系数			
	2007 年	2017 年	2018 年	2020 年	2007 年	2017 年	2018 年	2020 年
农业	0.0159	0.0062	0.0071	0.0072	0.0343	0.0560	0.0624	0.0584
工业	0.2847	0.1793	0.1898	0.1800	0.5567	0.6677	0.7686	0.6746
建筑业	0.0016	0.0007	0.0008	0.0007	0.0030	0.0025	0.0032	0.0034
批发和零售业	0.0142	0.0190	0.0215	0.0231	0.0260	0.0605	0.0739	0.0728
交通运输、仓储和邮政业	0.0477	0.0262	0.0283	0.0218	0.0682	0.0724	0.0839	0.0722
住宿和餐饮业	0.0329	0.0215	0.0246	0.0200	0.0445	0.0373	0.0422	0.0359
信息传输和信息技术服务业	0.0503	0.0630	0.0632	0.0924	0.0562	0.0877	0.0943	0.1347
金融业	0.0226	0.0100	0.0099	0.0110	0.0393	0.0566	0.0614	0.0641

行业	直接消耗系数				完全消耗系数			
	2007 年	2017 年	2018 年	2020 年	2007 年	2017 年	2018 年	2020 年
房地产业	0.0231	0.0452	0.0437	0.0630	0.0291	0.0698	0.0713	0.0984
租赁和商务服务业	0.0488	0.0501	0.0497	0.0631	0.0611	0.0977	0.1042	0.1250
科学研究、技术服务和地质勘查	0.0116	0.0257	0.0296	0.0263	0.0139	0.0362	0.0420	0.0378
水利、环境和公共设施管理业	0.0003	0.0013	0.0015	0.0014	0.0012	0.0031	0.0034	0.0035
居民服务和其他服务业	0.0022	0.0066	0.0070	0.0063	0.0079	0.0136	0.0138	0.0130
教育	0.0066	0.0003	0.0004	0.0004	0.0077	0.0010	0.0011	0.0011
卫生和社会工作	0.0017	0	0	0	0.0023	0.0003	0.0004	0.0004
文化、体育和娱乐业	0.0089	0.0024	0.0027	0.0025	0.0113	0.0053	0.0060	0.0061
公共管理、社会保障和社会组织	0.0003	0.0004	0.0005	0.0004	0.0005	0.0011	0.0012	0.0012
研发产业核心层	0.0120	0.0292	0.0251	0.0310	0.0130	0.0311	0.0268	0.0334

完全后向关联是指研发产业在生产过程中通过直接消耗、间接消耗与其中间产品提供部门间产生的技术联系，其可用完全消耗系数表示，计算如式（5.9）所示：

$$b_{i\text{RD}} = a_{i\text{RD}} + \sum_{k=1}^{18} a_{ik}a_{k\text{RD}} + \sum_{k=1}^{18}\sum_{r=1}^{18} a_{ik}a_{kr}a_{r\text{RD}} + \cdots, \quad i = 1,2,\cdots,18 \qquad (5.9)$$

其中，$b_{i\text{RD}}$ 为研发产业提供1单位最终产品需要直接和间接消耗的各部门产品数量；a_{ik} 为k产业提供1单位总产出需要直接消耗的i部门产品数量；$a_{k\text{RD}}$ 为研发产业部门提供1单位总产出需要直接消耗的k部门产品数量；a_{kr} 为r产业提供1单位总产出需要直接消耗的k部门产品数量；$a_{r\text{RD}}$ 为研发产业部门提供1单位总产出需要直接消耗的r部门产品数量。总体来看，$a_{ik}a_{k\text{RD}}$ 为研发产业部门提供1单位最终产品对i部门的一次间接消耗，$a_{ik}a_{kr}a_{r\text{RD}}$ 为研发产业部门提供1单位最终产品对i部门的二次间接消耗。同样地，b_{RD} 值越大，研发产业对i行业产品的需求越大。

表 5.43 列示了研发产业核心层的完全消耗系数。数据显示，2007 年、2017 年、2018 年和2020 年研发产业对工业的完全消耗系数最大，分别为0.5567、0.6677、0.7686、0.6746，这表明研发产业对工业具有越来越强的拉动作用。进一步地，通过对比 2007 年、2017 年、2018 年和2020 年工业行业的直接消耗系数与完全消耗系数发现，研发产业对工业的间接拉动作用更大。除工业以外，信息传输和信息技术服务业、租赁和商务服务业是与研发产业完全关联程度最强的两个行业。相反，2007 年、2017 年、2018 年和2020 年研发产业对文化、体育和娱乐业，水利、环境和公共设施管理业，建筑业，公共管理、社会保障和社会组织，教育，卫生和社会工作等行业的完全消耗系数均较小，说明研发产业对这六个行业的需求依

赖度较低。此外，对比 2007 年、2017 年、2018 年和 2020 年的两类消耗系数发现，研发产业对工业、信息传输和信息技术服务业、租赁和商务服务业的消耗系数都较大，相应地对这些行业的拉动作用也较强。

2. 研发产业前向关联分析

研发产业前向关联同样可分为直接前向关联与完全前向关联，本节分别用直接分配系数和完全分配系数予以衡量。

直接前向关联是指研发产业产品被其他产业在生产过程中作为中间使用而产生的直接经济联系，用直接分配系数表示，计算公式如式（5.10）所示：

$$c_{\mathrm{RD}j} = \frac{x_{\mathrm{RD}j}}{X_{\mathrm{RD}}}, \quad j = 1, 2, \cdots, 18 \tag{5.10}$$

其中，$c_{\mathrm{RD}j}$ 为直接分配系数；$x_{\mathrm{RD}j}$ 为研发产业提供给第 j 个行业部门使用的产品或服务数量；X_{RD} 为研发产业的总产出。直接分配系数 $c_{\mathrm{RD}j}$ 值越大，表示研发产业对 j 行业的推动作用越强。

表 5.44 列示了研发产业核心层的直接分配系数。数据显示，2007 年研发产业与其余 17 个部门均存在前向直接关联。其中，工业、农业、批发和零售业是生产中消耗研发产业产出最多的三个行业部门，直接分配系数分别为 0.4282、0.0269、0.0211。2017 年、2018 年、2020 年研发产业除了被信息传输和信息技术服务业、研发产业核心层自身用作中间使用外，其余产业在生产中对研发产业的产品或服务的消耗均为 0。这主要的原因是，2016 年实施研发资本化改革后，能为所有者带来经济利益的研发产出不再作中间消耗处理，而是调整至最终使用项目下的资本形成处。

表 5.44　研发产业核心层的分配系数

行业	直接分配系数				完全分配系数			
	2007 年	2017 年	2018 年	2020 年	2007 年	2017 年	2018 年	2020 年
农业	0.0269	0	0	0	0.0696	0.0003	0.0003	0.0003
工业	0.4282	0	0	0	1.4324	0.0071	0.0077	0.0063
建筑业	0.0163	0	0	0	0.1361	0.0024	0.0028	0.0022
批发和零售业	0.0211	0	0	0	0.0407	0.0006	0.0007	0.0006
交通运输、仓储和邮政业	0.0035	0	0	0	0.0418	0.0012	0.0014	0.0013
住宿和餐饮业	0.0001	0	0	0	0.0205	0.0002	0.0003	0.0002
信息传输和信息技术服务业	0.0034	0.0107	0.0125	0.0106	0.0104	0.0132	0.0159	0.0137
金融业	0.0067	0	0	0	0.0159	0.0015	0.0018	0.0012
房地产业	0.0008	0	0	0	0.0054	0.0004	0.0005	0.0004
租赁和商务服务业	0.0019	0	0	0	0.0195	0.0006	0.0008	0.0007
科学研究、技术服务和地质勘查	0.0031	0	0	0	0.0074	0.0004	0.0005	0.0005
水利、环境和公共设施管理业	0.0006	0	0	0	0.0029	0.0001	0.0001	0.0001

行业	直接分配系数				完全分配系数			
	2007 年	2017 年	2018 年	2020 年	2007 年	2017 年	2018 年	2020 年
居民服务和其他服务业	0.0001	0	0	0	0.0105	0.0001	0.0001	0.0001
教育	0.0153	0	0	0	0.0273	0.0003	0.0004	0.0003
卫生和社会工作	0.0025	0	0	0	0.0207	0.0004	0.0004	0.0004
文化、体育和娱乐业	0.0018	0	0	0	0.0062	0.0001	0.0001	0.0001
公共管理、社会保障和社会组织	0.0001	0	0	0	0.0146	0.0010	0.0015	0.0013
研发产业核心层	0.0120	0.0292	0.0251	0.0310	0.0153	0.0311	0.0267	0.0334

完全前向关联是指研发产业的产品通过直接和间接方式被用于其他产业生产而产生的经济联系，用完全分配系数表示，计算公式如式（5.11）所示：

$$b_{\mathrm{RD}j} = c_{\mathrm{RD}j} + \sum_{k=1}^{18} c_{\mathrm{RD}k} c_{kj} + \sum_{k=1}^{18} \sum_{r=1}^{18} c_{\mathrm{RD}k} c_{kr} c_{rj} + \cdots, \quad j = 1, 2, \cdots, 18 \quad (5.11)$$

其中，$b_{\mathrm{RD}j}$ 为完全分配系数，是直接分配系数与各轮次间接分配系数之和，反映研发产业核心层对其余部门直接和间接的全部贡献程度。完全分配系数 $b_{\mathrm{RD}j}$ 值越大，表示研发产业核心层对 j 行业的推动作用越强。

表 5.44 列示了研发产业核心层的完全分配系数。数据显示，2007 年与研发产业最为密切的完全前向关联行业分别为工业，建筑业，农业，交通运输、仓储和邮政业，批发和零售业。2017 年、2018 年和 2020 年研发产业与其行业自身、信息传输和信息技术服务业、工业、建筑业等四个行业的完全前向关联较为紧密。进一步地，与 2007 年相比，2017 年、2018 年和 2020 年研发产业的完全分配系数均出现较大幅度下降，研发资本化核算改革的影响仍然是主要原因。

此外，研发产业后向关联程度大于前向关联程度，这表明研发产业对其他产业的拉动效应大于该产业对其他产业的推动效应。

（三）研发产业波及效应分析

消耗系数与分配系数能够反映研发产业与国民经济每一个行业部门的技术经济联系，却不能衡量研发产业变动对国民经济整体的波及影响程度。本节借助感应度系数与影响力系数来进一步分析研发产业对经济整体的波及效应。通过对产业关联效应的动态分析，反映研发产业的前向关联和后向关联这两条路径对经济总体的综合影响。

1. 研发产业的感应度系数

研发产业感应度系数是指国民经济各个产业部门最终需求发生变动时，对研发产业的波及影响。即国民经济各部门均增加一个单位最终使用时，研发产业部门由此受到的需求感应程度。其计算公式如式（5.12）所示：

$$e_{R\&D} = \frac{\sum\limits_{j=1}^{n} \overline{b}_{R\&Dj}}{1 \Big/ n \sum\limits_{i=1}^{n} \sum\limits_{j=1}^{n} \overline{b}_{ij}}, \quad i, j = 1, 2, \cdots, 18 \quad\quad (5.12)$$

其中，$e_{R\&D}$ 为研发产业感应度系数；$\sum\limits_{j=1}^{n} \overline{b}_{R\&Dj}$ 为 Leontief 逆矩阵中研发产业所在行的元素和；$1 \Big/ n \sum\limits_{i=1}^{n} \sum\limits_{j=1}^{n} \overline{b}_{ij}$ 为 Leontief 逆矩阵各行之和的平均值。

表 5.45 列示了研发产业核心层的感应度系数与影响力系数。数据显示，2007年、2017 年和 2018 年研发产业核心层的感应度系数分别为 0.5802、0.4391、0.4160，在 18 个行业部门中分别居于第 16 位、第 16 位、第 17 位。感应度系数大多小于1 且排名逐渐降低，表明研发产业与国民经济各行业的关联效应逐渐减弱，这可能是由于研发成果转化效率偏低，进而限制了研发产品真正投到各行业生产过程中。因此，促进研发成果转化提质增效是充分释放研发产业对国民经济其他行业的支撑能力的重要保障。

表 5.45 　研发产业核心层的感应度系数与影响力系数

行业	感应度系数				影响力系数			
	2007 年	2017 年	2018 年	2020 年	2007 年	2017 年	2018 年	2020 年
农业	0.8742	1.0302	1.0017	1.0281	0.9320	0.8749	0.8407	0.8407
工业	5.6205	6.2229	6.4313	5.9163	0.8667	1.3661	1.4418	1.4418
建筑业	0.6360	0.4708	0.4549	0.4788	1.2466	1.3635	1.3749	1.3749
批发和零售业	0.8076	0.9517	0.9884	1.0178	0.9434	0.7590	0.7482	0.7482
交通运输、仓储和邮政业	1.0400	1.0795	1.0852	1.0789	1.0452	1.0301	1.0260	1.0260
住宿和餐饮业	0.8804	0.6803	0.6621	0.6537	1.0065	1.1555	1.1515	1.1515
信息传输和信息技术服务业	0.7215	0.7294	0.7680	0.8516	0.8909	0.9627	0.9753	0.9753
金融业	0.9401	1.0867	1.0550	1.0784	0.8490	0.8427	0.8301	0.8301
房地产业	0.7134	0.8297	0.8214	0.9020	0.7153	0.6648	0.6502	0.6502
租赁和商务服务业	0.8559	1.0660	1.0710	1.1358	1.1775	1.1794	1.1706	1.1706
科学研究、技术服务和地质勘查	0.6275	0.5983	0.5803	0.6116	0.9836	1.1364	1.1398	1.1398
水利、环境和公共设施管理业	0.5841	0.4579	0.4344	0.4576	1.0052	1.0566	1.0604	1.0604
居民服务和其他服务业	0.7275	0.5627	0.5211	0.5461	1.0458	0.9572	0.9407	0.9407

行业	感应度系数				影响力系数			
	2007 年	2017 年	2018 年	2020 年	2007 年	2017 年	2018 年	2020 年
教育	0.6087	0.4388	0.4183	0.4409	0.9693	0.7309	0.7206	0.7206
卫生和社会工作	0.5748	0.4259	0.4056	0.4273	1.1516	1.1514	1.1610	1.1610
文化、体育和娱乐业	0.6454	0.4910	0.4675	0.4923	1.0876	0.9611	0.9523	0.9523
公共管理、社会保障和社会组织	0.5622	0.4392	0.4178	0.4412	0.9836	0.8460	0.8376	0.8376
研发产业核心层	0.5802	0.4391	0.4160	0.4417	1.1002	0.9620	0.9782	0.9782

2. 研发产业的影响力系数

研发产业影响力是指研发产业部门增加最终需求，对国民经济各部门所产生的需求波及程度。即研发产业部门增加 1 单位最终需求，对经济整体的生产诱发作用，用影响力系数来表示。其计算公式如式（5.13）所示：

$$f_{R\&D} = \frac{\sum_{i=1}^{n} \bar{b}_{iR\&D}}{1 \Big/ n \sum_{j=1}^{n} \sum_{i=1}^{n} \bar{b}_{ij}}, \quad i, j = 1, 2, \cdots, 18 \qquad (5.13)$$

其中，$f_{R\&D}$ 为研发产业影响力系数；$\sum_{i=1}^{n} \bar{b}_{iR\&D}$ 为 Leontief 逆矩阵中研发产业所在列的元素和；$1 \Big/ n \sum_{j=1}^{n} \sum_{i=1}^{n} \bar{b}_{ij}$ 为 Leontief 逆矩阵各列之和的平均值。

表 5.45 列示了研发产业影响力系数。数据显示，2007 年研发产业核心层影响力系数 1.1002，在 18 个行业部门中居于第四位，这表明研发产业对国民经济的拉动作用高于全社会平均水平，其对国民经济发展具有较大的促进作用。2017 年和 2018 年研发产业核心层的影响力系数分别为 0.9620 和 0.9782，在 18 个行业部门中分别居于第 10 位和第 9 位，这说明研发产业对国民经济的拉动作用低于全社会平均水平。由 2007 年、2017 年和 2018 年的影响力系数可知，研发产业影响力系数出现小幅下滑，研发产业对国民经济的拉动作用正在逐渐弱化。

此外，从感应度系数与影响力系数比较看，2007 年、2017 年、2018 年和 2020 年研发产业的影响力系数大多大于感应度系数。这在一定程度上说明研发产业对国民经济的推动效应大于其对经济的支撑效应，其可能的原因是研发产业仍处于发展初期、产业层次水平较低。

第六章 内生研究与试验发展卫星账户编制研究

内生研发卫星账户的编制是中国研发卫星账户编制实践的重要环节。本章以实现研发资本化核算为起点，通过编制一套逻辑严谨的核算表式，以全面刻画研发产品在国民经济生产、分配、使用、积累等运行环节的面貌，并展现研发对国民经济核算中心账户的可能影响。基于此，本章以内生研发卫星账户编制理论表式为方法指导，结合中国研发统计现实基础，开展研发桥接表、研发供给使用表、研发固定资本形成表、研发资本存量表以及研发资本化影响表的编制实践①。

第一节 研发桥接表编制实践

一、研发桥接表编制基础问题阐释

依据 HIPPs 提出的研发桥接表概念及理论表式，通过一系列核算项目调整，最终可实现由"研发经费支出"向"研发产出"的转化。然而，实践中编制的研发桥接表与理论表式并非完全一致，需先澄清诸如研发桥接表核算主体、研发产出估值等基础问题。

（一）核算主体

FM 界定的研发活动调查主体为企业部门、政府部门、私人非营利部门、高等教育部门和国外。依托 FM 指导而建立的中国科技活动调查制度，将研发活动调查主体界定为企业、研究与开发机构、高等学校和其他部门。可见，无论是 FM 还是中国科技统计调查，其所界定的研发活动调查主体与 SNA 中定义的研发活动核算主体并非完全一致。因此，实现研发活动调查主体向研发活动核算主体的归并转换是编制研发桥接表的关键环节。鉴于目前中国研发统计基础薄弱的现实，遵循 SNA 的核算惯例与核算规则，将研发活动调查主体精准劈分归并至研发活动核算主体的难度和误差均较大。为此，本节根据研发活动实施者在市场经济体系中的身份和性质，将 SNA 口径下的研发活动核算主体广义地界定为市场生产者和非市场生产者。

---

① 本书同时编制了经济总体、地区以及行业三种尺度下的内生研发卫星账户表式。考虑在不同尺度下的表式编制过程中，除了在若干数据处理细节存有差异外，编制流程并没有显著区别。在正文中，本章主要以展示经济总体尺度上述五类表式的编制过程和结果为例，同时对区域和工业行业相关表式的编制细节处理进行了具体说明，对于编制结果的阐释则相对简略。

具体来讲，研发活动市场生产者对应研发活动调查主体中的企业，非市场生产者则是研发活动调查主体中研究与开发机构、高等学校和其他部门等三个部门的集合。此外，研发活动的核算主体也可基于研发活动执行主体进行划分。

（二）研发产出估值

理论上来讲，遵循 2008 版 SNA 提供的估计产出价值的三种方法，即可完成对研发产出的价值估算。即对于市场生产者从事的市场化研发活动按照基本价格对其产出进行估值；对于其从事的非市场化研发活动则依据该项活动发生的生产成本来衡量研发产出价值。对于非市场生产者从事的市场化研发活动和非市场化研发活动的产出估值原则同上。然而，考虑到估计研发产出价值并非易事，本书采用生产成本法对研发产出进行估值。此外，对于市场生产者和非市场生产者的研发产出用于自给性生产和出售的比例，目前国内尚未官方发布具体数据，并且，参考国外发达国家研发产出大部分均用于自给性生产的实践[①]，本书假定市场生产者和非市场生产者的研发自给性生产比例为 100%。

（三）研发经费支出向研发产出调整

由研发经费支出与研发产出的内涵及构成可知，二者既有相似之处也存有差异。由表 3.18 可知，剔除研发经费支出中的资本性支出、重复的软件开发支出以及土地价值等，并以从事研发活动的固定资本消耗、生产税净额以及研发固定资本净收益等项目进行调整，即可得到研发产出。有关项目的具体调整方式如下。

目前，国际上有关生产税的统计较为匮乏，而研发补贴的调查也不尽如人意。《工业企业科技活动统计年鉴》中仅能查阅到中国 2010～2015 年研究开发费用加计扣除减免税。朱发仓（2018）以研发强度为权重乘以收入法 GDP 中生产税净额估计得到研发生产税净额，该方法的精确性仍待进一步推敲。国家统计局改革研发支出核算方法则忽略"生产税净额"的调整。遵循国家统计局的做法，本节不再考虑生产税净额的调整项。

理论上讲，市场生产者开展研发活动是为了在未来获得收益。因此，市场生产者的研发产出中应纳入固定资本净收益。在实际操作中，相关学者要么忽略固定资本净收益的调整，要么以全社会总的资本回报率代理研发固定资本净收益率。考虑到研发活动的高风险、高收益特征，以社会总资本回报率代替的处理方式误差较大。本书暂不考虑研发固定资本净收益。当然，这种处理方式会低估研发产

---

① 2009 年澳大利亚 90%的市场生产者的研发活动属于自给性生产，美国研发卫星账户显示，1987～2007 年美国私有部门年平均自给性生产比例为 74%。

出。此外，对于重复的软件开发支出、土地价值以及研发活动中的固定资本消耗的调整，将在后续表式编制过程中详细阐述。

二、经济总体尺度下的研发桥接表编制实践

依照以上设定，编制经济总体尺度下的研发桥接表以展示研发经费支出向研发产出的归并调整是本节的首要工作。基于《中国科技统计年鉴》发布的相关数据，本节编制了该尺度下的研发桥接表。

（一）经济总体尺度下的研发桥接表编制数据基础

1. 研发经费支出的获取

现有的《中国科技统计年鉴》以及全国研发资源清查资料《2000 全国 R&D 资源清查综合资料汇编》和《2009 第二次全国 R&D 资源清查资料汇编》所提供的数据资料如表 6.1 所示。鉴于现有研发经费基础数据资料缺口较大，无法直接满足编制要求，需对相关缺失数据进行补充估算。

表 6.1   1978～2022 年各部门研发经费支出数据资料

部门	研发经费支出				研发经费支出细分数据			
	1978～1989 年	1990～1994 年	1995～1999 年	2000～2022 年	1978～1999 年	2000 年	2001～2008 年	2009～2022 年
企业	×			√	×	√	×	√
研究与开发机构	×		√	√	×	√	×	√
高等学校	×	√	√	√	×	√	×	√
其他部门		×		√	×	√	×	√
经济总体	×	√	√	√	×	√	×	√

注："√"表示查阅现有统计资料即可获取，"×"则表示现有资料未能检索到

具体来看，对于 1978～1989 年研发经费支出，遵循江永宏和孙凤娥（2016b）、许宪春和郑学工（2016）的处理方式，根据研发支出占国家财政科技支出比重的动态变化进行估算[①]；对于按支出用途分类的研发经费支出数据，根据《2000 全国 R&D 资源清查综合资料汇编》中相关数据占比估算 1978～1999 年缺失数据，根据 2009～2022 年按支出用途分类的研发支出平均增长率估算 2001～2008 年缺失数据。各部门研发经费支出估计具体方法如下：根据企业、研究与开发机构以

[①] 具体地，本书利用 1990～2017 年研发经费支出占国家财政科技支出比重的时间序列建立计量模型，预测 1978～1989 年研发经费支出占国家财政科技支出之比，并据此推算 1978～1989 年研发经费支出数据。

及高等学校占经济总体研发经费支出比重的时间序列数据，通过建立计量模型分别预测缺失年份各部门占经济总体研发经费支出之比，并据此推算各部门缺失的研发经费支出。对于各部门研发经费支出细分数据，估算方法同上。

2. 软件开发支出和土地价值数据的处理

对于软件开发支出的处理，参考王亚菲和王春云（2018a）的做法，以《2009第二次全国 R&D 资源清查资料汇编》中软件业试验发展支出作为基准数据，利用《中国电子信息产业统计年鉴（软件篇）》中软件企业研发经费平均增长率，推算 1978～2022 年软件业试验发展支出。对于土地价值，参考江永宏和孙凤娥（2016b）的做法，将历年研发经费支出中的资产性支出下调 5%以剔除土地价值。

3. 固定资本消耗估算

既有文献对从事研发活动所消耗固定资本的测算方法较为一致，即基于相对效率几何递减假定，利用残值率和资产使用年限估算每类资产的折旧率，并以各类资产的比重加权得到综合折旧率；利用 PIM 测算研发生产过程中投入的固定资本存量，进而以固定资本存量与综合折旧率的乘积估算固定资本消耗。虽然相对效率几何递减模式简化了计算过程且能维持资产的折旧率与重置率相等，但综合折旧率难以刻画折旧率随役龄变化的动态趋势，导致测算得到的固定资本消耗数据存有偏倚。此外，没有任何理论与实证研究表明重置率与折旧率必须一致（蔡晓陈，2009）。与已有研究不同，此处基于相对效率双曲线递减模式假设，按 50%～150%截断处理的资产正态退役剖面来描述资本退役模式，克服了几何递减模式下重置率和折旧率相等带来的不利影响。进一步地，根据役龄–效率剖面推导出役龄–价格剖面，进而得到资本存量净额；最后根据式（6.1）间接测算历年固定资本消耗（曹跃群等，2012）。

固定资本消耗=上期资本存量净额+当期固定资本形成−当期资本存量净额（6.1）

需要说明的是，构成式（6.1）测算起点的是研发经费支出中剔除土地、软件和数据库等固定资本支出后的资本性支出剩余部分，包含仪器设备以及其他固定资产。由于研发活动中使用的固定资产年限相对较短，本部分将仪器设备的平均使用年限设为 16 年，其他固定资产的平均使用年限设为 20 年。同时，假定仪器设备和其他固定资产的效率递减模式为双曲线递减模式，并参考曹跃群等（2012）的处理方式，将仪器设备和其他固定资产的 β（参数 β 表示双曲线役龄–效率剖面的斜率）分别设为 0.5、0.6。因此，在资产截断正态退役分布假定下，可分别求得仪器设备和其他固定资产的双曲线役龄–效率剖面。进一步地，利用资产价值公式分别求得仪器设备和其他固定资产的役龄–价格剖面，进而运用综合 PIM 分别求得仪器设备和其他固定资产的当期资本存量净额。此外，采用固定资产投资价格指数进行价格缩减①。

（二）经济总体尺度下研发桥接表编制

1. 经济总体尺度下基于执行角度分类的研发桥接表

经过上述核算项目增减调整后，本节编制了企业、研究与开发机构、高等学校以及其他部门的研发桥接表，如表6.2～表6.5所示。

表6.2　1978～2022年中部分年份企业研发桥接表（单位：亿元）

年份	研发经费支出	软件开发支出（−）	研发资本性支出（−）	生产税净额	研发固定资本净收益	研发固定资本消耗	其他调整	研发产出
1978	24.00	0.14	5.99	—	—	4.56	—	22.42
1980	31.64	0.21	7.90	—	—	5.51	—	29.03
1985	50.82	0.58	12.70	—	—	8.76	—	46.31
1990	73.29	1.60	18.31	—	—	15.58	—	68.96
1995	155.75	4.42	38.91	—	—	36.35	—	148.77
2000	537.00	12.23	134.14	—	—	51.19	—	441.82
2005	1 673.80	33.82	312.92	—	—	122.29	—	1 449.34
2010	5 185.47	93.51	654.94	—	—	349.56	—	4 786.58
2015	10 881.30	258.53	1 192.00	—	—	687.70	—	10 118.47
2020	18 673.80	714.79	1 319.70	—	—	1 071.54	—	17 710.85
2022	23 878.60	1 073.61	1 412.80	—	—	1 239.59	—	22 631.78

表6.3　1978～2022年中部分年份研究与开发机构研发桥接表（单位：亿元）

年份	研发经费支出	软件开发支出（−）	研发资本性支出（−）	生产税净额	研发固定资本净收益	研发固定资本消耗	其他调整	研发产出
1978	15.89	—	3.64		—	2.72	—	14.97
1980	18.82	—	4.31		—	3.28	—	17.79
1985	35.19	—	8.06		—	4.84	—	31.97
1990	49.34	—	11.30		—	8.87	—	46.91
1995	146.40	—	33.53		—	20.01	—	132.87
2000	258.00	—	59.10		—	32.87	—	231.78
2005	513.10	—	135.53		—	64.85	—	442.42
2010	1186.40	—	354.07		—	145.02	—	977.35
2015	2136.50	—	445.60		—	276.50	—	1967.40
2020	3408.80	—	609.80		—	422.02	—	3221.02
2022	3814.40	—	532.90		—	493.11	—	3774.61

---

①　鉴于我国于1990年才开始公布固定资产投资价格指数，因此1990～2017年的仪器设备和其他固定资产投资序列用固定资产投资价格指数进行缩减；而1978～1989年则用GDP缩减指数替代缺失的固定资产投资价格指数进行缩减。

表 6.4 1978~2022 年中部分年份高等学校研发桥接表（单位：亿元）

年份	研发经费支出	软件开发支出（－）	研发资本性支出（－）	生产税净额	研发固定资本净收益	研发固定资本消耗	其他调整	研发产出
1978	3.64	—	0.71	—	—	0.77	—	3.70
1980	4.54	—	0.89	—	—	1.02	—	4.67
1985	9.60	—	1.88	—	—	1.81	—	9.54
1990	15.14	—	2.96	—	—	2.89	—	15.07
1995	42.30	—	8.61	—	—	8.59	—	42.28
2000	76.70	—	15.62	—	—	13.20	—	74.28
2005	242.30	—	47.31	—	—	40.76	—	235.75
2010	597.30	—	109.53	—	—	93.52	—	581.29
2015	998.60	—	191.80	—	—	169.49	—	976.29
2020	1882.50	—	373.00	—	—	357.14	—	1866.64
2022	2412.40	—	492.20	—	—	433.22	—	2353.42

表 6.5 1978~2022 年中部分年份其他部门研发桥接表（单位：亿元）

年份	研发经费支出	软件开发支出（－）	研发资本性支出（－）	生产税净额	研发固定资本净收益	研发固定资本消耗	其他调整	研发产出
1978	0.16	—	0.05	—	—	0.02	—	0.13
1980	0.24	—	0.07	—	—	0.03	—	0.20
1985	0.75	—	0.23	—	—	0.08	—	0.60
1990	1.49	—	0.45	—	—	0.23	—	1.26
1995	4.24	—	1.30	—	—	0.74	—	3.69
2000	24.00	—	7.34	—	—	1.36	—	18.02
2005	20.80	—	4.77	—	—	3.35	—	19.38
2010	93.41	—	18.78	—	—	7.11	—	81.73
2015	153.50	—	28.70	—	—	15.66	—	140.46
2020	428.10	—	122.80	—	—	39.01	—	344.31
2022	677.50	—	215.50	—	—	61.40	—	523.40

分析上述四个部门的研发桥接表，其特征如下。1978~2022 年，企业、研究与开发机构、高等学校以及其他部门的研发经费支出和研发产出双双呈现增长态势，且前者规模基本大于后者，但增速表现不一。具体来看，四个部门的研发经费支出年均规模分别为 4273.08 亿元、851.49 亿元、438.37 亿元、85.28 亿元，年均增速分别为 16.99%、13.27%、15.91%、20.90%；研发产出年均规模分别为 3990.77 亿元、784.57 亿元、429.60 亿元、70.35 亿元，年均增速分别为 17.02%、13.39%、15.80%、20.76%。

造成上述差异的主要原因有两方面。一是从绝对量上看，作为重要扣除调整项的研发资本性支出大于固定资本消耗；二是从相对量上看，企业的研发资本性支出增速（13.22%）低于研发固定资本消耗增速（13.59%），而作为研发经费支出扣除项的软件开发支出的增速较高（22.56%），最终导致企业研发经费支出增速不及研发产出增速；同样地，研究与开发机构的研发资本性支出增速仅以低于研发固定资本消耗增速 0.54 个百分点的弱势，使得其研发经费支出增速不及研发产出增速；高等学校和其他部门的研发资本性支出增速（16.03%、20.95%）均高于各自的研发固定资本消耗增速（15.47%、20.02%），从而使得这两个部门研发产出增速不及研发经费支出增速。

此外，从研发经费支出和研发产出的部门分配格局看，企业"一枝独秀"，之后分别为研究与开发机构、高等学校以及其他部门。进一步地，本节以"研发产出与研发经费支出之比"表示研发产出转化率，以考察各部门研发活动效率。结果显示，企业、研究与开发机构、高等学校的年均研发产出转化率分别高达91.14%、91.03%和98.48%。相较而言，其他部门的转化率略低，为 84.77%，可见其研发投资转化能力仍有进一步提升的空间。

2. 经济总体尺度下基于市场化性质分类的研发桥接表

基于上述执行角度分类的研发桥接表，本节可编制市场生产者、非市场生产者的研发桥接表以及经济总体的研发桥接表，结果如表 6.6～表 6.8 所示。

表 6.6　1978～2022 年中部分年份市场生产者研发桥接表（单位：亿元）

年份	研发经费支出	软件开发支出（－）	研发资本性支出（－）	生产税净额	研发固定资本净收益	研发固定资本消耗	其他调整	研发产出
1978	24.00	0.14	5.99	—	—	4.56	—	22.42
1980	31.64	0.21	7.90	—	—	5.51	—	29.03
1985	50.82	0.58	12.70	—	—	8.76	—	46.31
1990	73.29	1.60	18.31	—	—	15.58	—	68.96
1995	155.75	4.42	38.91	—	—	36.35	—	148.77
2000	537.00	12.23	134.14	—	—	51.19	—	441.82
2005	1 673.80	33.82	312.92	—	—	122.29	—	1 449.34
2010	5 185.47	93.51	654.94	—	—	349.56	—	4 786.58
2015	10 881.30	258.53	1 192.00	—	—	687.70	—	10 118.47
2020	18 673.80	714.79	1 319.70	—	—	1 071.54	—	17 710.85
2022	23 878.60	1 073.61	1 412.80	—	—	1 239.59	—	22 631.78

表 6.7　1978～2022 年中部分年份非市场生产者研发桥接表（单位：亿元）

年份	研发经费支出	软件开发支出（－）	研发资本性支出（－）	生产税净额	研发固定资本净收益	研发固定资本消耗	其他调整	研发产出
1978	19.68	—	4.40	—	—	3.51	—	18.80
1980	23.61	—	5.27	—	—	4.33	—	22.67
1985	45.54	—	10.16	—	—	6.73	—	42.10

续表

年份	研发经费支出	软件开发支出（－）	研发资本性支出（－）	生产税净额	研发固定资本净收益	研发固定资本消耗	其他调整	研发产出
1990	65.96	—	14.71			11.99		63.24
1995	192.94	—	43.44			29.34		178.84
2000	358.70	—	82.06			47.43		324.08
2005	776.20	—	187.61			108.96		697.55
2010	1877.11	—	482.38			245.65		1640.38
2015	3288.60	—	666.10			461.66		3084.16
2020	5719.40	—	1105.60			818.18		5431.98
2022	6904.30	—	1240.60			987.73		6651.43

表 6.8　1978～2022 年中部分年份经济总体研发桥接表（单位：亿元）

年份	研发经费支出	软件开发支出（－）	研发资本性支出（－）	生产税净额	研发固定资本净收益	研发固定资本消耗	其他调整	研发产出
1978	43.68	0.14	10.39	—	—	8.07	—	41.22
1980	55.25	0.21	13.18	—	—	9.84	—	51.70
1985	96.36	0.58	22.86	—	—	15.48	—	88.41
1990	139.25	1.60	33.02	—	—	27.57	—	132.20
1995	348.69	4.42	82.35	—	—	65.70	—	327.61
2000	895.66	12.23	216.20	—	—	98.63	—	765.90
2005	2 449.97	33.82	500.53	—	—	231.25	—	2 146.89
2010	7 062.58	93.51	1 137.32	—	—	595.21	—	6 426.96
2015	14 169.88	258.53	1 858.10	—	—	1 149.36	—	13 202.63
2020	24 393.11	714.79	2 425.30	—	—	1 889.71	—	23 142.83
2022	30 782.90	1 073.61	2 653.40	—	—	2 227.32	—	29 283.21

数据显示，1978～2022 年市场生产者、非市场生产者以及经济总体的研发经费支出和研发产出均实现快速增长。具体地，研发经费支出年均规模分别为4273.08 亿元、1375.14 亿元、5648.22 亿元，年均增速分别为 16.99%、14.25%、16.07%；研发产出年均规模分别为 3990.77 亿元、1284.53 亿元、5275.30 亿元，年均增速分别为 17.02%、14.27%、16.09%。由此可见，市场生产者研发经费支出和研发产出在规模和增速上均保持领先优势。此外，市场生产者研发经费支出和研发产出占经济总体的比重不断上升，尤其是 2005 年以后，其占比均超过 70%。究其原因，主要是 21 世纪以来，国家提出了"自主创新、建设创新型国家"的战略目标，先后出台实施了《国家中长期科学和技术发展规划纲要（2006—2020 年）》和《国家创新驱动发展战略纲要》，促进了各部门研发经费投入的增加。另外，2008 年我国开始实施加计扣除税收优惠政策，更是大力激发了以企业为代表的市

场生产者增加研发投入的活力。

三、省级尺度下的研发桥接表编制实践

编制省级尺度下的研发桥接表，以展示 31 个地区研发经费支出向研发产出的调整转化是研发桥接表的重要工作。基于《中国科技统计年鉴》发布的相关数据，本节编制了 31 个地区的研发桥接表。

（一）省级尺度下的研发桥接表编制数据基础

与经济总体尺度类似，编制省级尺度下的研发桥接表仍需解决研发经费支出填补、软件及土地剔除以及固定资本消耗等基础数据。

对于研发经费支出，现有资料提供了 2000～2022 年的研发经费支出以及 2000 年、2009～2022 年的细分项数据。对于缺失的 2001～2008 年研发经费支出细分项数据，借鉴侯睿婕和陈钰芬（2018）的处理方式，利用 2000～2008 年的科技活动经费支出与研发经费支出关系推导出所需数据。对于软件开发支出，同样参考侯睿婕和陈钰芬（2018）的做法，首先根据《2009 第二次全国 R&D 资源清查资料汇编》中公布的 2009 年信息传输、计算机服务和软件业的研发日常性支出和资本性支出，以及软件业在二者中的占比，得到各地区软件业的研发日常性支出和资本性支出；其次计算各地区的软件业研发日常性支出和资本性支出占研发日常性支出和资本性支出的比例，进而以该比例对各地区历年的研发经费支出进行调整。此外，对于土地价值以及各地区研发生产消耗的固定资产价值处理方式均与经济总体尺度下的操作一致。

（二）省级尺度下的研发桥接表

经过上述调整后，本节分别编制了 2000～2022 年 31 个地区的研发桥接表。限于篇幅，此处仅展示了 2022 年中国 31 个地区研发桥接表的编制结果，如表 6.9 所示。总体来看，样本期内 31 个地区的研发经费支出从 2000 年的 895.66 亿元增长至 2022 年的 30 782.89 亿元，年均增速约为 17.44%；研发产出从 2000 年的 761.65 亿元增长至 2022 年的 29 718.90 亿元，年均增速为 18.12%。分地区看，由于作为扣减项的研发资本性支出始终大于作为添加项的研发固定资本消耗，31 个地区的研发经费支出始终大于研发产出，且二者增速分别为 12.77%～22.37%、13.20%～22.53%，并且，除西藏和甘肃之外，其余地区研发经费支出增速皆不及研发产出增速。可见，研发固定资本消耗增速大于研发资本性支出增速，这说明各地区越

发重视创新在经济增长中的重要作用，研发投入不断增大。

表 6.9　2022 年中国 31 个地区研发桥接表（单位：亿元）

地区	研发经费支出	软件开发支出（一）	研发资本性支出（一）	生产税净额	研发固定资本净收益	研发固定资本消耗	其他调整	研发产出
北京	2843.34	173.04	310.92	—	—	42.80	—	2402.18
天津	568.66	1.14	44.80	—	—	66.39	—	589.11
河北	848.91	0.61	57.93	—	—	47.74	—	838.10
山西	273.72	0.24	15.00	—	—	25.52	—	284.00
内蒙古	209.51	1.46	11.39	—	—	67.77	—	264.43
辽宁	620.92	0.57	40.66	—	—	44.83	—	624.52
吉林	187.28	0.07	19.18	—	—	16.10	—	184.12
黑龙江	217.79	0.39	28.18	—	—	21.80	—	211.02
上海	1981.58	40.69	160.52	—	—	119.73	—	1900.10
江苏	3835.43	308.02	21.54	—	—	240.88	—	3746.75
浙江	2416.77	52.47	203.08	—	—	107.07	—	2268.29
安徽	1152.51	0.92	134.90	—	—	82.19	—	1098.88
福建	1082.13	23.70	81.75	—	—	61.73	—	1038.41
江西	558.15	0.40	55.49	—	—	71.10	—	573.36
山东	2180.41	7.32	157.45	—	—	306.65	—	2322.29
河南	1143.26	0.12	97.60	—	—	69.61	—	1115.15
湖北	1254.67	3.25	129.51	—	—	76.94	—	1198.86
湖南	1175.25	4.29	90.12	—	—	43.37	—	1124.20
广东	4411.90	62.39	308.98	—	—	207.23	—	4247.76
广西	217.94	0.41	18.09	—	—	16.88	—	216.31
海南	68.37	0.08	25.98	—	—	4.01	—	46.32
重庆	686.65	1.73	57.15	—	—	42.38	—	670.15
四川	1215.01	1.45	137.93	—	—	86.15	—	1161.78
贵州	199.34	0.26	17.22	—	—	12.32	—	194.18
云南	313.53	0.59	28.91	—	—	17.18	—	301.21
西藏	6.96	0.01	1.13	—	—	0.43	—	6.25
陕西	769.55	3.26	62.77	—	—	65.25	—	768.77
甘肃	144.15	0	31.12	—	—	14.19	—	127.22
青海	28.84	0.01	2.00	—	—	2.75	—	29.60
宁夏	79.38	0.13	7.77	—	—	5.12	—	76.61
新疆	90.98	0.15	7.94	—	—	6.08	—	88.97

四、行业尺度下的研发桥接表编制实践

编制行业尺度下的研发桥接表以展示工业行业研发经费支出向研发产出调整

转化是研发桥接表的又一重要工作。基于《中国科技统计年鉴》中的相关数据，本节编制了工业行业的研发桥接表。

（一）行业尺度下研发桥接表编制数据基础

1. 研发经费支出的获取

现有科技活动调查提供的工业行业研发经费支出数据资料如表 6.10 所示。由于现有资料不能满足研发桥接表的编制需求，需对缺失数据进行估算。

表 6.10　1990～2022 年工业行业研发经费支出数据资料

核算项目		1990～1992 年	1993～1997 年	1998～1999 年	2000 年	2001～2002 年	2003 年	2004 年
研发经费支出	大中	×	×	×	√	√	√	√
	规上	×	×	×	√	√	×	√
研发经费支出细分项	大中	×	×	×	×	×	×	×
	规上	×	×	×	×	×	×	×
工业企业大中型口径		不同行业不同标准		I	I	I	II	II
工业企业规上口径		按隶属关系划分		a	a	a	a	a

核算项目		2005～2006 年	2007 年	2008 年	2009 年	2010 年	2011 年	2012～2022 年
研发经费支出	大中	√	√	√	√	√	√	√
	规上	×	×	×	×	×	×	×
研发经费支出细分项	大中	×	×	×	√	√	√	√
	规上	×	×	×	×	×	×	×
工业企业大中型口径		II	II	II	II	II	III	III
工业企业规上口径		a	b	b	b	b	c	c

注："√"表示查阅现有统计资料即可获取，"×"则表示从现有资料中未能检索到；大中型工业企业的统计口径在研究区间内经历了三次调整，I 指销售收入和资产总额均超过 5000 万元的工业企业，II 指资产总额超过 4000 万元、销售额超过 3000 万元且从业人数超过 300 人的工业企业，III 指主营业务收入超过 2000 万元的工业企业；规模以上工业企业统计口径同期也经历了三次调整，a 指全部国企以及主营业务收入超过 500 万元的非国有企业，b 指主营业务收入超过 500 万元的工业企业，c 指主营业务收入超过 2000 万元的工业企业；《中国科技统计年鉴》仅公布了 1991～1999 年工业行业门类的研发经费支出，而未公布两位数工业行业的研发数据，故表 6.10 中 1991～1999 年对应数据以"×"表示，此外，《中国科技统计年鉴》仅公布了 2001～2002 年两位制造业行业的研发经费支出，部分工业行业缺失，对于缺失的行业采用行业归并调整后的数据通过线性插补方式填充；大中为大中型企业，规上为规模以上工业企业

在具体操作中，参考陈钰芬和侯睿婕（2019）的做法，首先，根据 1990～2000 年工业行业门类研发经费支出以及科技活动经费支出中劳务费和固定资产购置费

的占比①，推算 1990～1999 年两位数工业行业的研发经费支出。其次，根据 2009～2022 年工业行业门类研发经费支出中人员劳务费与资产性支出占比数据，求得 1990～2008 年工业行业门类研发经费支出中的日常性支出、资本性支出等。最后，以工业行业门类数据为基础，利用各行业科技活动经费支出中的构成数据②，最终得到两位数工业行业的研发经费支出细分项数据。

2. 工业行业统计口径的划归调整

在行业尺度下，不仅需要补齐缺失数据，还需进行工业行业不同统计口径的归并调整。具体步骤如下，在样本区间内《国民经济行业分类》标准经历了五次调整，此处将研究行业分类统一调整至 2017 版《国民经济行业分类》标准，并参考陈诗一（2011）的做法对变动较大的行业进行调整。此外，由于数据核算范围变动较大，此处剔除了开采专业及辅助性活动，其他采矿业，其他制造业，废弃资源综合利用业，金属制品、机械和设备修理业等五个行业，并对其余 36 个行业进行核算。

对于统计口径调整，将 1990～2010 年的大中型工业企业口径统一调整为规上工业企业。借鉴孙凤娥和江永宏（2018）的思路，假定不同统计口径下研发经费支出及其细分项的实际增速一致。具体调整思路是以 2011 年规上工业企业研发数据为基础，结合实际增长率倒推出工业企业的研发经费支出总额及细分项，最后根据各两位数行业占工业行业的比例，进而估算各行业研发经费支出及细分项。

此外，理论上需要从研发资本性支出中剔除软件开发支出以及土地价值，鉴于目前研发统计数据中尚未公布工业行业研发资本性支出的细分项数据，此处参考王亚菲和王春云（2018a）的做法，不对软件开发支出和土地价值做进一步处理。当然，这种处理方式将会高估工业行业的研发产出。

（二）行业尺度下的研发桥接表

经过上述调整后，本节分别编制了 36 个工业行业的研发桥接表。限于篇幅，此处仅展示部分行业的编制结果，如表 6.11 所示。总体来看，36 个工业行业的研发经费支出从 1990 年的 53.24 亿元增长至 2022 年的 19 148.45 亿元，年均增速约为 20.19%；研发产出从 1990 年的 49.39 亿元增长至 2022 年的 19 098.43 亿元，年

---

① 此处分别计算了 2000～2008 年两位数工业企业研发经费支出与科技活动经费支出占工业行业门类相应总支出的占比，并利用配对样本 t 检验验证了工业行业各细分行业的该对指标占比数据无统计意义上的显著差别。也就是说两位数工业行业的上述两个科技指标数据构成较为稳定。

② 此处根据 2008 年工业各行业科技活动经费的细分项构成数据与 2009 年工业各行业研发经费支出中的细分项构成数据，进行配对样本 t 检验，发现工业各行业上述两个科技指标的构成相对稳定。因此，可用研发经费支出与科技活动经费中各细分项构成之比估算缺失的研发经费支出细分项数据。

均增速约为 20.46%。分行业看，大多数行业的研发经费支出始终大于研发产出，这主要是由于大部分行业中作为扣减项的研发资本性支出大于作为添加项的研发固定资本消耗。进一步地，由各行业中二者的增速可知，36 个工业行业的研发经费支出和研发产出增速分别为 13.40%～25.35%、13.74%～25.99%，并且，除非金属矿采选业、纺织业、水的生产和供应业三个行业外，其余 33 个行业的研发经费支出增速皆不及研发产出增速。可见，对于大多数行业而言，研发固定资本消耗增速大于研发资本性支出增速，由此反映出工业行业高度重视研发创新，研发投入力度逐渐加大。

表 6.11　1990～2022 年中部分年份部分工业行业研发桥接表（单位：亿元）

行业	年份	研发经费支出	软件开发支出（一）	研发资本性支出（一）	生产税净额	研发固定资本净收益	研发固定资本消耗	其他调整	研发产出
其他煤炭采选	1990	0.5827		0.0938			0.0308		0.5197
	2000	7.3166		1.4891			0.2813		6.1089
	2010	140.3039		18.1132			5.6410		127.8316
	2020	120.0800		11.3351			16.1916		124.9365
	2022	182.6304		6.5544			16.8278		192.9039
食品制造业	1990	0.3312		0.1021			0.0604		0.2895
	2000	2.6323		0.5324			0.2939		2.3938
	2010	44.0151		7.4288			2.1268		38.7131
	2020	157.2920		12.1922			14.8035		159.9033
	2022	164.8082		9.2100			16.1707		171.7689
仪器仪表制造业	1990	1.1758		0.0945			0.0310		1.1123
	2000	3.6127		0.3912			0.1441		3.3656
	2010	55.1998		7.1387			1.6794		49.7405
	2020	293.7058		17.8197			13.3370		289.2231
	2022	354.0924		18.8260			15.6083		350.8748
电力、热力生产和供应业	1990	0.6197		0.1138			0.0377		0.5436
	2000	8.6481		1.7771			0.6171		7.4880
	2010	41.4910		5.5570			2.6926		38.6267
	2020	151.8190		22.6572			13.9439		143.1057
	2022	217.9170		23.0129			17.7868		212.6910

第二节　研发供给使用表与研发固定资本形成表编制实践

一、研发供给使用表编制基础问题阐释

在实践中，编制研发供给使用表与理论表式并非完全一致。为此，此处对编制层次、研发进出口以及研发资本化核算范围的界定等基础问题进行具体阐释。

（一）研发供给使用表编制层次

SNA 界定的供给使用表是在产业部门层次上编制的一套表式，包含供给表和使用表，并且在相同的估价和产品分类水平上成对编制（2008 版 SNA 第 14.13 段）。分析各国研发供给使用表编制实践，发现除美国编制了矩阵式的表式以及构建了产业层次的研发供给表和研发使用表的理论框架外，其余国家皆编制了经济总体或机构部门层次下的"T"形研发供给使用表。与矩阵式表式相比，"T"形研发供给使用表编制较为简单，淡化了科技活动调查中的产业分类向 ISIC 分类转化的处理步骤，回避了对研发产品的产业归属问题的讨论。鉴于中国展开研发以及相关科技活动调查较晚，划分研发产品的产业归类较为困难。因此，本书和多数国家保持一致，编制"T"形研发供给使用表以分析不同研究尺度下研发产品的供给来源与使用去向情况。

（二）研发进出口

从理论上讲，研发产品的供给除了国内生产外，从国外进口也是重要的来源渠道。同样地，一国所有的研发产品要么被国内各部门用，要么被出口至国外。从数据可得性看，目前国家外汇管理局公布的国际收支平衡表中涉及研发产品和服务进出口的记录有两处：分别列于服务项目的"专利权使用费和特许费"和"其他商务服务"条目。此外，《中国科技统计年鉴》公布了 2000 年以来工业企业的"引进国外技术经费支出"。遗憾的是，"专利权使用费和特许费"记录研发服务购买所支付的费用，未涉及研发产品所有权的变更；"其他商务服务"则将涉及所有权变更的研发产品交易揉进其他项目之中。因此，根据以上条目所公布的数据不能直接获取研发产品进口数据。

基于上述统计资料，此处借鉴江永宏和孙凤娥（2016b）的处理方式，估算 1978~2022 年的研发产品进口数据。值得注意的是，研发进口相关统计资料未提供按照行业、地区或者机构部门的细分项资料，本部分仅在经济总体层面估算研发进出口数据[①]。进一步地，研发进口主要发生在工业企业中，因此将经济总体的研发进出口同时记录为企业部门的研发进出口。对于研发出口数据，目前尚未检索到中国对外技术出口数据，研发的出口资料更是寥寥无几。鉴于近年来我国主要是以技术进口为主的事实，暂不考虑研发产品的出口。

（三）研发资本化核算范围的界定

理论上，2008 版 SNA 以及 IPP 均对研发资本化核算范围给出了具体阐释。

---

① 实际上，地区间的研发进出口由两部分构成：某地区与国外部门的研发产品进出口、研发产品在地区间的流动。然而，现有统计资料中均未就这两项内容提供详细数据。

然而，在实践中准确辨别研发支出中能带来经济利益的份额较为困难，加上国际实践中研发资本化模式各有特点（完全资本化、部分资本化以及多重选择模式），基于此，本节结合中国研发统计现实并参考国内相关研究（江永宏和孙凤娥，2016b；王亚菲和王春云，2018a，2018b；侯睿婕和陈钰芬，2018），选择完全资本化模式，即将经济体中的全部研发产品（无论是国内生产的研发产品还是进口的研发产品）视为研发固定资本形成。当然，这种处理方式会在一定程度上高估研发固定资本形成，但也避免了主观设定研发资本化比例带来的测算误差。

选择研发完全资本化模式可在很大程度上简化研发供给使用表的编制。其中，理论表式中的研发中间消耗在实际编制中均取为 0。此外，假设各部门的研发产出自给性生产比例为 100%，因此不考虑国内各部门之间的净购买。现有研发统计资料中并未提供研发存货数据，加上国际实践中也未考虑该指标，此处也选择完全资本化模式，并且不考虑研发存货这一指标。

二、研发供给使用表编制实践

在满足"总供给=总使用"的平衡勾稽关系前提下，本节编制了三种尺度下的研发供给使用表，如表6.12～表6.15所示。

表 6.12　1978～2022 年中部分年份经济总体研发供给使用表（单位：亿元）

年份	研发产品供给			研发产品使用			
	国内生产研发	进口研发	研发总供给	研发中间消耗	研发固定资本形成	研发出口	研发总使用
1978	41.22	0	41.22	0	41.22	—	41.22
1980	51.70	0	51.70	0	51.70	—	51.70
1985	88.41	0	88.41	0	88.41	—	88.41
1990	132.20	0	132.20	0	132.20	—	132.20
1995	327.61	0	327.61	0	327.61	—	327.61
2000	765.90	32.37	798.27	0	798.27	—	798.27
2005	2 146.89	123.65	2 270.54	0	2 270.54	—	2 270.54
2010	6 426.96	250.36	6 677.32	0	6 677.32	—	6 677.32
2015	13 202.63	389.22	13 591.85	0	13 591.85	—	13 591.85
2020	23 142.83	740.06	23 882.88	0	23 882.88	—	23 882.88
2022	29 283.21	848.10	30 131.31	0	30 131.31	—	30 131.31

表 6.13　2022 年按执行角度分类的部门研发供给使用表（单位：亿元）

部门	研发产品供给			研发产品使用			
	国内生产研发	进口研发	研发总供给	研发中间消耗	研发固定资本形成	研发出口	研发总使用
企业	22 631.78	848.10	23 479.88	0	23 479.88	—	23 479.88
研究与开发机构	3 774.61	0	3 774.61	0	3 774.61	—	3 774.61

续表

部门	研发产品供给			研发产品使用			
	国内生产研发	进口研发	研发总供给	研发中间消耗	研发固定资本形成	研发出口	研发总使用
高等学校	2 353.42	0	2 353.42	0	2 353.42	—	2 353.42
其他部门	523.40	0	523.40	0	523.40	—	523.40
非市场生产者	6 651.43	0	6 651.4	0	6 651.43	—	6 651.43
经济总体	29 283.21	848.10	30 131.31	0	30 131.31	—	30 131.31

表 6.14　2022 年中国 31 个地区研发供给使用表（单位：亿元）

地区	研发产品供给			研发产品使用			
	国内生产研发	进口研发	研发总供给	研发中间消耗	研发固定资本形成	研发出口	研发总使用
北京	2402.18	—	2402.18	0	2402.18	—	2402.18
天津	589.11	—	589.11	0	589.11	—	589.11
河北	838.10	—	838.10	0	838.10	—	838.10
山西	284.00	—	284.00	0	284.00	—	284.00
内蒙古	264.43	—	264.43	0	264.43	—	264.43
辽宁	624.52	—	624.52	0	624.52	—	624.52
吉林	184.12	—	184.12	0	184.12	—	184.12
黑龙江	211.02	—	211.02	0	211.02	—	211.02
上海	1900.10	—	1900.10	0	1900.10	—	1900.10
江苏	3746.75	—	3746.75	0	3746.75	—	3746.75
浙江	2268.29	—	2268.29	0	2268.29	—	2268.29
安徽	1098.88	—	1098.88	0	1098.88	—	1098.88
福建	1038.41	—	1038.41	0	1038.41	—	1038.41
江西	573.36	—	573.36	0	573.36	—	573.36
山东	2322.29	—	2322.29	0	2322.29	—	2322.29
河南	1115.15	—	1115.15	0	1115.15	—	1115.15
湖北	1198.86	—	1198.86	0	1198.86	—	1198.86
湖南	1124.20	—	1124.20	0	1124.20	—	1124.20
广东	4247.76	—	4247.76	0	4247.76	—	4247.76
广西	216.31	—	216.31	0	216.31	—	216.31
海南	46.32	—	46.32	0	46.32	—	46.32
重庆	670.15	—	670.15	0	670.15	—	670.15
四川	1161.78	—	1161.78	0	1161.78	—	1161.78
贵州	194.18	—	194.18	0	194.18	—	194.18
云南	301.21	—	301.21	0	301.21	—	301.21
西藏	6.25	—	6.25	0	6.25	—	6.25
陕西	768.77	—	768.77	0	768.77	—	768.77

地区	研发产品供给			研发产品使用			
	国内生产研发	进口研发	研发总供给	研发中间消耗	研发固定资本形成	研发出口	研发总使用
甘肃	127.22	—	127.22	0	127.22	—	127.22
青海	29.60	—	29.60	0	29.60	—	29.60
宁夏	76.61	—	76.61	0	76.61	—	76.61
新疆	88.97	—	88.97	0	88.97	—	88.97

表 6.15　1990～2022 年中部分年份部分工业行业研发供给使用表（单位：亿元）

行业	年份	研发产品供给			研发产品使用			
		国内生产研发	进口研发	研发总供给	研发中间消耗	研发固定资本形成	研发出口	研发总使用
其他煤炭采选	1990	0.52	—	0.52	0	0.52	—	0.52
	2000	6.11	—	6.11	0	6.11	—	6.11
	2010	127.83	—	127.83	0	127.83	—	127.83
	2020	124.94	—	124.94	0	124.94	—	124.94
	2022	192.90	—	192.90	0	116.44	—	192.90
食品制造业	1990	0.29	—	0.29	0	0.29	—	0.29
	2000	2.39	—	2.39	0	2.39	—	2.39
	2010	38.71	—	38.71	0	38.71	—	38.71
	2020	159.90	—	159.90	0	159.90	—	159.90
	2022	171.77	—	171.77	0	171.77	—	171.77
仪器仪表制造业	1990	1.11	—	1.11	0	1.11	—	1.11
	2000	3.37	—	3.37	0	3.37	—	3.37
	2010	49.74	—	49.74	0	49.74	—	49.74
	2020	289.22	—	289.22	0	289.22	—	289.22
	2022	350.87	—	350.87	0	350.87	—	350.87
电力、热力生产和供应业	1990	0.54	—	0.54	0	0.54	—	0.54
	2000	7.49	—	7.49	0	7.49	—	7.49
	2010	38.63	—	38.63	0	38.63	—	38.63
	2020	143.11	—	143.11	0	143.11	—	143.11
	2022	212.69	—	212.69	0	212.69	—	212.69

（一）经济总体尺度下的研发供给使用表

以研发桥接表中的研发产出为编制起点，纳入来自国外进口的研发产品，进而汇总至研发产品总供给中。也即，在任一核算期内均满足"研发总供给=国内生产研发+进口研发"。例如，2000 年研发产品总供给为 798.27 亿元，其中，国内生产和国外进口的研发产品为分别为 765.90 亿元、32.37 亿元。在完全资本化模式假定下，所有研发产品全部用于研发固定资本形成。也即，在任一核算期内均满足"研发总供给=研发总使用=研发固定资本形成"。例如，2000 年经济总体中的研发产品全部用于研发固定资本形成，即研发固定资本形成为 798.27 亿元。此外，表 6.12 显示，研发产品总供给主要来自国内部门，研发产品进口占比不仅较低，而且呈下降趋势，从 2000 年的 4.05% 降至 2022 年的 2.81%。

同样地，各执行部门也同样满足"研发总供给=研发总使用"的平衡关系。其中，企业占经济总体研发总供给份额最大，其占比从 1978 年的 54.39% 升至 2022 年的 77.93%。相比之下，非市场生产者（研究与开发机构、高等学校、其他部门三者合计）占比处于劣势，且逐年下降。特别是研究与开发机构部门，2000 年以后其占比跌破 30% 关口。

（二）省级和行业尺度下的研发供给使用表

鉴于现有统计资料尚未详细公布地区以及行业的研发进出口数据，此处编制地区和行业尺度下的供给使用表时不再考虑研发净出口调整项。基于以上设定，"总供给=总使用"的平衡关系具体表现为"国内生产研发=研发固定资本形成=研发总使用"。也即，对于地区和行业而言，研发桥接表中的研发总产出构成了研发供给使用表中的研发总供给和研发总使用。因此，鉴于地区和行业尺度下研发总供给和总使用的特征趋势与研发总产出表现一致，此处仅展示了这两种尺度下的表式编制结果，如表 6.14 和表 6.15 所示。

三、研发固定资本形成表编制实践

进一步地，依托于研发供给使用表，本节可分别编制不同尺度下的研发资本形成表，如表 6.16～表 6.18 所示。

表 6.16 1978～2022 年中部分年份经济总体研发固定资本形成表（单位：亿元）

年份	部门					经济总体
	市场生产者	非市场生产者				
	企业	研究与开发机构	高等学校	其他部门	合计	
1978	22.42	14.97	3.70	0.13	18.80	41.22
1980	29.03	17.79	4.67	0.20	22.67	51.70
1985	46.31	31.97	9.54	0.60	42.10	88.41
1990	68.96	46.91	15.07	1.32	63.24	132.20
1995	148.77	132.87	42.28	3.69	178.84	327.61
2000	474.19	231.78	74.28	18.02	324.08	798.27

年份	部门					经济总体
	市场生产者	非市场生产者				
	企业	研究与开发机构	高等学校	其他部门	合计	
2005	1 572.99	442.42	235.75	19.38	697.55	2 270.54
2010	5 036.94	977.35	581.29	81.73	1 640.38	6 677.32
2015	10 507.69	1 967.40	976.29	140.46	3 084.16	13 591.85
2020	18 450.91	3 221.02	1 866.64	344.31	5 431.98	23 882.88
2022	23 479.88	3 774.61	2 353.42	523.40	6 651.43	30 131.31

表 6.17 2000～2022 年中部分年份中国 31 个地区研发固定资本形成表（单位：亿元）

地区	2000 年	2010 年	2020 年	2022 年	地区	2000 年	2010 年	2020 年	2022 年
北京	121.94	633.95	1939.19	2402.18	湖北	29.64	243.98	969.74	1198.86
天津	20.84	204.36	497.93	589.11	湖南	16.71	174.68	888.01	1124.20
河北	22.48	142.29	628.53	838.10	广东	94.12	750.92	3242.09	4247.76
山西	7.92	84.57	226.88	284.00	广西	7.30	57.07	157.33	216.31
内蒙古	3.35	64.41	217.74	264.43	海南	0.71	5.85	31.18	46.32
辽宁	37.38	274.67	545.99	624.52	重庆	8.38	86.17	500.29	670.15
吉林	12.04	72.81	156.43	184.12	四川	39.96	221.29	1005.68	1161.78
黑龙江	13.37	113.35	168.99	211.02	贵州	3.65	29.47	150.63	194.18
上海	63.39	454.03	1549.96	1900.10	云南	5.74	39.66	240.20	301.21
江苏	62.41	795.29	2927.25	3746.75	西藏	0.22	1.26	3.86	4.47
浙江	25.97	457.99	1756.20	2268.29	陕西	44.62	194.45	617.85	768.77
安徽	16.67	150.51	856.11	1098.88	甘肃	6.42	40.00	106.57	127.22
福建	17.18	150.07	801.27	1038.41	青海	1.13	8.91	22.12	29.60
江西	6.63	78.31	429.05	573.36	宁夏	1.48	10.49	56.27	76.61
山东	46.64	678.60	1849.95	2322.29	新疆	3.00	25.14	62.24	88.97
河南	20.35	192.81	848.80	1115.15					

表 6.18 1990～2022 年中部分年份 36 个工业行业研发固定资本形成表（单位：亿元）

行业	1990 年	2000 年	2010 年	2020 年	2022 年	行业	1990 年	2000 年	2010 年	2020 年	2022 年
行业 1	0.52	6.11	127.83	124.94	192.90	行业 10	3.23	9.43	85.52	233.10	251.68
行业 2	2.02	13.52	83.43	82.20	124.34	行业 11	0.08	0.98	17.89	107.70	122.26
行业 3	0.04	0.19	3.65	18.08	42.74	行业 12	0.15	0.41	10.87	90.14	117.97
行业 4	0.21	1.00	8.33	26.39	39.37	行业 13	0.11	0.38	5.64	67.66	98.18
行业 5	0.48	0.62	3.35	19.77	32.61	行业 14	0.07	0.18	4.51	89.53	102.06
行业 6	0.40	2.56	46.69	283.35	358.41	行业 15	0.87	4.17	38.87	136.21	142.60
行业 7	0.62	60.87	47.08	283.64	415.58	行业 16	0.10	1.04	10.10	89.93	112.70
行业 8	0.41	5.15	46.66	93.82	74.11	行业 17	0.17	1.01	14.29	101.23	107.97
行业 9	0.43	2.35	14.44	28.09	27.34	行业 18	0.75	8.79	43.42	191.86	170.77

续表

行业	1990 年	2000 年	2010 年	2020 年	2022 年	行业	1990 年	2000 年	2010 年	2020 年	2022 年
行业 19	4.62	24.07	256.17	815.17	1017.58	行业 28	5.19	13.71	248.17	963.91	1145.73
行业 20	0.92	13.29	122.43	767.09	1022.48	行业 29	3.27	28.70	390.62	1355.72	1676.21
行业 21	0.40	4.81	44.60	129.98	167.31	行业 30	1.81	14.64	216.61	485.11	627.48
行业 22	1.13	6.11	91.47	435.62	536.20	行业 31	2.69	29.14	433.74	1558.00	2081.73
行业 23	1.96	8.65	75.39	494.77	611.11	行业 32	3.74	79.33	706.81	2789.41	3987.29
行业 24	3.14	20.36	417.65	805.19	847.02	行业 33	1.11	3.37	49.74	289.22	350.87
行业 25	1.23	9.29	122.04	433.15	521.95	行业 34	0.54	7.49	38.63	143.11	212.69
行业 26	0.56	3.76	63.03	546.05	751.44	行业 35	0.07	0.49	0.79	23.23	36.50
行业 27	6.47	22.65	253.87	968.12	1194.37	行业 36	0.22	0.55	1.19	15.17	20.68

注：行业 1~行业 36 分别表示以下 36 个行业——其他煤炭采选，石油和天然气开采业，黑色金属矿采选业，有色金属矿采选业，非金属矿采选业，农副食品加工业，食品制造业，酒、饮料和精制茶制造业，烟草制品业，纺织业，纺织服装、服饰业，皮革、毛皮、羽毛及其制品和制鞋业，木材加工和木、竹、藤、棕、草制品业，家具制造业，造纸和纸制品业，印刷和记录媒介复制业，文教、工美、体育和娱乐用品制造业，石油、煤炭及其他燃料加工业，化学原料和化学制品制造业，医药制造业，化学纤维制造业，橡胶和塑料制品业，非金属矿物制品业，黑色金属冶炼和压延加工业，有色金属冶炼和压延加工业，金属制品业，通用设备制造业，专用设备制造业，汽车制造业，铁路、船舶、航空航天和其他运输设备制造业，电气机械和器材制造业，计算机、通信和其他电子设备制造业，仪器仪表制造业，电力、热力生产和供应业，燃气生产和供应业，水的生产和供应业

（一）经济总体尺度下的研发固定资本形成表

编制经济总体尺度下的研发固定资本形成表用以多角度和动态化考察全部研发产出中用于资本形成的份额。基于研发供给使用表，本节分别基于执行角度和市场生产者性质编制了研发固定资本形成表，如表 6.16 所示。数据显示，研发固定资本形成从 1978 年的 41.22 亿元增至 2022 年的 30 131.31 亿元，年均增长率约为 16.17%。这与中国深入实施科教兴国战略、人才强国战略、创新驱动发展战略的国家战略密不可分。从部门结构来看，企业、研究与开发机构、高等学校、其他部门的研发固定资本形成年均规模分别为 4169.19 亿元、784.57 亿元、429.60 亿元、70.35 亿元，年均增长率分别约为 17.12%、13.39%、15.80%、20.76%。可见，企业不仅是经济总体中研发固定资本形成规模最大的部门，也是年均增速较为领先的部门。

（二）省级尺度下的研发固定资本形成表

基于省级研发供给使用表，本节编制了省级尺度下的研发固定资本形成表，如表 6.17 所示。数据显示，样本期内 31 个地区的研发固定资本形成呈现如下特征：一是各地区的研发固定资本形成呈现快速增长态势，年均增速为 13.20%~22.53%，浙江增速最高，吉林增速最低。二是各地区研发固定资本形成存在显著的空间集聚

现象。其中，东部地区研发固定资本形成占 31 个地区总量的比例高达 65.28%，成为全国研发固定资本形成的主要集聚区。从各地区研发固定资本形成占全国总量的比例变动趋势看，2000~2022 年东部和中部地区的占比分别由 62.45%、12.86%提升至 65.28%、18.15%。相比之下，西部和东北地区的占比分别由 16.45%、8.24%下降至 13.14%、3.43%。可见，研发固定资本形成的地区差距随时间逐渐扩大，区域间研发固定资本形成失衡趋势将进一步加剧。此外，从各地区内部各省份的研发固定资本形成变异系数变动趋势看，中部和东部地区变异系数最大，呈现先升后降的变动趋势，而东北地区变异系数呈现下降趋势，西部地区变异系数最小，但表现出小幅上升趋势。可见，地区内部各省份之间的差距也在逐渐增大。

（三）行业尺度下的研发固定资本形成表

基于工业行业的研发供给使用表，本节编制了该尺度下的研发固定资本形成表，如表 6.18 所示。数据显示，36 个工业行业的研发固定资本形成呈现如下特征：一是工业行业的研发固定资本形成规模逐渐扩大。研发固定资本形成从 1990 年的 49.39 亿元增长至 2022 年的 19 098.43 亿元，年均增速为 20.46%，占全社会研发固定资本形成的比重从 1990 年的 40.27%增至 2022 年的 63.38%，成为中国开展研发活动的主力以及研发成果的主要应用领域。二是各行业研发固定资本形成增速相异，波动区间为 13.74%~25.99%。其中，医药制造业，汽车制造业，铁路、船舶、航空航天和其他运输设备制造业，电气机械和器材制造业，计算机、通信和其他电子设备制造业等高技术制造业的研发固定资本形成年均增速为 20%~25%的高位，为中国经济提质升级提供了重要支撑；此外，其他煤炭采选，农副食品加工业，食品制造业，黑色金属矿采选业，纺织服装、服饰业，皮革、毛皮、羽毛及其制品和制鞋业，橡胶和塑料制品业等传统制造业年均增速也超过了 20%。可见，随着"大众创业、万众创新"以及企业研发费用税前加计扣除政策的深入实施，企业提高了研发活动的积极性并加大了投入力度，刺激了研发固定资本形成规模和增速的扩大和提升。

第三节　研发资本存量表编制实践

一、研发资本存量测度理论阐述

研发固定资本形成表完成了对研发资本流量层次的核算，随后各期研发固定资本形成逐期积累形成的某一核算时点的研发资本价值——研发资本存量，则是研发资本核算的另一层次。在编制研发资本存量表之前，本书先对研发资本存量的测算思路与方法予以阐释。

（一）研发资本存量测度思路

简单来看，各机构单位开展研发活动，投入人力、物力、财力等要素生产出具有新的使用价值的研发产品。当生产出来的研发产品被用于生产其他产品时，其价值作为其他产品的中间投入；当生产出来的研发产品被用于积累时，其价值构成研发投资。将各期研发投资积累起来便形成研发资本存量。与一般资本的属性一致[1]，研发资本同样具备财富和生产的双重属性，因此研发资本存量测算蕴含财富与生产两个视角。其中，财富视角研发资本存量测度的是研发产品的市场价值，根据是否包含研发固定资本消耗，测度结果分为财富性研发资本存量总额与财富性研发资本存量净额[2]。生产视角研发资本存量测度的是投到生产中的研发资本的生产能力或效率，测度结果为生产性研发资本存量。

基于综合 PIM 测算思路，借鉴澳大利亚统计局和 OECD 关于研发资本测算的实践，本书提出一种研发资本存量的综合测算方法，其测算框架如图 6.1 所示。研发资本存量的综合测算方法包含如下步骤：①利用研发资产价格指数将现价研发投资（研发固定资本形成总额）调整为不变价研发投资；②在获得不变价研发投资基础上，通过设定研发资本退役模式，进而测算财富性研发资本存量总额；③在获得财富性研发资本存量总额基础上，通过设定研发资产的役龄-效率剖面，进而测算生产性研发资本存量；④在获得财富性研发资本存量总额基础上，根据役龄-效率剖面与资产价值公式估算役龄-价格剖面，进而估算财富性研发资本存量净额。

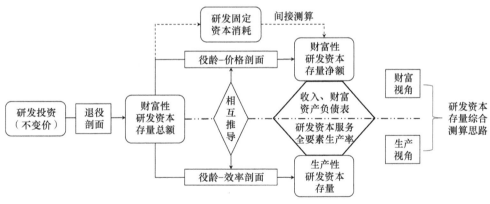

图 6.1　研发资本存量综合测算框架图

虚线箭头路径为传统 PIM 测算思路

① Measuring Capital OECD Manual 2009: Second Edition（《2009 年经合组织资本计量手册：第二版》）明确指出资本具有财富与生产双重属性，一方面体现为价值或财富，通常用资本存量总额或净额表示，另一方面体现为物量或数量，通常用生产性资本存量表示。相关阐述可参见手册第 11 页。

② Measuring Capital OECD Manual 2009: Second Edition（《2009 年经合组织资本计量手册：第二版》）明确指出资本存量总额是构成计算净存量和生产性存量的中间步骤，其本身并不具备衡量资产存量的分析能力。相关阐述可参见手册第 26 页。因此，本书中财富性研发资本存量净额主要指研发资本存量净额。

从测算内容看，研发资本存量综合测算方法蕴含财富与生产两个视角的研发资本存量测算。从测算前提看，研发资本存量综合测算方法以研发投资序列的获得为前提。从测算要点看，研发资本存量综合测算方法涉及退役剖面、役龄–价格剖面和役龄–效率剖面等关键参数的设定。从测算过程看，研发资本存量综合测算方法以财富性研发资本存量总额作为财富与生产两个视角下研发资本存量测算的中介变量。进一步地，以财富性研发资本存量总额为基础，通过引入研发资产的役龄–价格剖面，得到财富性研发资本存量净额；以财富性研发资本存量总额为基础，通过引入研发资产的役龄–效率剖面，得到生产性研发资本存量。从测算结果看，研发资本存量综合测算方法测算结果表现为财富性研发资本存量总额、财富性研发资本存量净额和生产性研发资本存量。因不考虑资本退役与效率损失，财富性研发资本存量总额往往最大。同时，鉴于研发资本品具有更新换代速度飞快、使用寿命较短等特性以及较高的折旧率和持有损失，其市场价值的下降速度远快于提供服务能力的损耗速度（OECD，2009），因此，生产性研发资本存量往往大于财富性研发资本存量净额。

（二）研发资本存量测度方法

1. 财富性研发资本存量总额的测算方法

基于图 6.1 的测算思路，财富性研发资本存量总额的测算公式为

$$\text{RDK}_t = \text{RDK}_{t-1} + \text{RDI}_t - \text{RET}_t = \sum_{\tau=0}^{T} S_\tau \times \text{RDI}_{t-\tau} \qquad (6.2)$$

其中，RDK_t、RDK_{t-1} 为第 t 年和第 $t-1$ 年的财富性研发资本存量总额；RDI_t 为第 t 年不同役龄下研发资产的不变价投资额；T 为研发资产的最大使用年限；RET_t 为第 t 年退役的研发资产；$\text{RDI}_{t-\tau}$ 为第 t 年役龄为 τ 的不变价研发投资额；S_τ 为第 t 年役龄为 τ 的研发资产残存率，且二者的取值均与研发资本退役模式有关。

实践中，国际组织以及相关学者通常选用钟形退役模式下的正态分布退役模式和对数正态分布退役模式，且不同的钟形退役模式对估算结果的影响较小。因此，本书参考 BLS、ABS 和 OECD 处理方式，将退役模式选为正态分布形式。

2. 生产性研发资本存量的测算方法

基于图 6.1 的测算思路，生产性研发资本存量的测算公式为

$$\text{RDK}_t^P = \sum_{\tau=0}^{T} d(\tau) \text{RDK}_t = \sum_{\tau=0}^{T} d(\tau) \times S_\tau \times \text{RDI}_{t-\tau} \qquad (6.3)$$

其中，RDK_t^P 为第 t 年的生产性研发资本存量；$d(\tau)$ 为研发资产的役龄–效率剖面。另外，RDK_t、S_τ、T 和 $\text{RDI}_{t-\tau}$ 含义与式（6.2）中的相同。

理论上讲，可选的役龄–效率剖面有四种。然而对于研发产品而言，研发成果在初始阶段容易保持技术垄断，其使用效率下降并不明显；而在使用寿命的后期，受技术溢出和新技术替代等影响，其使用效率会明显下降，因此假定研发资产效率递减模式为双曲线递减更为合理（席玮，2015）；同时，参考 ABS 和 OECD 生产率数据库的核算实践，最终设定研发资产效率模式为双曲线效率递减模式，具体公式如式（3.4）所示。

3. 财富性研发资本存量净额的测算方法

基于图 6.1 的测算思路，财富性研发资本存量净额的测算公式为

$$\mathrm{RDK}_t^n = \sum_{\tau=0}^{T} e(t)\mathrm{RDK}_t = \sum_{\tau=0}^{T} e(t) \times S_\tau \times \mathrm{RDI}_{t-\tau} \tag{6.4}$$

其中，RDK_t^n 为第 t 年的财富性研发资本存量净额；$e(t)$ 为研发资产的役龄–价格剖面[①]。另外，RDK_t、S_τ、T 和 $\mathrm{RDI}_{t-\tau}$ 含义与式（6.2）中的相同。

可见，对财富性研发资本存量和生产性研发资本存量的测算，不仅需要测算历年研发投资，合理设定研发资本退役模式、役龄–效率剖面以及使用年限等，还需要测算研发投资价格指数和初始研发资本存量等关键信息。

二、经济总体尺度下的研发资本存量表编制实践

基于上述研发资本存量测度理论，本节编制了经济总体尺度下的研发资本存量表，以动态刻画全社会研发资本存量的规模及变动趋势。

（一）经济总体尺度下的研发资本存量表编制基础

1. 研发资产价格指数的构造

现价研发投资序列需借助研发资产价格指数转换成不变价研发投资序列。由于缺乏可观测的市场价格数据，目前世界各国均未公布研发资产价格指数。与采用总成本法测算研发投资序列相匹配，本部分也利用成本价格指数法构造研发资产价格指数。按照投入生产要素类型，以工业生产者购进价格指数代替中间投入缩减指数、以城市居民消费价格指数代替劳动成本缩减指数、以固定资产投资价格指数代替固定资本消耗缩减指数，进而根据各部分支出与研发经费支出之比加权形成研发资产价格指数。由于缺失 1978～1989 年的工业生产者购进价格指数与固定资产投资价格指数，这些年份的研发资产价格指数直接用

[①] 财富性研发资本存量净额测算中所需的役龄–价格剖面根据役龄–效率剖面推导得到，具体步骤参考表3.34。

GDP 缩减指数替代。

2. 研发资产使用年限与折旧率的设定

作为一种 IPP，研发资本并没有固定的使用年限和折旧模式。国内既有文献对研发资本折旧率的设定归于四种途径：一是借鉴国外文献中的研发折旧率，如何秋琴等（2019）将折旧率设为 15%；二是基于相对效率和残值率计算折旧率，如王亚菲和王春云（2018a，2018b）等基于几何效率递减模式，通过设定研发资产服役年限以及残值率，计算研发资本的综合折旧率；三是设定时变折旧率，陈宇峰和朱荣军（2016）将研发资本的折旧率视为科技进步年平均增速的函数；四是其他方法，如蔡虹等（2004）通过调查法测得陕西省的折旧率为 7.14%。

不同的是，本部分通过役龄-价格剖面与役龄-效率剖面的内在联系推导研发资产的时变折旧率。考虑到研发产品的使用效率在生命周期中呈"期初下降不明显而期末急剧下降"的典型特征（席玮，2015），以及 OECD 生产率数据库建议基于双曲线役龄效率、服役年限 10 年、退役剖面服从正态分布等假定来测算研发资本存量（Schreyer and Zinni，2021），本书假定研发资产效率下降为双曲线模式，β 取值 0.5，退役模式为按照 50%～150% 进行截断处理的正态分布。同时，根据 OECD（2010）、Eurostat（2014）建议以及我国企业所得税法实施条例规定"无形资产的摊销年限不得低于 10 年"的要求，此处将研发资产的平均使用年限设为 10 年。役龄-价格剖面与役龄-效率剖面分别用折旧率和生产效率来刻画，根据两个剖面之间的对应关系，研发资产平均役龄效率、平均役龄价格与折旧率的计算结果如表 6.19 所示。

表6.19　研发资产平均役龄效率、平均役龄价格与折旧率

役龄	平均役龄效率	平均役龄价格	折旧率	役龄	平均役龄效率	平均役龄价格	折旧率
0	1.0000	1.0000	—	8	0.2876	0.1190	0.3528
1	0.9196	0.8566	0.1434	9	0.1932	0.0710	0.4032
2	0.8577	0.7222	0.1569	10	0.1175	0.0384	0.4590
3	0.7869	0.5937	0.1778	11	0.0634	0.0184	0.5209
4	0.7051	0.4731	0.2031	12	0.0295	0.0075	0.5920
5	0.6087	0.3627	0.2333	13	0.0110	0.0024	0.6796
6	0.5033	0.2656	0.2678	14	0.0027	0.0005	0.8012
7	0.3938	0.1839	0.3076	15	0	0	1.0000

注：平均役龄效率由退役模式与役龄-效率剖面加权汇总求得，平均役龄价格由退役模式与役龄-价格剖面加权汇总求得

3. 初始研发资本存量的确定

与既有文献的思路一致，本书基于 Griliches（1980）提出的研发资本存量的

增长率与研发投资的增长率相等的假设计算初始研发资本存量，计算公式为

$$K_0 = \frac{I_0(1+g)}{g+\delta} \tag{6.5}$$

其中，δ 在财富性研发资本存量中为折旧率，在生产性研发资本存量中为平均役龄效率。

关于研发投资增长率 g 的取值，考虑到其在样本期内波动较大的特征，本书采用线性回归法对其予以计算，具体公式为

$$g = e^m - 1 \tag{6.6}$$

其中，m 由线性回归模型 $\ln I = b + mt + \varepsilon_t$ 确定，I 为研发投资，b 为常数项，t 为时间变量，ε 为随机误差项。

（二）经济总体尺度下的研发资本存量表

基于上述基本设定，本节分别编制了 1978～2022 年中部分年份财富性研发资本存量表、生产性研发资本存量表，如表 6.20 和表 6.21 所示。

表 6.20　1978～2022 年中部分年份财富性研发资本存量表（单位：亿元）

年份	财富性研发资本存量总额		财富性研发资本存量净额		研发固定资本消耗	
	现价	2015 年不变价	现价	2015 年不变价	现价	2015 年不变价
1978	246.03	1 522.31	190.99	1 181.73	55.04	340.58
1980	307.42	1 769.34	237.33	1 365.93	70.09	403.41
1985	510.32	2 456.22	394.57	1 899.10	115.75	557.12
1990	921.13	3 131.74	696.60	2 368.37	224.53	763.37
1995	2 074.24	3 971.88	1 580.09	3 025.65	494.15	946.22
2000	3 618.29	6 425.79	2 876.06	5 107.65	742.23	1 318.14
2005	10 443.99	14 431.34	8 472.38	11 707.00	1 971.62	2 724.35
2010	29 536.99	31 910.18	24 006.24	25 935.05	5 530.76	5 975.13
2015	67 178.41	67 178.41	53 980.22	53 980.22	13 198.19	13 198.19
2020	102 003.49	87 027.26	80 010.24	68 263.07	21 993.25	18 764.18
2022	135 787.65	102 935.94	105 727.26	80 148.19	30 060.39	22 787.75

表 6.21　1978～2022 年中部分年份生产性研发资本存量表

年份	生产性研发资本存量/亿元		研发资本服务/亿元		研发资本服务物量指数	
	现价	2015 年不变价	现价	2015 年不变价	环比指数	链式指数
1978	216.63	1 340.42	—	—	—	—
1980	269.56	1 551.44	256.22	1 501.06	1.08	1.08
1985	447.27	2 152.76	412.28	2 076.91	1.08	1.49
1990	801.03	2 723.42	768.26	2 683.58	1.03	1.92
1995	1 804.71	3 455.75	1 655.93	3 376.40	1.05	2.42

年份	生产性研发资本存量/亿元		研发资本服务/亿元		研发资本服务物量指数	
	现价	2015年不变价	现价	2015年不变价	环比指数	链式指数
2000	3 207.36	5 696.01	2 922.04	5 310.01	1.14	3.80
2005	9 327.35	12 888.38	8 389.11	11 963.64	1.17	8.57
2010	26 068.76	28 163.29	23 344.16	26 192.54	1.18	18.77
2015	59 103.48	59 103.48	55 875.56	55 438.52	1.15	39.73
2020	89 871.98	76 676.90	97 119.61	83 277.94	0.97	59.67
2022	119 391.79	90 506.80	112 462.30	87 076.15	1.09	62.40

考察经济总体的研发资本存量表，其特征如下。

（1）财富性和生产性研发资本存量均呈现"跨越式"增长态势。从指标数量关系看，1978～2022年财富性研发资本存量总额规模最大，生产性研发资本存量次之，财富性研发资本存量净额的规模则最小，遵循资本测算理论中三者依次递减的规律。从指标年均增速看，财富性研发资本存量总额、生产性研发资本存量以及财富性研发资本存量净额的不变价年均增速分别为10.05%、10.06%、10.05%，较同期GDP增速分别高出1.02个百分点、1.03个百分点、1.02个百分点，为经济高速发展提供了强劲动力。

（2）财富性和生产性研发资本存量具有显著的"三阶段性"特征。第一个阶段为1978～1995年的"研发资本存量积累速度低于GDP的增长速度"阶段。尽管邓小平提出了"科学技术是第一生产力"的重要论断，确定了"经济建设必须依靠科学技术，科学技术工作必须面向经济建设"的战略指导方针（邓小平，1993），但考虑到我国处于改革开放初期，科技活动具有投入大、周期长、未来收益不确定等特点，企业更愿意从事劳动密集型产业，因此研发经费投入相对较少、积累的研发资本存量较低。从数据特征看，研发资本存量的积累速度明显低于GDP的增长速度。此阶段三种研发资本存量的不变价增速分别为5.80%、5.69%、5.73%，均不及同期GDP年均9.96%的增速。第二个阶段为1996～2005年的"研发资本存量积累速度高于GDP的增长速度"阶段。1995年我国提出"科教兴国战略"；1996年国家开始实施研发企业税收补贴政策激励企业投入创新，持续增加国家财政科技拨款以鼓励高等院校、研究机构进行创新；1999年出台了《中共中央、国务院关于加强技术创新，发展高科技，实现产业化的决定》，启动科技型中小企业技术创新基金，有力推动高科技产业与科技型中小企业的科技创新发展。在一系列国家科技创新政策的激励下，我国财富性与生产性研发资本存量快速积累。此阶段三种研发资本存量的不变价增速分别为14.70%、15.47%、15.02%，大幅高于同期GDP年均9.13%的增速。第三阶段为2006～2022年的"研发资本存量积累速度远高于GDP的增长速度"阶段。党的十七大提出"提高自主创新能力，建设创新型国家"①的战略目标，出台了《国家中长期科学和技术发展规划纲要（2006—2020 年）》。为促进更大范围、更大力度的创新，2008 年我国开始实施加计扣除税收优惠政策以鼓励企业增加研发投入；2014 年我国提出"大众创业、万众创新"政策激发全民创新创业热情；2016 年出台实施《国家创新驱动发展战略纲要》以加快实施创新驱动发展战略，进而驱动经济高质量发展。此阶段三种研发资本存量的不变价增速分别为 13.79%、13.51%、13.68%，远高于同期 GDP 年均 7.7%的增速。由此，创新驱动接棒投资驱动发展模式，成为引领我国经济发展的第一动力。

（3）研发资本服务指数在波动中上升。鉴于研发资本服务才是研发资本投入的精准衡量，而其被假定为生产性研发资本存量的比例，因此本书参考 Jorgenson 等（2005）的做法，假定研发资本服务为相邻两期生产性研发资本存量的算术平均值，表 6.21 列示了研发资本服务。在此基础上，本书计算了研发资本服务物量环比指数与链式指数。此外，图 6.2 还展示了 1979～2022 年研发资本服务物量指数与 GDP 指数对比图，与同期 GDP 环比指数对比发现，除 1980 年和 1989 年以外，以 1998 年为分水岭，1998 年之前研发资本服务物量指数小于 GDP 指数，1998 年以后研发资本服务物量指数大于 GDP 指数。因此，1998 年后研发投入对 GDP 的增长贡献弹性大于 1，说明国家为促进经济转型升级而实施的一系列科技创新政策效应逐渐显现。

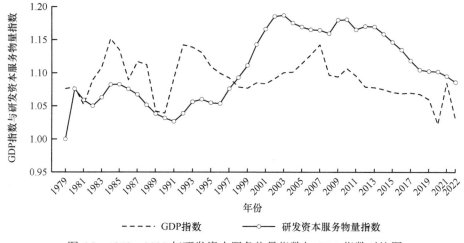

图 6.2　1979～2022 年研发资本服务物量指数与 GDP 指数对比图

（三）执行部门研发资本存量动态表/资产负债表

表 6.21 仅展示了财富性研发资本存量的逐年演变趋势，未能揭示研发资本从

---

① 《高举中国特色社会主义伟大旗帜　为夺取全面建设小康社会新胜利而奋斗——在中国共产党第十七次全国代表大会上的报告》，https://fuwu.12371.cn/2012/06/11/ARTI1339412115437623.shtml，2024 年 11 月 12 日。

核算期初到核算期末的运动过程。鉴于此，本节以 2022 年为例，编制了 2022 年执行部门财富性研发资本存量动态表/资产负债表，以分析财富性研发资本存量的运动轨迹，如表 6.22 所示。

表 6.22　2022 年执行部门财富性研发资本存量动态表/资产负债表（单位：亿元）

部门	期初财富性研发资本存量净额		研发固定资本形成		研发固定资本消耗		期末财富性研发资本存量净额	
	现价	2015 年不变价	现价	2015 年不变价	现价	2015 年不变价	现价	2015 年不变价
企业	93 687.23	74 256.67	23 479.88	17 799.29	11 439.85	11 907.77	105 727.26	80 148.19
研究与开发机构	16 265.83	12 892.32	3 774.61	2 861.40	2 011.60	2 086.68	18 028.84	13 667.05
高等学校	9 197.40	7 289.88	2 353.42	1 784.05	1 105.93	1 156.01	10 444.89	7 917.91
其他部门	1 606.02	1 272.93	523.40	396.77	179.54	191.57	1 949.88	1 478.14
非市场生产者	27 069.25	21 455.13	6 651.43	5 042.22	3 297.07	3 434.26	30 423.61	23 063.10
总计	120 756.48	95 711.80	30 131.31	22 841.51	14 736.92	15 342.03	136 150.87	103 211.29

静态地看，2022 年末全国不变价财富性研发资本存量净额为 103 211.29 亿元，企业为 80 148.19 亿元，占比 77.65%；研究与开发机构为 13 667.05 亿元，占比 13.24%；高等学校为 7917.91 亿元，占比 7.67%；其他部门为 1478.14 亿元，占比 1.43%。同样地，期初财富性研发资本存量净额、研发固定资本形成以及研发固定资本消耗中四个部门占比位次排列与此相同。

动态地看，各执行部门均满足"期初财富性研发资本存量净额+研发固定资本形成−研发固定资本消耗=期末财富性研发资本存量净额"的平衡勾稽关系。以企业为例，企业 2022 年初不变价财富性研发资本存量净额为 74 256.67 亿元，2022 年研发固定资本形成为 17 799.29 亿元，研发固定资本消耗为 11 907.77 亿元，截至 2022 年末累计财富性研发资本存量净额为 80 148.19 亿元（74 256.67+17 799.29−11 907.77=80 148.19 亿元）。

三、省级尺度下的研发资本存量表编制实践

进一步地，本节编制了省级尺度下的研发资本存量表，用以动态展示 31 个地区研发资本存量的规模与变化趋势，如表 6.23 和表 6.24 所示。

表 6.23　部分年份 31 个地区的财富性研发资本存量表（单位：亿元）

地区	财富性研发资本存量总额			财富性研发资本存量净额			研发固定资本消耗		
	2000 年	2010 年	2022 年	2000 年	2010 年	2022 年	2000 年	2010 年	2022 年
北京	543.72	1 945.36	7 252.14	479.16	1 709.32	6 342.29	64.56	236.04	909.85
天津	76.60	489.41	2 053.88	68.60	439.36	1 762.78	8.00	50.06	291.10

续表

地区	财富性研发资本存量总额			财富性研发资本存量净额			研发固定资本消耗		
	2000 年	2010 年	2022 年	2000 年	2010 年	2022 年	2000 年	2010 年	2022 年
河北	82.21	386.44	2 203.95	73.39	343.50	1 933.00	8.81	42.94	270.95
山西	29.75	187.49	690.34	26.65	168.28	597.49	3.10	19.21	92.85
内蒙古	11.28	121.55	678.46	10.21	110.59	584.25	1.08	10.96	94.21
辽宁	157.97	675.31	1 748.69	139.94	596.10	1 499.24	18.03	79.21	249.45
吉林	50.20	211.16	535.37	44.52	185.12	459.81	5.67	26.04	75.56
黑龙江	53.01	281.75	596.48	56.88	281.10	510.23	5.77	31.72	86.25
上海	253.67	1 318.61	6 054.74	225.88	1 172.31	5 286.27	27.79	146.30	768.47
江苏	222.12	1 822.64	10 169.33	199.95	1 637.51	8 883.40	22.18	185.13	1 285.94
浙江	85.40	1 185.49	6 422.63	77.42	1 068.27	5 623.81	7.98	117.21	798.81
安徽	64.57	340.18	2 702.22	57.67	305.69	2 380.20	6.90	34.49	322.03
福建	66.49	381.94	2 882.71	59.39	342.43	2 543.71	7.10	39.51	339.00
江西	24.04	182.49	1 270.36	21.60	163.68	1 125.35	2.44	18.80	145.01
山东	163.39	1 521.22	6 983.51	147.29	1 374.60	6 032.40	16.10	146.62	951.11
河南	79.11	423.56	2 585.02	70.64	380.62	2 270.00	8.47	42.94	315.02
湖北	118.57	561.28	3 230.27	105.59	502.32	2 826.21	12.99	58.96	404.05
湖南	62.41	385.69	2 812.89	55.93	348.06	2 478.95	6.48	37.63	333.95
广东	362.88	2 070.33	12 576.45	324.25	1 855.40	11 043.22	38.63	214.92	1 533.23
广西	29.94	121.29	577.30	26.60	108.98	501.73	3.34	12.31	75.57
海南	2.63	15.44	120.48	2.36	13.88	105.77	0.27	1.56	14.71
重庆	31.75	220.10	1 763.18	28.41	197.16	1 557.27	3.33	22.94	205.90
四川	172.12	653.79	3 059.74	152.19	576.88	2 685.25	19.93	76.91	374.49
贵州	14.48	72.33	434.14	12.90	64.47	383.82	1.58	7.86	50.33
云南	24.15	104.52	746.35	21.41	92.72	658.83	2.75	11.80	87.52
西藏	0.91	3.60	11.83	0.81	3.20	3.56	0.10	0.40	8.27
陕西	210.22	543.50	2 004.97	184.27	477.33	1 746.29	25.96	66.17	258.68
甘肃	27.08	111.80	362.83	23.99	98.87	313.39	3.09	12.93	49.45
青海	4.56	20.83	76.92	4.06	18.58	67.16	0.50	2.25	9.76
宁夏	6.15	23.13	145.68	5.46	20.62	127.95	0.69	2.51	17.74
新疆	12.38	47.55	232.08	10.99	42.66	202.54	1.39	4.89	29.54

注：以 2000 年的价格作为不变价

表6.24　部分年份31个地区的生产性研发资本存量表

地区	生产性研发资本存量/亿元			研发资本服务/亿元			研发资本服务物量指数（链式指数）		
	2000 年	2010 年	2022 年	2001 年	2010 年	2022 年	2001 年	2010 年	2022 年
北京	533.28	1 911.22	7 120.21	564.38	1 802.40	6 811.74	1.00	1.13	1.10
天津	74.92	478.03	2 029.85	80.72	430.95	1 997.26	1.00	1.26	1.04
河北	91.25	378.21	2 163.29	96.90	349.33	2 059.40	1.00	1.20	1.11
山西	29.07	182.80	679.13	31.81	165.64	660.68	1.00	1.26	1.07
内蒙古	11.00	118.24	669.85	12.33	103.38	657.11	1.00	1.37	1.04

地区	生产性研发资本存量/亿元			研发资本服务/亿元			研发资本服务物量指数（链式指数）		
	2000 年	2010 年	2022 年	2001 年	2010 年	2022 年	2001 年	2010 年	2022 年
辽宁	154.75	662.88	1 724.86	168.56	617.94	1 701.84	1.00	1.16	1.03
吉林	49.16	207.13	528.49	53.25	197.37	518.11	1.00	1.14	1.05
黑龙江	51.86	275.68	589.27	57.12	255.97	579.55	1.00	1.19	1.04
上海	248.21	1 289.82	5 953.42	269.34	1 193.60	5 706.81	1.00	1.19	1.09
江苏	216.82	1 777.02	9 994.83	241.32	1 608.30	9 578.07	1.00	1.27	1.10
浙江	83.24	1 155.49	6 308.73	95.51	1 043.63	6 015.60	1.00	1.26	1.10
安徽	63.14	331.74	2 648.77	66.85	298.48	2 505.24	1.00	1.28	1.13
福建	65.01	373.11	330.30	70.37	337.16	325.83	1.00	1.25	1.02
江西	23.48	177.98	1 241.55	25.13	161.96	1 167.32	1.00	1.25	1.16
山东	159.44	1 483.22	6 892.35	176.78	1 318.20	6 701.41	1.00	1.30	1.06
河南	77.36	413.18	2 536.38	84.17	371.62	2 410.24	1.00	1.27	1.11
湖北	116.02	548.84	3 171.19	125.11	494.95	3 039.91	1.00	1.26	1.10
湖南	60.98	375.76	2 756.32	66.81	334.41	2 605.68	1.00	1.31	1.13
广东	354.78	2 021.97	12 342.86	388.86	1 828.63	11 705.87	1.00	1.26	1.12
广西	29.31	118.49	568.00	31.13	105.47	548.01	1.00	1.29	1.08
海南	2.57	15.07	95.97	2.82	13.45	101.12	1.00	1.32	1.02
重庆	31.03	215.10	1 727.76	33.50	195.57	1 625.95	1.00	1.22	1.14
四川	168.69	640.94	2 998.04	182.90	599.84	2 864.41	1.16	1.12	
贵州	14.16	70.75	424.63	15.44	64.67	400.48	1.00	1.23	1.14
云南	23.66	102.42	730.65	25.35	94.74	690.90	1.00	1.18	1.14
西藏	0.89	3.50	12.95	0.93	3.27	11.96	1.00	1.19	1.12
陕西	206.44	533.48	1 971.34	214.81	502.09	1 898.83	1.00	1.14	1.08
甘肃	26.53	109.51	357.42	28.45	102.28	349.53	1.00	1.17	1.06
青海	4.46	20.41	75.48	4.70	18.44	72.44	1.00	1.25	1.10
宁夏	6.03	22.57	142.77	6.28	20.74	136.45	1.00	1.23	1.11
新疆	12.12	46.38	227.88	12.65	41.76	219.32	1.00	1.28	1.10

注：以 2000 年的价格作为不变价

（一）省级尺度下的研发资本存量表编制基础

与经济总体尺度类似，编制省级尺度下的研发资本存量表仍需解决研发资产价格指数、研发资产使用年限以及初始研发资本存量等基本问题。

省级尺度下，仍然采用成本价格指数法构造研发资产价格指数。具体地，分别以各地区的工业生产者购进价格指数代替中间投入缩减指数、城市居民消费价格指数代替劳动成本缩减指数、固定资产投资价格指数代替固定资本消耗缩减指数，进而根据各部分支出与研发经费支出之比加权形成研发资产价格指数。由于西藏和海南缺失部分年份的工业生产者购进价格指数，本部分使用地理临近地区的数据插补；同样地，由于西藏、海南和广东三地缺失固定资产投资价格指数，且西藏整个样本内完全缺失，本部分使用经济总体尺度下的固定资产投资价格指数代替。此外，研发资产使用年限以及初始研发资本存量的设定方法与经济总体尺度下的一致。

（二）省级尺度下的研发资本存量表

基于上述变量设定，本节编制了 2000～2022 年 31 个地区的财富性研发资本存量表、生产性研发资本存量表，其特征如下。

（1）各地区的财富性和生产性研发资本存量均呈现较快增长态势。从指标的规模大小来看，2000～2022 年，各地区仍符合"财富性研发资本存量总额规模最大，生产性研发资本存量次之，财富性研发资本存量净额规模最小"的资本递减规律。从指标的年均增速来看，财富性研发资本存量总额年均增速为 11.13%～23.87%，生产性研发资本存量年均增速为 11.13%～23.91%，研发资本存量净额年均增速为 11.13%～23.67%，均高于同期 GDP 的增速（9.03%），从而为各地区创新驱动经济增长提供了充足动力。

（2）财富性和生产性研发资本存量均呈现明显的空间集聚现象。从各地区研发资本存量占 31 个地区总量比重看，截止到 2022 年末，东部地区的财富性研发资本存量总额、生产性研发资本存量和财富性研发资本存量净额占 31 个地区总量的比例均高达 68%以上。其中，北京、上海、江苏、浙江、山东和广东六个地区的上述三个研发资本存量指标均突破了 5000 亿元关口，在全国遥遥领先。从各地区研发资本存量占 31 个地区总量比重的变动趋势看，东部地区和中部地区上述三个指标占比均呈现不断上升趋势。具体地，东部和中部地区的财富性研发资本存量总额占比分别从 61.08%增至 68.35%、12.43%增至 16.02%，生产性研发资本存量占比分别从 61.20%增至 67.37%、12.38%增至 16.49%，财富性研发资本存量净额占比分别从 61.20%增至 68.32%、12.48%增至 16.10%。相反，西部地区和东北地区的研发资本存量占比不断下降。具体地，西部和东北地区的财富性研发资本存量总额占比分别从 17.91%降至 12.16%、8.58%降至 3.47%，生产性研发资本存量占比分别从 17.87%降至 12.54%、8.56%降至 3.60%，财富性研发资本存量净额占比分别从 17.77%降至 12.18%、8.55%降至 3.40%。可见，财富性和生产性研发资本存量的区域差距双双扩大。此外，通过计算东部、中部、西部以及东北地区各省份（自治区、直辖市）财富性和生产性研发资本存量变异系数，发现东部、中部以及西部地区的变异系数逐渐增大，东北地区的变异系数逐渐减小，这说明地区内的差距呈进一步扩大趋势。

四、行业尺度下的研发资本存量表编制实践

动态展示工业行业研发资本存量的规模与变化趋势是编制行业尺度下的研发资本存量表的另一重要工作。为此，本节编制了 1990～2022 年部分年份 36 个工业行业研发资本存量表，如表 6.25 和表 6.26 所示。

表 6.25　部分年份 36 个工业行业财富性研发资本存量表（单位：亿元）

行业	财富性研发资本存量总额				财富性研发资本存量净额				研发固定资本消耗			
	1990 年	2000 年	2010 年	2022 年	1990 年	2000 年	2010 年	2022 年	1990 年	2000 年	2010 年	2022 年
行业 1	2.65	9.77	162.45	421.93	1.63	6.54	112.36	195.83	1.02	3.23	50.10	226.10
行业 2	10.29	35.95	120.02	246.38	6.33	20.64	75.61	121.74	3.96	15.31	44.41	124.64
行业 3	0.21	0.53	3.80	43.23	0.13	0.31	2.74	28.36	0.08	0.22	1.06	14.87
行业 4	0.95	2.34	10.77	74.44	0.59	1.20	7.28	38.78	0.37	1.14	3.49	35.67
行业 5	2.47	2.98	5.85	41.74	1.52	1.31	3.45	24.75	0.95	1.67	2.40	16.99
行业 6	1.87	6.73	57.44	662.27	1.20	3.68	40.05	349.04	0.68	3.05	17.39	313.22
行业 7	1.29	7.24	52.28	447.61	0.89	3.90	32.73	207.99	0.41	3.34	19.55	239.62
行业 8	2.09	10.60	72.30	260.01	1.29	6.53	46.65	117.89	0.81	4.07	25.65	142.11
行业 9	2.83	6.55	28.02	70.46	1.56	3.55	16.50	35.37	1.28	2.99	11.52	35.09
行业 10	20.44	40.02	135.60	613.70	11.40	18.48	84.37	310.67	9.04	21.54	51.24	303.03
行业 11	0.32	2.33	30.29	272.31	0.21	1.46	19.23	141.52	0.11	0.88	11.06	130.79
行业 12	0.73	1.88	14.01	188.59	0.46	0.91	9.56	109.61	0.27	0.96	4.45	78.98
行业 13	0.53	1.37	12.52	153.45	0.34	0.72	7.30	89.51	0.19	0.65	5.22	63.95
行业 14	0.27	0.62	8.89	165.06	0.18	0.33	5.92	101.22	0.09	0.28	2.97	63.84
行业 15	4.64	10.31	58.50	351.22	2.79	5.74	37.10	179.72	1.84	4.56	21.40	171.50
行业 16	0.49	2.80	14.00	170.95	0.30	1.68	9.05	102.74	0.19	1.12	4.95	68.21
行业 17	0.83	3.09	21.56	247.97	0.52	1.79	14.17	132.60	0.30	1.30	7.39	115.37
行业 18	4.44	19.55	65.32	385.35	2.55	11.61	41.94	208.70	1.89	7.94	23.38	176.66
行业 19	24.83	65.84	395.18	2299.49	14.92	36.00	252.81	1151.69	9.91	29.84	142.37	1147.80
行业 20	4.37	22.69	195.42	1632.10	2.77	14.53	123.54	940.00	1.59	8.16	71.88	692.09
行业 21	2.20	12.75	66.30	300.06	1.30	7.56	42.92	166.96	0.90	5.19	23.38	133.10
行业 22	5.97	19.72	126.09	923.60	3.62	10.73	83.16	524.73	2.35	8.99	42.93	398.87
行业 23	10.82	27.83	108.87	1064.46	6.42	14.68	69.26	608.45	4.40	13.15	39.61	456.01
行业 24	15.69	62.91	591.47	1971.96	9.73	34.75	390.38	1002.04	5.96	28.15	201.08	969.92
行业 25	5.92	16.81	173.13	1127.56	3.74	9.86	116.07	583.01	2.19	6.96	57.06	544.55
行业 26	2.66	12.06	85.45	1125.78	1.68	6.59	58.36	668.02	0.98	5.47	27.09	457.77
行业 27	36.94	75.96	400.96	2183.24	21.58	38.35	260.91	1193.85	15.36	37.61	140.04	989.39
行业 28	28.49	53.76	325.67	2053.32	16.96	25.43	223.60	1137.47	11.53	28.33	102.08	915.85
行业 29	16.19	62.95	567.93	3188.21	10.08	37.67	369.94	1725.19	6.11	25.27	197.99	1463.02
行业 30	8.97	33.72	300.08	1295.93	5.58	19.85	199.11	659.83	3.39	13.87	100.97	636.10
行业 31	12.84	65.60	628.44	3619.55	8.12	40.07	411.09	1997.67	4.72	25.53	217.36	1621.88
行业 32	17.05	103.20	1271.83	6382.46	11.00	72.82	785.15	3661.08	6.05	30.39	486.68	2721.38
行业 33	5.79	11.75	71.65	639.30	3.53	5.90	48.11	354.33	2.26	5.85	23.54	284.98

续表

行业	财富性研发资本存量总额				财富性研发资本存量净额				研发固定资本消耗			
	1990年	2000年	2010年	2022年	1990年	2000年	2010年	2022年	1990年	2000年	2010年	2022年
行业34	2.77	16.26	68.33	289.74	1.70	10.69	40.43	174.24	1.07	5.57	27.90	115.50
行业35	0.34	1.21	1.24	39.79	0.21	0.72	0.58	26.71	0.13	0.49	0.67	13.07
行业36	1.11	2.46	3.12	29.19	0.68	1.27	112.36	18.23	0.43	1.19	50.10	10.96

注：以1990年的价格作为不变价；行业1～行业36分别表示以下36个行业——其他煤炭采选，石油和天然气开采业，黑色金属矿采选业，有色金属矿采选业，非金属矿采选业，农副食品加工业，食品制造业，酒、饮料和精制茶制造业，烟草制品业，纺织业，纺织服装、服饰业，皮革、毛皮、羽毛及其制品和制鞋业，木材加工和木、竹、藤、棕、草制品业，家具制造业，造纸和纸制品业，印刷和记录媒介复制业，文教、工美、体育和娱乐用品制造业，石油、煤炭及其他燃料加工业，化学原料和化学制品制造业，医药制造业，化学纤维制造业，橡胶和塑料制品业，非金属矿物制品业，黑色金属冶炼和压延加工业，有色金属冶炼和压延加工业，金属制品业，通用设备制造业，专用设备制造业，汽车制造业，铁路、船舶、航空航天和其他运输设备制造业，电气机械和器材制造业，计算机、通信和其他电子设备制造业，仪器仪表制造业，电力、热力生产和供应业，燃气生产和供应业，水的生产和供应业

表6.26　部分年份36个工业行业生产性研发资本存量表

行业	生产性研发资本存量/亿元				研发资本服务/亿元				研发资本服务物量指数（链式指数）			
	1990年	2000年	2010年	2022年	1991年	2000年	2010年	2022年	1991年	2000年	2010年	2022年
行业1	1.97	7.70	132.15	269.38	2.07	6.66	117.47	265.37	1.00	1.33	1.33	1.01
行业2	7.67	26.13	91.57	167.53	8.37	24.56	83.04	163.43	1.00	1.13	1.26	1.03
行业3	0.15	0.39	3.15	34.63	0.17	0.37	2.70	30.97	1.00	1.14	1.37	1.28
行业4	0.71	1.57	8.57	51.82	0.78	1.47	7.77	50.16	1.00	1.08	1.34	1.06
行业5	1.84	1.82	4.32	31.35	1.89	1.84	4.02	28.97	1.00	0.99	1.15	1.14
行业6	1.44	4.72	46.91	486.29	1.69	4.43	41.57	471.52	1.00	1.13	1.32	1.08
行业7	1.07	5.04	38.69	272.69	1.24	4.80	34.28	268.23	1.00	1.12	1.32	1.04
行业8	1.56	8.01	56.46	166.45	1.70	7.25	51.66	169.60	1.00	1.22	1.21	0.97
行业9	1.94	4.56	20.74	48.74	2.03	4.31	19.49	48.38	1.00	1.11	1.15	1.02
行业10	14.18	25.57	103.53	421.93	15.21	25.41	95.23	417.57	1.00	1.02	1.20	1.03
行业11	0.25	1.79	23.59	187.74	0.28	1.65	21.83	184.15	1.00	1.21	1.19	1.05
行业12	0.56	1.24	11.32	137.62	0.58	1.23	10.08	130.21	1.00	1.04	1.30	1.13
行业13	0.41	0.94	9.26	112.82	0.44	0.92	8.88	106.72	1.00	1.07	1.12	1.13
行业14	0.22	0.43	7.15	128.05	0.23	0.41	6.71	121.44	1.00	1.14	1.22	1.14
行业15	3.41	7.28	45.09	244.57	3.62	6.78	41.27	242.41	1.00	1.13	1.22	1.03
行业16	0.36	2.09	10.88	130.44	0.42	1.96	9.76	122.90	1.00	1.19	1.26	1.13
行业17	0.63	2.26	17.03	176.88	0.70	2.16	15.57	173.67	1.00	1.14	1.24	1.05
行业18	3.15	14.52	50.48	273.06	3.41	13.31	45.49	268.37	1.00	1.16	1.24	1.06
行业19	18.21	46.18	307.28	1552.39	19.94	43.58	281.73	1527.31	1.00	1.12	1.21	1.03
行业20	3.33	17.50	150.84	1198.47	3.70	15.33	138.64	1136.61	1.00	1.26	1.21	1.12
行业21	1.60	9.49	51.97	216.12	1.79	8.90	47.55	208.18	1.00	1.14	1.20	1.10
行业22	4.40	13.88	99.73	671.79	4.85	13.35	89.86	642.41	1.00	1.09	1.24	1.11
行业23	7.86	19.21	83.89	788.01	8.46	18.48	76.12	754.63	1.00	1.07	1.24	1.10
行业24	11.77	44.64	470.13	1340.57	13.31	42.76	427.12	1327.54	1.00	1.11	1.22	1.04

续表

行业	生产性研发资本存量/亿元				研发资本服务/亿元				研发资本服务物量指数（链式指数）			
	1990 年	2000 年	2010 年	2022 年	1991 年	2000 年	2010 年	2022 年	1991 年	2000 年	2010 年	2022 年
行业 25	4.50	12.22	138.84	773.09	4.78	10.80	125.94	758.14	1.00	1.21	1.24	1.05
行业 26	2.02	8.57	69.13	843.77	2.26	8.23	62.11	794.86	1.00	1.08	1.26	1.14
行业 27	26.53	50.96	315.19	1548.85	28.30	49.37	289.39	1489.64	1.00	1.05	1.22	1.09
行业 28	20.75	34.71	263.94	1476.20	22.22	34.24	236.23	1416.72	1.00	1.02	1.29	1.09
行业 29	12.18	46.74	446.56	2269.05	13.45	42.78	405.54	2191.73	1.00	1.18	1.23	1.07
行业 30	6.74	24.81	238.41	870.83	7.45	22.87	215.26	849.87	1.00	1.16	1.25	1.06
行业 31	9.77	49.36	495.52	2579.89	10.88	45.35	449.88	2470.67	1.00	1.19	1.23	1.09
行业 32	13.15	83.91	971.45	4669.27	14.39	69.32	903.37	4413.23	1.00	1.44	1.17	1.12
行业 33	4.29	7.82	57.30	457.69	4.62	7.61	51.73	438.24	1.00	1.05	1.26	1.10
行业 34	2.07	12.84	50.33	217.77	2.20	11.72	46.93	202.32	1.00	1.23	1.17	1.16
行业 35	0.25	0.89	0.77	32.37	0.28	0.82	0.71	29.14	1.00	1.20	1.04	1.24
行业 36	0.83	1.67	2.02	22.56	0.88	1.66	1.98	20.98	1.00	1.05	1.05	1.17

　　注：以 1990 年的价格作为不变价；行业 1～行业 36 分别表示以下 36 个行业——其他煤炭采选，石油和天然气开采业，黑色金属矿采选业，有色金属矿采选业，非金属矿采选业，农副食品加工业，食品制造业，酒、饮料和精制茶制造业，烟草制品业，纺织业，纺织服装、服饰业，皮革、毛皮、羽毛及其制品和制鞋业，木材加工和木、竹、藤、棕、草制品业，家具制造业，造纸和纸制品业，印刷和记录媒介复制业，文教、工美、体育和娱乐用品制造业，石油、煤炭及其他燃料加工业，化学原料和化学制品制造业，医药制造业，化学纤维制造业，橡胶和塑料制品业，非金属矿物制品业，黑色金属冶炼和压延加工业，有色金属冶炼和压延加工业，金属制品业，通用设备制造业，专用设备制造业，汽车制造业，铁路、船舶、航空航天和其他运输设备制造业，电气机械和器材制造业，计算机、通信和其他电子设备制造业，仪器仪表制造业，电力、热力生产和供应业，燃气生产和供应业，水的生产和供应业

（一）行业尺度下的研发资本存量表编制基础

　　同样地，编制行业尺度下的研发资本存量表仍需解决研发资产价格指数、研发资产使用年限和初始研发资本存量等基本问题。

　　行业尺度下仍然采用成本价格指数法构造研发资产价格指数。具体地，分别以各工业行业的工业生产者购进价格指数代替中间投入缩减指数，以各工业行业的城市居民消费价格指数代替劳动成本缩减指数，以各工业行业的固定资产投资价格指数代替固定资本消耗缩减指数，进而根据各部分支出与研发经费支出之比加权形成研发资产价格指数。此外，在行业尺度下对于研发资产使用年限以及初始研发资本存量的设定方法与在经济总体尺度下的一致。

（二）行业尺度下的研发资本存量表具体编制

　　基于上述变量设定，本书编制了 1990～2022 年部分年份 36 个工业行业财富性研发资本存量表、生产性研发资本存量表，其特征如下。

（1）36 个工业行业的财富性和生产性研发资本存量均呈现增长态势。1990～2022 年，36 个工业行业的财富性研发资本存量总额从 1990 年的 260.29 亿元提升至 2022 年的 34 982.41 亿元，年均增速约为 16.55%，生产性研发资本存量从 1990 年的 191.77 亿元提升至 2022 年的 24 870.68 亿元，年均增速约为 16.42%，财富性研发资本存量净额从 1990 年的 157.51 亿元提升至 2022 年的 19 089.54 亿元，年均增速约为 16.17%，均大幅高于同期 GDP 增速（9.03%），成为中国的研发主力以及研发成果主要应用领域。其中，医药制造业，电气机械和器材制造业，计算机、通信和其他电子设备制造业等高技术产业的财富性和生产性研发资本存量年均增速为 18%～21%，有力促进了经济提质增效升级，有效支撑了经济发展。此外，农副食品加工业，食品制造业，纺织服装、服饰业，家具制造业，印刷和记录媒介复制业，文教、工美、体育和娱乐用品制造业，金属制品业等传统制造业财富性和生产性研发资本存量年均增速高达 20%。可见，"大众创业、万众创新"政策的深入推进以及我国对传统制造业转型升级的大力支持，有效激发了企业开展研发的动力。

（2）财富性和生产性研发资本存量均呈现明显的行业集聚现象。数据显示，工业行业的财富性和生产性研发资本存量主要分布于计算机、通信和其他电子设备制造业，电气机械和器材制造业，汽车制造业，化学原料和化学制品制造业，通用设备制造业，专用设备制造业，黑色金属冶炼和压延加工业等七个行业。截至 2022 年末，这七个行业的财富性研发资本存量总额、财富性研发资本存量净额以及生产性研发资本存量占全部行业对应研发资本存量的比例分别为 62.03%、62.18%、62.07%。由《高技术产业（制造业）分类（2017）》可知，上述七个行业除黑色金属冶炼和压延加工业外均属于高技术产业范围，这说明工业行业的财富性和生产性研发资本存量主要分布在高技术制造业。尤其是电气机械和器材制造业与计算机、通信和其他电子设备制造业，这两个行业的三个研发资本存量指标占比分别在 10% 和 18% 以上。进一步地，以这两个高技术制造业为例，由研发资本存量结构变动趋势情况可知，计算机、通信和其他电子设备制造业的财富性研发资本存量总额、财富性研发资本存量净额以及生产性研发资本存量占全行业的比重分别从 1990 年的 6.55%、6.98%、6.86% 增至 2022 年的 18.24%、19.18%、18.77%。可见，该行业研发水平的提高经产业链渗透到各个行业的生产过程中，从而推进工业行业的产业转型升级。电气机械和器材制造业的财富性研发资本存量总额、财富性研发资本存量净额以及生产性研发资本存量占全行业的比重分别从 1990 年的 4.93%、5.16%、5.09% 增至 2022 年的 10.35%、10.46%、10.37%，该行业虽然研发水平有所提升，但仍依赖发达国家的先进技术，提高其自主研发能力迫在眉睫。

第四节　研发资本化影响表编制实践

国民经济核算体系遵循标准的概念、定义、分类和核算原则，运用一套逻辑严谨、协调一致而完整的宏观经济账户核算经济活动的全貌。因此，在整个国民经济核算体系中，研发资本化核算规则的改变将具有牵一发而动全身的效应。基于国民核算视角，本节将编制研发资本化影响表以细致刻画研发资本化对 GDP、消费、投资、储蓄等宏观经济变量的系列影响。同时，基于宏观经济分析视角，编制研发资本驱动经济增长贡献表以衡量研发资本对经济增长的效应。

一、研发资本化对 GDP 影响表编制实践

运用研发固定资本形成表、研发资本存量表提供的数据资料以及《中国统计年鉴》中的 GDP 数据，遵循高敏雪（2017）将研发资本化核算对 GDP 影响细化为两步调整的思路，可完成对研发资本化对 GDP 影响表的编制。需要指出的是，如无特殊说明，下列表式中所有数据均以现价水平表示。

（一）研发资本化对 GDP 直接影响表（第一轮调整）

研发资本化变革使得以企业为代表的市场生产主体将原本计入中间消耗的研发支出重新调整计为研发固定资本形成，以政府为代表的非市场生产主体的研发支出由最终消费重新调整为研发固定资本形成。表 6.27 显示，生产法中的总产出与收入法中的营业盈余发生了等量变化，且与支出法中的固定资本形成和政府消费协同变化引致的总效应一致，结果引起 GDP 规模的向上调整。在全样本区间内，现价 GDP 第一轮增长量从 1978 年的 22.42 亿元，上升至 2022 年的 23 479.88 亿元，现价 GDP 第一轮调整的年均变化增量达 2961.76 亿元。调整后的现价 GDP 规模从 1978 年的 3701.12 亿元升至 2022 年的 1 201 534.23 亿元。此外，支出法 GDP 调整过程表明，研发资本化也将引起 GDP 结构的变动，其中，固定资本形成增量由 1978 年的 41.22 亿元增至 2022 年的 30 131.31 亿元，年均增长 5453.71 亿元；政府消费减少量则从 1978 年的 18.80 亿元增至 2022 年的 6651.43 亿元，年均减少 1284.53 亿元，减幅明显低于固定资本形成增量增幅。

（二）研发资本化对 GDP 衍生影响表（第二轮调整）

不同生产部门在生产中使用研发资产将会产生研发固定资本消耗，由此总产出将增加。对市场生产者而言，增加的总产出将与营业盈余抵消，增加值最终保

表 6.27　研发资本化对 GDP 直接影响表（单位：亿元）

GDP 及其构成项目变动		1978 年	1980 年	1985 年	1990 年	1995 年	2000 年	2005 年	2010 年	2015 年	2022 年
调整前 GDP		3 678.70	4 587.60	9 098.90	18 872.90	61 339.90	100 280.10	187 318.90	412 119.30	688 858.20	1 178 054.35
生产法	Δ 总产出	22.42	29.03	46.31	68.96	148.77	474.19	1 572.99	5 036.94	10 507.69	23 479.88
	Δ 中间消耗	0	0	0	0	0	0	0	0	0	0
	ΔGDP	22.42	29.03	46.31	68.96	148.77	474.19	1 572.99	5 036.94	10 507.69	23 479.88
收入法	Δ 劳动者报酬	0	0	0	0	0	0	0	0	0	0
	Δ 生产税净额	0	0	0	0	0	0	0	0	0	0
	Δ 固定资本消耗	0	0	0	0	0	0	0	0	0	0
	Δ 营业盈余	22.42	29.03	46.31	68.96	148.77	474.19	1 572.99	5 036.94	10 507.69	23 479.88
	ΔGDP	22.42	29.03	46.31	68.96	148.77	474.19	1 572.99	5 036.94	10 507.69	23 479.88
支出法	Δ 居民消费	0	0	0	0	0	0	0	0	0	0
	Δ 政府消费	-18.80	-22.67	-42.10	-63.24	-178.84	-324.08	-697.55	-1 640.38	-3 084.16	-6 651.43
	Δ 固定资本形成	41.22	51.70	88.41	132.20	327.61	798.27	2 270.54	6 677.32	13 591.85	30 131.31
	Δ 存货变动	0	0	0	0	0	0	0	0	0	0
	Δ 净出口	0	0	0	0	0	0	0	0	0	0
	ΔGDP	22.42	29.03	46.31	68.96	148.77	474.19	1 572.99	5 036.94	10 507.69	23 479.88
调整后 GDP		3 701.12	4 616.63	9 145.21	18 941.86	61 488.67	100 754.29	188 891.89	417 156.24	699 365.89	1 201 534.23

持不变；对非市场生产者而言，增加的总产出将使得增加值等额增加，并最终引致政府消费等额增加。表 6.28 列示了第二轮 GDP 核算调整过程。

数据显示，生产法中的总产出与支出法中的政府消费发生了同额变化，且与收入法中的固定资本消耗和营业盈余协同变化引致的总效应一致，结果再次引起 GDP 规模的向上调整。全样本区间内，现价 GDP 第二轮增长量从 1978 年的 23.34 亿元，上升至 2022 年的 8672.97 亿元，年均增量为 1066.40 亿元，明显低于第一轮 GDP 调整的年均增量。支出法 GDP 调整过程表明，此轮调整中政府消费不减反增，增量从 1978 年的 23.34 亿元扩增至 2022 年的 8672.97 亿元，年均增量达 1066.40 亿元。政府消费的递增将进一步削弱第一轮调整引起的最终消费下降对 GDP 带来的影响。此外，由收入法 GDP 调整过程可知，研发资产因参与生产而产生的固定资本消耗从 1978 年的 39.74 亿元增至 18 937.10 亿元，年均增量达 3605.57 亿元。进一步地，研发固定资本消耗一部分用于抵消市场生产者的营业盈余，剩余部分则成为第二轮调整中 GDP 的增量。

（三）研发资本化对 GDP 综合影响表

叠加 GDP 核算两个轮次的调整得到研发资本化对 GDP 的最终影响结果，如表 6.29 所示。数据显示，全样本区间内，现价 GDP 增长量从 1978 年的 45.76 亿元，上升至 2022 年的 32 152.85 亿元，年均增量为 4028.15 亿元。此外，研发资本化调整前后，现价 GDP 调整率[①]呈"V"形变动趋势，1978～1980 连续三年现价 GDP 调整率持续上升，增至 1.28%；此后 1981～1996 年现价 GDP 调整率持续下降，跌至 1996 年的 0.58%；1997 年开始持续上升，攀升至 2022 年的 2.66%。这表明自 20 世纪 90 年代末期，中国高度重视科技创新在国家战略发展中的重要地位，研发对经济增长的重要驱动作用逐渐显现。

此外，由表 6.29 可知，固定资本消耗和营业盈余是收入法 GDP 核算调整中两大主要构成项目。1978 年，固定资本消耗增量占 GDP 增量比重为 86.84%，营业盈余仅占 13.16%；而在 2022 年二者比重发生较大的变化，固定资本消耗增量占比降至 58.90%，营业盈余上升至 41.10%。支出法 GDP 调整表明，研发固定资本形成年均增量为 5453.71 亿元，这成为 GDP 上调的关键要素，政府消费年均增量较低，仅为 213.40 亿元。

（四）研发资本化对 GDP 增速影响表

GDP 规模调整势必导致 GDP 增速的改变。表 6.30 显示，研发资本化调整后

---

① 此处假定 GDP 调整率=ΔGDP/调整后 GDP。

表6.28 研发资本化对GDP衍生影响表（单位：亿元）

GDP及其构成项目变动		1978年	1980年	1985年	1990年	1995年	2000年	2005年	2010年	2015年	2022年
调整前GDP		3701.12	4616.63	9145.21	18941.86	61488.67	100754.29	188891.89	417156.24	699365.89	1233687.08
生产法	Δ总产出	23.34	30.48	50.93	102.18	229.21	371.13	817.26	1697.60	3230.95	8672.97
	Δ中间消耗	0	0	0	0	0	0	0	0	0	0
	ΔGDP	23.34	30.48	50.93	102.18	229.21	371.13	817.26	1697.60	3230.95	8672.97
收入法	Δ劳动者报酬	0	0	0	0	0	0	0	0	0	0
	Δ生产税净额	0	0	0	0	0	0	0	0	0	0
	Δ固定资本消耗	39.74	50.80	84.31	164.13	369.02	571.00	1450.60	3788.99	8557.81	18937.10
	Δ营业盈余	-16.40	-20.32	-33.37	-61.95	-139.81	-199.88	-633.35	-2091.40	-5326.87	-10264.13
	ΔGDP	23.34	30.48	50.93	102.18	229.21	371.13	817.26	1697.60	3230.95	8672.97
支出法	Δ居民消费	0	0	0	0	0	0	0	0	0	0
	Δ政府消费	23.34	30.48	50.93	102.18	229.21	371.13	817.26	1697.60	3230.95	8672.97
	Δ固定资本形成	0	0	0	0	0	0	0	0	0	0
	Δ存货变动	0	0	0	0	0	0	0	0	0	0
	Δ净出口	0	0	0	0	0	0	0	0	0	0
	ΔGDP	23.34	30.48	50.93	102.18	229.21	371.13	817.26	1697.60	3230.95	8672.97
调整后GDP		3724.46	4647.11	9196.14	19044.04	61717.88	101125.42	189709.15	418853.84	702596.84	1242360.05

表 6.29　研发资本化对 GDP 综合影响表（单位：亿元）

GDP 及其构成项目变动		1978 年	1980 年	1985 年	1990 年	1995 年	2000 年	2005 年	2010 年	2015 年	2022 年
调整前 GDP		3 678.70	4 587.60	9 098.90	18 872.90	61 339.90	100 280.10	187 318.90	412 119.30	688 858.20	1 178 054.35
生产法	△总产出	45.76	59.51	97.24	171.14	377.98	845.32	2 390.25	6 734.54	13 738.64	32 152.85
	△中间消耗	0	0	0	0	0	0	0	0	0	0
	△GDP	45.76	59.51	97.24	171.14	377.98	845.32	2 390.25	6 734.54	13 738.64	32 152.85
收入法	△劳动者报酬	0	0	0	0	0	0	0	0	0	0
	△生产税净额	0	0	0	0	0	0	0	0	0	0
	△固定资本消耗	39.74	50.80	84.31	164.13	369.02	571.00	1 450.60	3 788.99	8 557.81	18 937.10
	△营业盈余	6.02	8.71	12.94	7.01	8.97	274.31	939.64	2 945.55	5 180.82	13 215.75
	△GDP	45.76	59.51	97.24	171.14	377.98	845.32	2 390.25	6 734.54	13 738.64	32 152.85
支出法	△居民消费	0	0	0	0	0	0	0	0	0	0
	△政府消费	4.54	7.81	8.83	38.94	50.37	47.05	119.71	57.22	146.79	2 021.54
	△固定资本形成	41.22	51.70	88.41	132.20	327.61	798.27	2 270.54	6 677.32	13 591.85	30 131.31
	△存货变动	0	0	0	0	0	0	0	0	0	0
	△净出口	0	0	0	0	0	0	0	0	0	0
	△GDP	45.76	59.51	97.24	171.14	377.98	845.32	2 390.25	6 734.54	13 738.64	32 152.85
调整后 GDP		3 724.46	4 647.11	9 196.14	19 044.04	61 717.88	101 125.42	189 709.15	418 853.84	702 596.84	1 242 360.05
现价 GDP 调整率		1.23%	1.28%	1.06%	0.90%	0.61%	0.84%	1.26%	1.61%	1.96%	2.66%

表6.30　研发资本化对GDP增速影响表

年份	GDP 增速		
	资本化前	资本化后	变动量/百分点
1979	11.47%	11.51%	0.04
1980	11.88%	11.89%	0.01
1985	25.01%	24.88%	−0.13
1990	9.86%	9.87%	0.01
1995	26.12%	25.99%	−0.13
2000	10.73%	10.89%	0.16
2005	15.74%	15.84%	0.09
2010	18.25%	18.29%	0.04
2015	7.04%	7.07%	0.03
2020	2.58%	2.74%	0.16
2022	5.15%	5.31%	0.16
平均	14.22%	14.26%	0.04
1978~1990	14.60%	14.57%	−0.03
1991~1995	29.21%	29.13%	−0.08
1996~2000	8.71%	8.77%	0.07
2001~2005	14.01%	14.11%	0.10
2006~2010	17.07%	17.15%	0.08
2011~2015	9.00%	9.08%	0.07
2016~2022	8.28%	8.39%	0.11

GDP平均增速从14.22%升至14.26%，提升了0.04个百分点。这表明研发资本化对GDP增速影响远不如对GDP总额增幅的影响，该结论与已有研究保持一致。例如，2012年研发资本化调整前后，美国GDP总额增幅高达2.55%，而GDP增速仅增加了0.02个百分点（James，2013）。此外，研发资本化对GDP增速的阶段性影响表明，1996年之后各阶段GDP增速均有所提升，但提升幅度没有明显区别。值得注意的是，1978~1995年多数年份研发投资规模增速低于未资本化之前的GDP增速，从而引起调整后GDP增速下降。

（五）研发资本化对GDP结构影响表

GDP核算调整过程显示，研发资本化也将引起GDP构成中的最终消费和资本形成总额（又称投资）变动，即GDP结构的变化。表6.31显示，1978~2022年研发资本化致使最终消费年均下降213.40亿元，平均最终消费率从58.47%下降至57.71%，降幅为0.76个百分点；研发资本化致使投资年均增加4382.58亿元，平均投资率从39.52%提升至40.00%，提升幅度为0.48个百分点。从最终消费与投资的规模变动以及比率变动趋势来看，尽管研发资本化使得最终消费减少、投资额增加，同时提升了投资率、降低了最终消费率，但并未改变研究区间内最终产品在积累与消费之间的分配格局。值得一提的是，2013 年以来，投资率增幅持续加大，2022 年增幅达 1.90 个百分点。这表明我国越发重视对研发的投资力度，研发投资拉动经济增长的潜力逐渐释放。

表 6.31　研发资本化对 GDP 结构影响表

年份	规模变动/亿元		最终消费率			投资率		
	最终消费	投资	资本化前	资本化后	变动量/百分点	资本化前	资本化后	变动量/百分点
1978	−4.54	26.96	61.90%	59.86%	−2.04	38.40%	37.86%	−0.54
1980	−7.81	36.85	65.40%	63.70%	−1.70	35.00%	34.96%	−0.04
1985	−8.83	55.14	65.00%	64.29%	−0.71	39.00%	39.25%	0.25
1990	−38.94	107.91	63.30%	62.87%	−0.43	34.00%	34.42%	0.42
1995	−50.37	199.14	59.30%	58.62%	−0.68	39.00%	38.92%	−0.08
2000	−47.05	521.24	63.90%	62.99%	−0.91	33.70%	33.81%	0.11
2005	−119.71	1 692.70	54.30%	53.64%	−0.66	40.30%	40.73%	0.43
2010	−57.22	5 094.17	49.30%	48.11%	−1.19	47.00%	47.02%	0.02
2015	−146.79	10 654.48	53.70%	52.91%	−0.79	43.00%	43.91%	0.91
2020	−948.13	19 399.04	54.70%	55.24%	0.54	42.90%	45.28%	2.38
2022	−2 021.54	25 501.42	53.20%	52.85%	−0.35	43.50%	45.40%	1.90
平均	−213.40	4 382.58	58.47%	57.71%	−0.76	39.52%	40.00%	0.48

二、研发资本化对其他关键经济变量影响表编制实践

除了引起 GDP 核算规模、结构变化之外，研发资本化还将对储蓄、收入等其他变量产生影响，表 6.32～表 6.35 列示了这类影响。

表 6.32　研发资本化对收入、储蓄影响表（单位：亿元）

年份	Δ 可支配收入	Δ 最终消费	Δ 总储蓄
1978	6.02	−4.54	10.56
1980	8.71	−7.81	16.52
1985	12.94	−8.83	21.77
1990	7.01	−38.94	45.95
1995	8.97	−50.37	59.34
2000	274.31	−47.05	321.36
2005	939.64	−119.71	1 059.35
2010	2 945.55	−57.22	3 002.77
2015	5 180.82	−146.79	5 327.61
2020	8 186.78	−948.13	9 134.91
2022	13 215.75	−2 021.54	15 237.29

表 6.33 研发资本化对最终消费需求与投资需求贡献率影响表

年份	最终消费需求贡献率			投资需求贡献率		
	资本化前	资本化后	变动量/百分点	资本化前	资本化后	变动量/百分点
1979	81.79%	80.54%	−1.26	24.89%	25.25%	0.36
1980	79.86%	78.04%	−1.82	20.53%	21.59%	1.06
1985	62.29%	61.77%	−0.52	57.79%	57.74%	−0.05
1990	57.17%	56.23%	−0.94	3.25%	3.96%	0.71
1995	62.44%	62.36%	−0.08	34.20%	33.99%	−0.21
2000	72.89%	71.05%	−1.84	28.57%	29.85%	1.28
2005	48.98%	48.02%	−0.96	30.81%	31.61%	0.80
2010	42.52%	41.76%	−0.76	53.13%	53.52%	0.39
2015	74.82%	73.21%	−1.61	6.45%	7.84%	1.39
2020	32.92%	29.82%	−3.10	51.80%	53.80%	2.00
2022	38.05%	34.87%	−3.19	48.74%	50.82%	2.08
平均	59.45%	58.27%	−1.18	38.99%	39.60%	0.61

表 6.34 研发资本化对最终消费需求与投资需求拉动度影响表

年份	最终消费需求拉动度/百分点			投资需求拉动度/百分点		
	资本化前	资本化后	变动量	资本化前	资本化后	变动量
1979	9.38	9.27	−0.11	2.85	2.91	0.05
1980	9.49	9.28	−0.21	2.44	2.57	0.13
1985	15.58	15.37	−0.21	14.45	14.37	−0.09
1990	5.63	5.55	−0.09	0.32	0.39	0.07
1995	16.31	16.21	−0.10	8.93	8.83	−0.10
2000	7.82	7.74	−0.08	3.07	3.25	0.19
2005	7.71	7.61	−0.10	4.85	5.01	0.16
2010	7.76	7.64	−0.12	9.70	9.79	0.10
2015	5.27	5.17	−0.09	0.45	0.55	0.10
2020	0.85	0.82	−0.03	1.34	1.48	0.14
2022	1.96	1.85	−0.11	2.51	2.70	0.19
平均	8.18	8.07	−0.11	5.80	5.88	0.08

表 6.35 研发经费投入强度与研发投资强度表

年份	研发经费支出/亿元	研发经费投入强度	研发投资/亿元	研发投资强度
1978	43.68	1.19%	41.22	1.11%
1980	55.25	1.20%	51.70	1.11%
1985	96.36	1.06%	88.41	0.96%
1990	139.25	0.74%	132.20	0.69%
1995	348.69	0.57%	327.61	0.53%
2000	895.66	0.89%	798.27	0.79%
2005	2 449.97	1.31%	2 270.54	1.20%
2010	7 062.58	1.71%	6 677.32	1.59%
2015	14 169.88	2.06%	13 591.85	1.93%

年份	研发经费支出/亿元	研发经费投入强度	研发投资/亿元	研发投资强度
2020	24 393.11	2.41%	23 882.88	2.36%
2022	30 782.88	2.54%	30 131.31	2.49%
平均	5 648.28	1.32%	5 453.71	1.24%

注:《中国科技统计年鉴》从 1995 年开始发布研发投入强度数据,因此 1978～1994 年的研发投入强度数据为估算数据

(一)研发资本化对收入、储蓄影响表

收入法 GDP 调整过程显示,研发资本化导致营业盈余增加。作为初始收入分配核算的起点,营业盈余增加将导致初始收入等额增加。然而,研发资本化并未对初始收入分配过程中的财产收入以及收入再分配过程中的经常转移收入造成影响。因此,营业盈余增加将同时导致初始收入和可支配收入同额变动。此外,表6.32 显示,研发资本化核算也降低了最终消费支出。因此,在收入再分配过程中,由"总储蓄=可支配总收入−最终消费支出"的勾稽平衡关系可知,可支配收入增加、最终消费降低,最终引致总储蓄增加。

表 6.32 列示了可支配收入和总储蓄受研发资本化核算影响的调整过程。数据显示,全样本区间内,可支配收入增量从 1978 年的 6.02 亿元升至 2022 年的 13 215.75亿元,年均增加 2061.54 亿元。最终消费减少量则从 1978 年的 4.54 亿元增至 2022年的 2021.54 亿元,年均减少 213.40 亿元。上述两个变量的叠加影响导致总储蓄增量从 1978 年的 10.56 亿元增至 2022 年的 15 237.29 亿元,年均增量达 2274.94 亿元。

(二)研发资本化对最终消费需求与投资需求贡献率影响表

研发资本化核算同时导致 GDP 规模与结构的变动,进而引致最终消费需求、投资需求贡献率的变化。这种影响可通过研发资本化前后最终消费需求、投资需求贡献率的变化予以测度。具体地,研发资本化前最终消费需求与投资需求贡献率的计算如式(6.7)和式(6.8)所示:

$$最终消费需求贡献率=Δ 最终消费/ΔGDP \qquad (6.7)$$
$$投资需求贡献率=Δ 资本形成/ΔGDP \qquad (6.8)$$

研发资本化后最终消费需求与投资需求贡献率的计算如式(6.9)和式(6.10)所示:

$$最终消费需求贡献率=研发资本化后 Δ 最终消费/研发资本化后 ΔGDP \quad (6.9)$$
$$投资需求贡献率=研发资本化后 Δ 资本形成/研发资本化后 ΔGDP \quad (6.10)$$

表 6.33 即基于上述测度方法编制的研发资本化对最终消费需求与投资需求贡献率影响表。数据显示,1979～2022 年,研发资本化使最终消费需求平均贡献率

从 59.45% 下降至 58.27%，下降 1.18 个百分点；研发资本化使投资需求平均贡献率从 38.99% 提升至 39.60%，提升幅度为 0.61 个百分点。从最终消费需求与投资需求贡献率发展趋势看，虽然研发资本化提升了投资需求贡献率、降低了最终消费需求贡献率，但并未撼动最终消费对经济增长最大贡献者的地位。

（三）研发资本化对最终消费需求与投资需求拉动度影响表

受研发资本化核算影响的 GDP 调整效应将持续传导至最终消费需求和投资需求对经济增长的拉动度上。这种影响可通过研发资本化前后的拉动度变化予以测度。具体地，研发资本化前最终消费需求与投资需求拉动度的计算如式（6.11）和式（6.12）所示：

$$最终消费需求拉动度 = 最终消费需求贡献率 \times GDP\ 增长率 \qquad (6.11)$$

$$投资需求拉动度 = 投资需求贡献率 \times GDP\ 增长率 \qquad (6.12)$$

研发资本化后最终消费需求与投资需求拉动度的计算如式（6.13）和式（6.14）所示：

$$最终消费需求拉动度 = 研发资本化后的最终消费需求贡献率$$
$$\times 研发资本化后的 GDP\ 增长率 \qquad (6.13)$$

$$投资需求拉动度 = 研发资本化后的投资需求贡献率$$
$$\times 研发资本化后的 GDP\ 增长率 \qquad (6.14)$$

表 6.34 为基于上述测度方法编制的研发资本化对最终消费需求与投资需求拉动度影响表。数据表明，1979～2022 年研发资本化使平均最终消费需求拉动度从 8.18 个百分点下降至 8.07 个百分点，平均投资需求拉动度从 5.80 个百分点提升至 5.88 个百分点。从最终消费和投资拉动度变化趋势来看，受研发资本化核算影响，全样本区间内最终消费对经济增长的拉动力度减弱，且降幅较为稳定；投资对经济增长的拉动力度逐渐增强，尤其是 2000 年以后，投资拉动度增幅大多年份为 0.10 个百分点以上。由此，研发资本对经济增长的重要作用可见一斑。

（四）研发资本化对科技创新变量影响表

以"研发经费支出与 GDP 之比"表征的研发经费投入强度普遍被国际社会用作体现自身创新能力、量化创新政策推进节奏的重要监测指标。研发资本化核算则实现了从研发经费支出向研发固定资本形成（研发投资）的转化以及 GDP 核算的调整变化。与此过程匹配，本节可在研发经费投入强度基础上构建一个新指标——研发投资强度。具体地，研发投资强度的计算如式（6.15）所示：

$$研发投资强度 = 研发投资 / 研发资本化调整后的 GDP \qquad (6.15)$$

　　与研发经费投入强度不同，研发投资强度分子为研发投资，这是对独立创造知识产出的生产活动的认可，体现了研发资本化核算的本质内核，展现了一个国家和地区从事创新活动所获得的"纯产出"；分母为调整后的 GDP，其纳入了研发资本化调整导致的 GDP 增加部分，既表示了分子指标的形成缘由，又与最新修订形成的国民经济核算规则相连接。但从本质属性来说，研发经费投入强度与研发投资强度均为科技创新范畴的衡量标准，前者从"投入"视角切入，衡量的是创新活动的资金投入规模，而后者从"产出"视角切入，重在对创新活动效益成果的把握。可以认为，唯有研发投资强度与研发经费投入强度的协同提升才能为经济增长注入持久的动能。进一步地，为评估二者的协同程度，本节以"研发投资强度与研发经费投入强度之比"来衡量研发活动的投资转化效率。

　　表 6.35 列示了研发经费投入强度与研发投资强度表。结果显示，1978～2022年，研发经费投入强度平均增速为 1.32%，研发投资强度平均增速为 1.24%。研发经费投入强度始终大于研发投资强度。细致来看，两项指标的发展趋势可大体分为以下四个阶段：①1978～1987 年差距缓慢增大阶段，该区间内二者年均增幅差距为 0.09 个百分点；②1988～1999 年差距逐步缩小阶段，该区间内二者年均增幅差距降至 0.05 个百分点；③2000～2015 年差距加速扩大阶段，该区间内二者年均增幅差距升至 0.11 个百分点；④2016～2022 年差距逐渐收窄，这在一定程度上反映了中国研发资本转化率的劣势有所转变，但进一步提升中国研发资本转化率仍迫在眉睫。

三、研发资本驱动经济增长贡献表编制实践

　　新经济增长理论认为，科技创新是长期经济增长的来源和内生演化的动力。基于此，本节将研发资本纳入索洛增长模型，进而编制了研发资本驱动经济增长贡献表以分析其经济增长效应。

（一）模型设定

　　在 Cobb-Douglas 形式的索洛增长模型基础上纳入研发资本，假定规模报酬不变，则物质资本、人力资本以及研发资本的产出弹性之和为 1。具体模型为

$$Y_t = A_t K_t^{\alpha} H_t^{\beta} T_t^{\gamma} \tag{6.16}$$

$$\frac{\dot{Y}}{Y} = \frac{\dot{A}}{A} + \alpha \frac{\dot{K}}{K} + \beta \frac{\dot{H}}{H} + \gamma \frac{\dot{T}}{T} \tag{6.17}$$

其中，式（6.16）是式（6.17）的全微分形式。Y_t、K_t、H_t、T_t 分别为 t 期的实际产出、物质资本投入、人力资本投入、研发资本投入，α、β、γ 则对应三类资本投入的产出弹性；A_t 为希克斯中性技术进步；$\gamma \frac{\dot{T}}{T}$ 为研发对经济增长的贡献；$\frac{\dot{A}}{A}$

为剥离出研发投入后的全要素生产率（total factor productivity，TFP）增长率[①]。

（二）研发资本驱动经济增长贡献表

本节分别以表6.20和表6.21所示的财富性研发资本存量和生产性研发资本存量作为研发资本投入的代理指标，纳入扩展索洛增长模型，以分析研发资本驱动经济增长的贡献。

表6.36结果显示，财富性研发资本存量与生产性研发资本存量存在显著差异。纵向来看，情形一、情形二的结果阐明，全样本区间内三个不同阶段（1978～1995年、1996～2005年、2006～2022年）的研发资本对经济生产的贡献率逐渐提高，这表明研发在经济增长中的作用日益重要。横向对比发现，在整个样本期间以及各个阶段中，人力资本投入在两类情形中的贡献率较低、变化幅度也较小，2006～2022年的贡献率分别仅有8.25%（情形一）和7.28%（情形二）。在情形一中，物质资本投入对经济增长的贡献率始终小于情形二的贡献率；而情形一中生产性研发资本存量的贡献率始终大于情形二的财富性研发资本存量净额的贡献率，且三个阶段中生产性研发资本存量相较财富性研发资本存量净额的贡献率优势分别为0.68个百分点、0.35个百分点、2.16个百分点。尤其是2005年以后，生产性研发资本存量的贡献优势日渐凸显。

表6.36　研发资本驱动经济增长贡献

时期		情形一：以生产性研发资本存量作为研发资本投入代理变量				情形二：以财富性研发资本存量净额作为研发资本投入代理变量			
		人力资本投入	物质资本投入	研发资本投入	TFP	人力资本投入	物质资本投入	研发资本投入	TFP
贡献值/亿元	1978～2022年	1.36	4.71	2.52	0.75	1.22	5.26	2.38	0.49
	1978～1995年	2.21	3.90	1.42	1.24	1.99	4.35	1.36	1.08
	1996～2005年	0.78	5.01	3.19	1.39	0.70	5.58	3.16	0.93
	2006～2022年	0.75	5.62	3.60	−0.88	0.66	6.24	3.41	−1.21
贡献率	1978～2022年	14.54%	50.39%	27.01%	8.06%	13.07%	56.20%	25.47%	5.26%
	1978～1995年	25.22%	44.19%	16.13%	14.17%	22.66%	49.61%	15.45%	12.28%
	1996～2005年	7.53%	48.28%	30.78%	13.40%	6.77%	53.85%	30.43%	8.95%
	2006～2022年	8.25%	61.75%	39.62%	−9.63%	7.28%	68.58%	37.46%	−13.32%

上述分析表明，以财富性研发资本存量作为研发资本投入的衡量指标，将低估研发资本对经济增长的贡献，从而影响未来经济政策的制定及政策效应的发挥。

---

① OECD（2001）指出，测算生产率所使用的劳动和物质资本投入量应该是"劳动工时数"与"资本服务"。考虑到这两个指标的具体测算过程复杂且涉及较多假设，加上本书重点在于突出生产性研发资本存量与财富性研发资本存量在实际应用中的区别，因此在实际估算过程中，参考张军等（2004）的做法，用从业人员数与平均受教育年限之积表示人力资本投入，用物质资本存量对物质资本投入进行估算。相关数据来自《中国国内生产总值核算历史资料（1952—2004）》和《中国统计年鉴2023》。

可以预见的是，随着生产性和财富性研发资本存量体量差异的持续增加，生产性研发资本存量的贡献优势也必将更为突出。由此论证了基于财富与生产双重视角测算研发资本存量的必要性，以及以生产性研发资本存量测度创新贡献的重要性。

对研发资本化及研发资本存量的量化测度，将科技创新对经济增长的影响从"一揽子剩余项"（即 TFP）中独立出来成为可能（高敏雪，2017），本书进一步分析了将研发资本存量纳入增长核算模型对 TFP 的影响。结果显示，未考虑研发资本存量的 TFP 增长率最大，这主要是因为 TFP 增长通常来源于效率改善、技术创新和规模效应，其中，技术创新是 TFP 的一个极为重要的来源，而考虑了研发资本投入后的 TFP 增长率已经将技术创新引起的增长贡献从中剥离。此外，在整个样本期间，考虑生产性研发资本存量的 TFP 增长率始终大于考虑财富性研发资本存量（净额）的 TFP 增长率，这表明以财富性研发资本存量作为研发资本投入的代理指标将会低估 TFP 增长率水平，再次论证了以生产性研发资本存量衡量创新对生产贡献的不可替代性。

第七章　外生研究与试验发展卫星账户编制研究

同时刻画研发活动的投资全貌及研发活动巨大的外部溢出效应是外生研发卫星账户的应有职责。考虑到内生研发卫星账户已详尽展现了研发资本化核算过程中的研发固定资本形成、研发资本存量等关键指标，揭示了研发资本化核算口径两个层次的调整对 GDP 产生的最终影响等，本章外生研发卫星账户的编制重心便在于对研发活动外部性引致的溢出效应的测度上。据此，本章以编制突破 SNA 经济意义生产范围口径下的外生研发卫星账户为基础，遵循"何为研发资本溢出→如何测度研发资本溢出→研发资本溢出实际测算"的研究逻辑，以区域投入产出分析方法和社会网络分析法为工具，从区域与产业双重维度、静态与动态双向视角详尽刻画研发活动的外部溢出效应。

第一节　外生研发卫星账户编制有关问题阐释

一、研发资本溢出含义

厘清研发资本溢出是编制外生研发卫星账户的基础。我们围绕"何为研发资本溢出"展开探讨，以此界定外生研发卫星账户的编制范围与编制内容。

（一）研发溢出

研发溢出是指由于研发产品的非竞争性和部分独占性特征而引起的一种正外部经济性。那么，如何测度研发溢出或研发溢出效应呢？这是一个看似简单实则十分困难的问题。分析既有文献，学者对研发溢出效应的测度视角集中在两个层面：一个是聚焦研发溢出效应本身的测度（Wolff，1997；Düring and Schnabel，2000；Dietzenbacher and Los，2002；王铮等，2003；张红霞和冯恩民，2005；韩颖等，2007，2009，2010；孙晓华和郑辉，2012；Eberhardt et al.，2013；汪桥红和史安娜，2013；焦建玲等，2017；潘仙友等，2023；Myers and Lanahan，2022；Colombo and Lambertini，2023），此类研究主要通过投入产出工具和社会网络分析方法，以研发经费支出为基础指标对行业间研发溢出效应进行测算。另一个是聚焦研发溢出的经济效应分析（苏方林，2007；黄苹，2008；潘文卿等，2011；张德茗和谢葆生，2014；张德茗和吴浩，2016；朱平芳等，2016；

王淑英等，2018；Kaneva and Untura，2019；王秀婷和赵玉林，2020；von Brasch et al.，2021；Zhou et al.，2022；Shang et al.，2022；Zhou and Shan，2023；Spithoven and Merlevede，2023；Zhang et al.，2024），此类研究主要研究研发溢出对行业/地区的 TFP、创新产出以及增加值的影响。当然，测算研发溢出也是该类研究中不可避免的中间环节。通常地，该类研究基于研发经费支出或者研发经费支出累积的研发资本存量或者专利数据，采用空间计量分析方法或者以其他地区/行业研发投入加权构成等方法来测算研发溢出。不论是何种研究视角，测度研发溢出都是最基础、最关键的步骤。然而，由于研发溢出形成及传导机制的复杂性，学术界对研发溢出的测度方法尚未达成一致意见，这也进一步导致研发溢出经济效应测算结果趋于多样性。

（二）研发资本溢出

由于研发活动产生的知识流不具有显性的流动轨迹，众多研究选择诸如研发支出、研发投入等代理变量来表征这种研发溢出效应。然而，此类代理变量仅体现创新活动的投入规模，与国民经济运行过程中的经济水平、资本积累、消耗并无直接关联，其相应的溢出效应刻画也有所偏颇。从形式上看，研发资本溢出是在研发溢出上冠以"资本"二字。但究其本质，相较于以往从投入角度测算研发溢出，研发资本溢出将研发溢出主体限定为可视为资本的研发产出，这也就决定了研发资本是外生研发卫星账户的编制起点。因此，如无特殊说明，下文中所指的研发溢出均为研发资本溢出。同时，鉴于研发资本溢出的复杂性，本书所编制的外生研发卫星账户仅聚焦于研发资本溢出的测算层面，尚未涉及对研发资本溢出的经济效应衡量。

二、研发资本溢出测度方法

在研发资本的不同溢出机制中，产品市场性交易传播机制是研发资本溢出的主要途径（Drejer，2000）。因此，既有研究往往借助投入产出分析技术对该机制引致的研发资本溢出效应进行测度。然而，目前多数研究主要聚焦于单一或若干产业，且均以 Dietzenbacher 和 Los（2002）提出的前向乘数和后向乘数理论为基础，进而构造受益者效应与贡献者效应来量化产业间研发溢出。此类研究较详细地刻画了行业间的市场性研发溢出效应，但未能分析区域异质性这一关键因素在产业间研发溢出中的重要影响。与此不同，我们将基于"行业+区域"维度，运用区域间投入产出分析方法将 Dietzenbacher 和 Los（2002）的理论进行拓展，对"行业+区域"双重维度下的研发资本溢出予以测算。我们认为，这样做至少具有三方面意义：一是将分析区域之间产业经济技术关联的投入产出分析技术用于测算研发溢出效应，可拓展该技术的应用范围；二是对以往仅从区域维度或产业维度衡量研发溢出效应的研究进行拓展，综合测度区域和行业双重维度下的研发资本溢出效应，可以更加细致客观地刻画研发溢出路径；三是综合测度区域和行业双重维度下的研发溢出效应可为我们编制外生研发卫星账户积累相对细化的基础数据。

（一）区域间投入产出分析模型

区域间投入产出分析模型是在投入产出基础模型上融入区域维度形成的。该模型既可以刻画各区域之间的经济技术联系，也可以反映国民经济各产业部门之间的经济技术关联。区域间投入产出分析模型的基本结构如表 7.1 所示。

表 7.1　区域间投入产出表基本结构

投入		中间使用							最终使用			总产出
		区域 1			⋯	区域 m			区域 1	⋯	区域 m	
		产品部门 1	⋯	产品部门 n	⋯	产品部门 1	⋯	产品部门 n				
中间投入	区域 1 ／ 产品部门 1	x_{11}^{11}	⋯	x_{1n}^{11}	⋯	x_{11}^{1m}	⋯	x_{1n}^{1m}	F_1^{11}	⋯	F_1^{1m}	X_1^1
	⋮	⋮	⋮	⋮	⋯	⋮	⋮	⋮	⋮	⋯	⋮	⋮
	区域 1 ／ 产品部门 n	x_{n1}^{11}	⋯	x_{nn}^{11}	⋯	x_{n1}^{1m}	⋯	x_{nn}^{1m}	F_n^{11}	⋯	F_n^{1m}	X_n^1
	⋮	⋮	⋮	⋮	⋯	⋮	⋮	⋮	⋮	⋯	⋮	⋮
	区域 m ／ 产品部门 1	x_{11}^{m1}	⋯	x_{1n}^{m1}	⋯	x_{11}^{mm}	⋯	x_{1n}^{mm}	F_1^{m1}	⋯	F_1^{mm}	X_1^m
	⋮											
	区域 m ／ 产品部门 n	x_{n1}^{m1}	⋯	x_{nn}^{m1}	⋯	x_{n1}^{mm}	⋯	x_{nn}^{mm}	F_n^{m1}	⋯	F_n^{mm}	X_n^m
最初投入		V_1^1	⋯	V_n^1		V_1^m		V_n^m				
总投入		X_1^1	⋯	X_1^1		X_1^m		X_n^m				

表 7.1 列示了一个包含 m 个区域，且每个区域包括 n 个产品部门的投入产出表。其中，行数据表示任一区域任一部门生产的总产出提供给其他地区（包括本地区）其他部门（包括本部门）用于中间使用和最终使用的情况。例如，x_{ij}^{RS} 表示区域 R 产品部门 i 的总产出中被区域 S 产品部门 j 用作中间使用的价值量；F_i^{RS} 表示区域 R 产品部门 i 的总产出中被区域 S 用作最终使用的价值量；X_i^R 表示区域 R 产品部门 i 的总产出。列数据表示任一区域任一部门为获得本部门总产出所需其他地区（包括本地区）其他部门（包括本部门）的中间投入以及最初投入情

况。例如，x_{ij}^{RS} 表示区域 S 产品部门 j 在生产过程中所需区域 R 产品部门 i 提供的中间投入价值量；V_j^S 表示区域 S 产品部门 j 的初始投入，X_i^R 表示区域 R 产品部门 i 的总投入。

用矩阵形式表示的区域间投入产出行模型如式（7.1）所示：

$$X = AX + F \tag{7.1}$$

其中，$A = \begin{bmatrix} A^{11} & A^{12} & \cdots & A^{1m} \\ A^{21} & A^{22} & \cdots & A^{2m} \\ \vdots & \vdots & A^{rs} & \vdots \\ A^{m1} & A^{m2} & \cdots & A^{mm} \end{bmatrix}$，子矩阵 A^{rs} 为区域 s 对区域 r 的直接消耗系数矩阵；$F = \begin{bmatrix} F^1 \\ F^2 \\ \vdots \\ F^m \end{bmatrix}$ 和 $X = \begin{bmatrix} X^1 \\ X^2 \\ \vdots \\ X^m \end{bmatrix}$ 则分别为各区域的最终使用和总产出。

将式（7.1）进一步变形为 $X = (I-A)^{-1}F$，则 $(I-A)^{-1}$ 为 Leontief 逆矩阵。令 $L = (I-A)^{-1}$，其中元素 l_{ij}^{RS} 表示区域 S 产品部门 j 为增加 1 单位最终需求所需要消耗的区域 R 产品部门 i 的总产出。

用矩阵形式表示的区域间投入产出列模型如式（7.2）所示：

$$B^{\mathrm{T}}X + V = X \tag{7.2}$$

其中，$B = \begin{bmatrix} B^{11} & B^{12} & \cdots & B^{1m} \\ B^{21} & B^{22} & \cdots & B^{2m} \\ \vdots & \vdots & B^{rs} & \vdots \\ B^{m1} & B^{m2} & \cdots & B^{mm} \end{bmatrix}$，子矩阵 B^{rs} 为区域 r 对区域 s 的直接分配系数矩阵；$V = \begin{bmatrix} V^1 \\ V^2 \\ \vdots \\ V^m \end{bmatrix}$ 为各区域的最初投入。

将式（7.2）进一步变形为 $X^{\mathrm{T}} = V^{\mathrm{T}}(I-B)^{-1}$，则 $(I-B)^{-1}$ 为 Gauss（高斯）逆矩阵。令 $G = (I-B)^{-1}$，其中元素 g_{ij}^{RS} 表示区域 R 产品部门 i 为增加 1 单位增加值所需要区域 S 产品部门 j 提供的总产出量。

（二）研发资本溢出效应测度方法

实际上，任一区域任一行业的研发资本溢出方式均分为三种：第一种是作为研发资本溢出的贡献者，第二种是作为研发资本溢出的受益者，第三种是兼具研发资本溢出的贡献者和受益者。我们以区域间投入产出理论为基础，由此推导出研发资本溢出贡献者总效应和受益者总效应指标，以量化"行业+区域"维度下的研发资本溢出。

1. 研发资本溢出受益者总效应

研发资本溢出受益者总效应指区域 S 产品部门 j 从所有地区所有行业研发活动中获取的全部收益。通常地，以 Leontief 逆矩阵表示的后向乘数来衡量。在 Leontief 逆矩阵基础上，区域 S 产品部门 j 为增加 1 单位最终需求所需区域 R 产品部门 i 投入的研发投资可用 h_{ij}^{RS}（也称后向乘数）表示，其公式如式（7.3）所示：

$$h_{ij}^{RS} = \frac{r_i^R}{X_i^R} l_{ij}^{RS} \tag{7.3}$$

对于所有区域所有行业用矩阵表示的形式如式（7.4）所示：

$$H = RX^{-1}L \tag{7.4}$$

其中，矩阵 $R = \begin{bmatrix} R^1 & \cdots & 0 \\ \vdots & R^R & \vdots \\ 0 & \cdots & R^m \end{bmatrix}$，子矩阵 $R^R = \begin{bmatrix} R_1^R & \cdots & 0 \\ \vdots & & \vdots \\ 0 & \cdots & R_n^R \end{bmatrix}$ 为区域 R 内 n 个部门

的研发投资；$X^{-1} = \begin{bmatrix} \left(X^1\right)^{-1} & \cdots & 0 \\ \vdots & \left(X^R\right)^{-1} & \vdots \\ 0 & \cdots & \left(X^m\right)^{-1} \end{bmatrix}$，子矩阵 $\left(X^R\right)^{-1} = \begin{bmatrix} 1/X_1^R & \cdots & 0 \\ \vdots & & \vdots \\ 0 & \cdots & 1/X_n^R \end{bmatrix}$。

细究而言，区域 S 产品部门 j 的研发资本溢出效应区分为区域内部、区域外部以及研发资本溢出受益者总效应。其中，区域内部研发资本溢出受益者效应（ΔI_j^S）是指区域 S 产品部门 j 增加 1 单位最终需求所需消耗的区域 S 内部 n 个产品部门的总产品量。区域外部研发资本溢出受益者效应（ΔO_j^S）是指区域 S 产品部门 j 增加 1 单位最终需求，所需消耗的除区域 S 以外的所有区域所有产品部门的总产品量。区域内部与区域外部受益者效应之和即研发资本溢出受益者总效应（ΔT_j^S）。三者公式如式（7.5）、式（7.6）和式（7.7）所示：

$$\Delta I_j^S = \sum_{i=1}^n h_{ij}^{RS}, \ R = S \tag{7.5}$$

$$\Delta O_j^S = \sum_{R(R \neq S)=1}^m \sum_{i=1}^n h_{ij}^{RS} \tag{7.6}$$

$$\Delta T_j^S = \Delta I_j^S + \Delta O_j^S = \sum_{R=1}^m \sum_{i=1}^n h_{ij}^{RS} \tag{7.7}$$

类似地，区域 S 所有产品部门的研发资本溢出受益者效应也可分为区域内部、

区域外部以及研发资本溢出受益者总效应。其中，区域内部研发资本溢出受益者效应（ΔI^S）是指区域 S 内所有产品部门各增加 1 单位最终需求，需要消耗的区域 S 内部所有产品部门的总产品量。区域外部研发资本溢出受益者效应（ΔO^S）是指区域 S 内所有产品部门各增加 1 单位最终需求，需要消耗的除区域 S 以外所有区域所有产品部门的总产品量。上述两种效应之和即研发资本溢出受益者总效应（ΔT^S）。三者公式如式（7.8）、式（7.9）和式（7.10）所示：

$$\Delta I^S = \sum_{j=1}^{n} \sum_{i=1}^{n} h_{ij}^{RS}, \ R = S \tag{7.8}$$

$$\Delta O^S = \sum_{R(R \neq S)=1}^{m} \sum_{j=1}^{n} \sum_{i=1}^{n} h_{ij}^{RS} \tag{7.9}$$

$$\Delta T^S = \Delta I^S + \Delta O^S = \sum_{R=1}^{m} \sum_{j=1}^{n} \sum_{i=1}^{n} h_{ij}^{RS} \tag{7.10}$$

2. 研发资本溢出贡献者总效应

研发资本溢出贡献者总效应指区域 R 产品部门 i 开展研发活动对所有地区所有行业的溢出效应，通常地，以 Gauss 逆矩阵表示的后向乘数来衡量。在 Gauss 逆矩阵基础上，区域 R 产品部门 i 增加 1 单位研发投资对区域 S 产品部门 j 产生的溢出效应用 h_{ij}^{RS}（也称后向乘数）表示，其公式如式（7.11）所示：

$$h_{ij}^{RS} = \frac{r_j^S}{X_j^S} g_{ij}^{RS} \tag{7.11}$$

对于所有区域所有行业用矩阵表示的形式如式（7.12）所示：

$$H = RGX^{-1} \tag{7.12}$$

其中，矩阵 R、X^{-1} 含义与式（7.4）一致。

区域 R 产品部门 i 的研发资本溢出贡献者效应同样可区分为区域内部、区域外部以及研发资本溢出贡献者总效应。具体来看，区域内部研发资本溢出贡献者效应（ΔI_i^R）是指区域 R 产品部门 i 增加 1 单位研发投资进而对区域 R 内部 n 个产品部门溢出程度的度量。区域外部研发资本溢出贡献者效应（ΔO_i^R）是指区域 R 产品部门 i 增加 1 单位研发投资，对除区域 S 以外的所有区域所有产品部门溢出程度的度量。区域内与区域外溢出效应之和即研发资本溢出贡献者总效应（ΔT_i^R）。三者公式如式（7.13）、式（7.14）和式（7.15）所示：

$$\Delta I_i^R = \sum_{j=1}^{n} h_{ij}^{RS}, \ S = R \tag{7.13}$$

$$\Delta O_i^R = \sum_{S(S \neq R)=1}^{m} \sum_{j=1}^{n} h_{ij}^{RS} \tag{7.14}$$

$$\Delta T_i^R = \Delta I_i^R + \Delta O_i^R = \sum_{S=1}^{m} \sum_{j=1}^{n} h_{ij}^{RS} \qquad (7.15)$$

类似地，区域 R 所有产品部门的研发资本溢出贡献者效应也可分为区域内部、区域外部以及研发资本溢出贡献者总效应。具体来看，区域内部研发资本溢出贡献者效应（ΔI^R）是指区域 R 内所有产品部门各增加 1 单位研发投资，对区域 R 内部所有产品部门溢出程度的度量。区域外部研发资本溢出贡献者效应（ΔO^R）是指区域 R 内所有产品部门各增加 1 单位最终需求，对除区域 R 以外所有区域所有产品部门溢出程度的度量。上述两种效应之和即研发资本溢出贡献者总效应（ΔT^R）。三者公式如式（7.16）、式（7.17）和式（7.18）所示：

$$\Delta I^R = \sum_{i=1}^{n} \sum_{j=1}^{n} h_{ij}^{RS}, \ S = R \qquad (7.16)$$

$$\Delta O^R = \sum_{S(S \neq R)=1}^{m} \sum_{i=1}^{n} \sum_{j=1}^{n} h_{ij}^{RS} \qquad (7.17)$$

$$\Delta T^R = \Delta I^R + \Delta O^R = \sum_{S=1}^{m} \sum_{i=1}^{n} \sum_{j=1}^{n} h_{ij}^{RS} \qquad (7.18)$$

第二节　行业与区域双重维度下的研发资本溢出效应表编制实践

一、行业与区域双重维度下的研发资本溢出表编制基础

根据上述研发资本溢出效应测度方法，编制研发资本溢出应表不仅需要区域间投入产出表，也需具备各区域各产品部门的研发投资数据。区域间投入产出表的编制是一项巨大的工程，一方面由于基础数据匮乏，另一方面由于编制过程过于复杂，目前并没有国家或地区在进行周期性区域间投入产出表的编制工作。考虑到区域间投入产出表的编制并非本书的研究重心，我们以 2018 年中国统计出版社出版的《2012 年中国 31 省区市区域间投入产出表》（42 部门）和《中国地区投入产出表：2017》为基础数据[①]，编制"行业+区域"双重维度下

---

① 截至 2024 年公开发布的中国区域间投入产出表主要有两类：一类是由刘卫东等（2007，2010，2012）编制的中国 30 省区市 30 部门区域间投入产出表（2007 年、2010 年）以及中国 31 省区市 42 部门区域间投入产出表（2012 年），还有国家统计局国民经济核算司编制的《中国地区投入产出表 2017》；另一类是由 CEADs（Carbon Emission Accounts & Datasets，中国碳核算数据库）团队基于碳排放核算的研究初衷而编制的涵盖 31 个省区市和 42 个社会经济部门的多区域投入产出表（2012 年、2015 年、2017 年）。本书选择了中国 2012 年与 2017 年的 31 省区市区域间投入产出表（42 部门）。当然，在获取更多年份的研发投资数据以及更新版本的中国区域间投入产出表（42 部门）基础上，可进一步分析研发资本溢出的动态变化。这也是进一步的研究方向。

的研发资本溢出表。

（一）"42 行业部门"向"15 行业部门"的匹配调整

囿于我国研发统计基础薄弱的现实，目前仅有《2009 第二次全国 R&D 资源清查资料汇编》中公布了包含中国 31 个地区 14 个行业门类的研发经费支出数据。为将区域投入产出表数据与研发资源清查资料进行匹配，需将 42 行业部门进行归并调整。同时，为保证投入产出表整体的平衡性，我们将不能完整对应的行业综合成"其他部门"，以此形成"15 行业部门"，具体调整过程如表 7.2 所示。

表 7.2　"42 行业部门"向"15 行业部门"的归并调整

15 行业部门	42 行业部门	15 行业部门	42 行业部门
农林牧渔业（01）	农林牧渔产品和服务	制造业（03）	其他制造产品
采矿业（02）	煤炭采选产品		废品废料
	石油和天然气开采产品		金属制品、机械和设备修理服务
	金属矿采选产品	电力、燃气及水的生产和供应业（04）	电力、热力的生产和供应
	非金属矿和其他矿采选产品		燃气生产和供应
制造业（03）	食品和烟草		水的生产和供应
	纺织品	建筑业（05）	建筑
	纺织服装鞋帽皮革羽绒及其制品	交通运输、仓储和邮政业（06）	交通运输、仓储和邮政
	木材加工品和家具	信息传输、计算机服务和软件业（07）	信息传输、软件和信息技术服务
	造纸印刷和文教体育用品	金融业（08）	金融
	石油、炼焦产品和核燃料加工品	租赁和商务服务业（09）	租赁和商务服务
	化学产品	科学研究和技术服务业（10）	科学研究和技术服务
	非金属矿物制品	水利、环境和公共设施管理业（11）	水利、环境和公共设施管理
	金属冶炼和压延加工品	教育（12）	教育
	金属制品	卫生和社会工作（13）	卫生和社会工作
	通用设备	文化、体育和娱乐业（14）	文化、体育和娱乐
	专用设备	其他部门（15）	住宿和餐饮
	交通运输设备		居民服务、修理和其他服务
	电气机械和器材		批发和零售
	通信设备、计算机和其他电子设备		公共管理、社会保障和社会组织
	仪器仪表		房地产

（二）各区域各行业部门的研发投资规模估计

为估计中国 31 个区域 15 个行业部门的研发投资数据，我们做如下调整：首先，假定 2009 年各区域 15 个行业部门的研发经费支出与该区域研发经费支出总额之比与 2012 年、2017 年保持一致；其次，依据《中国科技统计年鉴》提供的 2012 年、2017 年各区域研发经费支出总额以及上述比重，估算得到 2012 年、2017 年各区域各行业研发经费支出数据；最后，按照研发桥接表编制步骤，根据第六章测算的 2009～2022 年中国 31 个区域的研发投资数据，以及各地区研发经费支出向研发投资转换比率，最终得到各区域各行业部门的研发投资。

表 7.3、表 7.4 列示了 2012 年与 2017 年中国 31 个区域的分行业研发投资规模。数据显示，区域分行业研发投资呈现如下特征。

（1）研发投资总额"因地区而异"。不同区域之间的研发投资规模参差不齐、差距明显，2012 年排名第一的江苏（1117.37 亿元）是排名末位西藏（1.60 亿元）的 698.35 倍，2017 年广东省摘得 31 个区域中研发投资的桂冠（2241.95 亿元），是排名末位西藏（2.44 亿元）的 918.83 倍，且差距持续扩大。根据研发投资体量的不同，我们采用聚类分析方法将 2017 年 31 个区域划分为三个梯队：位于长三角地区的江苏以及珠三角地区的广东凭借其强大的经济增长韧性、国家装备技术和高新技术重要基地优势而成为中国研发投资规模超过两千亿的省份，联合山东、北京、浙江、上海形成中国研发投资的第一梯队。辽宁、湖北、天津、四川、河南、湖南、陕西、安徽、福建、河北等少数位于东部沿海地区以及中部地区的则以较高的研发投资规模紧跟其后，其研发投资规模为 400 亿～700 亿元，从而形成中国研发投资的第二梯队。相较于位于第一梯队、第二梯队的研发投资规模，位列第三梯队的重庆、黑龙江、山西、江西、吉林、内蒙古、广西、云南、甘肃、贵州、新疆、宁夏、海南、青海、西藏等大多位于西部和东北地区，其研发投资规模较显不足。特别是宁夏、海南、青海、西藏等偏远地区，受地理位置、基础设施以及经济发展水平等因素制约，研发投资尚未超过 50 亿元，由此限制了其创新驱动经济增长的活力。

（2）研发投资"因行业而异"。从行业分布情况看，研发投资在 15 个行业之间呈现典型的非均衡性特征。作为中国经济命脉、技术创新主战场，同时是中国市场性研发主要承担者的制造业，成为研发最活跃最集中的领域；科学研究和技术服务业以及教育作为非市场性研发的主要承担者，2012 年分别以 1602.91 亿元和 670.07 亿元位列第二位、第三位。以 2017 年为例，制造业研发投资规模高达 10 810.89 亿元，科学研究和技术服务业以及教育分别为 2852.80 亿元、1219.79 亿元，三者合计占据 15 个行业研发投资总额的 89.47%，较 2012 年提升了 0.32 个百分点。相较而言，其余 12 个行业研发投资严重不足，仅为研发投资总额的 10.53%。

表 7.3 2012 年中国 31 个区域 15 个行业部门研发投资规模（单位：亿元）

区域	01	02	03	04	05	06	07	08	09	10	11	12	13	14	15	行合计
北京	0.6731	4.2225	137.4708	2.7473	28.9206	4.1218	100.3404	0.4162	13.9152	462.3896	0.4388	87.1596	5.3766	1.1963	0	849.3888
天津	0.2082	25.8080	185.4725	1.9366	1.0160	1.0465	1.1670	0	0	52.1023	0.0790	35.2325	3.2009	0	0	307.2694
河北	0.3232	17.0098	133.0079	0.5273	9.5792	0.3025	0.2962	0	0.4289	42.6769	0.1041	10.6280	2.6817	0.0100	0	217.5758
山西	0.2691	22.6229	64.0816	0.1947	4.9148	0	0.1892	0.0121	0.2711	14.6751	0.0273	8.3681	0.7153	0.0022	0	116.3435
内蒙古	0.2633	18.6227	47.8773	1.4279	1.2627	0.0529	1.1683	0	4.0302	10.7264	0.2222	3.4217	1.3707	0.1087	0	90.5549
辽宁	0.4114	14.9566	227.1628	4.2247	7.6125	0.8921	0.6443	0	1.6897	50.8310	0.0916	34.5174	2.9816	0.0031	0	346.0189
吉林	0.0047	3.0397	35.0679	0.3217	0.5850	0	0.0748	0.1664	0.0152	39.8307	0.0054	14.1538	1.5200	0.0716	0	94.8567
黑龙江	0.5550	12.0999	59.1401	4.3421	0.6662	0.0416	0.4759	0	4.3942	25.2233	0.0205	23.3884	1.1966	0.0059	0	131.5496
上海	0.2821	0.0502	320.2383	2.4708	22.1408	1.5703	23.3483	0.0609	1.7482	143.2681	0.3372	49.2994	12.5526	0.3934	0	577.7606
江苏	2.0923	10.2387	893.2949	4.9266	7.6639	0.6299	12.9223	0	0.8452	108.7426	0.4354	69.6566	5.8252	0.0992	0	1117.3728
浙江	2.1367	0.3952	525.1680	4.3272	5.9108	0.0657	28.0934	0.0175	5.1703	26.7180	0.0533	35.7553	6.4105	0.0018	0	640.2237
安徽	0.3124	13.9710	143.1585	0.7113	8.2444	0.3087	0.3762	0	0.0165	44.5053	0.0153	22.9593	1.8723	0	0	236.4511
福建	0.8741	0.7681	186.7317	5.1263	1.1051	0.0348	9.4182	0	0.1109	10.5438	0.2114	9.6456	3.3164	0	0	227.8864
江西	0.4711	1.0451	74.0503	0.3301	0.0828	1.1343	0.1361	0	0.0318	10.3457	0.0404	7.9226	2.6548	0.0012	0	98.2463
山东	0.8449	62.9445	744.0273	2.0135	16.1608	2.6545	6.0264	0.3435	6.0813	42.8349	0.0678	28.1958	8.1677	0.0992	0	920.3630
河南	0.8491	27.5269	176.7348	2.8867	14.8185	0.1805	0.0549	0	0.0178	33.0305	0.0992	11.6928	3.2573	0.0332	0	271.1822
湖北	0.5303	1.9040	186.4101	0.8997	35.4964	0.8328	1.7275	0.0312	0.3724	64.1114	0.0992	38.7094	3.7809	0.0570	0	334.9622
湖南	1.2872	1.9529	181.9425	1.0452	12.3870	0.4215	1.9021	0.4228	0.0135	20.9333	0.2175	32.8859	3.5664	0.0056	0	258.9834
广东	4.4090	2.2871	919.2909	7.0789	10.6137	0.6353	31.8415	0.0368	17.5456	55.4533	0.2577	36.2076	12.1227	0.0180	0	1097.7982
广西	0.7786	0.5408	57.0103	0.2921	0.7868	0.2764	0.3174	0.0708	0.1208	11.0838	0.1162	9.4189	3.3775	0.0300	0	84.2204
海南	0.0905	0.0426	4.6188	0.0139	0.0050	0	0	0	0	5.0426	0	1.4546	0.6547	0.0279	0	11.9505

续表

| 区域 | 行业 | | | | | | | | | | | | | | | 行合计 |
	01	02	03	04	05	06	07	08	09	10	11	12	13	14	15	
重庆	0.0565	0.9320	95.0269	0.4055	0.2255	0.1150	0.6109	0	0	17.7427	0.0744	17.3696	2.9739	0.0256	0	135.5586
四川	0.3914	5.5246	102.4721	0.6991	4.0347	0.1111	0.6780	0	6.8279	122.3494	0.3785	35.5136	6.0783	0.0316	0	285.0904
贵州	0.0044	0.2146	25.6113	0.8552	0.2354	0	0.0968	0	0.6317	6.1165	0.0087	3.2220	0.5504	0	0	37.5470
云南	0.7165	1.2130	22.7151	0.3391	0.1402	0.0223	0.1999	0	0.6584	23.9372	0.1870	7.6479	1.9441	0.0538	0	59.7746
西藏	0.0017	0.3303	0.3792	0	0	0	0	0	0	0.6948	0	0.1822	0.0126	0	0	1.6007
陕西	0.1281	3.6041	71.2571	0.1970	5.9973	0.0166	1.9075	0	1.7450	130.0691	0.0892	26.4594	2.7167	0.0032	0	244.1903
甘肃	0.3349	0.3959	25.2687	0.6203	0.2295	0.1564	0.0008	0.0169	0.0130	17.5086	0.0079	6.1365	0.8683	0.0093	0	51.5668
青海	0.0620	2.8762	1.8805	0.4258	1.0785	0.0145	0.0040	0	0	1.9574	0.0330	0.6833	0.4954	0.0137	0	9.5243
宁夏	0.1439	0.0768	11.6100	0.0416	1.0530	0	0	0.0085	0.0002	0.9115	0.0602	0.6237	1.2549	0	0	15.7840
新疆	1.7371	11.8765	9.3916	0.6888	0.2377	0.0594	0	1.6795	0.0109	6.5525	0.0573	1.5580	1.8007	0	0	35.6499
列合计	21.2426	269.0934	5667.5696	52.1169	203.2050	15.6973	224.0182	3.2830	66.7060	1602.9082	3.8355	670.0695	105.2974	2.2021	0	8907.2447

注：为节省篇幅，分别用序号 01～15 代表 15 个行业部门，其中 01 为农林牧渔业、02 为采矿业、03 为制造业、04 为电力、燃气及水的生产和供应业、05 为建筑业、06 为交通运输、仓储和邮政业、07 为信息传输、计算机服务和软件业、08 为金融业、09 为租赁和商务服务业、10 为科学研究和技术服务业、11 为水利、环境和公共设施管理业、12 为教育、13 为卫生和社会工作、14 为文化、体育和娱乐业、15 为其他部门。

表 7.4　2017年中国 31 个区域 15 个行业部门研发投资规模（单位：亿元）

区域	行业															行合计
	01	02	03	04	05	06	07	08	09	10	11	12	13	14	15	
北京	1.044 3	6.550 8	213.273 8	4.262 3	44.867 8	6.394 7	155.669 2	0.645 6	21.588 2	717.356 7	0.680 7	135.220 5	8.341 2	1.855 9	0	1 317.75
天津	0.307 3	38.104 7	273.844 8	2.859 3	1.500 1	1.545	1.723 0	0	0	76.927 6	0.116 7	52.019 8	4.726 0	0	0	453.67
河北	0.642 2	33.801 6	264.310 1	1.047 8	19.035 6	0.601 2	0.588 7	0	0.852 3	84.806 6	0.206 8	21.119 7	5.329 0	0.019 9	0	432.36
山西	0.343 5	28.882 6	81.812 8	0.248 5	6.274 7	0.097	0.241 6	0.015 4	0.346 1	18.735 6	0.034 9	10.683 6	0.913 2	0.002 8	0	148.54
内蒙古	0.487 2	34.460 3	88.594 4	2.642 3	2.336 5	1.089 6	2.161 8	0	7.457 6	19.848 6	0.411 3	6.331 6	2.536 4	0.201 1	0	167.57
辽宁	0.502 5	18.268 0	277.456 2	5.160 1	9.297 9	1.089 6	0.787 0	0	2.063 8	62.084 8	0.111 9	42.159 4	3.641 7	0.003 8	0	422.63
吉林	0.005 9	3.862	44.554 6	0.408 7	0.743 3	0	0.095 1	0.211 4	0.019 3	50.606 0	0.006 8	17.982 8	1.931 1	0.091 0	0	120.52
黑龙江	0.615 6	13.419 6	65.590 2	4.815 6	0.738 9	0.046 1	0.527 8	0	4.873 5	27.974 2	0.022 7	25.939 3	1.327 1	0.006 5	0	145.90
上海	0.562 4	0.100 1	638.539 9	4.926 7	44.147 8	3.131 1	46.555 4	0.121 4	3.485 9	285.669 7	0.672 4	98.300 6	25.029 2	0.784 5	0	1 152.03
江苏	4.005 0	19.598 8	1709.945 6	9.430 6	14.670 3	1.205 7	24.735 8	0	1.618 0	208.155 2	0.833 3	133.336 7	11.150 6	0.189 8	0	2 138.88
浙江	4.066 5	0.752 2	999.508 6	8.235 6	11.249 6	0.125	53.467 0	0.033 3	9.840 2	50.850 2	0.101 4	68.050 1	12.200 5	0.003 4	0	1 218.48
安徽	0.688 6	30.801 3	315.614 9	1.568 2	18.176 0	0.680 6	0.829 4	0	0.036 4	98.118 7	0.033 7	50.617 2	4.127 7	0	0	521.29
福建	1.877 0	1.649 2	400.954 6	11.007 3	2.372 8	0.074 8	20.222 9	0	0.238 2	22.639 8	0.454 0	20.711 2	7.121 1	0	0	489.32
江西	1.168 7	2.592 6	183.706 4	0.818 9	0.205 5	2.813 9	0.337 5	0	0.079	25.666 0	0.100 2	19.654 7	6.586 2	0.002 9	0	243.73
山东	1.598 6	119.093 5	1407.729 5	3.809 5	30.576 9	5.022 4	11.402 2	0.649 8	11.506 0	81.045 4	0.128 4	53.347 7	15.453 7	0	0	1 741.36
河南	1.703 2	55.216 7	354.515 0	5.790 5	29.724 6	0.362	0.110 2	0	0.035 8	66.256 4	0.198 9	23.454 8	6.533 8	0.066 6	0	543.97
湖北	1.042 6	3.743 8	366.535 0	1.769 0	69.796 0	1.637 6	3.396 7	0.061 4	0.732 2	126.061 1	0.195	76.113 6	7.434 3	0.112 0	0	658.63
湖南	2.653 3	4.025 6	375.045 8	2.154 5	25.533 9	0.868 8	3.921 0	0.871 6	0.027	43.150 8	0.448 3	67.789 1	7.351 5	0.011 5	0	533.85
广东	9.004 1	4.670 1	1877.395 7	14.456 7	21.675 4	1.297 5	65.027 4	0.075 2	35.832 1	113.247 9	0.526 3	73.943 9	24.757 3	0.036 7	0	2 241.95
广西	1.280 6	0.889 5	93.764 8	0.480 4	1.294 1	0.454 6	0.522 1	0.116 5	0.198 7	18.229 5	0.191 0	15.491 3	5.555 0	0.049 3	0	138.52
海南	0.153 1	0.072 0	7.809 0	0.023 4	0.008 4	0	0	0	0	8.525 5	0	2.459 2	1.106 9	0.047 2	0	20.20

续表

区域	行业															行合计
	01	02	03	04	05	06	07	08	09	10	11	12	13	14	15	
重庆	0.137 8	2.274 1	231.866 9	0.989 5	0.550 3	0.280 6	1.490 6	0	0	43.292 5	0.181 5	42.382 1	7.256 4	0.062 4	0	330.76
四川	0.840 9	11.870 8	220.182 7	1.502 2	8.669 4	0.238 8	1.456 8	0	14.671 2	262.893 2	0.813 2	76.308 4	13.060 5	0.068 0	0	612.58
贵州	0.009 7	0.470 3	56.118 7	1.873 9	0.515 8	0	0.212 1	0	1.384 2	13.402 0	0.019 0	7.060 0	1.206 0	0	0	82.27
云南	1.737 6	2.941 5	55.084 4	0.822 3	0.339 9	0.054 1	0.484 7	0	1.596 7	58.048 1	0.453 6	18.546 4	4.714 6	0.130 4	0	144.95
西藏	0.002 5	0.503 9	0.578 6	0	0	0	0	0	0	1.060 2	0	0.277 9	0.019 2	0	0	2.44
陕西	0.221 1	6.220 1	122.978 4	0.340 0	10.350 5	0.028 7	3.292 0	0	3.011 5	224.478 4	0.153 9	45.664 7	4.688 5	0.005 6	0	421.43
甘肃	0.534 3	0.631 6	40.310 0	0.989 5	0.366 0	0.249 5	0.001 3	0.026 9	0.020 8	27.930 7	0.001 2	9.789 2	1.385 1	0.014 8	0	82.26
青海	0.116 0	5.382 9	3.519 4	0.796 9	2.018 4	0.027 2	0.007 5	0	0	3.663 3	0.061 7	1.278 8	0.927 2	0.025 6	0	17.82
宁夏	0.313 5	0.167 3	25.294 5	0.090 6	2.294 4	0	0	0.018 4	0.000 3	1.985 8	0.131 1	1.358 8	2.734 0	0	0	34.39
新疆	2.673 9	18.280 8	14.455 9	1.060 2	0.365 9	0.091 4	0	2.585 1	0.016 8	10.085 9	0.088 2	2.398 1	2.771 7	0	0	54.87
列合计	40.339 8	469.299 3	10 810.891 2	94.381 0	379.696 5	28.418 6	399.267 4	5.432 1	121.532 5	2 852.796 7	7.389 6	1 219.791 4	1 201.916 7	3.791 7	0	16 634.94

注：为节省篇幅，分别用序号01～15代表15个行业部门，其中01为农林牧渔业、02为采矿业、03为制造业、04为电力、燃气及水的生产和供应业、05为建筑业、06为交通运输、仓储和邮政业、07为信息传输、计算机服务和软件业、08为金融业、09为租赁和商务服务业、10为科学研究和技术服务业、11为水利、环境和公共设施管理业、12为教育、13为卫生和社会工作、14为文化、体育和娱乐业、15为其他部门

其中，水利、环境和公共设施管理业，文化、体育和娱乐业以及金融业均属于服务行业，研发投资规模尚不足 10 亿元，研发活力尤其不足。

相关研究证实，行业或区域具有的研发投资以及行业或区域自身的技术发展水平共同决定了研发溢出程度的强弱。可见，研发投资规模呈现的区域、行业异质性将会对研发资本的溢出规模以及溢出路径产生重要影响。

二、行业与区域双重维度下的研发资本溢出受益者效应表编制

（一）"行业+区域"维度下的研发资本溢出受益者效应表

2012 年、2017 年的研发资本溢出受益者效应表的编制结果如表 7.5、表 7.6 所示。对于任一地区而言，行数据分别表示 15 个行业部门在区域内、区域外的研发资本溢出受益者效应，以及研发资本溢出受益者总效应。这两张表生动刻画了中国 31 个区域 15 个行业部门的研发资本溢出区域内受益者效应、区域外受益者效应以及受益者总效应。

结合表 7.5、表 7.6 发现，各区域各行业的三种研发资本溢出受益者效应具有以下特征。

科学研究和技术服务业以及教育是各区域研发资本溢出受益者总效应较大的两个行业，且受益程度存在显著的空间差异。随着中国经济发展进入新常态，以技术创新引领经济高质量发展成为经济发展的新支撑，各地政府相继通过实施不同强度的税收优惠政策、财政研发补贴等鼓励科技创新，各行业开展研发活动的势头十分强劲。科学研究和技术服务业、教育较高的研发投资规模，以及它们提供服务的公共产品属性，引致了这两个行业在 31 个区域中均具有较高的研发资本溢出受益者效应。此外，鉴于科学研究和技术服务业、教育在 31 个区域的研发投资规模呈现非均衡性特征，进一步致使这两个行业研发资本溢出受益者效应的区域分异。例如，北京、上海、江苏、湖北、陕西、四川等地聚集了大量的科研院所和高校，相应地，不仅研发投资规模较大，而且区域间科研院所和高校之间的学术合作与学术交流日益频繁，进而使得这些区域的科学研究和技术服务业、教育的研发资本溢出受益者效应增大。与之相反，西藏、新疆、宁夏等地不仅研发投资规模较低，而且受限于地理位置等因素，科学研究和技术服务业、教育的研发资本溢出受益者效应较低。此外，金融业以及文化、体育和娱乐业作为典型的服务行业，较少开展研发活动，其研发投资规模在 31 个区域间普遍较低，从而限制了这两个行业研发资本溢出受益者效应的强度。

表7.5 2012年中国31个区域15个行业部门研发资本溢出受益者效应表

区域		01	02	03	04	05	06	07	08	09	10	11	12	13	14	15	行合计
北京	区域内	1.3210%	1.1935%	1.8579%	0.7734%	1.6749%	0.9341%	4.2827%	0.4814%	1.0256%	14.7030%	0.8656%	8.8413%	1.4234%	0.8317%	0.5943%	40.8038%
	区域外	0.2771%	0.2671%	0.3574%	0.1512%	0.4602%	0.2350%	0.1772%	0.0789%	0.1405%	0.3084%	0.2244%	0.1503%	0.3021%	0.2193%	0.1373%	3.4864%
	列合计	1.5981%	1.4606%	2.2153%	0.9246%	2.1351%	1.1690%	4.4599%	0.5603%	1.1661%	15.0114%	1.0899%	8.9916%	1.7256%	1.0510%	0.7315%	44.29%
天津	区域内	0.6082%	1.4824%	1.6097%	0.8682%	0.8086%	0.6813%	0.7420%	0.1638%	0.4439%	7.0991%	0.4572%	7.1904%	1.5048%	0.3528%	0.2639%	24.2763%
	区域外	0.1822%	0.1792%	0.2420%	0.3400%	0.4293%	0.2563%	0.2093%	0.0831%	0.2221%	0.2518%	0.2285%	0.1858%	0.2760%	0.1770%	0.0967%	3.3593%
	列合计	0.7904%	1.6616%	1.8517%	1.2083%	1.2379%	0.9376%	0.9513%	0.2469%	0.6660%	7.3509%	0.6856%	7.3762%	1.7808%	0.5297%	0.3606%	27.6355%
河北	区域内	0.1646%	0.4784%	0.6768%	0.2691%	0.6359%	0.1995%	0.1714%	0.1831%	0.2937%	6.8053%	0.2074%	1.6116%	0.6182%	0.1572%	0.0860%	12.5582%
	区域外	0.1035%	0.1586%	0.2209%	0.2694%	0.2205%	0.1545%	0.2767%	0.2126%	0.2281%	0.3493%	0.0827%	0.1114%	0.1485%	0.1488%	0.1011%	2.7866%
	列合计	0.2681%	0.6369%	0.8977%	0.5385%	0.8564%	0.3539%	0.4481%	0.3958%	0.5217%	7.1546%	0.2901%	1.7230%	0.7667%	0.3060%	0.1871%	15.3446%
山西	区域内	0.2387%	0.5581%	1.1696%	0.2979%	0.7720%	0.2750%	0.1294%	0.0725%	0.2729%	10.9221%	0.2206%	2.7492%	0.6494%	0.2534%	0.0888%	18.6696%
	区域外	0.2577%	0.2508%	0.3947%	0.2454%	0.5041%	0.2970%	0.2014%	0.2008%	0.2300%	0.3012%	0.1762%	0.0790%	0.3354%	0.4287%	0.1601%	4.0625%
	列合计	0.4965%	0.8089%	1.5643%	0.5433%	1.2761%	0.5720%	0.3308%	0.2733%	0.5029%	11.2233%	0.3969%	2.8282%	0.9848%	0.6821%	0.2489%	22.7323%
内蒙古	区域内	0.1675%	0.4650%	0.5949%	0.3398%	0.3545%	0.1180%	0.4077%	0.0434%	1.0395%	7.6113%	0.2521%	1.0971%	0.8116%	0.2935%	0.0985%	13.6944%
	区域外	0.2140%	0.2904%	0.3174%	0.3373%	0.3672%	0.4895%	0.4602%	0.0817%	0.4431%	0.1614%	0.0625%	0.0938%	0.1931%	0.2098%	0.1634%	3.8848%
	列合计	0.3816%	0.7554%	0.9123%	0.6770%	0.7217%	0.6074%	0.8679%	0.1251%	1.4826%	7.7726%	0.3146%	1.1908%	1.0047%	0.5033%	0.2619%	17.5789%
辽宁	区域内	0.3326%	0.9146%	1.1278%	0.8371%	0.8990%	0.5058%	0.4216%	0.3021%	0.5273%	9.1675%	0.4185%	4.8263%	0.8369%	0.3825%	0.2888%	21.7884%
	区域外	0.1152%	0.1755%	0.2503%	0.2949%	0.2394%	0.1741%	0.1880%	0.1323%	0.1763%	0.2748%	0.1581%	0.0842%	0.1764%	0.1643%	0.1172%	2.721%
	列合计	0.4478%	1.0901%	1.3782%	1.1320%	1.1384%	0.6799%	0.6096%	0.4344%	0.7036%	9.4423%	0.5765%	4.9106%	1.0133%	0.5468%	0.4060%	24.5095%
吉林	区域内	0.1071%	0.2062%	0.2505%	0.1852%	0.3284%	0.1831%	0.0669%	0.1011%	0.1170%	16.4563%	0.0649%	2.7385%	0.5676%	0.1984%	0.1305%	21.9975%
	区域外	0.1028%	0.3357%	0.4210%	0.2676%	0.2942%	0.1817%	0.3242%	0.1049%	0.2341%	0.2943%	0.0505%	0.1205%	0.1976%	0.2813%	0.1374%	3.0521%
	列合计	0.2099%	0.5419%	0.6715%	0.4528%	0.6226%	0.3649%	0.3910%	0.2060%	0.3511%	16.7505%	0.1154%	2.8590%	0.7652%	0.4798%	0.2679%	25.0495%

续表

区域		01	02	03	04	05	06	07	08	09	10	11	12	13	14	15	行合计
									行业								
黑龙江	区域内	0.2813%	0.5099%	0.9056%	0.7438%	0.3676%	0.3184%	0.2518%	0.1818%	1.6359%	10.9356%	0.1944%	3.8595%	0.5249%	0.1637%	0.1686%	21.0428%
	区域外	0.1871%	0.1363%	0.3250%	0.3067%	0.5007%	0.2148%	0.2939%	0.1692%	0.1874%	0.2080%	0.2140%	0.0530%	0.3053%	0.2516%	0.1281%	3.4811%
	列合计	0.4684%	0.6461%	1.2306%	1.0506%	0.8683%	0.5332%	0.5456%	0.3510%	1.8234%	11.1436%	0.4085%	3.9125%	0.8302%	0.4153%	0.2966%	24.5239%
上海	区域内	0.5586%	0.7997%	1.4680%	0.2752%	1.2611%	0.4145%	1.4877%	0.2291%	0.3668%	9.8821%	0.5045%	7.5102%	2.0945%	0.4331%	0.2368%	27.5219%
	区域外	0.2731%	0.1101%	0.2979%	0.3352%	0.4705%	0.4217%	0.1917%	0.0950%	0.3480%	0.2729%	0.3131%	0.1057%	0.1783%	0.1691%	0.1570%	3.7393%
	列合计	0.8317%	0.9098%	1.7660%	0.6104%	1.7317%	0.8362%	1.6794%	0.3242%	0.7148%	10.1550%	0.8176%	7.6160%	2.2729%	0.6022%	0.3938%	31.2617%
江苏	区域内	0.4095%	1.6309%	1.4593%	0.4471%	0.8561%	0.3727%	1.2618%	0.2498%	0.2757%	8.2309%	0.3686%	4.0117%	1.0202%	0.4530%	0.1899%	21.2372%
	区域外	0.1521%	0.2555%	0.2459%	0.2993%	0.2985%	0.1517%	0.1768%	0.0920%	0.1009%	0.1680%	0.1138%	0.0414%	0.1335%	0.1943%	0.0760%	2.5001%
	列合计	0.5615%	1.8868%	1.7052%	0.7464%	1.1546%	0.5245%	1.4386%	0.3418%	0.3767%	8.3989%	0.4824%	4.0531%	1.1537%	0.6474%	0.2659%	23.7375%
浙江	区域内	0.4385%	0.7064%	1.5697%	0.3196%	0.8710%	0.2974%	2.2437%	0.2387%	0.7884%	3.8361%	0.3657%	3.4173%	1.2769%	0.5093%	0.2388%	17.1175%
	区域外	0.1359%	0.2630%	0.2879%	0.3236%	0.3810%	0.1870%	0.1429%	0.0690%	0.1557%	0.2676%	0.1350%	0.1109%	0.2041%	0.1576%	0.0998%	2.921%
	列合计	0.5744%	0.9694%	1.8576%	0.6431%	1.2520%	0.4844%	2.3865%	0.3078%	0.9441%	4.1037%	0.5007%	3.5282%	1.4809%	0.6668%	0.3386%	20.0382%
安徽	区域内	0.2212%	1.0341%	0.9926%	0.3975%	0.7092%	0.1987%	0.3326%	0.2121%	0.2544%	16.6240%	0.2523%	3.9064%	0.7163%	0.1242%	0.1868%	26.1624%
	区域外	0.1760%	0.2133%	0.3887%	0.2863%	0.3454%	0.3588%	0.2207%	0.2092%	0.2697%	0.2576%	0.2022%	0.1524%	0.4117%	0.1724%	0.1639%	3.8283%
	列合计	0.3972%	1.2475%	1.3813%	0.6837%	1.0547%	0.5575%	0.5533%	0.4214%	0.5241%	16.8816%	0.4545%	4.0587%	1.1280%	0.2966%	0.3507%	29.9908%
福建	区域内	0.3260%	0.4630%	1.1258%	0.6127%	0.6276%	0.3145%	1.5351%	0.2379%	0.2119%	4.6888%	0.3976%	2.2231%	1.1039%	0.3188%	0.1898%	14.3765%
	区域外	0.1149%	0.1974%	0.2337%	0.1624%	0.2153%	0.1530%	0.0808%	0.0776%	0.0929%	0.1191%	0.0653%	0.0917%	0.1761%	0.1202%	0.0732%	1.9736%
	列合计	0.4409%	0.6603%	1.3595%	0.7751%	0.8430%	0.4675%	1.6159%	0.3155%	0.3048%	4.8078%	0.4629%	2.3148%	1.2800%	0.4391%	0.2630%	16.3501%
江西	区域内	0.1749%	0.3744%	0.7359%	0.1307%	0.4577%	0.2710%	0.1907%	0.1677%	0.2376%	8.3938%	0.1873%	1.8890%	1.1270%	0.1572%	0.1422%	14.6371%
	区域外	0.1213%	0.2935%	0.2962%	0.2488%	0.2720%	0.1881%	0.1248%	0.1454%	0.1985%	0.1735%	0.1451%	0.1085%	0.2196%	0.1231%	0.1474%	2.8058%
	列合计	0.2962%	0.6680%	1.0321%	0.3795%	0.7297%	0.4591%	0.3155%	0.3131%	0.4361%	8.5674%	0.3324%	1.9975%	1.3466%	0.2804%	0.2896%	17.4432%

续表

区域		01	02	03	04	05	06	07	08	09	10	11	12	13	14	15	行合计
山东	区域内	0.4740%	2.1491%	1.6850%	0.8952%	1.3284%	0.6497%	1.1369%	0.4522%	0.8844%	6.6557%	0.5123%	2.2017%	1.3271%	0.4142%	0.2381%	21.004%
	区域外	0.0700%	0.1170%	0.1445%	0.1420%	0.1470%	0.0894%	0.1008%	0.0751%	0.0879%	0.1453%	0.0743%	0.0386%	0.0826%	0.0599%	0.0463%	1.4207%
	列合计	0.5440%	2.2660%	1.8295%	1.0372%	1.4754%	0.7392%	1.2377%	0.5273%	0.9723%	6.8010%	0.5866%	2.2403%	1.4097%	0.4740%	0.2844%	22.4246%
河南	区域内	0.2011%	0.9061%	0.7591%	0.6494%	0.7225%	0.2095%	0.1497%	0.1775%	0.1185%	7.7572%	0.2149%	1.1039%	0.7919%	0.2538%	0.1604%	14.1755%
	区域外	0.1177%	0.2278%	0.2474%	0.2867%	0.2292%	0.2127%	0.0999%	0.1496%	0.1086%	0.1847%	0.0826%	0.0933%	0.2016%	0.1354%	0.1020%	2.4792%
	列合计	0.3188%	1.1338%	1.0065%	0.9361%	0.9517%	0.4222%	0.2496%	0.3271%	0.2271%	7.9420%	0.2976%	1.1971%	0.9935%	0.3891%	0.2625%	16.6547%
湖北	区域内	0.3824%	0.4375%	1.2617%	0.4454%	1.8026%	0.6050%	0.6065%	0.1624%	0.4725%	12.3599%	0.2618%	5.1136%	1.2308%	0.1738%	0.2385%	25.5544%
	区域外	0.0686%	0.1141%	0.1586%	0.2775%	0.2071%	0.2279%	0.0937%	0.0588%	0.1541%	0.1405%	0.0793%	0.0736%	0.1071%	0.0768%	0.0607%	1.8984%
	列合计	0.4511%	0.5516%	1.4202%	0.7229%	2.0098%	0.8329%	0.7003%	0.2212%	0.6267%	12.5004%	0.3411%	5.1872%	1.3379%	0.2506%	0.2991%	27.453%
湖南	区域内	0.3173%	0.3683%	1.2104%	0.3026%	1.0049%	0.2192%	0.4959%	0.2145%	0.1720%	5.9201%	0.3086%	4.2696%	1.0347%	0.3729%	0.1823%	16.3933%
	区域外	0.1048%	0.1779%	0.2231%	0.2237%	0.2278%	0.2029%	0.1198%	0.1182%	0.1551%	0.1593%	0.0652%	0.0667%	0.1191%	0.1473%	0.0932%	2.2041
	列合计	0.4221%	0.5462%	1.4335%	0.5262%	1.2326%	0.4222%	0.6157%	0.3327%	0.3271%	6.0793%	0.3739%	4.3362%	1.1538%	0.5201%	0.2755%	18.5971%
广东	区域内	0.4264%	0.4484%	1.5135%	0.3152%	1.0632%	0.5326%	1.5826%	0.2687%	0.9649%	4.6481%	0.2837%	2.0330%	1.2047%	0.3513%	0.2436%	15.8799%
	区域外	0.1409%	0.1023%	0.1680%	0.2256%	0.2025%	0.1047%	0.0698%	0.0483%	0.0910%	0.1140%	0.0717%	0.0585%	0.1041%	0.0685%	0.0788%	1.6487%
	列合计	0.5673%	0.5508%	1.6815%	0.5408%	1.2657%	0.6374%	1.6524%	0.3170%	1.0559%	4.7621%	0.3553%	2.0915%	1.3088%	0.4198%	0.3225%	17.5288%
广西	区域内	0.1535%	0.2110%	0.5905%	0.0959%	0.3672%	0.1772%	0.1758%	0.0943%	0.1367%	8.1485%	0.3177%	2.3931%	0.9426%	0.1895%	0.0997%	14.0932%
	区域外	0.1205%	0.1895%	0.2725%	0.2483%	0.3009%	0.1903%	0.1386%	0.1359%	0.1596%	0.4253%	0.1222%	0.0824%	0.2759%	0.1463%	0.1013%	2.9095%
	列合计	0.2739%	0.4005%	0.8630%	0.3442%	0.6680%	0.3675%	0.3144%	0.2301%	0.2963%	8.5738%	0.4399%	2.4756%	1.2185%	0.3358%	0.2010%	17.0025%
海南	区域内	0.0425%	0.0847%	0.2722%	0.0653%	0.1916%	0.0936%	0.0807%	0.0511%	0.0547%	12.0472%	0.0534%	1.2912%	0.7672%	0.0918%	0.0432%	15.2304%
	区域外	0.1780%	0.1359%	0.4045%	0.3242%	0.6364%	0.3413%	0.3603%	0.2964%	0.3066%	0.4188%	0.2843%	0.1399%	0.3689%	0.2729%	0.1993%	4.6677%
	列合计	0.2205%	0.2206%	0.6768%	0.3895%	0.8281%	0.4349%	0.4410%	0.3474%	0.3612%	12.4660%	0.3378%	1.4311%	1.1361%	0.3647%	0.2425%	19.8982%

续表

区域	区域	行业 01	02	03	04	05	06	07	08	09	10	11	12	13	14	15	行合计
重庆	区域内	0.1167%	0.2779%	1.0171%	0.1339%	0.3772%	0.1539%	0.3705%	0.1096%	0.1024%	8.3533%	0.2239%	6.2197%	1.2228%	0.1748%	0.1114%	18.9651%
	区域外	0.1245%	0.2095%	0.4151%	0.2209%	0.5332%	0.2776%	0.1748%	0.1125%	0.1363%	0.4466%	0.1007%	0.0775%	0.2288%	0.2304%	0.0981%	3.3865%
	列合计	0.2413%	0.4874%	1.4322%	0.3548%	0.9105%	0.4315%	0.5453%	0.2221%	0.2388%	8.7999%	0.3246%	6.2972%	1.4517%	0.4052%	0.2094%	22.3519%
四川	区域内	0.3318%	0.5933%	0.8071%	0.3252%	0.7392%	0.2562%	0.3552%	0.1271%	1.5656%	22.6762%	0.5834%	4.8803%	1.4009%	0.4132%	0.2920%	35.3467%
	区域外	0.0964%	0.1832%	0.2110%	0.1699%	0.2260%	0.1873%	0.1607%	0.0568%	0.2075%	0.2160%	0.1581%	0.1235%	0.1476%	0.1688%	0.1128%	2.4256%
	列合计	0.4282%	0.7765%	1.0181%	0.4951%	0.9652%	0.4434%	0.5160%	0.1839%	1.7731%	22.8922%	0.7415%	5.0038%	1.5485%	0.5820%	0.4048%	37.7723%
贵州	区域内	0.1245%	0.0880%	0.8583%	0.1610%	0.4194%	0.1033%	0.1037%	0.0809%	0.2973%	6.6549%	0.1476%	1.3898%	0.5812%	0.1172%	0.1042%	11.2313%
	区域外	0.1302%	0.1802%	0.3418%	0.1614%	0.4531%	0.2983%	0.3453%	0.2179%	0.2831%	0.3475%	0.3188%	0.1318%	0.3259%	0.3014%	0.1782%	4.0149%
	列合计	0.2547%	0.2682%	1.2001%	0.3224%	0.8724%	0.4016%	0.4489%	0.2988%	0.5803%	7.0024%	0.4665%	1.5216%	0.9072%	0.4186%	0.2824%	15.2461%
云南	区域内	0.1775%	0.3669%	0.4927%	0.2146%	0.2788%	0.0824%	0.2505%	0.0724%	0.1996%	9.4939%	0.3904%	1.6421%	0.5627%	0.1723%	0.0902%	14.487%
	区域外	0.1579%	0.4011%	0.3599%	0.3707%	0.5218%	0.3408%	0.5276%	0.2220%	0.6389%	0.4042%	0.2540%	0.1409%	0.4190%	0.3707%	0.2176%	5.3471%
	列合计	0.3354%	0.7679%	0.8526%	0.5854%	0.8005%	0.4232%	0.7782%	0.2944%	0.8385%	9.8982%	0.6444%	1.7830%	0.9817%	0.5430%	0.3078%	19.8342%
西藏	区域内	0.0256%	1.1255%	0.5481%	0.0132%	0.0418%	0.0213%	0.0057%	0.0167%	0.0169%	7.2185%	0.0062%	0.4413%	0.0911%	0.0257%	0.0218%	9.6194%
	区域外	0.1727%	0.3271%	0.3936%	0.6258%	0.5870%	0.4835%	0.4577%	0.2953%	0.2047%	0.1321%	0.3509%	0.1479%	0.2152%	0.4356%	0.2616%	5.0907%
	列合计	0.1983%	1.4526%	0.9417%	0.6390%	0.6288%	0.5048%	0.4633%	0.3120%	0.2216%	7.3506%	0.3570%	0.5892%	0.3063%	0.4613%	0.2834%	14.7099%
陕西	区域内	0.7950%	0.2552%	0.9220%	0.1670%	1.0580%	0.2882%	0.5514%	0.1688%	0.7831%	28.2133%	0.2828%	4.4976%	0.9651%	0.2478%	0.1797%	39.375%
	区域外	0.1441%	0.1667%	0.3251%	0.2159%	0.4054%	0.2132%	0.3142%	0.2000%	0.4934%	0.3836%	0.2145%	0.1597%	0.3199%	0.3220%	0.1376%	4.0153%
	列合计	0.9391%	0.4219%	1.2471%	0.3829%	1.4635%	0.5014%	0.8656%	0.3687%	1.2765%	28.5969%	0.4972%	4.6574%	1.2850%	0.5698%	0.3173%	43.3903%
甘肃	区域内	0.1779%	0.2060%	0.7258%	0.1709%	0.4257%	0.2005%	0.0754%	0.1128%	0.0716%	18.8285%	0.0686%	4.8329%	0.5350%	0.1654%	0.1651%	26.7621%
	区域外	0.1893%	0.2773%	0.3586%	0.2153%	0.4135%	0.1943%	0.2780%	0.2649%	0.1704%	0.2002%	0.0911%	0.1928%	0.3569%	0.2509%	0.2264%	3.6799%
	列合计	0.3672%	0.4833%	1.0844%	0.3862%	0.8392%	0.3948%	0.3533%	0.3777%	0.2421%	19.0287%	0.1597%	5.0257%	0.8919%	0.4164%	0.3914%	30.442%

续表

区域		01	02	03	04	05	06	07	08	09	10	11	12	13	14	15	行合计
青海	区域内	0.0937%	0.7069%	0.3539%	0.4608%	0.4635%	0.0970%	0.0385%	0.0885%	0.0251%	6.7905%	0.3990%	1.5677%	1.3152%	0.1136%	0.0654%	12.5793%
	区域外	0.1277%	0.1243%	0.2676%	0.1216%	0.4347%	0.2625%	0.1555%	0.2234%	0.2017%	0.1583%	0.2104%	0.0730%	0.1794%	0.1218%	0.1529%	2.8148%
	列合计	0.2213%	0.8312%	0.6215%	0.5824%	0.8982%	0.3595%	0.1940%	0.3119%	0.2269%	6.9488%	0.6094%	1.6407%	1.4946%	0.2354%	0.2184%	15.3942%
宁夏	区域内	0.2452%	0.1089%	0.7732%	0.0544%	0.3368%	0.1356%	0.0503%	0.0420%	0.1086%	3.2927%	0.4141%	0.7928%	1.9547%	0.1434%	0.1009%	8.5536%
	区域外	0.2704%	0.2602%	0.4100%	0.2797%	0.4260%	0.2527%	0.2168%	0.0985%	0.2106%	0.2049%	0.2169%	0.1159%	0.3801%	0.3429%	0.1824%	3.868%
	列合计	0.5156%	0.3691%	1.1831%	0.3341%	0.7627%	0.3883%	0.2671%	0.1406%	0.3192%	3.4976%	0.6310%	0.9087%	2.3348%	0.4863%	0.2833%	12.4215%
新疆	区域内	0.1885%	0.5754%	0.3378%	0.3020%	0.1953%	0.1526%	0.0590%	0.3661%	0.1160%	4.3679%	0.1861%	0.5563%	0.7235%	0.0540%	0.0601%	8.2406%
	区域外	0.1430%	0.1410%	0.2411%	0.1700%	0.3860%	0.1906%	0.3248%	0.1280%	0.2869%	0.4862%	0.3066%	0.0639%	0.3469%	0.2736%	0.1398%	3.6284%
	列合计	0.3315%	0.7164%	0.5790%	0.4720%	0.5813%	0.3433%	0.3838%	0.4941%	0.4029%	4.8541%	0.4926%	0.6202%	1.0704%	0.3276%	0.1999%	11.8691%

注：01 为农林牧渔业，02 为采矿业，03 为制造业，04 为电力、燃气及水的生产和供应业，05 为建筑业，06 为交通运输、仓储和邮政业，07 为信息传输、计算机服务和软件业，08 为批发和零售业，09 为金融业，10 为科学研究和技术服务业，11 为水利、环境和公共设施管理业，12 为卫生和社会工作，13 为教育，14 为文化、体育和娱乐业，15 为其他部门

表 7.6　2017 年中国 31 个区域 15 个行业部门研发资本溢出受益者效应表

区域		01	02	03	04	05	06	07	08	09	10	11	12	13	14	15	行合计
北京	区域内	0.7215%	2.4445%	2.0093%	0.4252%	1.5277%	0.5385%	2.4580%	0.2173%	0.5600%	7.5424%	0.4773%	8.0601%	0.7707%	0.3578%	0.2541%	28.3645%
	区域外	0.5193%	0.2726%	0.7796%	0.4305%	0.9360%	0.4658%	0.5253%	0.1868%	0.4777%	1.0345%	0.5051%	0.2125%	0.7393%	0.5648%	0.2819%	7.9316%
	列合计	1.2409%	2.7171%	2.7889%	0.8557%	2.4637%	1.0043%	2.9832%	0.4041%	1.0377%	8.5769%	0.9824%	8.2726%	1.5100%	0.9226%	0.5360%	36.2960%
天津	区域内	0.6182%	1.8196%	2.1586%	0.6691%	0.9335%	0.6071%	0.4221%	0.2036%	0.4809%	2.9781%	0.3284%	8.7453%	1.2010%	0.3728%	0.2271%	21.7655%
	区域外	0.3266%	0.2084%	0.4768%	0.4591%	0.6863%	0.3597%	0.2351%	0.1169%	0.3333%	0.4403%	0.2822%	0.0946%	0.3312%	0.2556%	0.1630%	4.7690%
	列合计	0.9448%	2.0281%	2.6354%	1.1282%	1.6198%	0.9668%	0.6572%	0.3205%	0.8141%	3.4184%	0.6106%	8.8399%	1.5322%	0.6284%	0.3901%	26.5345%

续表

区域		01	02	03	04	05	06	07	08	09	10	11	12	13	14	15	行合计
河北	区域内	0.3509%	1.4481%	1.1557%	0.2027%	0.9986%	0.1990%	0.2254%	0.7250%	0.4575%	7.3915%	0.2660%	2.3053%	0.7438%	0.2923%	0.1944%	16.9562%
	区域外	0.2385%	0.3224%	0.4425%	0.3914%	0.4646%	0.1679%	0.3240%	0.2638%	0.3314%	0.4843%	0.2028%	0.1441%	0.4143%	0.2450%	0.1704%	4.6072%
	列合计	0.5894%	1.7704%	1.5982%	0.5941%	1.4632%	0.3668%	0.5494%	0.9888%	0.7889%	7.8758%	0.4688%	2.4495%	1.1581%	0.5373%	0.3648%	21.5635%
山西	区域内	0.3152%	0.7203%	1.4499%	0.2859%	0.7218%	0.1368%	0.0874%	0.0886%	0.1917%	6.0725%	0.2279%	1.7287%	0.4682%	0.1273%	0.1149%	12.7372%
	区域外	0.3506%	0.2534%	0.4358%	0.1599%	0.5964%	0.2622%	0.1247%	0.1494%	0.3461%	0.3105%	0.3492%	0.0251%	0.3408%	0.3768%	0.1686%	4.2493%
	列合计	0.6658%	0.9737%	1.8857%	0.4457%	1.3181%	0.3990%	0.2121%	0.2380%	0.5378%	6.3830%	0.5770%	1.7538%	0.8090%	0.5042%	0.2835%	16.9865%
内蒙古	区域内	0.2191%	1.0258%	1.7088%	0.3290%	0.5390%	0.1760%	0.5668%	0.1066%	1.3124%	3.7693%	0.7999%	0.9140%	0.6650%	0.5656%	0.1179%	12.8151%
	区域外	0.2907%	0.2274%	0.5236%	0.2038%	0.7730%	0.2713%	0.3820%	0.1769%	0.3267%	0.4374%	0.4773%	0.1398%	0.4323%	0.3882%	0.1962%	5.2467%
	列合计	0.5097%	1.2532%	2.2324%	0.5328%	1.3120%	0.4473%	0.9488%	0.2835%	1.6391%	4.2067%	1.2771%	1.0539%	1.0974%	0.9537%	0.3141%	18.0618%
辽宁	区域内	0.3652%	1.7609%	2.0079%	0.7267%	1.1371%	0.5291%	0.2813%	0.1318%	0.5957%	9.7685%	0.3800%	4.4956%	0.8070%	0.2145%	0.1578%	23.3591%
	区域外	0.2979%	0.1688%	0.5154%	0.3092%	0.7756%	0.2870%	0.4451%	0.2382%	0.4857%	0.5486%	0.3185%	0.1346%	0.4138%	0.3607%	0.1704%	5.4695%
	列合计	0.6631%	1.9297%	2.5233%	1.0359%	1.9126%	0.8161%	0.7265%	0.3700%	1.0814%	10.3171%	0.6985%	4.6302%	1.2208%	0.5752%	0.3282%	28.8286%
吉林	区域内	0.1074%	0.4834%	0.3496%	0.1636%	0.2692%	0.0454%	0.0380%	0.0527%	0.0456%	9.5497%	0.0626%	1.9120%	0.3322%	0.1028%	0.0685%	13.5827%
	区域外	0.2532%	0.2817%	0.5154%	0.5641%	0.6218%	0.1373%	0.3196%	0.2267%	0.3256%	0.3133%	0.4079%	0.2952%	0.3702%	0.4717%	0.2515%	5.3552%
	列合计	0.3606%	0.7651%	0.8650%	0.7277%	0.8909%	0.1827%	0.3576%	0.2794%	0.3712%	9.8630%	0.4705%	2.2072%	0.7025%	0.5745%	0.3200%	18.9379%
黑龙江	区域内	0.1783%	0.7190%	1.0793%	0.6224%	0.3557%	0.1822%	0.1644%	0.1095%	0.9065%	6.0491%	0.1577%	2.4648%	0.2875%	0.1175%	0.1055%	13.4994%
	区域外	0.2908%	0.2199%	0.4875%	0.4178%	0.5640%	0.3320%	0.3370%	0.2276%	0.3109%	0.2413%	0.3521%	0.0900%	0.4820%	0.3392%	0.1924%	4.8846%
	列合计	0.4690%	0.9389%	1.5668%	1.0402%	0.9196%	0.5142%	0.5014%	0.3371%	1.2175%	6.2904%	0.5098%	2.5548%	0.7695%	0.4567%	0.2979%	18.3839%
上海	区域内	0.6053%	1.6954%	2.5446%	0.6049%	1.2392%	0.2794%	1.5434%	0.2091%	0.4557%	8.6145%	0.4179%	7.5674%	1.4951%	0.4495%	0.2081%	27.9295%
	区域外	0.2056%	0.4483%	0.2703%	0.4728%	0.7962%	0.3801%	0.2481%	0.1626%	0.5186%	0.3077%	0.3615%	0.1118%	0.0597%	0.2233%	0.2005%	4.7671%
	列合计	0.8109%	2.1437%	2.8149%	1.0777%	2.0354%	0.6595%	1.7915%	0.3717%	0.9742%	8.9222%	0.7794%	7.6792%	1.5548%	0.6729%	0.4086%	32.6966%

行业

续表

区域		01	02	03	04	05	06	07	08	09	10	11	12	13	14	15	行合计
江苏	区域内	0.5537%	4.1092%	2.5636%	0.5095%	1.4729%	0.5170%	0.8075%	0.3168%	0.5678%	6.8344%	0.4528%	4.0828%	1.0460%	0.5204%	0.2237%	24.5782%
	区域外	0.1804%	0.2337%	0.3875%	0.4368%	0.5886%	0.1928%	0.0986%	0.1016%	0.1961%	0.5838%	0.1686%	0.0585%	0.1937%	0.1704%	0.0845%	3.6755%
	列合计	0.7340%	4.3429%	2.9510%	0.9463%	2.0615%	0.7099%	0.9061%	0.4184%	0.7639%	7.4182%	0.6214%	4.1413%	1.2397%	0.6908%	0.3082%	28.2537%
浙江	区域内	0.4509%	0.4868%	2.2252%	0.3207%	0.7786%	0.2044%	1.9505%	0.1691%	0.4053%	1.9509%	0.3107%	6.4607%	1.0607%	0.3127%	0.1700%	17.2573%
	区域外	0.3723%	0.3105%	0.7481%	0.5984%	0.9331%	0.2323%	0.3716%	0.1833%	0.2631%	0.4612%	0.3464%	0.3389%	0.5303%	0.2879%	0.1995%	6.1769%
	列合计	0.8232%	0.7973%	2.9733%	0.9191%	1.7117%	0.4368%	2.3221%	0.3524%	0.6684%	2.4121%	0.6571%	6.7996%	1.5910%	0.6006%	0.3695%	23.4342%
安徽	区域内	0.3568%	1.9647%	1.4456%	0.6725%	1.7096%	0.4432%	0.3424%	0.1699%	0.4142%	14.4368%	0.4739%	4.7045%	0.8745%	0.2157%	0.1966%	28.4211%
	区域外	0.2527%	0.2850%	0.5784%	0.4482%	1.1875%	0.4252%	0.3354%	0.1556%	0.3570%	1.3668%	0.4096%	0.1629%	0.5401%	0.1789%	0.1701%	6.8533%
	列合计	0.6096%	2.2497%	2.0240%	1.1207%	2.8972%	0.8684%	0.6779%	0.3255%	0.7712%	15.8036%	0.8835%	4.8674%	1.4145%	0.3946%	0.3666%	35.2744%
福建	区域内	0.4972%	0.4750%	1.8193%	1.1533%	0.6956%	0.4214%	2.0291%	0.4912%	0.2964%	2.6782%	0.5210%	2.4423%	0.8328%	0.3281%	0.3189%	14.9997%
	区域外	0.1726%	0.1428%	0.2108%	0.1360%	0.1647%	0.1124%	0.0626%	0.1210%	0.1078%	0.1492%	0.0658%	0.0264%	0.1140%	0.0851%	0.1533%	1.8244%
	列合计	0.6698%	0.6178%	2.0300%	1.2893%	0.8603%	0.5338%	2.0918%	0.6122%	0.4042%	2.8274%	0.5867%	2.4687%	0.9468%	0.4132%	0.4722%	16.8241%
江西	区域内	0.2779%	0.4951%	1.1869%	0.2176%	0.5957%	0.3540%	0.1541%	0.0910%	0.1811%	3.9411%	0.3085%	3.3149%	1.7454%	0.1814%	0.0873%	13.1322%
	区域外	0.2598%	0.5004%	0.6086%	0.5035%	0.5710%	0.2206%	0.1947%	0.1146%	0.2351%	0.4395%	0.3392%	0.1756%	0.4062%	0.2046%	0.1490%	4.9226%
	列合计	0.5377%	0.9955%	1.7955%	0.7212%	1.1667%	0.5746%	0.3489%	0.2056%	0.4163%	4.3806%	0.6477%	3.4905%	2.1515%	0.3861%	0.2363%	18.0548%
山东	区域内	0.7936%	3.3156%	2.9465%	1.0442%	2.0256%	0.6373%	1.5718%	0.5850%	0.8396%	3.8355%	0.4894%	1.9868%	2.2545%	0.6310%	0.4099%	23.3661%
	区域外	0.2153%	0.1288%	0.2755%	0.1090%	0.3247%	0.1408%	0.1499%	0.0714%	0.1113%	0.5881%	0.1043%	0.0246%	0.2154%	0.1323%	0.0707%	2.6621%
	列合计	1.0088%	3.4444%	3.2220%	1.1531%	2.3503%	0.7781%	1.7217%	0.6564%	0.9510%	4.4235%	0.5937%	2.0114%	2.4698%	0.7633%	0.4806%	26.0282%
河南	区域内	0.2441%	0.3760%	0.6820%	0.5681%	1.0708%	0.1542%	0.1112%	0.1475%	0.1349%	0.6648%	0.2220%	1.3202%	0.7075%	0.1325%	0.1548%	12.0210%
	区域外	0.3171%	1.5787%	0.9462%	0.5485%	0.9485%	0.3675%	0.3162%	0.2998%	0.3014%	4.5283%	0.3137%	0.4010%	0.5306%	0.1901%	0.2601%	6.5174%
	列合计	0.5612%	1.9548%	1.6282%	1.1166%	2.0193%	0.5217%	0.4274%	0.4473%	0.4364%	5.1931%	0.5357%	1.7212%	1.2380%	0.3225%	0.4149%	18.5384%

续表

区域		行业															行合计
		01	02	03	04	05	06	07	08	09	10	11	12	13	14	15	
湖北	区域内	0.4998%	0.8754%	1.8205%	0.3784%	2.1781%	0.3398%	0.3682%	0.2659%	0.5220%	13.1738%	0.5571%	6.6168%	1.4472%	0.3321%	0.2755%	29.6507%
	区域外	0.1524%	0.1781%	0.3265%	0.1625%	0.4046%	0.1671%	0.0851%	0.0818%	0.1922%	0.5707%	0.1638%	0.0958%	0.2346%	0.1036%	0.0954%	3.0140%
	列合计	0.6522%	1.0535%	2.1470%	0.5409%	2.5827%	0.5070%	0.4533%	0.3478%	0.7141%	13.7445%	0.7208%	6.7126%	1.6818%	0.4358%	0.3708%	32.6647%
湖南	区域内	0.4867%	0.7681%	1.9565%	0.5458%	1.3989%	0.2230%	0.4438%	0.2540%	0.5115%	3.6283%	0.4995%	4.2575%	1.1360%	0.4174%	0.2464%	16.7736%
	区域外	0.1796%	0.3020%	0.3802%	0.4580%	0.5323%	0.1264%	0.1461%	0.1029%	0.2330%	0.2161%	0.1646%	0.0775%	0.3126%	0.1519%	0.1098%	3.4931%
	列合计	0.6663%	1.0701%	2.3367%	1.0039%	1.9312%	0.3494%	0.5899%	0.3569%	0.7445%	3.8444%	0.6641%	4.3350%	1.4486%	0.5693%	0.3562%	20.2667%
广东	区域内	0.5194%	0.5059%	2.3413%	0.4941%	0.9647%	0.2725%	1.2375%	0.2136%	0.9753%	2.3132%	0.3493%	1.9221%	1.1823%	0.4188%	0.1913%	13.9010%
	区域外	0.2014%	0.1202%	0.4596%	0.2419%	0.6622%	0.1438%	0.1070%	0.0618%	0.1663%	0.1489%	0.1293%	0.0591%	0.2776%	0.1773%	0.0850%	3.0412%
	列合计	0.7208%	0.6261%	2.8009%	0.7361%	1.6268%	0.4163%	1.3444%	0.2754%	1.1416%	2.4621%	0.4786%	1.9812%	1.4599%	0.5960%	0.2763%	16.9423%
广西	区域内	0.1497%	0.2462%	0.8118%	0.1571%	0.4258%	0.1399%	0.1750%	0.1143%	0.1544%	5.1509%	0.2994%	1.7629%	0.7430%	0.1667%	0.0922%	10.5893%
	区域外	0.2303%	0.2916%	0.5305%	0.4068%	0.7891%	0.2851%	0.3302%	0.2621%	0.3195%	1.0581%	0.3878%	0.2139%	0.5627%	0.2998%	0.2035%	6.1708%
	列合计	0.3800%	0.5378%	1.3423%	0.5639%	1.2149%	0.4250%	0.5052%	0.3763%	0.4740%	6.2090%	0.6872%	1.9768%	1.3057%	0.4666%	0.2957%	16.7601%
海南	区域内	0.0807%	0.2127%	0.6189%	0.0296%	0.3496%	0.0786%	0.0295%	0.0414%	0.0365%	6.4562%	0.0120%	1.2437%	0.7129%	0.1698%	0.0303%	10.1024%
	区域外	0.3480%	0.3354%	0.7807%	0.4079%	1.1091%	0.4696%	0.6533%	0.2596%	0.3701%	0.7711%	0.2881%	0.2256%	0.4684%	0.5749%	0.2557%	7.3176%
	列合计	0.4288%	0.5481%	1.3996%	0.4374%	1.4588%	0.5482%	0.6828%	0.3010%	0.4067%	7.2273%	0.3001%	1.4693%	1.1812%	0.7447%	0.2860%	17.4200%
重庆	区域内	0.1670%	0.4786%	1.6464%	0.2235%	0.4481%	0.0980%	0.2703%	0.0695%	0.1335%	6.0748%	0.1819%	5.9040%	1.1148%	0.2675%	0.1218%	17.1996%
	区域外	0.2530%	0.3319%	0.7248%	0.4139%	0.8872%	0.2760%	0.4093%	0.1440%	0.3454%	1.0578%	0.3069%	0.1786%	0.7311%	0.4056%	0.2263%	6.6917%
	列合计	0.4199%	0.8104%	2.3712%	0.6374%	1.3353%	0.3740%	0.6796%	0.2135%	0.4789%	7.1326%	0.4888%	6.0826%	1.8459%	0.6731%	0.3481%	23.8913%
四川	区域内	0.3950%	0.9899%	1.2841%	0.4546%	1.2788%	0.2884%	0.3358%	0.2535%	1.1806%	21.2668%	0.6876%	5.3283%	1.2572%	0.4056%	0.2960%	35.7023%
	区域外	0.1916%	0.2338%	0.4286%	0.2094%	0.4723%	0.1863%	0.2203%	0.1103%	0.2537%	0.6581%	0.2413%	0.1352%	0.3859%	0.2524%	0.1596%	4.1391%
	列合计	0.5866%	1.2237%	1.7127%	0.6640%	1.7512%	0.4747%	0.5561%	0.3639%	1.4343%	21.9250%	0.9289%	5.4635%	1.6431%	0.6581%	0.4557%	39.8413%

续表

区域		01	02	03	04	05	06	07	08	09	10	11	12	13	14	15	行合计
贵州	区域内	0.1008%	0.0806%	0.8944%	0.1998%	0.3045%	0.0696%	0.0905%	0.0797%	0.2693%	6.5071%	0.1395%	1.4914%	0.5316%	0.1015%	0.0908%	10.9510%
	区域外	0.1831%	0.2676%	0.5168%	0.2499%	0.8582%	0.3977%	0.3887%	0.3107%	0.4426%	0.5221%	0.5350%	0.1842%	0.4855%	0.4185%	0.2583%	6.0179%
	列合计	0.2838%	0.3482%	1.4112%	0.4487%	1.1626%	0.4674%	0.4792%	0.3904%	0.7120%	7.0292%	0.6745%	1.6756%	1.0171%	0.5199%	0.3492%	16.9688%
云南	区域内	0.1970%	0.4491%	0.9032%	0.1328%	0.6307%	0.1066%	0.2104%	0.0969%	0.2530%	8.3617%	0.3768%	1.9475%	0.6580%	0.1978%	0.0914%	14.6129%
	区域外	0.2750%	0.2942%	0.4693%	0.1066%	1.0113%	0.3595%	0.4534%	0.2325%	0.5509%	0.7173%	0.2492%	0.1508%	0.6713%	0.5416%	0.2297%	6.3126%
	列合计	0.4719%	0.7432%	1.3725%	0.2394%	1.6420%	0.4661%	0.6638%	0.3294%	0.8040%	9.0790%	0.6261%	2.0983%	1.3293%	0.7394%	0.3210%	20.9255%
西藏	区域内	0.0416%	1.2369%	0.4796%	0.0019%	0.0636%	0.0101%	0.0061%	0.0227%	0.0075%	4.1847%	0.0596%	0.4468%	0.0719%	0.0563%	0.0171%	6.7063%
	区域外	0.3235%	0.0341%	0.6453%	0.3039%	1.0456%	0.4966%	0.5258%	0.3203%	0.3621%	0.7155%	0.6413%	0.1940%	0.3332%	0.6370%	0.3146%	6.8931%
	列合计	0.3652%	1.2710%	1.1249%	0.3058%	1.1092%	0.5067%	0.5320%	0.3431%	0.3695%	4.9002%	0.7009%	0.6408%	0.4051%	0.6933%	0.3317%	13.5994%
陕西	区域内	0.2824%	0.2339%	1.0352%	0.1745%	1.3376%	0.0867%	0.4374%	0.0808%	0.3692%	12.2514%	0.2779%	4.7924%	0.7833%	0.2112%	0.1002%	22.4542%
	区域外	0.3848%	0.2360%	0.6881%	0.3543%	0.8202%	0.1738%	0.3376%	0.1102%	0.4002%	0.3731%	0.4740%	0.1831%	0.7479%	0.4761%	0.2287%	5.9882%
	列合计	0.6673%	0.4699%	1.7233%	0.5288%	2.1579%	0.2604%	0.7750%	0.1911%	0.7693%	12.6245%	0.7519%	4.9755%	1.5312%	0.6873%	0.3289%	28.4424%
甘肃	区域内	0.3179%	0.2186%	1.2045%	0.2688%	0.9822%	0.1856%	0.1801%	0.0874%	0.1229%	8.9852%	0.2485%	1.8234%	0.5735%	0.1107%	0.1489%	15.4581%
	区域外	0.3236%	0.2176%	0.4642%	0.1675%	0.8122%	0.1935%	0.3626%	0.2074%	0.2304%	0.6783%	0.2581%	0.1505%	0.7127%	0.3480%	0.2126%	5.3392%
	列合计	0.6416%	0.4361%	1.6687%	0.4362%	1.7944%	0.3791%	0.5427%	0.2948%	0.3533%	9.6635%	0.5066%	1.9739%	1.2862%	0.4587%	0.3615%	20.7973%
青海	区域内	0.1311%	1.8991%	0.4918%	0.4747%	0.3792%	0.1427%	0.0290%	0.0263%	0.0586%	3.0494%	0.3402%	1.2947%	0.8375%	0.1236%	0.0576%	9.3354%
	区域外	0.2737%	0.2119%	0.4548%	0.2322%	0.5193%	0.3498%	0.1919%	0.1025%	0.3355%	1.4818%	0.3433%	0.1625%	0.4849%	0.3412%	0.1926%	5.6779%
	列合计	0.4048%	2.1111%	0.9465%	0.7069%	0.8985%	0.4925%	0.2209%	0.1289%	0.3941%	4.5311%	0.6834%	1.4571%	1.3224%	0.4648%	0.2502%	15.0133%
宁夏	区域内	0.2928%	0.0840%	1.1497%	0.0424%	0.4092%	0.0612%	0.0278%	0.0467%	0.0607%	3.5532%	0.3957%	0.8955%	2.2969%	0.0502%	0.0606%	9.4266%
	区域外	0.4221%	0.1622%	0.6238%	0.3149%	0.7969%	0.2211%	0.4337%	0.3101%	0.2895%	0.2129%	0.2422%	0.2330%	0.5645%	0.3666%	0.1993%	5.3930%
	列合计	0.7149%	0.2462%	1.7735%	0.3573%	1.2062%	0.2823%	0.4615%	0.3568%	0.3503%	3.7661%	0.6380%	1.1284%	2.8615%	0.4168%	0.2599%	14.8196%

续表

区域		行业															行合计
		01	02	03	04	05	06	07	08	09	10	11	12	13	14	15	
新疆	区域内	0.1627%	1.0748%	0.3706%	0.2696%	0.2013%	0.1054%	0.0243%	0.2992%	0.0880%	4.4873%	0.1511%	0.3832%	0.5739%	0.0170%	0.0362%	8.2445%
	区域外	0.3374%	0.2153%	0.5151%	0.2929%	0.7673%	0.3871%	0.5729%	0.2386%	0.7779%	0.6437%	0.4076%	0.1699%	0.6510%	0.3701%	0.2168%	6.5637%
	列合计	0.5001%	1.2901%	0.8857%	0.5626%	0.9685%	0.4925%	0.5972%	0.5378%	0.8660%	5.1310%	0.5587%	0.5531%	1.2249%	0.3871%	0.2530%	14.8082%

注：01 为农林牧渔业、02 为采矿业、03 为制造业、04 为电力、燃气及水的生产和供应业、05 为建筑业、06 为交通运输、仓储和邮政业、07 为信息传输、计算机服务和软件业、08 为金融业、09 为租赁和商务服务业、10 为科学研究和技术服务业、11 为水利、环境和公共设施管理业、12 为教育、13 为卫生和社会工作、14 为文化、体育和娱乐业、15 为其他部门

长三角、珠三角以及部分中部强省 15 个行业部门的研发资本溢出受益者效应主要依赖行业自身研发活动的支持，而西部偏远区域大部分主要依赖其他行业研发活动的支持。我们以"某行业区域外研发资本溢出受益者效应与研发资本溢出受益者总效应之比"构造了指标 γ，以此判断该行业研发资本溢出效应的主要来源。若 γ 大于 50%，则表示该行业的发展更多地依靠其他行业研发活动的支持；若 γ 小于 50%，则表示该行业的研发资本溢出收益更多依靠行业自身发展。数据显示，2012 年北京、天津、辽宁、上海、江苏、浙江、福建和广东等地以及 2017 年的天津、江苏、浙江、安徽、福建、山东、河南、湖北、湖南、广东、四川等地 15 个行业的 γ 值均小于 50%。可见，这些沿海经济发达地区以及部分中西部强省的技术创新水平更高、技术吸收能力更强、产业链更为完备，从而这些区域的各个行业的研发资本溢出受益程度更多取决于行业自身的研发活动。与之相反，2012 年海南、贵州、西藏、宁夏、云南等地的多数行业以及 2017 年广西、海南、重庆、四川、贵州、云南、西藏、陕西、甘肃、宁夏、新疆等地的多数行业 γ 值大于 50%。这些区域处于中国偏远地区，其基础设施落后、经济发展水平不高、技术水平较低，从而更多承接其他区域的研发资本溢出效应，即这些行业的发展更多依靠其他区域行业的支撑。此外，动态对比 2012 年和 2017 年的研发资本溢出受益程度发现，除北京、天津、山西、吉林、黑龙江、广东、广西、海南、西藏、陕西、甘肃和青海等区域外，其余区域 2017 年溢出受益程度较 2012 年均有所增加，尤其是安徽和湖北的研发资本溢出程度增幅最为明显。

（二）基于行业维度的研发资本溢出受益者效应表

遵循上述编制思路，我们可针对任一地区编制行业研发资本溢出受益者效应表。限于篇幅，此处仅编制了 2012 年和 2017 年北京市 15 个行业部门研发资本溢出受益者效应表，如表 7.7 和表 7.8 所示。表中列数据表示任一行业部门在 15 个行业部门的研发资本溢出受益者效应。

数据显示，2012 年和 2017 年北京市 15 个行业中研发资本溢出受益效应最大的三个行业均是科学研究和技术服务业，教育，信息传输、计算机服务和软件业。可见，这三个行业从北京市各个行业部门的研发活动中获取较多溢出。相较而言，金融业，电力、燃气及水的生产和供应业，文化、体育和娱乐业则获益较少。从行业间研发资本受益效应分布情况看，农林牧渔业，建筑业，卫生和社会工作获得了较多的其他行业研发资本溢出。由此可知，这些行业与其他行业间的经济技术联系更为密切，其发展得到了相关行业部门研发活动的较大支持。与之相反，科学研究和技术服务业、建筑业则接受了较少的其他行业研发溢出，可见，这两个行业与其他行业的经济技术关联较弱。剔除行业内部研发资本溢出后，变化较

表 7.7　2012 年北京市 15 个行业部门研发资本溢出受益者效应表

行业	01	02	03	04	05	06	07	08	09	10	11	12	13	14	15
01	0.1829%	0.0007%	0.0017%	0.0003%	0.0011%	0.0004%	0.0004%	0.0001%	0.0003%	0.0005%	0.0082%	0.0002%	0.0007%	0.0005%	0.0009%
02	0.0049%	0.4484%	0.0046%	0.0147%	0.0050%	0.0018%	0.0011%	0.0004%	0.0009%	0.0014%	0.0021%	0.0015%	0.0022%	0.0012%	0.0012%
03	0.2980%	0.2383%	1.4464%	0.1234%	0.3850%	0.2679%	0.2424%	0.0488%	0.0717%	0.2061%	0.2142%	0.1029%	0.4987%	0.1498%	0.1147%
04	0.0097%	0.0181%	0.0072%	0.1940%	0.0054%	0.0087%	0.0038%	0.0019%	0.0037%	0.0046%	0.0099%	0.0070%	0.0061%	0.0067%	0.0063%
05	0.0043%	0.0067%	0.0065%	0.0097%	0.7217%	0.0087%	0.0030%	0.0037%	0.0043%	0.0063%	0.0514%	0.0301%	0.0111%	0.0240%	0.0120%
06	0.0084%	0.0143%	0.0080%	0.0068%	0.0108%	0.1686%	0.0040%	0.0034%	0.0070%	0.0105%	0.0098%	0.0078%	0.0050%	0.0099%	0.0074%
07	0.0238%	0.0533%	0.0383%	0.0947%	0.0431%	0.0788%	3.6067%	0.1702%	0.0707%	0.0673%	0.0548%	0.0503%	0.1031%	0.0758%	0.0655%
08	0.0006%	0.0024%	0.0007%	0.0021%	0.0015%	0.0023%	0.0006%	0.0117%	0.0019%	0.0016%	0.0018%	0.0005%	0.0005%	0.0011%	0.0016%
09	0.0148%	0.0367%	0.0275%	0.0340%	0.0319%	0.0498%	0.0401%	0.0565%	0.6369%	0.0349%	0.0334%	0.0190%	0.0182%	0.0668%	0.0680%
10	0.7502%	0.3395%	0.2953%	0.2645%	0.4366%	0.3114%	0.3607%	0.1261%	0.1934%	14.3210%	0.3012%	0.4814%	0.2418%	0.3295%	0.2448%
11	0.0046%	0.0058%	0.0002%	0.0010%	0.0002%	0.0001%	0.0001%	0.0001%	0.0001%	0.0001%	0.1501%	0.0001%	0.0001%	0.0001%	0.0001%
12	0.0184%	0.0290%	0.0211%	0.0277%	0.0322%	0.0350%	0.0192%	0.0572%	0.0331%	0.0474%	0.0279%	8.1384%	0.0312%	0.0412%	0.0701%
13	0.0001%	0	0	0	0	0.0001%	0.0001%	0	0.0002%	0.0001%	0.0001%	0.0001%	0.5043%	0.0001%	0.0001%
14	0.0003%	0.0005%	0.0004%	0.0005%	0.0005%	0.0006%	0.0006%	0.0012%	0.0014%	0.0012%	0.0007%	0.0020%	0.0004%	0.1247%	0.0015%
15	0														
列合计	1.3210%	1.1935%	1.8579%	0.7734%	1.6749%	0.9341%	4.2827%	0.4814%	1.0256%	14.7030%	0.8656%	8.8413%	1.4234%	0.8317%	0.5943%

注：表中对角线上数据代表来自行业内部的研发资本溢出受益者效应；01 为农林牧渔业、02 为采矿业、03 为制造业、04 为电力、燃气及水的生产和供应业、05 为建筑业、06 为交通运输、仓储和邮政业、07 为信息传输、计算机服务和软件业、08 为租赁和商务服务业、09 为金融业、10 为科学研究和技术服务业、11 为水利、环境和公共设施管理业、12 为教育、13 为卫生和社会工作、14 为文化、体育和娱乐业、15 为其他部门

表7.8 2017年北京市15个行业部门研发资本溢出受益者效应表

行业	01	02	03	04	05	06	07	08	09	10	11	12	13	14	15
01	0.3464%	0.0001%	0.0015%	0.0001%	0.0007%	0.0001%	0.0001%	0	0.0001%	0.0002%	0.0056%	0	0.0002%	0.0001%	0.0002%
02	0.0011%	2.3007%	0.0040%	0.0038%	0.0146%	0.0005%	0.0004%	0.0002%	0.0004%	0.0006%	0.0014%	0.0021%	0.0012%	0.0007%	0.0004%
03	0.1610%	0.0483%	1.9222%	0.0162%	0.1657%	0.0311%	0.0825%	0.0158%	0.0360%	0.1049%	0.0728%	0.0273%	0.2755%	0.0595%	0.0422%
04	0.0016%	0.0027%	0.0013%	0.1769%	0.0013%	0.0030%	0.0010%	0.0008%	0.0011%	0.0014%	0.0039%	0.0025%	0.0011%	0.0015%	0.0019%
05	0.0031%	0.0032%	0.0012%	0.0032%	0.7243%	0.0038%	0.0013%	0.0035%	0.0029%	0.0020%	0.0220%	0.0154%	0.0051%	0.0078%	0.0071%
06	0.0025%	0.0050%	0.0024%	0.0009%	0.0050%	0.1787%	0.0020%	0.0011%	0.0034%	0.0056%	0.0023%	0.0013%	0.0010%	0.0038%	0.0033%
07	0.0089%	0.0104%	0.0087%	0.0061%	0.0114%	0.0275%	2.2786%	0.0745%	0.0239%	0.0316%	0.0175%	0.0123%	0.0056%	0.0430%	0.0650%
08	0.0002%	0.0006%	0.0002%	0.0004%	0.0005%	0.0007%	0.0004%	0.0105%	0.0010%	0.0005%	0.0008%	0.0002%	0.0001%	0.0003%	0.0007%
09	0.0041%	0.0158%	0.0095%	0.0069%	0.0109%	0.0127%	0.0308%	0.0234%	0.4190%	0.0234%	0.0260%	0.0136%	0.0042%	0.0257%	0.0241%
10	0.1694%	0.0450%	0.0492%	0.2045%	0.5799%	0.2337%	0.0472%	0.0311%	0.0200%	7.3481%	0.2042%	0.0358%	0.0258%	0.0245%	0.0570%
11	0.0014%	0.0001%	0	0.0006%	0.0001%	0.0002%	0	0	0.0001%	0.0001%	0.0974%	0	0.0001%	0.0001%	0.0001%
12	0.0218%	0.0126%	0.0087%	0.0057%	0.0132%	0.0443%	0.0133%	0.0555%	0.0519%	0.0236%	0.0228%	7.9488%	0.0153%	0.0345%	0.0497%
13	0	0	0.0001%	0	0.0001%	0.0001%	0	0.0001%	0.0001%	0.0001%	0.0001%	0.0001%	0.4353%	0.0001%	0.0010%
14	0.0001%	0.0001%	0.0002%	0.0001%	0.0002%	0.0003%	0.0003%	0.0005%	0.0003%	0.0004%	0.0003%	0.0007%	0.0001%	0.1563%	0.0012%
15	0	0	0	0	0	0	0	0	0	0	0	0	0	0	0
列合计	0.7215%	2.4445%	2.0093%	0.4252%	1.5277%	0.5385%	2.4580%	0.2173%	0.5600%	7.5424%	0.4773%	8.0601%	0.7707%	0.3578%	0.2541%

注：表中对角线上数据代表来自行业内部的研发资本溢出受益者效应；01 为农林牧渔业，02 为采矿业，03 为制造业，04 为电力、燃气及水的生产和供应业，05 为建筑业，06 为交通运输、仓储和邮政业，07 为信息传输、计算机服务和软件业，08 为金融业，09 为租赁和商务服务业，10 为科学研究和技术服务业，11 为水利、环境和公共设施管理业，12 为教育，13 为卫生和社会工作，14 为文化、体育和娱乐业，15 为其他部门

大的行业是科学研究和技术服务业、教育、农林牧渔业。一方面显示这三个行业中来源于自身的研发资本溢出效应较强，注重部门内部研发成果的转化，另一方面说明这些行业的技术专用性强，接受其他产业研发资本溢出的能力较弱。

进一步地，我们以"行业间研发资本溢出受益效应与行业研发资本溢出总受益效应之比"来分析北京各行业研发资本溢出更多取决于行业内部还是行业间。在所分析的 15 个行业中，2012 年制造业，信息传输、计算机服务和软件业，科学研究和技术服务业以及教育的比值小于 0.5，2017 年采矿业，制造业，信息传输、计算机服务和软件业，租赁和商务服务业，科学研究和技术服务业，教育，卫生和社会工作等行业的比值小于 0.5，这体现出上述行业主要从本部门的研发资本溢出中获益，而其余行业更多从行业间获取研发溢出。此外，动态对比 2012 年和 2017 年的北京市研发资本溢出受益程度发现，除采矿业和制造业两个行业研发资本溢出受益程度有所加深外，其余行业均出现不同程度的下降，尤其是科学研究和技术服务业的研发资本溢出受益程度降幅非常明显。

（三）基于区域维度的研发资本溢出受益者效应表

为研究各区域研发资本溢出受益情况，我们编制了 2012 年和 2017 年各区域研发资本溢出受益者效应表，如表 7.9 和表 7.10 所示。

表 7.9　2012 年基于区域维度的研发资本溢出受益者效应表

区域	区域间	区域内	总效应	区域	区域间	区域内	总效应
北京	0.2324%	2.7203%	2.9527%	湖北	0.1266%	1.7036%	1.8302%
天津	0.2240%	1.6184%	1.8424%	湖南	0.1469%	1.0929%	1.2398%
河北	0.1858%	0.8372%	1.0230%	广东	0.1099%	1.0587%	1.1686%
山西	0.2708%	1.2446%	1.5155%	广西	0.1940%	0.9395%	1.1335%
内蒙古	0.2590%	0.9130%	1.1719%	海南	0.3112%	1.0154%	1.3265%
辽宁	0.1814%	1.4526%	1.6340%	重庆	0.2258%	1.2643%	1.4901%
吉林	0.2035%	1.4665%	1.6700%	四川	0.1617%	2.3564%	2.5182%
黑龙江	0.2321%	1.4029%	1.6349%	贵州	0.2677%	0.7487%	1.0164%
上海	0.2493%	1.8348%	2.0841%	云南	0.3565%	0.9658%	1.3223%
江苏	0.1667%	1.4158%	1.5825%	西藏	0.3394%	0.6413%	0.9807%
浙江	0.1947%	1.1412%	1.3359%	陕西	0.2677%	2.6250%	2.8927%
安徽	0.2552%	1.7441%	1.9994%	甘肃	0.2453%	1.7841%	2.0295%
福建	0.1316%	0.9584%	1.0900%	青海	0.1877%	0.8386%	1.0263%
江西	0.1871%	0.9758%	1.1629%	宁夏	0.2579%	0.5702%	0.8281%
山东	0.0947%	1.4003%	1.4950%	新疆	0.2419%	0.5494%	0.7913%
河南	0.1653%	0.9450%	1.1103%				

表 7.10　2017 年基于区域维度的研发资本溢出受益者效应表

区域	区域间	区域内	总效应	区域	区域间	区域内	总效应
北京	0.5288%	1.8910%	2.4197%	湖北	0.2009%	1.9767%	2.1776%
天津	0.3179%	1.4510%	1.7690%	湖南	0.2329%	1.1182%	1.3511%
河北	0.3071%	1.1304%	1.4376%	广东	0.2027%	0.9267%	1.1295%
山西	0.2833%	0.8491%	1.1324%	广西	0.4114%	0.7060%	1.1173%
内蒙古	0.3498%	0.8543%	1.2041%	海南	0.4878%	0.6735%	1.1613%
辽宁	0.3646%	1.5573%	1.9219%	重庆	0.4461%	1.1466%	1.5928%
吉林	0.3570%	0.9055%	1.2625%	四川	0.2759%	2.3802%	2.6561%
黑龙江	0.3256%	0.9000%	1.2256%	贵州	0.4012%	0.7301%	1.1313%
上海	0.3178%	1.8620%	2.1798%	云南	0.4208%	0.9742%	1.3950%
江苏	0.2450%	1.6385%	1.8836%	西藏	0.4595%	0.4471%	0.9066%
浙江	0.4118%	1.1505%	1.5623%	陕西	0.3992%	1.4969%	1.8962%
安徽	0.4569%	1.8947%	2.3516%	甘肃	0.3559%	1.0305%	1.3865%
福建	0.1216%	1.0000%	1.1216%	青海	0.3785%	0.6224%	1.0009%
江西	0.3282%	0.8755%	1.2037%	宁夏	0.3595%	0.6284%	0.9880%
山东	0.1775%	1.5577%	1.7352%	新疆	0.4376%	0.5496%	0.9872%
河南	0.4345%	0.8014%	1.2359%				

结果显示，2012 年北京（2.9527%）、陕西（2.8927%）、四川（2.5182%）、上海（2.0841%）、甘肃（2.0295%）、安徽（1.9994%）等地以及 2017 年四川（2.6561%）、北京（2.4197%）、安徽（2.3516%）、上海（2.1798%）、湖北（2.1776%）等地的研发资本溢出受益者总效应较为显著，这表明上述区域从全国 31 个区域的研发活动中获得较多溢出。相较之下，新疆、宁夏、西藏从全国 31 个区域的研发活动中获得较少溢出，这三个区域的研发资本溢出受益者效应尚未达到 1%。此外，从研发资本溢出受益者总效应构成看，31 个区域的区域内研发资本溢出受益者效应皆远大于区域间研发资本溢出受益者效应。由此可知，各地区更加注重区域内部研发成果的转化与运用，主要从其自身开展的研发活动中获益。进一步地，从区域间研发资本溢出效应强度看，新疆、西藏、海南等地的研发资本溢出受益者效应在 2012 年和 2017 年均位居前列。由此显示，这三个地区地处偏远地区，技术创新水平较低，较多承接来自其他技术发达地区研发活动的溢出。

此外，动态对比 2012 年和 2017 年的区域维度的研发资本溢出受益者效应表发现，从区域间溢出程度看，除福建省的区域间研发资本溢出受益程度略微下降外，其余 30 个区域 2017 年的研发资本溢出受益程度均进一步提高；从总溢出效应看，北京、天津、山西、吉林、黑龙江、广东、广西、海南、西藏、陕西、甘肃、青海等地的研发资本溢出受益者总效应较 2012 年有所下降，其余区域均出现不同程度的提高，尤其是湖北和江苏的研发资本溢出受益者总效应增幅最为明显。

三、行业与区域双重维度下的研发资本溢出贡献者效应表编制

（一）"行业+区域"维度下的研发资本溢出贡献者效应表

　　研发资本溢出贡献者效应表的编制结果如表7.11、表7.12所示。对于任一区域而言，其行数据分别表示15个行业部门在区域内、区域外的研发资本溢出贡献者效应，以及研发资本溢出贡献者总效应。两张表生动刻画了2012年、2017年中国31个区域15个行业部门的研发资本溢出区域内贡献者效应、区域外贡献者效应以及贡献者总效应。

　　表7.11和表7.12中的数据均显示，31个区域中制造业、科学研究和技术服务业、教育是各区域研发资本溢出贡献者总效应较大的三个行业，且贡献程度存在显著的空间差异。这三个行业的研发活动对所有区域所有行业的经济活动发展贡献较大，较强地带动了各区域相关产业的发展。在一定程度上这既得益于各区域在上述三个行业上加大研发投资力度，也离不开制造业作为中间投入的供给方与使用方与其他产业的互动关联较为频繁和强烈的事实，更受益于科学研究和技术服务业、教育等行业研发产出更易于在不同区域不同行业间扩散的特性。进一步地，由于区域间发展不平衡、不协调的客观现实，上述三个行业在各区域15个行业部门中的研发资本溢出程度大相径庭。例如，北京、上海、江苏、广东、山东等经济和科技发达区域的三个行业的研发资本溢出贡献者总效应均名列前茅；而在安徽、四川、陕西等高校较为集中的区域，其科学研究和技术服务业的研发资本溢出贡献者总效应相对较大；作为中国经济大省、制造业强省的山东和广东，其制造业研发资本溢出贡献者总效应在全国遥遥领先。此外，由于金融业，农林牧渔业，文化、体育和娱乐业开展的研发活动相对较少，且与其他产业间经济技术关联较为薄弱，各地区中这三个行业的研发资本溢出贡献者总效应均不明显。

　　我们构造指标"δ=某行业区域外研发贡献者效应与研发资本溢出贡献者总效应之比"，用来估计该行业研发资本溢出的贡献更多提供给本部门还是贡献给了其他行业。若δ大于50%，则表示该行业研发资本溢出贡献更多提供给其他区域行业部门；若δ小于50%，则表示该行业的研发资本溢出更多贡献给了本区域本行业内部。结果显示：2012年和2017年山西和内蒙古的采矿业δ均大于50%，这两个区域煤炭资源极为丰富，采矿业研发技术水平较高，进而对其他区域其他产业部门的经济活动影响显著。2012年上海、江苏、山东、广东等地以及2017年上海、江苏、广东、浙江、河南等地的制造业δ大于50%，这表明作为中国经济活力最强、制造业最为发达的区域，其不仅制造业技术创新水平较高，而且通过发达的现代交通运输系统将研发技术扩散至其他区域，进而强劲地带动了其他

表 7.11　2012 年中国 31 个区域 15 个行业部门研发资本溢出贡献者效应表

区域		01	02	03	04	05	06	07	08	09	10	11	12	13	14	15	行合计
		行业															
北京	区域内	0.1990%	0.4912%	4.4083%	0.2929%	0.9035%	0.2816%	4.5965%	0.0311%	1.1685%	18.9972%	0.1628%	8.6290%	0.5055%	0.1367%	0	40.8038%
	区域外	0.0139%	0.2256%	3.0654%	0.1292%	0.0609%	0.1378%	2.1237%	0.0118%	0.3972%	4.6142%	0.0057%	0.6612%	0.0094%	0.0217%	0	11.4776%
	列合计	0.2128%	0.7168%	7.4738%	0.4220%	0.9644%	0.4194%	6.7201%	0.0429%	1.5657%	23.6114%	0.1685%	9.2903%	0.5149%	0.1584%	0	52.2815%
天津	区域内	0.0639%	1.7826%	6.6430%	0.4061%	0.0359%	0.0779%	0.3520%	0	0	6.8613%	0.0387%	7.1486%	0.8662%	0	0	24.2762%
	区域外	0.0028%	0.9246%	3.4121%	0.0478%	0.0002%	0.0272%	0.0111%	0	0	0.3598%	0.0003%	0.1152%	0.0026%	0	0	4.9037%
	列合计	0.0667%	2.7072%	10.0551%	0.4539%	0.0361%	0.1052%	0.3631%	0	0	7.2210%	0.0390%	7.2638%	0.8688%	0	0	29.1800%
河北	区域内	0.0102%	0.6531%	2.5368%	0.0413%	0.1807%	0.0125%	0.0632%	0	0.1214%	6.8478%	0.1252%	1.5629%	0.3955%	0.0076%	0	12.5582%
	区域外	0.0035%	0.3929%	1.9401%	0.0096%	0.0009%	0.0062%	0.0020%	0	0.0108%	0.1010%	0.0006%	0.0145%	0.0008%	0	0	2.4829%
	列合计	0.0137%	1.0460%	4.4770%	0.0509%	0.1816%	0.0187%	0.0652%	0	0.1322%	6.9487%	0.1259%	1.5774%	0.3963%	0.0076%	0	15.0411%
山西	区域内	0.0282%	0.7489%	3.3546%	0.0207%	0.1613%	0	0.0601%	0.0019%	0.1461%	10.8731%	0.0612%	2.7520%	0.3715%	0.0012%	0	18.6696%
	区域外	0.0026%	1.2897%	1.3980%	0.0095%	0.0060%	0	0.0047%	0.0004%	0.0099%	0.0292%	0.0001%	0.0194%	0.0005%	0	0	2.6811%
	列合计	0.0308%	2.0386%	4.7526%	0.0303%	0.1672%	0	0.0647%	0.0022%	0.1560%	10.9023%	0.0612%	2.7714%	0.3721%	0.0012%	0	21.3507%
内蒙古	区域内	0.0179%	0.6761%	1.5112%	0.1380%	0.0303%	0.0030%	0.3826%	0	1.0885%	7.7201%	0.2152%	1.0877%	0.6760%	0.1477%	0	13.6943%
	区域外	0.0038%	0.8603%	0.8950%	0.0478%	0.0002%	0.0013%	0.0160%	0	0.1005%	0.0647%	0.0003%	0.0068%	0.0005%	0.0008%	0	1.9981%
	列合计	0.0217%	1.5364%	2.4062%	0.1858%	0.0305%	0.0044%	0.3986%	0	1.1889%	7.7848%	0.2155%	1.0945%	0.6765%	0.1485%	0	15.6924%
辽宁	区域内	0.0181%	0.8039%	4.7940%	0.4116%	0.1291%	0.0533%	0.0840%	0	0.2514%	9.7308%	0.0422%	5.1142%	0.3547%	0.0011%	0	21.7884%
	区域外	0.0041%	0.2750%	3.1056%	0.0637%	0.0044%	0.0111%	0.0036%	0	0.0302%	0.3526%	0.0005%	0.1600%	0.0072%	0	0	4.0182%
	列合计	0.0222%	1.0790%	7.8997%	0.4753%	0.1335%	0.0644%	0.0876%	0	0.2816%	10.0834%	0.0427%	5.2742%	0.3619%	0.0012%	0	25.8066%
吉林	区域内	0.0004%	0.4436%	1.4249%	0.0645%	0.0246%	0	0.0197%	0.0615%	0.0033%	16.6812%	0.0112%	2.8501%	0.3651%	0.0474%	0	21.9974%
	区域外	0	0.0683%	0.4308%	0.0042%	0.0001%	0	0.0006%	0.0021%	0.0002%	0.0540%	0	0.0253%	0.0011%	0.0005%	0	0.5873%
	列合计	0.0004%	0.5119%	1.8557%	0.0687%	0.0247%	0	0.0203%	0.0636%	0.0035%	16.7352%	0.0113%	2.8754%	0.3662%	0.0479%	0	22.5848%

续表

区域		行业															行合计
		01	02	03	04	05	06	07	08	09	10	11	12	13	14	15	
黑龙江	区域内	0.0249%	0.6101%	2.6087%	0.6446%	0.0258%	0.0050%	0.1470%	0	1.7940%	11.0468%	0.0207%	3.8900%	0.2217%	0.0035%	0	21.0428%
	区域外	0.0082%	0.4765%	0.9823%	0.1017%	0.0003%	0.0005%	0.0059%	0	0.0692%	0.0754%	0.0001%	0.0349%	0.0006%	0.0001%	0	1.7558%
	列合计	0.0331%	1.0867%	3.5910%	0.7463%	0.0261%	0.0056%	0.1528%	0	1.8632%	11.1223%	0.0208%	3.9249%	0.2223%	0.0035%	0	22.7986%
上海	区域内	0.0938%	0.6414%	4.9577%	0.2558%	0.6147%	0.0732%	1.5754%	0.0034%	0.0883%	9.8112%	0.1772%	7.5183%	1.5515%	0.1603%	0	27.5221%
	区域外	0.0014%	0.0011%	5.7161%	0.0495%	0.0201%	0.0399%	0.3682%	0.0013%	0.0308%	0.8121%	0.0006%	0.4154%	0.0138%	0.0098%	0	7.4801%
	列合计	0.0952%	0.6425%	10.6737%	0.3053%	0.6348%	0.1131%	1.9436%	0.0047%	0.1190%	10.6233%	0.1777%	7.9337%	1.5654%	0.1701%	0	35.0022%
江苏	区域内	0.0551%	1.3815%	6.0645%	0.1742%	0.0653%	0.0215%	0.7344%	0	0.0308%	8.1846%	0.0746%	4.0337%	0.3997%	0.0172%	0	21.2372%
	区域外	0.0193%	0.4019%	11.5033%	0.0790%	0.0162%	0.0099%	0.1511%	0	0.0118%	0.3013%	0.0010%	0.0642%	0.0049%	0.0007%	0	12.5648%
	列合计	0.0744%	1.7834%	17.5679%	0.2532%	0.0816%	0.0314%	0.8855%	0	0.0426%	8.4859%	0.0757%	4.0979%	0.4046%	0.0179%	0	33.8020%
浙江	区域内	0.1108%	0.1753%	6.6374%	0.2289%	0.0683%	0.0035%	2.2278%	0.0009%	0.3507%	3.5546%	0.0159%	3.2382%	0.5045%	0.0004%	0	17.1173%
	区域外	0.0147%	0.0094%	5.9122%	0.0723%	0.0005%	0.0011%	0.1990%	0.0002%	0.0531%	0.0876%	0.0002%	0.0298%	0.0026%	0	0	6.3826%
	列合计	0.1255%	0.1847%	12.5496%	0.3012%	0.0688%	0.0046%	2.4269%	0.0011%	0.4038%	3.6422%	0.0162%	3.2680%	0.5071%	0.0004%	0	23.5000%
安徽	区域内	0.0154%	1.2028%	3.7552%	0.0601%	0.1869%	0.0275%	0.1184%	0	0.0029%	16.6068%	0.0070%	4.0081%	0.1711%	0	0	26.1622%
	区域外	0.0048%	0.4287%	2.0315%	0.0220%	0.0027%	0.0076%	0.0043%	0	0.0003%	0.2671%	0.0001%	0.1061%	0.0006%	0	0	2.8757%
	列合计	0.0202%	1.6315%	5.7867%	0.0821%	0.1895%	0.0351%	0.1227%	0	0.0032%	16.8739%	0.0070%	4.1142%	0.1717%	0	0	29.0379%
福建	区域内	0.0451%	0.1327%	4.2468%	0.5340%	0.0227%	0.0025%	1.6211%	0	0.0198%	4.4509%	0.2552%	2.1836%	0.7621%	0	0	14.3766%
	区域外	0.0091%	0.0153%	1.8971%	0.0773%	0.0003%	0.0005%	0.0465%	0	0.0015%	0.0220%	0.0017%	0.0145%	0.0086%	0	0	2.0943%
	列合计	0.0543%	0.1480%	6.1439%	0.6112%	0.0230%	0.0030%	1.6676%	0	0.0213%	4.5730%	0.2569%	2.1981%	0.7707%	0.0006%	0	16.4709%
江西	区域内	0.0319%	0.1083%	2.9278%	0.0454%	0.0024%	0.1620%	0.0426%	0	0.0145%	8.4171%	0.0616%	1.9587%	0.8643%	0.0006%	0	14.6372%
	区域外	0.0056%	0.0192%	0.8859%	0.0046%	0	0.0204%	0.0006%	0	0.0004%	0.0322%	0.0005%	0.0137%	0.0002%	0	0	0.9833%
	列合计	0.0375%	0.1275%	3.8137%	0.0499%	0.0024%	0.1824%	0.0432%	0	0.0149%	8.4493%	0.0621%	1.9724%	0.8645%	0.0006%	0	15.6205%

续表

区域		01	02	03	04	05	06	07	08	09	10	11	12	13	14	15	行合计
		行业															
山东	区域内	0.0193%	2.2784%	8.0122%	0.0784%	0.1831%	0.0911%	0.6631%	0.0154%	0.5281%	6.4938%	0.0191%	1.9970%	0.6250%	0	0	21.0040%
	区域外	0.0102%	1.1504%	10.2535%	0.0310%	0.0088%	0.0374%	0.0685%	0.0047%	0.0792%	0.1572%	0.0002%	0.0308%	0.0026%	0	0	11.8348%
	列合计	0.0295%	3.4288%	18.2658%	0.1095%	0.1919%	0.1286%	0.7317%	0.0200%	0.6073%	6.6510%	0.0193%	2.0278%	0.6276%	0	0	32.8388%
河南	区域内	0.0240%	1.2953%	2.8504%	0.1738%	0.2657%	0.0109%	0.0110%	0	0.0041%	7.8302%	0.0869%	1.1128%	0.4909%	0.0194%	0	14.1755%
	区域外	0.0104%	0.6162%	2.6382%	0.0577%	0.0065%	0.0034%	0.0004%	0	0.0003%	0.1562%	0.0011%	0.0284%	0.0006%	0.0002%	0	3.5198%
	列合计	0.0345%	1.9115%	5.4886%	0.2314%	0.2723%	0.0143%	0.0114%	0	0.0045%	7.9864%	0.0881%	1.1412%	0.4915%	0.0197%	0	17.6953%
湖北	区域内	0.0216%	0.1621%	4.7223%	0.0888%	0.8418%	0.0589%	0.3010%	0.0041%	0.0531%	13.1037%	0.0913%	5.4422%	0.6484%	0.0153%	0	25.5545%
	区域外	0.0031%	0.0346%	1.0364%	0.0075%	0.0240%	0.0199%	0.0041%	0.0002%	0.0036%	0.1553%	0.0009%	0.0571%	0.0014%	0.0002%	0	1.3485%
	列合计	0.0247%	0.1967%	5.7587%	0.0964%	0.8658%	0.0788%	0.3051%	0.0043%	0.0568%	13.2591%	0.0922%	5.4993%	0.6497%	0.0155%	0	26.9030%
湖南	区域内	0.0462%	0.1849%	4.3140%	0.1150%	0.2547%	0.0367%	0.3615%	0.0515%	0.0029%	5.7587%	0.1779%	4.4619%	0.6259%	0.0011%	0	16.3931%
	区域外	0.0155%	0.0328%	2.1876%	0.0110%	0.0027%	0.0064%	0.0070%	0.0046%	0.0002%	0.0687%	0.0010%	0.0484%	0.0018%	0	0	2.3877%
	列合计	0.0617%	0.2178%	6.5017%	0.1260%	0.2575%	0.0430%	0.3685%	0.0561%	0.0030%	5.8274%	0.1789%	4.5104%	0.6276%	0.0011%	0	18.7807%
广东	区域内	0.1343%	0.1811%	6.1004%	0.2267%	0.1327%	0.0179%	1.3778%	0.0012%	0.6465%	4.3552%	0.0593%	1.9102%	0.7338%	0.0030%	0	15.8801%
	区域外	0.0273%	0.0481%	9.3238%	0.1324%	0.0026%	0.0097%	0.1144%	0.0005%	0.2383%	0.1202%	0.0005%	0.0394%	0.0022%	0.0001%	0	10.0596%
	列合计	0.1616%	0.2292%	15.4242%	0.3591%	0.1354%	0.0276%	1.4922%	0.0017%	0.8848%	4.4754%	0.0598%	1.9496%	0.7360%	0.0030%	0	25.9397%
广西	区域内	0.0365%	0.0897%	2.1007%	0.0552%	0.0220%	0.0322%	0.1294%	0.0109%	0.0405%	8.1353%	0.2179%	2.4318%	0.7618%	0.0293%	0	14.0932%
	区域外	0.0099%	0.0157%	0.5971%	0.0044%	0.0001%	0.0045%	0.0020%	0.0011%	0.0018%	0.0415%	0.0007%	0.0099%	0	0.0002%	0	0.6888%
	列合计	0.0464%	0.1054%	2.6978%	0.0595%	0.0221%	0.0366%	0.1314%	0.0120%	0.0423%	8.1768%	0.2186%	2.4417%	0.7618%	0.0295%	0	14.7820%
海南	区域内	0.0114%	0.0601%	0.7172%	0.0121%	0.0005%	0	0	0	0	12.3227%	0	1.3477%	0.7041%	0.0546%	0	15.2303%
	区域外	0.0021%	0.0007%	0.1817%	0.0004%	0	0	0	0	0	0.0312%	0	0.0068%	0.0015%	0.0002%	0	0.2247%
	列合计	0.0135%	0.0608%	0.8989%	0.0125%	0.0005%	0	0	0	0	12.3539%	0	1.3545%	0.7056%	0.0548%	0	15.4550%

续表

区域		01	02	03	04	05	06	07	08	09	10	11	12	13	14	15	行合计
								行业									
重庆	区域内	0.0054%	0.2049%	2.7278%	0.0806%	0.0055%	0.0179%	0.1945%	0	0	8.2184%	0.1349%	6.4082%	0.9404%	0.0267%	0	18.9652%
	区域外	0.0005%	0.0332%	1.1911%	0.0064%	0.0001%	0.0017%	0.0067%	0	0	0.0659%	0.0005%	0.0273%	0.0020%	0.0002%	0	1.3356%
	列合计	0.0059%	0.2382%	3.9189%	0.0870%	0.0056%	0.0197%	0.2011%	0	0	8.2843%	0.1355%	6.4355%	0.9424%	0.0268%	0	20.3008%
四川	区域内	0.0151%	0.3474%	2.9571%	0.0541%	0.0698%	0.0116%	0.0718%	0	1.5309%	24.2496%	0.2508%	4.7381%	1.0424%	0.0080%	0	35.3467%
	区域外	0.0015%	0.1099%	0.6244%	0.0091%	0.0005%	0.0005%	0.0027%	0	0.0465%	0.2690%	0.0015%	0.0143%	0.0041%	0.0002%	0	1.0841%
	列合计	0.0166%	0.4573%	3.5814%	0.0632%	0.0704%	0.0121%	0.0745%	0	1.5773%	24.5187%	0.2523%	4.7524%	1.0464%	0.0082%	0	36.4308%
贵州	区域内	0.0005%	0.0360%	2.1743%	0.1801%	0.0147%	0	0.0384%	0	0.3047%	6.6168%	0.0288%	1.4771%	0.3597%	0	0	11.2312%
	区域外	0.0001%	0.0089%	0.4191%	0.0284%	0.0002%	0	0.0009%	0	0.0143%	0.0195%	0.0001%	0.0092%	0.0016%	0	0	0.5024%
	列合计	0.0005%	0.0449%	2.5934%	0.2086%	0.0149%	0	0.0393%	0	0.3190%	6.6363%	0.0290%	1.4864%	0.3613%	0	0	11.7336%
云南	区域内	0.0412%	0.1834%	1.0945%	0.0599%	0.0040%	0.0044%	0.0540%	0	0.1519%	10.5193%	0.2622%	1.6401%	0.4289%	0.0431%	0	14.4869%
	区域外	0.0067%	0.0294%	0.3111%	0.0079%	0	0.0004%	0.0015%	0	0.0356%	0.1269%	0.0012%	0.0105%	0.0014%	0.0004%	0	0.5331%
	列合计	0.0478%	0.2128%	1.4056%	0.0678%	0.0040%	0.0048%	0.0555%	0	0.1875%	10.6462%	0.2635%	1.6506%	0.4304%	0.0434%	0	15.0200%
西藏	区域内	0.0022%	1.1210%	0.6767%	0	0	0	0	0	0	7.2589%	0	0.4810%	0.0797%	0	0	9.6194%
	区域外	0	0.0131%	0.0038%	0	0	0	0	0	0	0.0003%	0	0.0003%	0	0	0	0.0175%
	列合计	0.0022%	1.1340%	0.6805%	0	0	0	0	0	0	7.2592%	0	0.4813%	0.0797%	0	0	9.6369%
陕西	区域内	0.0086%	0.1849%	3.1881%	0.0319%	0.1546%	0.0019%	0.3914%	0	0.6288%	29.5040%	0.0945%	4.5680%	0.6164%	0.0020%	0	39.3750%
	区域外	0.0022%	0.1607%	1.6018%	0.0054%	0.0024%	0.0004%	0.0237%	0	0.0551%	0.5040%	0.0004%	0.0871%	0.0009%	0	0	2.4441%
	列合计	0.0108%	0.3455%	4.7899%	0.0373%	0.1570%	0.0023%	0.4151%	0	0.6838%	30.0080%	0.0949%	4.6551%	0.6173%	0.0020%	0	41.8191%
甘肃	区域内	0.0370%	0.0787%	2.1629%	0.1583%	0.0129%	0.0450%	0.0004%	0.0072%	0.0067%	18.9714%	0.0066%	4.9757%	0.2946%	0.0048%	0	26.7621%
	区域外	0.0049%	0.0113%	0.5930%	0.0197%	0.0001%	0.0030%	0	0.0002%	0.0001%	0.1024%	0	0.0195%	0	0	0	0.7542%
	列合计	0.0418%	0.0900%	2.7559%	0.1781%	0.0130%	0.0479%	0.0004%	0.0074%	0.0068%	19.0738%	0.0066%	4.9952%	0.2946%	0.0048%	0	27.5163%

续表

区域		01	02	03	04	05	06	07	08	09	10	11	12	13	14	15	行合计
青海	区域内	0.0293%	1.4805%	0.6435%	0.2729%	0.1676%	0.0148%	0.0074%	0	0	6.8337%	0.3010%	1.6035%	1.1646%	0.0608%	0	12.5794%
	区域外	0.0005%	0.0927%	0.0287%	0.0078%	0.0001%	0.0001%	0	0	0	0.0010%	0.0001%	0.0008%	0.0001%	0.0001%	0	0.1319%
	列合计	0.0297%	1.5732%	0.6722%	0.2807%	0.1677%	0.0148%	0.0074%	0	0	6.8347%	0.3010%	1.6043%	1.1646%	0.0609%	0	12.7112%
宁夏	区域内	0.0527%	0.0208%	2.3905%	0.0196%	0.1044%	0	0	0.0082%	0.0003%	3.1956%	0.2838%	0.7752%	1.7025%	0	0	8.5535%
	区域外	0.0018%	0.0045%	0.3245%	0.0014%	0.0001%	0	0	0.0002%	0	0.0012%	0.0001%	0.0013%	0.0001%	0	0	0.3351%
	列合计	0.0545%	0.0252%	2.7150%	0.0210%	0.1045%	0	0	0.0084%	0.0003%	3.1967%	0.2839%	0.7765%	1.7026%	0	0	8.8886%
新疆	区域内	0.1295%	0.9691%	0.7406%	0.2160%	0.0108%	0.0099%	0	0.5494%	0.0087%	4.3879%	0.0592%	0.5485%	0.6108%	0	0	8.2405%
	区域外	0.0265%	0.3737%	0.1580%	0.0120%	0	0.0008%	0	0.0234%	0.0002%	0.0184%	0	0.0009%	0	0	0	0.6140%
	列合计	0.1561%	1.3429%	0.8986%	0.2279%	0.0109%	0.0107%	0	0.5728%	0.0089%	4.4063%	0.0592%	0.5494%	0.6109%	0	0	8.8545%

注: 01 为农林牧渔业, 02 为采矿业, 03 为制造业, 04 为电力、燃气及水的生产和供应业, 05 为建筑业, 06 为交通运输、仓储和邮政业, 07 为信息传输、计算机服务和软件业, 08 为批发和商务服务业, 09 为金融业, 10 为科学研究和技术服务业, 11 为水利、环境和公共设施管理业, 12 为教育, 13 为卫生和社会工作, 14 为文化、体育和娱乐业, 15 为其他部门

表 7.12　2017 年中国 31 个区域 15 个行业部门研发资本溢出贡献者效应表

区域		01	02	03	04	05	06	07	08	09	10	11	12	13	14	15	行合计
北京	区域内	0.3554%	2.3320%	3.0631%	0.2019%	0.8060%	0.2183%	2.6251%	0.0169%	0.6501%	9.0755%	0.1004%	8.3217%	0.4371%	0.1610%	0	28.3645%
	区域外	0.0068%	0.1878%	2.3931%	0.2086%	0.0402%	0.1304%	1.4060%	0.0151%	0.6260%	9.7451%	0.0134%	0.3063%	0.0017%	0.0121%	0	15.0924%
	列合计	0.3621%	2.5198%	5.4562%	0.4105%	0.8462%	0.3487%	4.0311%	0.0320%	1.2761%	18.8205%	0.1137%	8.6280%	0.4388%	0.1731%	0	43.4569%
天津	区域内	0.0905%	2.0200%	6.4388%	0.3664%	0.0382%	0.0869%	0.1610%	0	0	3.0454%	0.0329%	8.9401%	0.5453%	0	0	21.7655%
	区域外	0.0027%	0.9695%	3.2486%	0.0454%	0.0009%	0.0240%	0.0085%	0	0	1.0478%	0.0011%	0.1196%	0.0017%	0	0	5.4697%
	列合计	0.0932%	2.9894%	9.6874%	0.4118%	0.0391%	0.1108%	0.1695%	0	0	4.0932%	0.0340%	9.0598%	0.5470%	0	0	27.2352%

续表

区域		行业 01	02	03	04	05	06	07	08	09	10	11	12	13	14	15	行合计
河北	区域内	0.0216%	1.6544%	3.4158%	0.0721%	0.2441%	0.0217%	0.0491%	0	0.0979%	8.7600%	0.0672%	2.2683%	0.2752%	0.0088%	0	16.9562%
	区域外	0.0087%	0.6791%	3.3947%	0.0129%	0.0064%	0.0137%	0.0084%	0	0.0091%	0.5740%	0.0018%	0.0277%	0.0013%	0.0002%	0	4.7378%
	列合计	0.0303%	2.3335%	6.8105%	0.0850%	0.2505%	0.0354%	0.0576%	0	0.1070%	9.3340%	0.0690%	2.2959%	0.2765%	0.0090%	0	21.6941%
山西	区域内	0.0311%	0.8515%	2.9767%	0.0251%	0.1269%	0	0.0405%	0.0016%	0.0970%	6.2737%	0.0237%	1.9413%	0.2323%	0.0010%	0	12.6223%
	区域外	0.0020%	1.3771%	1.2868%	0.0080%	0.0022%	0	0.0044%	0.0004%	0.0085%	0.0354%	0.0006%	0.0993%	0.0040%	0	0	2.8287%
	列合计	0.0331%	2.2286%	4.2634%	0.0331%	0.1292%	0	0.0449%	0.0020%	0.1055%	6.3091%	0.0243%	2.0407%	0.2362%	0.0010%	0	15.4510%
内蒙古	区域内	0.0263%	1.2543%	3.1681%	0.2362%	0.0483%	0.0076%	0.4467%	0	1.7838%	3.7245%	0.5227%	0.8773%	0.3245%	0.3947%	0	12.8151%
	区域外	0.0082%	1.5452%	1.4355%	0.0944%	0.0022%	0.0024%	0.0321%	0	0.0861%	0.3658%	0.0011%	0.0087%	0.0004%	0.0009%	0	3.5830%
	列合计	0.0346%	2.7995%	4.6036%	0.3307%	0.0505%	0.0100%	0.4787%	0	1.8699%	4.0903%	0.5238%	0.8860%	0.3249%	0.3956%	0	16.3981%
辽宁	区域内	0.0217%	2.0306%	5.1784%	0.4717%	0.1107%	0.0539%	0.0751%	0	0.2937%	10.1304%	0.0804%	4.5445%	0.3660%	0.0021%	0	23.3591%
	区域外	0.0098%	0.2793%	4.2337%	0.1071%	0.0064%	0.0219%	0.0023%	0	0.0192%	0.1631%	0.0001%	0.0416%	0.0019%	0	0	4.8865%
	列合计	0.0315%	2.3099%	9.4120%	0.5789%	0.1171%	0.0758%	0.0775%	0	0.3129%	10.2935%	0.0805%	4.5862%	0.3678%	0.0021%	0	28.2457%
吉林	区域内	0.0005%	0.5185%	0.7173%	0.0659%	0.0231%	0	0.0188%	0.0363%	0.0034%	9.9033%	0.0100%	2.0047%	0.2503%	0.0305%	0	13.5827%
	区域外	0.0001%	0.1019%	0.8180%	0.0072%	0.0002%	0	0.0006%	0.0041%	0.0003%	0.8342%	0	0.0854%	0.0001%	0.0023%	0	1.8544%
	列合计	0.0006%	0.6204%	1.5353%	0.0732%	0.0233%	0	0.0193%	0.0404%	0.0037%	10.7376%	0.0100%	2.0901%	0.2504%	0.0329%	0	15.4371%
黑龙江	区域内	0.0244%	0.8141%	2.0384%	0.5715%	0.0237%	0.0039%	0.1112%	0	1.0259%	6.1473%	0.0116%	2.6007%	0.1223%	0.0043%	0	13.4994%
	区域外	0.0170%	0.4508%	1.0487%	0.1979%	0.0004%	0.0009%	0.0044%	0	0.1382%	0.2329%	0.0002%	0.1123%	0.0008%	0.0003%	0	2.2048%
	列合计	0.0414%	1.2649%	3.0871%	0.7695%	0.0241%	0.0048%	0.1155%	0	1.1640%	6.3802%	0.0118%	2.7130%	0.1231%	0.0046%	0	15.7042%
上海	区域内	0.2040%	1.3337%	4.7621%	0.5578%	0.7371%	0.0939%	1.5956%	0.0030%	0.1338%	8.8793%	0.1886%	7.7754%	1.4445%	0.2207%	0	27.9295%
	区域外	0.0027%	0.1206%	8.7946%	0.0789%	0.0868%	0.0815%	0.6975%	0.0034%	0.0928%	4.9928%	0.0141%	0.3357%	0.0557%	0.0564%	0	15.4134%
	列合计	0.2067%	1.4542%	13.5567%	0.6367%	0.8239%	0.1754%	2.2931%	0.0064%	0.2265%	13.8722%	0.2027%	8.1112%	1.5002%	0.2771%	0	43.3429%

续表

区域		行业 01	02	03	04	05	06	07	08	09	10	11	12	13	14	15	行合计
江苏	区域内	0.0808%	3.9643%	7.9692%	0.3228%	0.0861%	0.0308%	0.6326%	0	0.0340%	6.8954%	0.0847%	4.1457%	0.3152%	0.0164%	0	24.5782%
	区域外	0.0395%	0.2165%	19.6379%	0.1167%	0.0027%	0.0168%	0.3063%	0	0.0433%	0.2639%	0.0092%	0.2327%	0.0002%	0.0023%	0	20.8880%
	列合计	0.1204%	4.1808%	27.6071%	0.4396%	0.0888%	0.0476%	0.9390%	0	0.0772%	7.1593%	0.0939%	4.3785%	0.3154%	0.0187%	0	45.4662%
浙江	区域内	0.1639%	0.2975%	5.5122%	0.3490%	0.0944%	0.0037%	1.8386%	0.0012%	0.2366%	1.9721%	0.0160%	6.3484%	0.4231%	0.0005%	0	17.2573%
	区域外	0.0359%	0.0061%	8.1834%	0.1686%	0.0079%	0.0019%	0.8762%	0.0005%	0.4341%	0.0996%	0.0008%	0.0871%	0.0024%	0.0001%	0	9.9048%
	列合计	0.1999%	0.3036%	13.6956%	0.5176%	0.1023%	0.0057%	2.7149%	0.0017%	0.6708%	2.0717%	0.0167%	6.4356%	0.4255%	0.0006%	0	27.1621%
安徽	区域内	0.0250%	2.3256%	4.7698%	0.1292%	0.2473%	0.0370%	0.0915%	0	0.0026%	15.6466%	0.0129%	4.9147%	0.2189%	0	0	28.4211%
	区域外	0.0065%	0.4956%	3.8059%	0.0186%	0.0076%	0.0062%	0.0032%	0	0.0005%	0.1610%	0.0002%	0.0568%	0.0014%	0	0	4.5635%
	列合计	0.0316%	2.8212%	8.5757%	0.1478%	0.2549%	0.0431%	0.0947%	0	0.0031%	15.8076%	0.0131%	4.9715%	0.2203%	0	0	32.9846%
福建	区域内	0.0727%	0.2887%	5.1089%	1.1251%	0.0274%	0.0025%	2.0837%	0	0.0205%	3.0123%	0.2743%	2.4642%	0.5195%	0	0	14.9997%
	区域外	0.0081%	0.0151%	3.0455%	0.2417%	0.0016%	0.0002%	0.0225%	0	0.0021%	0.1010%	0.0018%	0.0399%	0.0167%	0	0	3.4960%
	列合计	0.0807%	0.3038%	8.1544%	1.3667%	0.0290%	0.0027%	2.1062%	0	0.0226%	3.1132%	0.2761%	2.5041%	0.5362%	0	0	18.4958%
江西	区域内	0.0569%	0.3347%	3.6536%	0.0999%	0.0034%	0.2521%	0.0422%	0	0.0167%	4.0036%	0.0521%	3.2257%	1.3907%	0.0005%	0	13.1322%
	区域外	0.0126%	0.0412%	2.5037%	0.0117%	0	0.0578%	0.0056%	0	0.0009%	0.2893%	0.0012%	0.0187%	0.0010%	0.0001%	0	2.9440%
	列合计	0.0696%	0.3759%	6.1573%	0.1116%	0.0034%	0.3099%	0.0479%	0	0.0176%	4.2929%	0.0534%	3.2443%	1.3917%	0.0007%	0	16.0762%
山东	区域内	0.0392%	3.0551%	12.4945%	0.1373%	0.2022%	0.1450%	0.6862%	0.0191%	0.3915%	3.6080%	0.0189%	2.1901%	0.3791%	0	0	23.3661%
	区域外	0.0102%	2.8078%	10.7187%	0.0764%	0.0008%	0.0401%	0.0292%	0.0049%	0.1662%	0.2078%	0.0015%	0.1897%	0.0022%	0	0	14.2554%
	列合计	0.0494%	5.8629%	23.2131%	0.2136%	0.2030%	0.1851%	0.7154%	0.0240%	0.5577%	3.8158%	0.0204%	2.3797%	0.3813%	0	0	37.6215%
河南	区域内	0.0391%	1.9665%	2.7538%	0.0854%	0.3026%	0.0090%	0.0083%	0	0.0029%	4.9972%	0.0746%	1.1305%	0.3961%	0.0146%	0	12.0210%
	区域外	0.0189%	1.1163%	4.9539%	0.3257%	0.0081%	0.0110%	0.0007%	0	0.0005%	0.1974%	0.0010%	0.0290%	0.0022%	0.0009%	0	6.4252%
	列合计	0.0580%	3.0828%	7.7077%	0.4111%	0.3107%	0.0200%	0.0090%	0	0.0034%	5.1946%	0.0756%	1.1595%	0.3983%	0.0155%	0	18.4462%

续表

区域		01	02	03	04	05	06	07	08	09	10	11	12	13	14	15	行合计
湖北	区域内	0.0312%	0.3883%	6.5059%	0.1530%	0.7513%	0.0898%	0.2745%	0.0033%	0.0552%	14.1357%	0.1024%	6.5258%	0.6198%	0.0145%	0	29.6507%
	区域外	0.0023%	0.0588%	1.2912%	0.0204%	0.00056%	0.0145%	0.0127%	0.0004%	0.0084%	0.1086%	0.0002%	0.0311%	0.0016%	0.0005%	0	1.5563%
	列合计	0.0334%	0.4471%	7.7970%	0.1735%	0.7569%	0.1043%	0.2872%	0.0038%	0.0636%	14.2443%	0.1025%	6.5569%	0.6214%	0.0150%	0	31.2069%
湖南	区域内	0.0843%	0.4840%	6.5843%	0.2569%	0.2992%	0.0561%	0.3632%	0.0614%	0.0029%	3.6029%	0.1678%	4.2821%	0.5276%	0.0010%	0	16.7736%
	区域外	0.0207%	0.0490%	3.4960%	0.0147%	0.0017%	0.0105%	0.0192%	0.0044%	0.0002%	0.0582%	0.0035%	0.1715%	0.0020%	0.0004%	0	3.8520%
	列合计	0.1051%	0.5330%	10.0803%	0.2715%	0.3008%	0.0666%	0.3823%	0.0658%	0.0031%	3.6612%	0.1712%	4.4536%	0.5295%	0.0014%	0	20.6255%
广东	区域内	0.1917%	0.3772%	5.7421%	0.4350%	0.1685%	0.0246%	1.1365%	0.0016%	0.9742%	2.1517%	0.0522%	1.9517%	0.6881%	0.0059%	0	13.9010%
	区域外	0.0803%	0.0833%	21.4063%	0.1638%	0.0027%	0.0062%	0.0606%	0.0005%	0.2476%	0.2483%	0.0026%	0.1784%	0.0012%	0	0	22.4818%
	列合计	0.2720%	0.4604%	27.1484%	0.5987%	0.1711%	0.0308%	1.1971%	0.0021%	1.2218%	2.4000%	0.0548%	2.1301%	0.6893%	0.0059%	0	36.3828%
广西	区域内	0.0473%	0.1537%	2.3515%	0.0885%	0.0208%	0.0381%	0.0971%	0.0102%	0.0384%	5.2630%	0.1448%	1.7755%	0.5304%	0.0299%	0	10.5893%
	区域外	0.0091%	0.0164%	0.8378%	0.0042%	0.0003%	0.0063%	0.0025%	0.0014%	0.0015%	0.0271%	0.0007%	0.0211%	0.0010%	0.0002%	0	0.9298%
	列合计	0.0565%	0.1702%	3.1893%	0.0927%	0.0211%	0.0444%	0.0996%	0.0116%	0.0399%	5.2901%	0.1455%	1.7966%	0.5315%	0.0301%	0	11.5191%
海南	区域内	0.0129%	0.1751%	1.1213%	0.0144%	0.0004%	0	0	0	0	6.7857%	0	1.3730%	0.5471%	0.0725%	0	10.1024%
	区域外	0.0020%	0.00015%	0.1384%	0.0003%	0	0	0	0	0	0.0175%	0	0.0018%	0	0.0006%	0	0.1622%
	列合计	0.0149%	0.1766%	1.2597%	0.0147%	0.00005%	0	0	0	0	6.8031%	0	1.3748%	0.5471%	0.0731%	0	10.2646%
重庆	区域内	0.0092%	0.3925%	3.6080%	0.1558%	0.0068%	0.0194%	0.1293%	0	0	5.9416%	0.0584%	6.1440%	0.7078%	0.0268%	0	17.1996%
	区域外	0.0012%	0.0452%	2.8887%	0.0197%	0.0004%	0.0057%	0.0196%	0	0	0.8007%	0.0026%	0.1132%	0.0169%	0.0008%	0	3.9147%
	列合计	0.0104%	0.4377%	6.4966%	0.1756%	0.0072%	0.0251%	0.1490%	0	0	6.7423%	0.0610%	6.2572%	0.7247%	0.0276%	0	21.1143%
四川	区域内	0.0258%	0.8020%	4.1031%	0.0978%	0.0820%	0.0161%	0.0592%	0	1.3177%	22.7140%	0.2850%	5.4137%	0.7775%	0.0084%	0	35.7023%
	区域外	0.0026%	0.1571%	1.0556%	0.0406%	0.0028%	0.0011%	0.0138%	0	0.0847%	0.2339%	0.0058%	0.1592%	0.0022%	0.0002%	0	1.7597%
	列合计	0.0284%	0.9591%	5.1587%	0.1384%	0.0848%	0.0171%	0.0731%	0	1.4024%	22.9479%	0.2908%	5.5729%	0.7797%	-0.0087%	0	37.4619%

续表

区域		01	02	03	04	05	06	07	08	09	10	11	12	13	14	15	行合计
										行业							
贵州	区域内	0.0004%	0.0334%	1.7778%	0.2252%	0.0114%	0	0.0400%	0	0.2635%	6.5535%	0.0342%	1.6425%	0.3691%	0	0	10.9510%
	区域外	0.0001%	0.0161%	0.7828%	0.0470%	0.0002%	0	0.0028%	0	0.0429%	0.0396%	0.0002%	0.0309%	0.0033%	0	0	0.9659%
	列合计	0.0005%	0.0495%	2.5606%	0.2721%	0.0116%	0	0.0428%	0	0.3064%	6.5931%	0.0344%	1.6734%	0.3724%	0	0	11.9169%
云南	区域内	0.0741%	0.4598%	1.8540%	0.1273%	0.0038%	0.0092%	0.0677%	0	0.2745%	8.9141%	0.2836%	2.0077%	0.4830%	0.0540%	0	14.6129%
	区域外	0.0200%	0.0542%	0.3988%	0.0128%	0	0.0002%	0.0022%	0	0.0154%	0.0280%	0.0026%	0.0244%	0.0058%	0.0002%	0	0.5645%
	列合计	0.0942%	0.5140%	2.2528%	0.1401%	0.0038%	0.0094%	0.0698%	0	0.2900%	8.9421%	0.2862%	2.0321%	0.4889%	0.0541%	0	15.1775%
西藏	区域内	0.0018%	1.2641%	0.6284%	0	0	0	0	0	0	4.2765%	0	0.4851%	0.0503%	0	0	6.7063%
	区域外	0	0.0279%	0.0015%	0	0	0	0	0	0	0.0002%	0	0.0014%	0	0	0	0.0310%
	列合计	0.0018%	1.2920%	0.6299%	0	0	0	0	0	0	4.2767%	0	0.4865%	0.0503%	0	0	6.7373%
陕西	区域内	0.0095%	0.2800%	2.3112%	0.0364%	0.1384%	0.0025%	0.3641%	0	0.3592%	13.4202%	0.0464%	4.9754%	0.5082%	0.0028%	0	22.4542%
	区域外	0.0037%	0.2244%	1.9511%	0.0105%	0.0028%	0.0005%	0.0214%	0	0.0967%	1.9155%	0.0015%	0.0992%	0.0011%	0	0	4.3285%
	列合计	0.0132%	0.5044%	4.2623%	0.0468%	0.1412%	0.0030%	0.3855%	0	0.4559%	15.3356%	0.0480%	5.0746%	0.5093%	0.0028%	0	26.7827%
甘肃	区域内	0.0534%	0.1553%	2.6618%	0.2490%	0.0190%	0.0660%	0.0007%	0.0065%	0.0099%	10.0359%	0.0209%	1.9107%	0.2518%	0.0172%	0	15.4581%
	区域外	0.0085%	0.0127%	0.7934%	0.0240%	0.0002%	0.0034%	0	0.0004%	0.0002%	0.0804%	0.0001%	0.0177%	0.0015%	0	0	0.9426%
	列合计	0.0619%	0.1680%	3.4553%	0.2730%	0.0192%	0.0693%	0.0007%	0.0069%	0.0100%	10.1164%	0.0210%	1.9285%	0.2533%	0.0173%	0	16.4007%
青海	区域内	0.0481%	2.2399%	0.8618%	0.5618%	0.1513%	0.0188%	0.0073%	0	0.0100%	3.1587%	0.2693%	1.3094%	0.6341%	0.0748%	0	9.3354%
	区域外	0.0014%	0.1794%	0.0187%	0.0032%	0.0002%	0.0001%	0	0	0	0.0037%	0.0001%	0.0002%	0.0015%	0	0	0.2068%
	列合计	0.0495%	2.4193%	0.8805%	0.5650%	0.1513%	0.0189%	0.0073%	0	0	3.1625%	0.2694%	1.3097%	0.6341%	0.0748%	0	9.5422%
宁夏	区域内	0.0925%	0.0708%	2.2220%	0.0301%	0.1516%	0	0	0.0117%	0.0004%	3.6021%	0.3278%	0.9168%	2.0009%	0	0	9.4266%
	区域外	0.0029%	0.0069%	0.4417%	0.0031%	0.0002%	0	0	0.0002%	0	0.0021%	0.0002%	0.0008%	0	0	0	0.4581%
	列合计	0.0955%	0.0776%	2.6637%	0.0332%	0.1518%	0	0	0.0119%	0.0004%	3.6042%	0.3280%	0.9176%	2.0009%	0	0	9.8847%

续表

区域		行业															行合计
		01	02	03	04	05	06	07	08	09	10	11	12	13	14	15	
新疆	区域内	0.1394%	1.3190%	0.6942%	0.1666%	0.0079%	0.0093%	0	0.4225%	0.0076%	4.5692%	0.0494%	0.3729%	0.4867%	0	0	8.2445%
	区域外	0.0479%	0.9915%	0.2694%	0.0364%	0	0.0010%	0	0.0243%	0.0001%	0.0070%	0.0001%	0.0007%	0.0002%	0	0	1.3787%
	列合计	0.1872%	2.3105%	0.9636%	0.2030%	0.0079%	0.0103%	0	0.4468%	0.0076%	4.5762%	0.0495%	0.3736%	0.4869%	0	0	9.6232%

注: 01 为农林牧渔业、02 为采矿业、03 为制造业、04 为电力、燃气及水的生产和供应业、05 为建筑业、06 为交通运输、仓储和邮政业、07 为信息传输、计算机服务和软件业、08 为水利、环境和公共设施管理业、09 为租赁和商务服务业、10 为科学研究和技术服务业、11 为水利、环境和公共设施管理业、12 为教育、13 为卫生和社会工作、14 为文化、体育和娱乐业、15 为其他部门

区域行业部门的经济发展。除上述区域之外，其余区域大多数行业的 δ 均小于50%，这意味着剩余区域各个行业部门的研发资本溢出更多贡献给了本部门内部。

同时，表7.11和表7.12中的数据显示，从区域外研发资本溢出绝对值来看，江苏、山东、广东、浙江、上海等地的制造业研发资本溢出数值相对较大，可见这些区域的制造业不仅对区域内各个行业部门产生较强的带动作用，也凭借与其他地区较强的经济技术联系有力带动其他区域各个行业部门的发展。此外，动态对比2012年和2017年的研发资本溢出程度发现，除北京、天津、山西、吉林、黑龙江、广西、海南、西藏、陕西、甘肃和青海等区域外，其余区域2017年溢出程度较2012年均有所增加，尤其是江苏、广东和上海等地溢出程度增幅最为明显。

（二）基于行业维度的研发资本溢出贡献者效应表

根据研发资本溢出测算式（7.11）、式（7.12）、式（7.13），可编制任一区域各个行业的研发资本溢出贡献者效应表。限于篇幅，此处仅展示了北京市15个行业的贡献分布情况，如表7.13、表7.14所示。表中列数据表示任一行业部门在15个行业部门的研发资本溢出贡献者效应，合计数表示任一行业的研发资本溢出贡献者总效应。

数据显示，2012年和2017年北京市15个行业中研发资本溢出贡献效应较大的行业均为科学研究和技术服务业，教育，信息传输、计算机服务和软件业以及制造业。这主要得益于北京作为中国政治中心、国际交往中心和科技创新中心的独特优势，其汇集了全国众多高质量的高等院校和科研院所，它们既开展大量非市场性质的研发活动，也向各行业领域输送大量的高技术人才，进而使得科学研究和技术服务业、教育开展的研发活动对北京市各个行业部门的发展做出重要贡献。此外，由于北京拥有得天独厚的人力资源和智力优势，制造业优势产业市场集中度高、研发技术水平突出，加上制造业与其他产业间联系较为密切的客观现实，其对北京各个行业部门具有较大的研发溢出效应。相较而言，金融业，水利、环境和公共设施管理业，文化、体育和娱乐业等服务行业开展研发活动的规模较小，从而对其他产业的研发溢出程度较弱。进一步地，从各行业研发资本溢出贡献者总效应构成来看，北京市大部分行业的研发资本溢出都贡献给了行业自身，对其他行业的贡献相对较小。这一结论与Bernstein 和 Ishaq Nadiri（1988）所论证的"产业间研发溢出效应较小，产业内研发溢出程度是关键因素"的结论相符。

进一步地，我们以"行业间研发资本溢出贡献效应与行业研发资本溢出贡献总效应之比"来分析北京各行业研发资本溢出更多贡献给行业内部还是行业间。在所分析的15个行业中，2012年只有制造业（0.67）和金融业（0.62）的比值大于0.5，这意味着大多数行业的研发资本溢出都贡献给了本部门，进一步地，2017年

表7.13 2012年北京市15个行业部门研发资本溢出贡献者效应表

行业	01	02	03	04	05	06	07	08	09	10	11	12	13	14	15
01	0.1829%	0.0049%	0.2980%	0.0097%	0.0043%	0.0084%	0.0238%	0.0006%	0.0148%	0.7502%	0.0046%	0.0184%	0.0001%	0.0003%	0
02	0.0007%	0.4484%	0.2383%	0.0181%	0.0067%	0.0143%	0.0533%	0.0024%	0.0367%	0.3395%	0.0058%	0.0290%	0	0.0005%	0
03	0.0017%	0.0046%	1.4464%	0.0072%	0.0065%	0.0080%	0.0383%	0.0007%	0.0275%	0.2953%	0.0002%	0.0211%	0	0.0004%	0
04	0.0003%	0.0147%	0.1234%	0.1940%	0.0097%	0.0068%	0.0947%	0.0021%	0.0340%	0.2645%	0.0010%	0.0277%	0	0.0005%	0
05	0.0011%	0.0050%	0.3850%	0.0054%	0.7217%	0.0108%	0.0431%	0.0015%	0.0319%	0.4366%	0.0002%	0.0322%	0	0.0005%	0
06	0.0004%	0.0018%	0.2679%	0.0087%	0.0087%	0.1686%	0.0788%	0.0023%	0.0498%	0.3114%	0.0001%	0.0350%	0.0001%	0.0006%	0
07	0.0004%	0.0011%	0.2424%	0.0038%	0.0030%	0.0040%	3.6067%	0.0006%	0.0401%	0.3607%	0.0001%	0.0192%	0.0001%	0.0006%	0
08	0.0001%	0.0004%	0.0488%	0.0019%	0.0037%	0.0034%	0.1702%	0.0117%	0.0565%	0.1261%	0.0001%	0.0572%	0	0.0012%	0
09	0.0003%	0.0009%	0.0717%	0.0037%	0.0043%	0.0070%	0.0707%	0.0019%	0.6369%	0.1934%	0.0001%	0.0331%	0.0002%	0.0014%	0
10	0.0005%	0.0014%	0.2061%	0.0046%	0.0063%	0.0105%	0.0673%	0.0016%	0.0349%	14.3210%	0.0001%	0.0474%	0.0001%	0.0012%	0
11	0.0082%	0.0021%	0.2142%	0.0099%	0.0514%	0.0098%	0.0548%	0.0018%	0.0334%	0.3012%	0.1501%	0.0279%	0.0001%	0.0007%	0
12	0.0002%	0.0015%	0.1029%	0.0070%	0.3001%	0.0078%	0.0503%	0.0005%	0.0190%	0.4814%	0.0001%	8.1384%	0.0001%	0.0020%	0
13	0.0007%	0.0022%	0.4987%	0.0061%	0.0111%	0.0050%	0.1031%	0.0005%	0.0182%	0.2418%	0.0001%	0.0312%	0.5043%	0.0004%	0
14	0.0005%	0.0012%	0.1498%	0.0067%	0.0240%	0.0099%	0.0758%	0.0011%	0.0668%	0.3295%	0.0001%	0.0412%	0.0003%	0.1247%	0
15	0.0009%	0.0012%	0.1147%	0.0063%	0.0120%	0.0074%	0.0655%	0.0016%	0.0680%	0.2448%	0.0001%	0.0701%	0.0001%	0.0015%	0
列合计	0.1990%	0.4912%	4.4083%	0.2929%	0.9035%	0.2816%	4.5965%	0.0311%	1.1685%	18.9972%	0.1628%	8.6290%	0.5055%	0.1367%	0

注：对角线上数据代表来自行业内部的贡献效应；01为农林牧渔业，02为采矿业，03为制造业，04为电力、燃气及水的生产和供应业，05为建筑业，06为交通运输、仓储和邮政业，07为信息传输、计算机服务和软件业，08为金融业，09为租赁和商务服务业，10为科学研究和技术服务业，11为水利、环境和公共设施管理业，12为教育，13为卫生和社会工作，14为文化、体育和娱乐业，15为其他部门

表 7.14　2017 年北京市 15 个行业部门研发资本溢出贡献者效应表

行业	01	02	03	04	05	06	07	08	09	10	11	12	13	14	15
01	0.3464%	0.0011%	0.1610%	0.0016%	0.0031%	0.0025%	0.0089%	0.0002%	0.0041%	0.1694%	0.0014%	0.0218%	0	0.0001%	0
02	0.00001%	2.3007%	0.0483%	0.0027%	0.0032%	0.0050%	0.0104%	0.0006%	0.0158%	0.0450%	0.0001%	0.0126%	0	0.0001%	0
03	0.0015%	0.0040%	1.9222%	0.0013%	0.0012%	0.0024%	0.0087%	0.0002%	0.0095%	0.0492%	0	0.0087%	0.0001%	0.0002%	0
04	0.0001%	0.0038%	0.0162%	0.1769%	0.0032%	0.0009%	0.0061%	0.0004%	0.0069%	0.2045%	0.0006%	0.0057%	0	0.0001%	0
05	0.0007%	0.0146%	0.1657%	0.0013%	0.7243%	0.0050%	0.0114%	0.0005%	0.0109%	0.5799%	0.0001%	0.0132%	0.0001%	0.0002%	0
06	0.0001%	0.0005%	0.0331%	0.0030%	0.0038%	0.1787%	0.0275%	0.0007%	0.0127%	0.2337%	0.0002%	0.0443%	0.0001%	0.0003%	0
07	0.0001%	0.0004%	0.0825%	0.0010%	0.0013%	0.0020%	2.2786%	0.0004%	0.0308%	0.0472%	0	0.0133%	0	0.0003%	0
08	0	0.0002%	0.0158%	0.0008%	0.0035%	0.0011%	0.0745%	0.0105%	0.0234%	0.0311%	0	0.0555%	0.0001%	0.0005%	0
09	0.0001%	0.0004%	0.0360%	0.0011%	0.0029%	0.0034%	0.0239%	0.0010%	0.4190%	0.0200%	0.0001%	0.0519%	0.0001%	0.0003%	0
10	0.0002%	0.0006%	0.1049%	0.0014%	0.0020%	0.0056%	0.0316%	0.0005%	0.0234%	7.3481%	0.0001%	0.0236%	0.0001%	0.0004%	0
11	0.0056%	0.0014%	0.0728%	0.0039%	0.0220%	0.0023%	0.0175%	0.0008%	0.0260%	0.2042%	0.0974%	0.0228%	0.0001%	0.0003%	0
12	0	0.0021%	0.0273%	0.0025%	0.0154%	0.0013%	0.0123%	0.0002%	0.0136%	0.0358%	0	7.9488%	0.0001%	0.0007%	0
13	0.0002%	0.0012%	0.2755%	0.0011%	0.0051%	0.0010%	0.0056%	0.0001%	0.0042%	0.0258%	0.0001%	0.0153%	0.4353%	0.0001%	0
14	0.0001%	0.0007%	0.0595%	0.0015%	0.0078%	0.0038%	0.0430%	0.0003%	0.0257%	0.0245%	0.0001%	0.0345%	0.0001%	0.1563%	0
15	0.0002%	0.0004%	0.0422%	0.0019%	0.0071%	0.0033%	0.0650%	0.0007%	0.0241%	0.0570%	0.0001%	0.0497%	0.0010%	0.0012%	0
列合计	0.3554%	2.3320%	3.0631%	0.2019%	0.8060%	0.2183%	2.6251%	0.0169%	0.6501%	9.0755%	0.1004%	8.3217%	0.4371%	0.1610%	0

注：对角线上数据代表来自行业内部的贡献效应；01 为农林牧渔业、02 为采矿业、03 为制造业、04 为电力、燃气及水的生产和供应业、05 为建筑业、06 为交通运输、仓储和邮政业、07 为信息传输、计算机服务和软件业、08 为金融业、09 为租赁和商务服务业、10 为科学研究和技术服务业、11 为水利、环境和公共设施管理业、12 为教育、13 为卫生和社会工作、14 为文化、体育和娱乐业、15 为其他部门

北京市 15 个行业的行业间研发资本溢出贡献效应与行业研发资本溢出贡献总效应的比值均小于 0.5, 这表明区域内行业研发资本溢出集中贡献给本行业内部的特征更为突出。值得一提的是，由表 7.8 和表 7.14 可知，制造业的研发资本溢出受益者效应主要源自行业内部，同时对其他行业的研发资本溢出贡献者效应较强。可见，制造业的研发投资不仅能够促进行业自身科技水平的提高，而且对其他产业具有较强的辐射带动能力。此外，动态对比 2012 年和 2017 年的北京市研发资本溢出程度发现，除农林牧渔业，采矿业，文化、体育和娱乐业三个行业研发资本溢出程度有所加深，其余行业均出现不同程度的下降，尤其是科学研究和技术服务业的研发资本溢出程度降幅最为明显。

（三）基于区域维度的研发资本溢出贡献者效应表

为分析各区域研发资本溢出贡献者情况，我们编制了 2012 年和 2017 年各区域研发资本溢出贡献者效应表，如表 7.15、表 7.16 所示。

表 7.15　2012 年基于区域维度的研发资本溢出贡献者效应表

区域	区域间	区域内	总效应	区域	区域间	区域内	总效应
北京	0.7652%	2.7203%	3.4854%	湖北	0.0899%	1.7036%	1.7935%
天津	0.3269%	1.6184%	1.9453%	湖南	0.1592%	1.0929%	1.2520%
河北	0.1655%	0.8372%	1.0027%	广东	0.6706%	1.0587%	1.7293%
山西	0.1787%	1.2446%	1.4234%	广西	0.0459%	0.9395%	0.9855%
内蒙古	0.1332%	0.9130%	1.0462%	海南	0.0150%	1.0154%	1.0303%
辽宁	0.2679%	1.4526%	1.7204%	重庆	0.0890%	1.2643%	1.3534%
吉林	0.0392%	1.4665%	1.5057%	四川	0.0723%	2.3564%	2.4287%
黑龙江	0.1171%	1.4029%	1.5199%	贵州	0.0335%	0.7487%	0.7822%
上海	0.4987%	1.8348%	2.3335%	云南	0.0355%	0.9658%	1.0013%
江苏	0.8377%	1.4158%	2.2535%	西藏	0.0012%	0.6413%	0.6425%
浙江	0.4255%	1.1412%	1.5667%	陕西	0.1629%	2.6250%	2.7879%
安徽	0.1917%	1.7441%	1.9359%	甘肃	0.0503%	1.7841%	1.8344%
福建	0.1396%	0.9584%	1.0981%	青海	0.0088%	0.8386%	0.8474%
江西	0.0656%	0.9758%	1.0414%	宁夏	0.0223%	0.5702%	0.5926%
山东	0.7890%	1.4003%	2.1893%	新疆	0.0409%	0.5494%	0.5903%
河南	0.2347%	0.9450%	1.1797%				

表 7.16　2017 年基于区域维度的研发资本溢出贡献者效应表

区域	区域间	区域内	总效应	区域	区域间	区域内	总效应
北京	1.0062%	1.8910%	2.8971%	湖北	0.1038%	1.9767%	2.0805%
天津	0.3646%	1.4510%	1.8157%	湖南	0.2568%	1.1182%	1.3750%

续表

区域	区域间	区域内	总效应	区域	区域间	区域内	总效应
河北	0.3159%	1.1304%	1.4463%	广东	1.4988%	0.9267%	2.4255%
山西	0.1886%	0.8415%	1.0301%	广西	0.0620%	0.7060%	0.7679%
内蒙古	0.2389%	0.8543%	1.0932%	海南	0.0108%	0.6735%	0.6843%
辽宁	0.3258%	1.5573%	1.8830%	重庆	0.2610%	1.1466%	1.4076%
吉林	0.1236%	0.9055%	1.0291%	四川	0.1173%	2.3802%	2.4975%
黑龙江	0.1470%	0.9000%	1.0469%	贵州	0.0644%	0.7301%	0.7945%
上海	1.0276%	1.8620%	2.8895%	云南	0.0376%	0.9742%	1.0118%
江苏	1.3925%	1.6385%	3.0311%	西藏	0.0021%	0.4471%	0.4492%
浙江	0.6603%	1.1505%	1.8108%	陕西	0.2886%	1.4969%	1.7855%
安徽	0.3042%	1.8947%	2.1990%	甘肃	0.0628%	1.0305%	1.0934%
福建	0.2331%	1.0000%	1.2331%	青海	0.0138%	0.6224%	0.6361%
江西	0.1963%	0.8755%	1.0717%	宁夏	0.0305%	0.6284%	0.6590%
山东	0.9504%	1.5577%	2.5081%	新疆	0.0919%	0.5496%	0.6415%
河南	0.4283%	0.8014%	1.2297%				

结果显示，2012 年和 2017 年北京、上海、江苏、四川、山东等地的研发资本溢出贡献者总效应较为显著。其中，北京、上海、江苏以及山东凭借地理位置、经济发展水平和技术创新能力等"先发优势"，成为研发资本溢出贡献者效应"高地"。位于中国腹地中西部地区的四川，其高等教育资源丰富、科研院所数量较多、科研实力雄厚，进而使得该地区研发成果对其他地区的贡献较大。相较而言，西藏、青海、宁夏和新疆等地区处于偏远地带，经济发展水平落后、科技创新能力不足，对其他地区的研发资本溢出贡献较低。进一步地，从研发资本溢出贡献者总效应构成来看，各地区区域内的研发资本溢出贡献者效应皆远大于区域间研发资本溢出贡献者效应，这意味着各区域研发资本溢出主要贡献给了本地区内部。当然，这与行业维度下研发资本溢出受益者效应表中所得结论——31 个地区的区域内研发资本溢出受益者效应皆远大于区域间研发资本溢出受益者效应一致。此外，从区域间研发资本溢出贡献者效应来看，江苏、山东、北京、广东、上海等地区的研发活动对其他地区经济发展贡献较大。

此外，动态对比 2012 年和 2017 年的区域维度的研发资本溢出贡献者效应表发现，从区域间溢出程度来看，除海南省的区域间研发资本溢出贡献程度有所下降外，其余 30 个地区 2017 年的研发资本溢出贡献程度均进一步提高；从溢出总效应来看，除北京、天津、山西、吉林、黑龙江、广西、海南、西藏、陕西、甘肃、青海等地区的研发资本溢出贡献者总效应较 2012 年有所下降，其余地区均出现不同程度的提高，尤其是上海、江苏、广东的研发资本溢出受益者总效应增幅较为明显。

四、研发资本溢出贡献者与受益者典型地区与典型行业分布

比较来看，31 个地区中，江苏、北京、上海等地区为研发资本溢出主要贡献地区，而海南、西藏、新疆等地区为研发资本溢出主要受益地区。然而，针对广大研发资本溢出贡献地区和受益地区，究竟哪些行业的研发溢出能力最强，哪些行业承接了贡献地区的研发资本溢出。这便需要编制研发资本溢出贡献地区行业分布表与研发资本溢出受益地区行业分布表。限于篇幅，此处仅展示了 2017 年的相关表式与结果分析。

（一）典型研发资本溢出贡献地区溢出传导路径分析

作为主要的研发资本溢出贡献地，江苏、北京、上海等地开展的研发活动带动了不少地区相关行业的发展。为细致刻画研发资本溢出贡献地区优势产业研发活动对受益地区具体行业的影响程度，我们分别编制了研发资本溢出贡献者效应地区分布表以及贡献地区 15 个行业部门对受益地区 15 个行业部门的研发资本溢出贡献效应表，编制结果如表 7.17～表 7.22 所示。

表 7.17　江苏研发资本溢出贡献者效应地区分布表

地区	研发资本溢出贡献者效应	地区	研发资本溢出贡献者效应	地区	研发资本溢出贡献者效应
北京	0.0752%	浙江	0.0630%	重庆	0.0530%
天津	0.0593%	安徽	0.0611%	四川	0.0455%
河北	0.0305%	福建	0.0117%	贵州	0.0507%
山西	0.0363%	江西	0.0397%	云南	0.0588%
内蒙古	0.0539%	山东	0.0191%	西藏	0.0538%
辽宁	0.0583%	河南	0.0565%	陕西	0.0617%
吉林	0.0366%	湖北	0.0215%	甘肃	0.0472%
黑龙江	0.0429%	湖南	0.0276%	青海	0.0392%
上海	0.0273%	广东	0.0308%	宁夏	0.0467%
江苏	1.6385%	广西	0.0486%		
新疆	0.0759%	海南	0.0603%		

1. 江苏省研发资本溢出传导路径分析

表 7.17 列示了江苏省研发活动对全国 31 个地区的溢出贡献效应。整体来看，江苏研发资本溢出辐射地区主要分布在新疆、北京、浙江、陕西、安徽、海南等地理邻近地区以及偏远欠发达地区，其对上述六个地区的溢出强度分别为 0.0759%、0.0752%、0.0630%、0.0617%、0.0611%、0.0603%。另外，制造业是江苏省研发资本溢出贡献效应最大的行业部门，其对上述各个地区的溢出强度分别为 1.0912%、1.0547%、0.8801%、0.8766%、0.8614%、0.7392%。此外，由表 7.18

表 7.18　江苏 15 个行业部门对新疆 15 个行业部门的研发资本溢出贡献效应表

行业	js01	js02	js03	js04	js05	js06	js07	js08	js09	js10	js11	js12	js13	js14	js15
xj01	0.0001%	0.0006%	0.0579%	0.0003%	0	0	0.0002%	0	0	0.0007%	0	0.0002%	0	0	0.0001%
xj02	0.0001%	0.0005%	0.0436%	0.0002%	0	0	0.0002%	0	0	0.0005%	0	0.0002%	0	0	0.0001%
xj03	0.0001%	0.0009%	0.0848%	0.0004%	0	0.0001%	0.0002%	0	0	0.0010%	0	0.0004%	0	0	0.0001%
xj04	0.0002%	0.0013%	0.1188%	0.0007%	0	0.0001%	0.0003%	0	0	0.0013%	0	0.0004%	0	0	0.0002%
xj05	0.0002%	0.0013%	0.1328%	0.0006%	0	0.0001%	0.0004%	0	0.0001%	0.0015%	0	0.0006%	0	0	0.0002%
xj06	0.0001%	0.0006%	0.05005%	0.0004%	0	0.0001%	0.0004%	0	0	0.0006%	0	0.0003%	0	0	0.0001%
xj07	0.0002%	0.0011%	0.1049%	0.0005%	0	0.0001%	0.0023%	0	0.0001%	0.0012%	0	0.0005%	0	0	0.0002%
xj08	0.0001%	0.0003%	0.0301%	0.0001%	0	0	0.0007%	0	0	0.0004%	0	0.0009%	0	0	0.0001%
xj09	0.0002%	0.0010%	0.1021%	0.0005%	0	0.0001%	0.0004%	0	0.0001%	0.0012%	0	0.0006%	0	0	0.0002%
xj10	0.0001%	0.0006%	0.0558%	0.0003%	0	0	0.0005%	0	0.0001%	0.0009%	0	0.0004%	0	0	0.0001%
xj11	0.0001%	0.0007%	0.0679%	0.0004%	0	0.0001%	0.0004%	0	0.0001%	0.0008%	0.0003%	0.0004%	0	0	0.0001%
xj12	0	0.0003%	0.0286%	0.0001%	0	0	0.0004%	0	0	0.0003%	0	0.0008%	0	0	0
xj13	0.0002%	0.0014%	0.1370%	0.0006%	0	0.0001%	0.0003%	0	0.0001%	0.0015%	0	0.0005%	0	0	0.0002%
xj14	0.0001%	0.0005%	0.0465%	0.0002%	0	0	0.0003%	0	0	0.0005%	0	0.0002%	0	0	0.0001%
xj15	0.0001%	0.0003%	0.0297%	0.0001%	0	0	0.0004%	0	0	0.0003%	0	0.0003%	0	0	0.0001%
列合计	0.0018%	0.0113%	1.0912%	0.0053%	0.0001%	0.0008%	0.0074%	0	0.0007%	0.0126%	0.0004%	0.0067%	0	0	0.0018%

注：01 为农林牧渔业，02 为采矿业，03 为制造业，04 为电力、燃气及水的生产和供应业，05 为建筑业，06 为交通运输、仓储和邮政业，07 为信息传输、计算机服务和软件业，08 为批发和零售业，09 为租赁和商务服务业，10 为科学研究和技术服务业，11 为水利、环境和公共设施管理业，12 为教育，13 为卫生和社会工作，14 为文化、体育和娱乐业，15 为其他部门；xj 表示新疆，js 表示江苏

表 7.19　北京研发资本溢出贡献者效应地区分布表

地区	研发资本溢出贡献者效应	地区	研发资本溢出贡献者效应	地区	研发资本溢出贡献者效应
北京	1.8910%	浙江	0.0349%	重庆	0.0492%
天津	0.0287%	安徽	0.0666%	四川	0.0293%
河北	0.0264%	福建	0.0236%	贵州	0.0177%
山西	0.0190%	江西	0.0210%	云南	0.0251%
内蒙古	0.0161%	山东	0.0469%	西藏	0.0448%
辽宁	0.0317%	河南	0.0530%	陕西	0.0201%
吉林	0.0219%	湖北	0.0371%	甘肃	0.0384%
黑龙江	0.0177%	湖南	0.0237%	青海	0.0698%
上海	0.0307%	广东	0.0229%	宁夏	0.0250%
江苏	0.0406%	广西	0.0663%		
新疆	0.0301%	海南	0.0279%		

所列示的江苏 15 个行业部门对新疆 15 个行业部门的研发资本溢出贡献效应表可知，江苏省的制造业研发活动主要带动了新疆的电力、燃气及水的生产和供应业，建筑业，信息传输、计算机服务和软件业，卫生和社会工作等四个行业的发展。

我们同样可以编制江苏省 15 个行业部门对北京、浙江、陕西、安徽、海南等地区 15 个行业部门的研发资本溢出贡献效应表，限于篇幅，此处不再展示具体编制表式。结果显示，江苏省的制造业研发活动主要带动了北京的建筑业、科学研究和技术服务业以及卫生和社会工作等行业的发展；带动了浙江的制造业，建筑业，信息传输、计算机服务和软件业，科学研究和技术服务业等行业的发展；带动了陕西的制造业，建筑业，卫生和社会工作等行业的发展；带动了安徽的制造业，电力、燃气及水的生产和供应业，卫生和社会工作等行业的发展；带动了海南的制造业，建筑业，卫生和社会工作等行业的发展。综上可知，建筑业是江苏省研发活动对上述六个地区辐射的主要行业。

2. 北京研发资本溢出传导路径分析

表 7.19 列示了北京研发活动对全国 31 个地区的溢出贡献效应。整体来看，北京研发资本溢出辐射地区主要分布在青海、安徽、广西、河南、重庆等地，其对上述五个地区的溢出强度分别为 0.0698%、0.0666%、0.0663%、0.0530%、0.0492%。另外，制造业是北京研发资本溢出贡献效应最大的行业部门，其对上述各个地区的溢出强度分别为 0.0662%、0.0625%、0.0813%、0.1170%、0.0696%。此外，由表 7.20 所列示的北京 15 个行业部门对青海 15 个行业部门的研发资本溢出贡献效应表可知，北京的制造业研发活动主要带动了青海的建筑业，交通运输、仓储和邮政业，水利、环境和公共设施管理业，文化、体育和娱乐业等四个行业的发展。

表 7.20　北京 15 个行业部门对青海 15 个行业部门的研发资本溢出贡献效应表

行业	bj01	bj02	bj03	bj04	bj05	bj06	bj07	bj08	bj09	bj10	bj11	bj12	bj13	bj14	bj15
qh01	0	0.0016%	0.02004%	0	0	0	0.0001%	0	0.0001%	0.0003%	0	0	0	0	0
qh02	0	0.0035%	0.0473%	0.0001%	0	0.0001%	0.0001%	0	0.0004%	0.0005%	0	0.0001%	0	0	0
qh03	0	0.0042%	0.0454%	0.0001%	0	0.0001%	0.0001%	0	0.0004%	0.0005%	0	0.0001%	0	0	0
qh04	0	0.0046%	0.0460%	0.0002%	0	0.0002%	0.0003%	0	0.0007%	0.0005%	0	0.0001%	0	0	0
qh05	0	0.0046%	0.0531%	0.0001%	0	0.0002%	0.0003%	0	0.0005%	0.0007%	0	0.0001%	0	0	0
qh06	0.0001%	0.0047%	0.0619%	0.0002%	0	0.0002%	0.0014%	0	0.0005%	0.0009%	0	0.0001%	0	0	0
qh07	0	0.0035%	0.0445%	0.0001%	0	0.0001%	0.0008%	0	0.0006%	0.0005%	0	0.0001%	0	0	0
qh08	0	0.0026%	0.0339%	0.0001%	0	0.0001%	0.0003%	0	0.0007%	0.0004%	0	0.0001%	0	0	0
qh09	0	0.0018%	0.0239%	0.0001%	0	0.0001%	0.0002%	0	0.0004%	0.0003%	0	0.0001%	0	0	0
qh10	0	0.0014%	0.0190%	0	0	0.0001%	0.0001%	0	0.0001%	0.0002%	0	0.0001%	0	0	0
qh11	0.0001%	0.0049%	0.0682%	0.0002%	0	0.0001%	0.0002%	0	0.0004%	0.0007%	0	0.0001%	0	0	0
qh12	0	0.0015%	0.0191%	0	0	0.0001%	0.0001%	0	0.0001%	0.0002%	0	0.0001%	0	0	0
qh13	0	0.0022%	0.0289%	0.0001%	0	0.0001%	0.0001%	0	0.0001%	0.0003%	0	0	0	0	0
qh14	0.0001%	0.0045%	0.0604%	0.0001%	0	0.0002%	0.0002%	0	0.0004%	0.0006%	0	0.0001%	0	0	0
qh15	0	0.0025%	0.0303%	0.0001%	0	0.0001%	0.0003%	0	0.0003%	0.0003%	0	0.0001%	0	0	0
列合计	0.0005%	0.0479%	0.6024%	0.0016%	0.0004%	0.0019%	0.0045%	0.0002%	0.0057%	0.0068%	0	0.0012%	0.0001%	0	0

注：01 为农林牧渔业、02 为采矿业、03 为制造业、04 为电力，燃气及水的生产和供应业、05 为建筑业、06 为交通运输，仓储和邮政业、07 为信息传输，计算机服务和软件业、08 为金融业、09 为租赁和商务服务业、10 为科学研究和技术服务业、11 为水利，环境和公共设施管理业、12 为教育、13 为卫生和社会工作、14 为文化，体育和娱乐业、15 为其他部门。bj 表示北京，qh 表示青海

表 7.21　　上海研发资本溢出贡献者效应地区分布表

地区	研发资本溢出贡献者效应	地区	研发资本溢出贡献者效应	地区	研发资本溢出贡献者效应
北京	0.0772%	浙江	0.0418%	重庆	0.0377%
天津	0.0242%	安徽	0.1045%	四川	0.0306%
河北	0.0223%	福建	0.0117%	贵州	0.0313%
山西	0.0229%	江西	0.0246%	云南	0.0392%
内蒙古	0.0253%	山东	0.0314%	西藏	0.0349%
辽宁	0.0345%	河南	0.0460%	陕西	0.0330%
吉林	0.0263%	湖北	0.0256%	甘肃	0.0313%
黑龙江	0.0257%	湖南	0.0181%	青海	0.0364%
上海	1.8620%	广东	0.0186%	宁夏	0.0280%
江苏	0.0214%	广西	0.0510%		
新疆	0.0361%	海南	0.0360%		

　　我们也可以编制北京 15 个行业部门对安徽、广西、河南、重庆等地区 15 个行业部门的研发资本溢出贡献效应表。结果显示，北京的制造业研发活动主要带动了安徽省制造业，建筑业，科学研究和技术服务业，卫生和社会工作等行业的发展；带动了广西的建筑业，交通运输、仓储和邮政业，科学研究和技术服务业，卫生和社会工作等行业的发展；带动了河南的制造业，科学研究和技术服务业，水利、环境和公共设施管理业，卫生和社会工作等行业的发展；带动了重庆的制造业，建筑业，科学研究和技术服务业，卫生和社会工作等行业的发展。综上可知，科学研究和技术服务业是北京研发活动对上述五个地区辐射的主要行业。

3. 上海研发资本溢出传导路径分析

　　表 7.21 列示了上海研发活动对全国 31 个地区的溢出贡献效应。整体来看，上海研发资本溢出辐射地区主要分布在安徽、北京、广西、河南、浙江、云南等地，其对上述六个地区的溢出强度分别为 0.1045%、0.0772%、0.0510%、0.0460%、0.0418%、0.0392%；并且制造业、科学研究和技术服务业是上海研发资本溢出贡献效应最大的行业部门。由表 7.22 列示的上海 15 个行业部门对云南 15 个行业部门的研发资本溢出贡献效应表可知，上海的制造业，科学研究和技术服务业主要带动了云南的制造业、建筑业、科学研究和技术服务业以及卫生和社会工作等行业的发展。

　　我们也可以编制上海 15 个行业部门对安徽、北京、广西、河南、浙江等地区15 个行业部门的研发资本溢出贡献效应表。结果显示，上海的制造业，科学研究和技术服务业的研发活动主要带动了安徽的制造业，建筑业，科学研究和技术服

表 7.22 上海 15 个行业部门对云南 15 个行业部门的研发资本溢出贡献效应表

行业	sh01	sh02	sh03	sh04	sh05	sh06	sh07	sh08	sh09	sh10	sh11	sh12	sh13	sh14	sh15
yn01	0	0	0.0253%	0.0001%	0	0.0001%	0.0003%	0	0.0001%	0.0037%	0	0.0002%	0	0	0
yn02	0	0	0.0221%	0.0002%	0.0001%	0.0004%	0.0007%	0	0.0001%	0.0019%	0	0.0003%	0	0	0
yn03	0	0.00001%	0.0358%	0.0002%	0.0001%	0.0002%	0.0005%	0	0.0001%	0.0026%	0	0.0003%	0	0	0
yn04	0	0	0.0064%	0.0001%	0	0.0001%	0.0007%	0	0.0001%	0.0008%	0	0.0002%	0	0	0
yn05	0	0.00001%	0.0453%	0.0003%	0.0001%	0.0004%	0.0013%	0	0.0002%	0.0269%	0	0.0005%	0	0	0
yn06	0	0	0.0231%	0.0002%	0.0001%	0.0003%	0.0008%	0	0.0001%	0.0019%	0	0.0003%	0	0	0
yn07	0	0	0.0147%	0.0001%	0	0.0002%	0.0063%	0	0.0001%	0.0063%	0	0.0002%	0	0	0
yn08	0	0	0.0116%	0.0001%	0	0.0002%	0.0026%	0	0.0001%	0.0014%	0	0.0002%	0	0	0
yn09	0	0.00001%	0.0312%	0.0003%	0.0001%	0.0003%	0.0012%	0	0.0002%	0.0028%	0	0.0005%	0	0	0
yn10	0	0	0.0307%	0.0003%	0	0.0005%	0.0009%	0	0.0002%	0.1092%	0	0.0006%	0	0	0
yn11	0	0	0.0158%	0.0001%	0	0.0001%	0.0007%	0	0.0001%	0.0013%	0	0.0002%	0	0	0
yn12	0	0	0.0072%	0.0001%	0	0.0001%	0.0004%	0	0	0.0009%	0	0.0001%	0	0	0
yn13	0	0.00001%	0.0817%	0.0003%	0.0001%	0.0002%	0.0005%	0	0.0001%	0.0028%	0	0.0004%	0	0	0
yn14	0	0	0.0269%	0.0002%	0.0001%	0.0001%	0.0005%	0	0.0001%	0.0020%	0	0.0002%	0	0	0
yn15	0	0	0.0122%	0.0001%	0	0.0002%	0.0011%	0	0.0001%	0.0017%	0	0.0002%	0	0	0
列合计	0.0001%	0.0007%	0.3900%	0.0026%	0.0009%	0.0034%	0.0186%	0.0001%	0.0016%	0.1664%	0	0.0042%	0.0001%	0.0001%	0

注: 01 为农林牧渔业、02 为采矿业、03 为制造业、04 为电力, 燃气及水的生产和供应业、05 为建筑业、06 为交通运输, 仓储和邮政业、07 为信息传输, 计算机服务和软件业、08 为金融业、09 为租赁和商务服务业、10 为科学研究和技术服务业、11 为水利, 环境和公共设施管理业、12 为教育、13 为卫生和社会工作、14 为文化, 体育和娱乐业、15 为其他部门; sh 表示上海, yn 表示云南

务业等行业的发展；带动了北京的制造业，建筑业，交通运输、仓储和邮政业，科学研究和技术服务业等行业的发展；带动了广西的制造业，建筑业，科学研究和技术服务业，水利、环境和公共设施管理业等行业的发展；带动了河南的制造业，建筑业，科学研究和技术服务业，卫生和社会工作等行业的发展；带动了浙江的农林牧渔业，制造业，建筑业，卫生和社会工作等行业的发展。综上可知，制造业是北京研发活动对上述五个地区辐射的主要行业。

（二）典型研发资本溢出受益地区溢出行业分析

作为主要的研发资本溢出流入地，海南、新疆和西藏等地承接了大部分来自东部经济发达地区的研发活动溢出。为细致刻画究竟是哪些行业较为显著地受到研发资本贡献地区相关行业研发活动的影响，我们分别编制了受益地区接受的研发资本溢出地区分布表以及受益地区 15 个行业部门接受来自贡献地区 15 个行业部门的研发资本溢出受益效应表，编制结果如表 7.23～表 7.28 所示。

表 7.23　海南接受的研发资本溢出地区分布表

地区	研发资本溢出受益者效应	地区	研发资本溢出受益者效应	地区	研发资本溢出受益者效应
北京	0.0279%	浙江	0.0304%	重庆	0.0103%
天津	0.0134%	安徽	0.0135%	四川	0.0063%
河北	0.0114%	福建	0.0114%	贵州	0.0039%
山西	0.0110%	江西	0.0087%	云南	0.0028%
内蒙古	0.0111%	山东	0.0411%	西藏	0
辽宁	0.0101%	河南	0.0233%	陕西	0.0105%
吉林	0.0039%	湖北	0.0051%	甘肃	0.0025%
黑龙江	0.0060%	湖南	0.0146%	青海	0.0005%
上海	0.0360%	广东	0.1031%	宁夏	0.0013%
江苏	0.0603%	广西	0.0058%		
新疆	0.0018%	海南	0.6735%		

1. 海南省研发资本溢出受益路径分析

表 7.23 列示了海南省接受的来自全国 31 个地区的研发资本溢出强度。整体来看，海南省主要接受广东、江苏、山东、上海、浙江、北京等主要经济发达地区的研发溢出，上述地区对海南省的研发溢出强度分别为 0.1031%、0.0603%、0.0411%、0.0360%、0.0304%、0.0279%。由表 7.24 列示的海南 15 个行业部门接受来自广东 15 个行业部门的研发资本溢出受益效应表可知，海南的科学研究和技术服务业，信息传输、计算机服务和软件业，建筑业，制造业，文化、体育和娱

表 7.24　海南 15 个行业部门接受来自广东 15 个行业部门的研发资本溢出受益效应表

行业	hn01	hn02	hn03	hn04	hn05	hn06	hn07	hn08	hn09	hn10	hn11	hn12	hn13	hn14	hn15
gd01	0.0003%	0.0001%	0.0005%	0.0001%	0.0005%	0.0002%	0.0006%	0.0001%	0.0002%	0.0008%	0.0003%	0.0001%	0.0002%	0.0003%	0.0002%
gd02	0.0002%	0.0013%	0.0010%	0.0007%	0.0026%	0.0002%	0.0004%	0.0001%	0.0002%	0.0005%	0.0001%	0.0002%	0.0003%	0.0003%	0.0001%
gd03	0.0476%	0.0460%	0.1295%	0.0369%	0.1712%	0.0693%	0.2755%	0.0462%	0.0548%	0.2976%	0.0293%	0.0359%	0.0632%	0.1189%	0.0383%
gd04	0.0002%	0.0006%	0.0007%	0.0016%	0.0017%	0.0006%	0.0011%	0.00005%	0.0012%	0.0017%	0.0007%	0.0008%	0.0042%	0.0009%	0.0008%
gd05	0	0	0	0	0	0	0	0	0	0	0	0	0	0	0
gd06	0	0	0	0	0	0	0.0001%	0	0	0.0001%	0	0	0	0	0
gd07	0.0001%	0.0002%	0.0003%	0.0002%	0.0004%	0.0002%	0.0005%	0.0003%	0.0004%	0.0006%	0.0002%	0.0001%	0.0003%	0.0003%	0.0002%
gd08	0	0	0	0	0	0	0	0	0	0	0	0	0	0	0
gd09	0.0004%	0.0011%	0.0012%	0.0007%	0.0018%	0.0016%	0.0022%	0.0016%	0.0027%	0.0024%	0.0010%	0.0006%	0.0010%	0.0013%	0.0013%
gd10	0.0002%	0.0002%	0.0005%	0.0002%	0.0009%	0.0003%	0.0010%	0.0002%	0.0003%	0.0068%	0.0001%	0.0002%	0.0003%	0.0005%	0.0002%
gd11	0	0	0	0	0	0	0	0	0	0	0.0010%	0	0	0	0
gd12	0.0002%	0.0004%	0.0005%	0.0004%	0.0006%	0.0006%	0.0009%	0.0014%	0.0011%	0.0010%	0.0005%	0.0013%	0.0071%	0.0006%	0.0005%
gd13	0	0	0	0	0	0	0	0	0	0	0	0	0	0	0
gd14	0	0	0	0	0	0	0	0	0	0	0	0	0	0	0
gd15	0	0	0	0	0	0	0	0	0	0	0	0	0	0	0
列合计	0.0493%	0.0498%	0.1342%	0.0407%	0.1798%	0.0730%	0.2822%	0.0505%	0.0608%	0.3115%	0.0334%	0.0392%	0.0766%	0.1233%	0.0416%

注：01 为农林牧渔业、02 为采矿业、03 为制造业、04 为电力，燃气及水的生产和供应业、05 为建筑业、06 为交通运输，仓储和邮政业、07 为信息传输，计算机服务和软件业、08 为金融业、09 为租赁和商务服务业、10 为科学研究和技术服务业、11 为水利，环境和公共设施管理业、12 为教育、13 为卫生和社会工作、14 为文化，体育和娱乐业、15 为其他部门；hn 表示海南，gd 表示广东。

表 7.25　西藏接受的研发资本溢出地区分布表

地区	研发资本溢出受益者效应	地区	研发资本溢出受益者效应	地区	研发资本溢出受益者效应
北京	0.0448%	浙江	0.0231%	重庆	0.0106%
天津	0.0134%	安徽	0.0113%	四川	0.0074%
河北	0.0116%	福建	0.0126%	贵州	0.0028%
山西	0.0087%	江西	0.0098%	云南	0.0021%
内蒙古	0.0102%	山东	0.0358%	西藏	0.4471%
辽宁	0.0086%	河南	0.0249%	陕西	0.0133%
吉林	0.0044%	湖北	0.0042%	甘肃	0.0058%
黑龙江	0.0056%	湖南	0.0109%	青海	0.0004%
上海	0.0349%	广东	0.0721%	宁夏	0.0024%
江苏	0.0538%	广西	0.0034%		
新疆	0.0100%	海南	0.0006%		

乐业五个行业接受来自广东省 15 个行业部门的溢出强度分别为 0.3115%、0.2822%、0.1798%、0.1342%、0.1233%。其中，广东省制造业对上述五个行业的溢出程度最为明显，分别为 0.2976%、0.2755%、0.1712%、0.1295%、0.1189%，即广东省制造业的研发活动对海南省上述五个行业的辐射带动作用较强。

我们也可以编制海南 15 个行业部门接受来自江苏、山东、上海、浙江、北京等地区 15 个行业部门的研发资本溢出受益效应表，限于篇幅，此处不再展示具体表式。结果显示，制造业是广东、江苏、山东、上海、浙江、北京等地研发资本溢出的主要行业，这也在一定程度映射出研发溢出主要通过物化型技术转移形式来实现。然而，鉴于各地区优势产业的不同，海南省承接各区域制造业研发资本溢出的效果也因区域而异。具体来看，江苏的制造业研发活动对海南的科学研究和技术服务业，信息传输、计算机服务和软件业，建筑业，制造业的辐射带动作用最强；山东省的制造业研发活动对海南的采矿业，制造业，电力、燃气及水的生产和供应业的辐射带动作用最强；上海的制造业研发活动对海南的科学研究和技术服务业，建筑业，制造业，卫生和社会工作的辐射带动作用最强；浙江的制造业研发活动对海南的制造业，建筑业，交通运输、仓储和邮政业，信息传输、计算机服务和软件业，科学研究和技术服务业的辐射带动作用最强；北京的制造业研发活动对建筑业，交通运输、仓储和邮政业，信息传输、计算机服务和软件业，科学研究和技术服务业的辐射带动作用最强。综上可知，虽然各地区制造业研发资本溢出到海南的行业存在差异，但是科学研究和技术服务业是海南最重要的研发资本溢出流入行业。

表 7.26　西藏 15 个行业部门接受来自广东 15 个行业部门的研发资本溢出受益效应表

行业	xz01	xz02	xz03	xz04	xz05	xz06	xz07	xz08	xz09	xz10	xz11	xz12	xz13	xz14	xz15
gd01	0.0003%	0	0.0003%	0.0001%	0.0004%	0.0002%	0.0004%	0.0001%	0.0002%	0.0002%	0.0002%	0.0001%	0.0001%	0.0003%	0.0002%
gd02	0.0001%	0.0001%	0.0002%	0.0002%	0.0003%	0.0001%	0.0003%	0.0001%	0.0001%	0.0001%	0.0001%	0.0001%	0.0001%	0.0002%	0.0001%
gd03	0.0380%	0.0025%	0.0760%	0.0269%	0.1319%	0.0552%	0.1875%	0.0518%	0.0649%	0.0731%	0.0674%	0.0399%	0.0476%	0.1125%	0.0531%
gd04	0.0002%	0	0.0005%	0.0034%	0.0006%	0.0008%	0.0009%	0.0004%	0.0004%	0.0005%	0.0006%	0.0003%	0.0003%	0.0008%	0.0005%
gd05	0	0	0	0	0	0	0	0	0	0	0	0	0	0	0
gd06	0	0	0	0	0	0	0	0	0	0	0	0	0	0	0
gd07	0.0001%	0	0.0002%	0.0001%	0.0003%	0.0002%	0.0004%	0.0001%	0.0002%	0.0002%	0.0002%	0.0001%	0.0001%	0.0002%	0.0001%
gd08	0	0	0	0	0	0	0	0	0	0	0	0	0	0	0
gd09	0.0003%	0.0001%	0.0007%	0.0003%	0.0009%	0.0006%	0.0014%	0.0010%	0.0008%	0.0009%	0.0008%	0.0003%	0.0005%	0.0009%	0.0005%
gd10	0.0002%	0	0.0003%	0.0001%	0.0006%	0.0002%	0.0007%	0.0002%	0.0002%	0.0178%	0.0005%	0.0001%	0.0002%	0.0004%	0.0002%
gd11	0.0001%	0	0	0	0	0	0	0	0	0	0.0001%	0	0	0	0
gd12	0	0	0.0002%	0.0001%	0.0004%	0.0002%	0.0005%	0.0002%	0.0002%	0.0003%	0.0002%	0.0001%	0.0001%	0.0003%	0.0002%
gd13	0	0	0	0	0	0	0	0	0	0	0	0	0	0	0
gd14	0	0	0	0	0	0	0	0	0	0	0	0	0	0	0
gd15	0	0	0	0	0	0	0	0	0	0	0	0	0	0	0
列合计	0.0392%	0.0028%	0.0785%	0.0313%	0.1355%	0.0576%	0.1921%	0.0540%	0.0670%	0.0931%	0.0701%	0.0410%	0.0489%	0.1157%	0.0549%

注：01 为农林牧渔业，02 为采矿业，03 为制造业，04 为电力、燃气及水的生产和供应业，05 为建筑业，06 为交通运输、仓储和邮政业，07 为信息传输、计算机服务和软件业，08 为金融业，09 为租赁和商务服务业，10 为科学研究和技术服务业，11 为水利、环境和公共设施管理业，12 为教育，13 为卫生和社会工作，14 为文化、体育和娱乐业，15 为其他部门；xz 表示西藏，gd 表示广东

表 7.27 新疆接受的研发资本溢出地区分布表

地区	研发资本溢出受益者效应	地区	研发资本溢出受益者效应	地区	研发资本溢出受益者效应
北京	0.0301%	浙江	0.0245%	重庆	0.0138%
天津	0.0137%	安徽	0.0147%	四川	0.0045%
河北	0.0148%	福建	0.0090%	贵州	0.0026%
山西	0.0024%	江西	0.0100%	云南	0.0013%
内蒙古	0.0055%	山东	0.0273%	西藏	0.0006%
辽宁	0.0077%	河南	0.0181%	陕西	0.0080%
吉林	0.0045%	湖北	0.0032%	甘肃	0.0019%
黑龙江	0.0037%	湖南	0.0110%	青海	0.0005%
上海	0.0361%	广东	0.0883%	宁夏	0.0011%
江苏	0.0759%	广西	0.0024%		
新疆	0.5496%	海南	0.0004%		

2. 西藏研发资本溢出受益路径分析

表 7.25 列示了西藏接受的来自全国 31 个地区的研发资本溢出强度。整体来看，西藏主要接受广东、江苏、北京、山东、上海等东部经济发达地区的研发溢出，上述地区对西藏的研发溢出强度分别为 0.0721%、0.0538%、0.0448%、0.0358%、0.0349%。由表 7.26 列示的西藏 15 个行业部门接受来自广东 15 个行业部门的研发资本溢出受益效应表可知，西藏的建筑业，信息传输、计算机服务和软件业，科学研究和技术服务业，文化、体育和娱乐业四个行业接受广东省 15 个行业的溢出强度分别为 0.1355%、0.1921%、0.0931%、0.1157%。其中，广东省制造业对上述四个行业的溢出程度最为显著，分别为 0.1319%、0.1875%、0.0731%、0.1125%。

我们也可以编制西藏 15 个行业部门接受来自江苏、北京、山东、上海等地区 15 个行业部门的研发资本溢出受益效应表。结果显示，江苏的制造业研发活动对西藏的建筑业，信息传输、计算机服务和软件业，科学研究和技术服务业，水利、环境和公共设施管理业的辐射带动作用最强；北京的制造业研发活动对西藏的建筑业，科学研究和技术服务业，水利、环境和公共设施管理业的辐射带动作用最强；山东的制造业研发活动对西藏的制造业，建筑业，文化、体育和娱乐业的辐射带动作用最强；上海的制造业研发活动对西藏的建筑业，科学研究和技术服务业，水利、环境和公共设施管理业的辐射带动作用最强。综上可见，虽然各地区制造业研发溢出到西藏的行业存在差异，但是科学研究和技术服务业和水利、环境和公共设施管理业是西藏重要的研发资本溢出流入行业。

表 7.28　新疆 15 个行业部门接受来自广东 15 个行业部门的研发资本溢出受益效应表

行业	xj01	xj02	xj03	xj04	xj05	xj06	xj07	xj08	xj09	xj10	xj11	xj12	xj13	xj14	xj15
gd01	0.0005%	0.0001%	0.0004%	0.0001%	0.0004%	0.0002%	0.0005%	0.0001%	0.0005%	0.0002%	0.0005%	0.0001%	0.0003%	0.0002%	0.0002%
gd02	0.0001%	0.0002%	0.0002%	0.0001%	0.0003%	0.0001%	0.0003%	0.0001%	0.0003%	0.0002%	0.0001%	0.0001%	0.0002%	0.0002%	0.0001%
gd03	0.0456%	0.0352%	0.0781%	0.0364%	0.1242%	0.0669%	0.2189%	0.0550%	0.1828%	0.0989%	0.0682%	0.0326%	0.0927%	0.1022%	0.0491%
gd04	0.0002%	0.0002%	0.0003%	0.0006%	0.0005%	0.0007%	0.0007%	0.0002%	0.0007%	0.0004%	0.0003%	0.0001%	0.0004%	0.0004%	0.0002%
gd05	0	0	0	0	0	0	0	0	0	0	0	0	0	0	0
gd06	0	0	0	0	0	0	0	0	0	0	0	0	0	0	0
gd07	0.0001%	0.0001%	0.0002%	0.0001%	0.0003%	0.0002%	0.0004%	0.0001%	0.0004%	0.0002%	0.0002%	0.0001%	0.0002%	0.0002%	0.0001%
gd08	0	0	0	0	0	0	0	0	0	0	0	0	0	0	0
gd09	0.0003%	0.0002%	0.0006%	0.0003%	0.0009%	0.0005%	0.0013%	0.0004%	0.0012%	0.0007%	0.0005%	0.0003%	0.0006%	0.0007%	0.0004%
gd10	0.0002%	0.0001%	0.0003%	0.0001%	0.0005%	0.0002%	0.0008%	0.0002%	0.0006%	0.0019%	0.0003%	0.0001%	0.0003%	0.0004%	0.0002%
gd11	0	0	0	0	0	0	0	0	0	0	0.0001%	0	0	0	0
gd12	0.0002%	0.0001%	0.0003%	0.0002%	0.0005%	0.0003%	0.0006%	0.0008%	0.0006%	0.0004%	0.0003%	0.0007%	0.0003%	0.0003%	0.0003%
gd13	0	0	0	0	0	0	0	0	0	0	0	0	0	0	0
gd14	0	0	0	0	0	0	0	0	0	0	0	0	0	0	0
gd15	0	0	0	0	0	0	0	0	0	0	0	0	0	0	0
列合计	0.0473%	0.0362%	0.0804%	0.0380%	0.1276%	0.0692%	0.2236%	0.0570%	0.1872%	0.1029%	0.0705%	0.0340%	0.0952%	0.1046%	0.0505%

注: 01 为农林牧渔业, 02 为采矿业, 03 为制造业, 04 为电力、燃气及水的生产和供应业, 05 为建筑业, 06 为交通运输、仓储和邮政业, 07 为信息传输、计算机服务和软件业, 08 为金融业, 09 为租赁和商务服务业, 10 为科学研究和技术服务业, 11 为水利、环境和公共设施管理业, 12 为教育, 13 为卫生和社会工作, 14 为文化、体育和娱乐业, 15 为其他部门; xj 表示新疆, gd 表示广东。

3. 新疆研发资本溢出受益路径分析

表 7.27 列示了新疆接受的来自全国 31 个地区的研发资本溢出强度。整体来看，新疆主要接受广东、江苏、上海、北京、山东、浙江等东部经济发达地区的研发溢出，上述地区对新疆的研发溢出强度分别为 0.0883%、0.0759%、0.0361%、0.0301%、0.0273%、0.0245%。由表 7.28 列示的新疆 15 个行业部门接受来自广东 15 个行业部门的研发资本溢出受益效应表可知，新疆的建筑业，信息传输、计算机服务和软件业，租赁和商务服务业三个行业接受广东省 15 个行业的溢出强度最高，分别为 0.1276%、0.2236%、0.1872%。其中，广东省制造业对上述三个行业的溢出程度最为显著，分别为 0.1242%、0.2189%、0.1828%。

我们也可以编制新疆 15 个行业部门接受来自江苏、上海、北京、山东、浙江等地区 15 个行业部门的研发资本溢出受益效应表。结果显示，江苏的制造业研发活动对新疆的电力、燃气及水的生产和供应业，建筑业，信息传输、计算机服务和软件业，租赁和商务服务业，卫生和社会工作的辐射带动作用最强；上海的制造业研发活动对新疆的建筑业，租赁和商务服务业，科学研究和技术服务业，卫生和社会工作的辐射带动作用最强；北京的制造业研发活动对新疆的建筑业，租赁和商务服务业，科学研究和技术服务业的辐射带动作用最强；山东的制造业研发活动对新疆的制造业，建筑业，租赁和商务服务业，卫生和社会工作的辐射带动作用最强；浙江的制造业研发活动对新疆的制造业，建筑业，租赁和商务服务业，卫生和社会工作的辐射带动作用最强。

第三节　动态研发资本溢出表编制实践——以高校为例

基于行业与区域双重维度的研发资本溢出测算结果表明，各区域教育行业的研发资本溢出效应较为显著。然而，囿于区域间投入产出表的发布具有较长的时滞且不具有动态连续性，我们未能编制包括教育行业在内的 15 个行业动态研发资本溢出表。研究表明，高等教育部门（即高校）是教育行业研发产出的主要贡献者，考虑到其代表性以及数据可得性，我们聚焦高校的研发资本溢出现状，展开动态研发资本溢出表的编制实践。

一、区域维度下高校研发资本溢出的测度方法

（一）区域维度下高校研发资本溢出关系的确定

若区域 X 的高校研发资本溢出到区域 Y 的高校部门，则可用一条有方向的线将两个区域连起来，即 $X{\rightarrow}Y$，反之记为 $Y{\rightarrow}X$。区域间高校研发资本溢出关系的

集合构成了研发资本溢出的关系网络，各区域的高校便构成了网络中的节点。总体来看，判定网络中两节点间关系的方法可分两种，一种是引力模型法，其基本思路源自牛顿经典力学中的万有引力，此后被相关学者（Zipf，1946；Pöyhönen，1963）逐渐用于区域经济联系的研究中。该方法认为区域经济关联网络中两地区（节点）间存在类似于万有引力的规律，在一定地理范围内的地区（节点）间存在相互作用、相互影响的关系（刘华军等，2015；陈金丹和黄晓，2017；李琳和牛婷玉，2017；彭英和于小莉，2021；李梦程等，2021）。另一种是 VAR（vector autoregressive，向量自回归）Granger causality（格兰杰因果关系）方法，其基本思路是以网络关联分析区域（节点）间是否存在关联关系为目的，借助非结构化 VAR 模型，判断区域（节点）间是否存在动态关联关系（李敬等，2014）。

在操作层面上，引力模型法通常根据引力模型公式构造表征节点间关联关系的引力模型矩阵，并设定临界值[①]，若引力矩阵中元素值大于临界值，则认为节点间存在关联关系，反之则不认为存在关联关系。VAR Granger causality 方法则通过构建两区域（节点）间的 VAR 模型，进行 VAR Granger causality/block exogeneity（区块外生性）Wald 检验，若通过检验，则表示两区域（节点）间存在关联关系，反之则不存在关联关系。比较来看，基于 VAR Granger causality 方法构建的关系网络无法揭示空间关联网络的时空演变趋势，其所需样本具有跨期长、滞后期选择较为严格等要求，进而限制了其适用范围。引力模型法不仅能克服上述不足，还可以纳入经济地理距离因素，进而利用截面数据分析空间关联网络的演变趋势。因此，我们采用修正后的引力模型，据此构建区域间高校研发资本溢出网络关系。

修正后的引力模型如式（7.19）所示：

$$S_{ij} = k_{ij} \frac{\sqrt{RD_i P_i}\sqrt{RD_j P_j}}{\left(\dfrac{D_{ij}}{g_i - g_j}\right)^2}, \quad k_{ij} = \frac{RD_i}{RD_i + RD_j} \tag{7.19}$$

其中，S_{ij} 为地区 i 高校研发投资对地区 j 高校研发的溢出程度；RD_i 和 RD_j 分别为地区 i 和地区 j 的高校研发投资；P_i 和 P_j 分别为地区 i 和地区 j 的高校研发人员全时当量；D_{ij} 为地区 i 和地区 j 两省会城市之间的地理距离，直辖市和自治区首府城市之间的距离同样适用；g_i 和 g_j 分别为地区 i 和地区 j 人均地区生产总值。

---

① 引力模型中关于临界值的设定并无统一标准，目前研究中确定临界值的方法有两类：一类是将引力矩阵的各行取平均值作为临界值（刘华军等，2015；张德钢和陆远权，2017；蔡海亚等，2021；郑航和叶阿忠，2022）；另一类是以研究基期引力矩阵所表征联系的均值作为临界值（焦建玲等，2017；李琳和牛婷玉，2017）。

在具体操作时，根据式（7.19）计算得到区域层面高校研发资本溢出矩阵数据。进一步地，以研究样本区间起始年份的研发资本溢出矩阵均值作为阈值，对研发溢出矩阵进行"二值化"处理，即若地区 i 的高校研发资本对地区 j 的高校研发溢出值大于阈值，可认为两地区的高校之间存在研发资本溢出关系，并将研发溢出矩阵中两地区的溢出关系赋值为 1；反之则认为两地区的高校之间不存在研发资本溢出，并将研发溢出矩阵中两地区溢出关系赋值为 0。此外，为避免网络出现封闭的子环，假定任一区域高校研发与其自身的研发资本溢出值为 0。

（二）区域维度下高校研发资本溢出网络特征测度方法

在区域高校研发资本溢出分析中，本书利用社会网络分析（social network analysis）中整体网络特征测度、节点网络特征测度以及凝聚子群分析等方法，详细刻画高校研发资本溢出网络的时空演变特征。

1. 整体网络特征测度

整体网络特征主要采用网络密度、网络关联度、网络等级度以及网络效率等指标来刻画。其中，网络密度反映网络中各节点之间联系的疏密程度，取值范围为[0,1]，网络密度值越大，意味着区域间高校研发资本溢出强度越大。网络关联度反映网络中各节点之间的相互关联程度，取值范围为[0,1]。若任何两个地区间高校研发资本都存在研发资本溢出关系，那么网络关联度取值为 1。网络等级度反映网络中各节点间非对称可达的程度，刻画网络中各节点的等级结构，取值范围为[0,1]。网络等级度越高，意味着高校研发资本溢出空间关联网络中地区之间的等级结构越严，越多的地区在高校研发资本溢出空间关联网络中处于从属和边缘位置。网络效率反映在网络可达的前提下，网络中多余线的程度，取值范围为[0,1]。如果网络效率值越低，那么网络中多余线越多，这表明高校研发资本溢出渠道越多，网络则越稳定。

2. 节点网络特征测度

节点网络特征主要采用点度中心度、中介中心度和接近中心度等指标来刻画。其中，点度中心度反映各区域高校在整个研发资本溢出网络中的中心程度，点度中心度取值越大，表明该区域高校处于整个研发资本溢出网络中的重心位置，其对其他地区的辐射能力较强。考虑到本书研究的研发资本溢出网络具有方向性，点度中心度可进一步区分为点出度与点入度。其中，点出度表示地区 A 高校研发资本溢出到地区 B、地区 C……的程度，点入度表示地区 A 接受地区 B、地区 C……高校研发资本溢出的程度。

中介中心度反映一个节点控制其他节点关联关系的程度。中介中心度越高，表明该区域高校研发资本越能控制其他区域高校研发资本间的溢出程度。接近中心度反映网络中某个节点不受其他节点控制的程度。接近中心度高，表明该地区与其他地区的距离都很短，该地区是网络中的中心行动者。

3. 凝聚子群分析

各地区所处地理位置、经济发展水平以及高校资源分布差异等因素决定了区域间高校研发资本溢出程度的不同。因此，借助凝聚子群分析方法，可揭示研发资本溢出的空间集聚特征以及不同子群之间的相互关系。一般地，凝聚子群分析可从关系的互惠性、子群成员的接近性或者可达性、子群内部成员之间的互动频次以及子群内部成员相对于子群外部成员的关系密度等四个维度展开。在子群内部，各成员间具有互惠性、可达性以及较高的关系密度等特征，也就是说，处于同一个子群的各地区间研发资本间具有更强、更密切的溢出关联。

二、区域维度下高校研发资本溢出表编制

（一）数据基础

我们选取中国 30 个地区（不包括西藏）的高校作为研究对象，深入分析 2010～2022 年高校研发资本溢出的网络结构。其中，修正后的引力模型所需数据设置及资料来源为：两个地区间省会城市的距离用球面距离表示；高校研发人员全时当量来自 2011～2023 年《中国科技统计年鉴》；各地区人均生产总值由地区生产总值与常住人口相除而得，数据来自 2011～2023 年的《中国统计年鉴》，地区生产总值按照 2000 年为基期进行价格缩减。

需要指出的是，式（7.19）中所需的各地区研发投资数据未能直接从现有统计资料中获取，需经研发经费支出调整得到研发投资。具体过程如下：首先，依据《中国科技统计年鉴》获取 2010～2022 年各地区高校研发经费支出及其细分项数据；其次，依据"研发投资=研发经常性支出+研发固定资本消耗"获取研发投资。其中，研发固定资本消耗的处理过程与第六章编制研发桥接表一致。此外，考虑到数据的可得性，此处未能对各地区高校的软件开发支出进行剔除。具体结果如表 7.29 所示。

整体来看，我国 30 个地区的高校研发投资水平呈现出"东高西低"分布趋势，两极分化现象显著。东部沿海发达地区高校研发投资规模庞大，占据全国 30 个地区高校研发投资规模的 55.97%，而甘肃、贵州、内蒙古、新疆、宁夏、青海等西北、西南偏远地区高校研发投资规模严重偏低，占全国 30 个地区高校研发投资规模的比例仅为 2.19%。动态来看，2010～2022 年，全国 30 个地区的高校研发

表 7.29 中国 30 个地区高校研发投资（单位：亿元）

地区	2010年	2011年	2012年	2013年	2014年	2015年	2016年	2017年	2018年	2019年	2020年	2021年	2022年	合计	排名
北京	62.70	66.30	74.64	78.40	84.38	98.53	102.43	112.91	132.48	168.64	184.51	206.51	198.91	981.40	1
天津	14.09	17.41	20.22	24.36	25.48	26.29	44.38	43.59	43.67	38.93	41.62	41.27	49.22	298.42	8
河北	5.11	5.48	6.29	6.85	7.36	8.72	10.09	12.27	14.47	15.33	20.24	19.82	20.66	91.96	18
山西	3.23	3.46	4.23	5.62	5.79	6.20	6.15	5.76	6.53	8.33	12.57	11.26	10.56	55.31	22
内蒙古	1.34	1.44	1.80	2.09	2.34	2.08	2.39	2.42	3.18	3.38	4.34	3.88	3.84	22.45	26
辽宁	13.22	15.46	18.13	21.75	23.34	26.08	24.91	27.66	29.30	32.33	41.56	38.02	37.47	232.19	10
吉林	7.46	8.53	10.73	11.05	12.20	13.70	10.09	10.15	10.77	14.23	17.25	17.47	15.36	108.90	17
黑龙江	12.99	12.60	15.25	16.51	17.22	23.10	26.87	21.48	25.25	26.12	33.58	37.29	39.76	197.39	13
上海	28.61	32.14	36.76	43.94	45.89	60.03	66.53	72.30	72.15	92.13	113.61	118.20	115.22	550.47	3
江苏	27.52	29.64	35.67	39.45	45.87	53.12	60.68	63.28	71.86	89.09	105.98	109.83	117.17	516.17	4
浙江	21.97	22.76	26.50	28.89	31.16	36.86	37.02	38.07	44.22	53.85	71.31	72.41	78.05	341.28	5
安徽	8.84	9.52	12.39	15.51	14.62	15.88	16.75	18.26	21.88	23.89	41.26	54.84	61.92	157.55	14
福建	4.09	4.20	4.87	6.92	7.05	9.63	15.00	20.49	23.71	31.64	42.97	45.92	45.66	127.60	15
江西	3.37	3.63	3.64	4.24	4.79	5.47	6.30	7.30	8.62	12.01	14.09	17.15	17.58	59.38	21
山东	12.21	13.08	15.62	18.32	18.32	22.04	22.75	29.67	32.46	36.74	48.48	56.31	62.83	221.21	9
河南	5.06	5.00	6.82	7.15	7.76	9.46	10.41	12.20	14.16	18.40	20.13	22.66	28.50	96.40	19
湖北	21.14	20.51	21.81	25.18	27.65	31.01	30.40	40.60	40.24	58.69	60.04	59.26	63.55	317.22	6
湖南	12.06	11.58	12.85	13.69	14.88	15.08	17.10	18.10	23.25	37.24	49.57	54.24	62.00	175.84	12
广东	19.93	24.24	26.66	29.73	32.72	40.78	69.00	82.30	88.84	107.81	149.37	155.84	162.18	522.02	2
广西	3.90	3.68	4.12	4.37	4.96	6.28	8.06	11.86	9.20	11.44	14.64	13.05	12.42	67.88	20
海南	0.65	0.60	0.79	0.98	1.11	1.25	1.38	1.28	1.42	1.40	3.20	3.90	5.15	10.86	28
重庆	7.94	6.81	9.17	9.65	9.94	11.38	15.31	19.50	22.70	27.72	33.00	38.01	39.91	140.14	16

续表

地区	2010年	2011年	2012年	2013年	2014年	2015年	2016年	2017年	2018年	2019年	2020年	2021年	2022年	合计	排名
四川	22.81	24.00	21.87	24.39	25.30	27.86	30.48	32.61	37.11	43.37	50.97	53.84	56.14	289.79	7
贵州	1.56	1.97	2.04	2.36	3.02	3.13	4.19	5.49	7.69	7.90	11.78	10.95	11.56	39.35	25
云南	3.25	3.07	3.72	4.07	4.99	6.07	6.84	6.37	7.96	9.46	11.11	14.69	14.55	55.82	23
陕西	14.23	14.68	16.12	18.18	20.67	22.21	22.37	18.96	28.16	32.90	39.33	41.56	42.25	208.48	11
甘肃	3.49	3.26	3.42	3.27	3.48	4.25	5.44	4.98	5.90	7.24	8.88	7.51	7.30	208.48	24
青海	0.28	0.40	0.48	0.63	0.52	0.47	1.10	1.22	1.24	1.73	1.35	1.88	1.77	8.06	30
宁夏	0.29	0.40	0.48	0.56	0.86	0.81	1.06	2.07	1.67	2.80	3.30	3.12	2.72	11.01	29
新疆	0.87	0.94	1.14	1.38	1.45	1.98	2.41	2.21	2.43	2.78	3.31	3.29	3.18	17.60	27

投资总额从 2010 年的 344.41 亿元增至 2022 年的 1388.34 亿元,增幅高达 12.18%。高校研发投资整体呈现出由小规模向大规模稳步发展、东部沿海和中部内陆地区两翼齐飞的演进态势,总体形成以北京、上海、广东、江苏为核心的高水平集聚区和西南、西北两大低水平集聚区的空间格局。具体来看,高校研发投资水平处于高水平梯队的区域由 2010 年的北京、上海、江苏三个逐步扩大到 2022 年的北京、上海、广东、江苏、浙江和湖北六个。这些地区大多位于我国经济发达地区,得益于区位优势、教育资源丰富、科技经费和人员投入充足等重要优势,该地区成为我国高校研发投资水平的"高谷"地带;与之相反,西北、西南两地由于基础设施落后、经济欠发达、高校资源匮乏、科技经费和人才投入严重不足,成为我国高校研发投资水平的"低谷"地带。

(二)区域维度下高校研发资本溢出表

根据式(7.3),可计算出 2010~2022 年 30 个地区间高校研发资本溢出表。

限于篇幅,此处仅列示了 2010 年高校研发资本溢出表和 2022 年高校研发资本溢出表,如表 7.30~表 7.31 所示。

进一步分析发现,样本考察期内高校研发资本溢出主要呈现如下特征:①各地区高校研发资本溢出程度明显加深。2010 年地区间高校研发资本溢出均值为 0.67,2022 年升至 26.26,增长了约 38 倍。以教育研发投入最为丰富的北京为例,2010 年北京向其余 29 个地区的研发平均资本溢出为 5.68,2022 年为 285.06,增长了约 49 倍。对于高等教育研发投入较为匮乏的贵州而言,2010 年共接收来自其他地区的研发资本溢出为 2.42,2022 年增至 108.41,增长了近 63 倍。②高校研发资本溢出呈现典型的区域集聚特征。例如,得益于地理优势以及京津冀协同发展政策的出台,2022 年天津和河北承接了北京 93.70%的研发资本溢出;北京接受的研发资本溢出中有 92.45%来自河北和天津。同样地,江苏、浙江、安徽因临近上海而成为高校研发资本溢出的核心地区,而这三个地区的高校研发投资也主要溢出至上海。这也映射出研发资本溢出程度具有随距离增加而衰减的特征。此外,可以发现高校研发资本溢出主要集中在环渤海地区以及长三角地区,中西部地区未见明显的空间集聚现象。

三、区域维度下高校研发资本溢出网络特征分析

(一)区域维度下高校研发资本溢出整体网络演变形态与特征分析

为进一步分析高校研发资本溢出的空间集聚及扩散特征,本书采用社会网络分析法,以 2010 年高校研发资本溢出联系矩阵的均值为阈值,实现对样本期内研

表 7.30 2010 年高校研发资本溢出表

地区	北京	天津	河北	山西	内蒙古	辽宁	吉林	黑龙江	上海	江苏	浙江
北京	0	7.9893	45.2549	13.6250	2.5298	5.4544	5.7616	3.6886	1.1034	1.2863	0.7775
天津	1.7948	0	9.3713	3.1008	0.5892	1.4787	1.4726	0.8032	0.0710	0.3566	0.2162
河北	3.6848	3.3965	0	0.0436	0.0801	0.0478	0.0002	0.0010	0.4732	0.1500	0.0690
山西	0.7012	0.7103	0.0276	0	0.1021	0.0256	0.0004	0.0017	0.2152	0.0799	0.0392
内蒙古	0.0542	0.0562	0.0211	0.0425	0	0.0001	0.0029	0.0008	0.0158	0.0018	0.0009
辽宁	1.1500	1.3878	0.1237	0.1047	0.0008	0	1.9464	0.3125	0.9200	0.0577	0.0293
吉林	0.6852	0.7795	0.0002	0.0008	0.0161	1.0978	0	0.1112	0.5414	0.1076	0.0720
黑龙江	0.7643	0.7408	0.0024	0.0067	0.0081	0.3071	0.1938	0	0.6638	0.1068	0.0699
上海	0.5035	0.1442	2.6518	1.9076	0.3361	1.9910	2.0771	1.4618	0	20.7456	64.0580
江苏	0.5645	0.6965	0.8086	0.6818	0.0371	0.1201	0.3971	0.2262	19.9545	0	0.0437
浙江	0.2724	0.3372	0.2971	0.2670	0.0146	0.0487	0.2122	0.1182	49.1930	0.0349	0
安徽	0.6835	0.8107	0.0005	0.0019	0.0170	0.0577	0	0.0020	7.4026	12.4023	1.7954
福建	0.0163	0.0267	0.0159	0.0196	0.0007	0.0006	0.0112	0.0048	0.3726	0.0081	0.0091
江西	0.0722	0.0968	0.0005	0	0.0053	0.0096	0.0001	0.0007	0.6129	0.2154	0.1879
山东	4.5148	6.8436	0.3910	0.2827	0.0034	0.0260	0.0559	0.0134	2.7747	0.5678	0.1875
河南	0.4945	0.6045	0.0001	0.0083	0.0215	0.0240	0	0.0006	0.6202	0.2721	0.1056
湖北	1.5792	1.3666	0.0061	0.0266	0.0165	0.0645	0.0041	0.0001	7.0764	2.6822	1.2606
湖南	0.4983	0.4953	0	0.0032	0.0125	0.0364	0.0001	0.0010	2.1416	0.6437	0.4447
广东	0.1230	0.1336	0.0960	0.1080	0.0050	0.0092	0.0686	0.0401	0.9681	0.0119	0.0044
广西	0.0513	0.0622	0.0010	0.0001	0.0053	0.0085	0.0004	0.0010	0.1739	0.0487	0.0416
海南	0.0005	0.0008	0	0	0.0001	0.0001		0	0.0023	0.0005	0.0004
重庆	0.1412	0.1535	0.0043	0.0125	0.0026	0.0054	0.0023	0.0002	0.3284	0.0676	0.0421

续表

地区	北京	天津	河北	山西	内蒙古	辽宁	吉林	黑龙江	上海	江苏	浙江
四川	1.0617	0.7800	0.0010	0.0015	0.0292	0.0652	0.0001	0.0037	1.5941	0.4493	0.2792
贵州	0.0124	0.0160	0.0009	0.0005	0.0031	0.0025	0.0003	0.0005	0.0325	0.0116	0.0091
云南	0.0289	0.0348	0.0008	0.0002	0.0041	0.0049	0.0003	0.0007	0.0675	0.0204	0.0159
陕西	0.0001	0.0001	0	0	0	0	0	0	0.0001	0	0
甘肃	1.3126	1.1023	0.0020	0.0046	0.0556	0.0666	0	0.0032	1.3755	0.4616	0.2408
青海	0.0711	0.0775	0.0022	0.0006	0.0160	0.0083	0.0005	0.0011	0.0700	0.0239	0.0152
宁夏	0.0006	0.0008	0	0	0.0003	0.0001	0	0	0.0007	0.0002	0.0001
新疆	0.0019	0.0023	0.0001	0	0.0016	0.0002	0	0	0.0013	0.0004	0.0003

地区	安徽	福建	江西	山东	河南	湖北	湖南	广东	广西	海南	重庆
北京	4.8475	0.2505	1.3441	23.1770	6.1229	4.6837	2.5895	0.3867	0.8235	0.0497	1.1144
天津	1.2917	0.0919	0.4048	7.8926	1.6815	0.9106	0.5783	0.0944	0.2245	0.0164	0.2722
河北	0.0003	0.0199	0.0008	0.1634	0.0001	0.0015	0	0.0246	0.0013	0	0.0028
山西	0.0007	0.0154	0	0.0747	0.0053	0.0041	0.0008	0.0175	0.0001	0.0001	0.0051
内蒙古	0.0026	0.0002	0.0021	0.0004	0.0057	0.0010	0.0014	0.0003	0.0018	0.0001	0.0004
辽宁	0.0862	0.0020	0.0378	0.0281	0.0627	0.0404	0.0399	0.0061	0.0288	0.0014	0.0090
吉林	0	0.0205	0.0002	0.0341	0.0001	0.0014	0.0001	0.0257	0.0007	0	0.0021
黑龙江	0.0030	0.0153	0.0025	0.0143	0.0016	0.0002	0.0011	0.0261	0.0034	0	0.0004
上海	23.9539	2.6080	5.2028	6.4993	3.5043	9.5765	5.0785	1.3893	1.2748	0.1010	1.1825
江苏	38.6017	0.0545	1.7590	1.2793	1.4786	3.4914	1.4683	0.0164	0.3433	0.0196	0.2343
浙江	4.4616	0.0490	1.2247	0.3373	0.4582	1.3101	0.8099	0.0048	0.2344	0.0144	0.1166
安徽	0	0.2001	0.0048	0.1327	0.0006	0.0480	0.0011	0.1645	0.0029	0.0001	0.0103
福建	0.0925	0	0.1789	0.0069	0.0247	0.0496	0.0715	0.0013	0.0437	0.0040	0.0085

续表

地区	安徽	福建	江西	山东	河南	湖北	湖南	广东	广西	海南	重庆
江西	0.0018	0.1475	0	0.0155	0.0009	0.0342	0.0076	0.1040	0.0005	0.0002	0.0060
山东	0.1833	0.0205	0.0563	0	0.2196	0.0489	0.0469	0.0363	0.0304	0.0010	0.0040
河南	0.0003	0.0307	0.0013	0.0910	0	0.0055	0	0.0389	0.0017	0	0.0054
湖北	0.1148	0.2567	0.2142	0.0846	0.0231	0	0.0789	0.5479	0.0369	0.0001	0.0094
湖南	0.0015	0.2109	0.0272	0.0463	0.0001	0.0450	1.2519	0.7576	0.0188	0.0001	0.0304
广东	0.3709	0.0066	0.6151	0.0592	0.1531	0.5167	0.0061	0	1.7027	0.1345	0.1655
广西	0.0013	0.0418	0.0006	0.0097	0.0013	0.0068	0	0.3334	0	0.0074	0.0196
海南	0	0.0006	0	0.0001	0	0	0	0.0044	0.0012	0	0
重庆	0.0093	0.0165	0.0140	0.0026	0.0085	0.0035	0.0200	0.0659	0.0399	0.0005	0
四川	0.0001	0.0867	0.0007	0.0697	0.0009	0.0224	0.0032	0.4152	0.0103	0.0003	0.5441
贵州	0.0011	0.0098	0.0011	0.0037	0.0014	0.0036	0.0047	0.0306	0.0024	0.0011	0.0333
云南	0.0007	0.0132	0.0003	0.0055	0.0010	0.0031	0.0024	0.0427	0.0001	0.0008	0.0205
陕西	0	0	0	0	0	0	0	0	0	0	0
甘肃	0.0001	0.0672	0.0007	0.1081	0.0024	0.0226	0.0020	0.1800	0.0036	0.0001	0.0671
青海	0.0008	0.0085	0.0003	0.0106	0.0021	0.0031	0.0015	0.0144	0	0.0002	0.0116
宁夏	0	0.0001	0	0.0001	0	0	0	0.0001	0	0	0.0001
新疆	0	0.0002	0	0.0002	0	0	0	0.0002	0	0	0.0001

地区	四川	贵州	云南	陕西	甘肃	青海	宁夏	新疆
北京	2.9184	0.4964	0.5572	0.0239	5.7820	1.2771	0.1312	0.4100
天津	0.4817	0.1447	0.1508	0.0073	1.0909	0.3131	0.0381	0.1115
河北	0.0002	0.0030	0.0013	0.0001	0.0007	0.0032	0.0001	0.0009
山西	0.0002	0.0009	0.0002	0	0.0010	0.0005	0	0

续表

地区	四川	贵州	云南	陕西	甘肃	青海	宁夏	新疆
内蒙古	0.0017	0.0027	0.0017	0.0002	0.0053	0.0062	0.0014	0.0074
辽宁	0.0378	0.0213	0.0197	0.0010	0.0618	0.0315	0.0035	0.0087
吉林	0	0.0015	0.0006	0	0	0.0010	0	0.0002
黑龙江	0.0021	0.0038	0.0027	0.0001	0.0030	0.0042	0.0003	0.0009
上海	1.9993	0.5962	0.5934	0.0192	2.7647	0.5740	0.0675	0.1314
江苏	0.5420	0.2052	0.1725	0.0052	0.8925	0.1885	0.0193	0.0415
浙江	0.2689	0.1279	0.1070	0.0032	0.3716	0.0956	0.0103	0.0203
安徽	0.0001	0.0063	0.0020	0	0.0001	0.0021	0.0001	0.0003
福建	0.0155	0.0258	0.0166	0.0006	0.0193	0.0100	0.0016	0.0028
江西	0.0001	0.0023	0.0004	0	0.0002	0.0002	0	0
山东	0.0373	0.0286	0.0207	0.0008	0.0928	0.0371	0.0033	0.0101
河南	0.0002	0.0045	0.0015	0.0003	0.0009	0.0030	0.0001	0.0006
湖北	0.0207	0.0486	0.0204	0.0004	0.0336	0.0187	0.0010	0.0026
湖南	0.0017	0.0362	0.0090	0.0001	0.0017	0.0051	0.0002	0.0005
广东	0.3628	0.3914	0.2615	0.0042	0.2521	0.0820	0.0092	0.0136
广西	0.0018	0.0060	0.0002	0	0.0010	0	0	0
海南	0	0.0005	0.0002	0	0	0	0	0
重庆	0.1895	0.1696	0.0501	0.0007	0.0375	0.0264	0.0022	0.0030
四川	0	0.0674	0.0262	0.0003	0	0.0192	0.0003	0.0007
贵州	0.0046	0	0.0014	0	0.0015	0.0001	0.0002	0.0001
云南	0.0037	0.0029	0	0	0.0010	0	0.0001	0
陕西	0	0	0	0	0	0	0	0

续表

地区	四川	贵州	云南	陕西	甘肃	青海	宁夏	新疆
甘肃	0	0.0138	0.0045	0.0001	0	0.0184	0.0002	0.0015
青海	0.0029	0.0003	0	0	0.0045	0	0.0024	0.0004
宁夏	0	0	0	0	0	0.0002	0	0
新疆	0	0	0	0	0	0	0	0

表7.31　2022年高校研发资本溢出表

地区	北京	天津	河北	山西	内蒙古	辽宁	吉林	黑龙江	上海	江苏	浙江
北京	0	7494.6399	251.0720	124.1098	1.4267	2.4093	9.8344	2.3327	93.0843	14.3610	0.3184
天津	1854.4455	0	301.2335	105.0932	14.6816	42.4908	26.0549	15.6391	0.2886	12.9602	14.5068
河北	26.0838	126.4775	0	7.6027	2.0119	1.1532	0.0818	0.3542	9.7431	5.6442	1.0078
山西	6.5886	22.5477	3.8850	0	3.6050	0.7952	0.2132	0.3237	3.8638	2.8339	0.7524
内蒙古	0.0276	1.1458	0.3740	1.3113	0	0.0002	0.0175	0.0004	0.1388	0.0353	0.0008
辽宁	0.4538	32.3446	2.0907	2.8215	0.0018	0	8.7604	0.2069	8.9414	1.5292	0.0196
吉林	0.7594	8.1315	0.0608	0.3101	0.0700	3.5917	0	2.9301	2.8287	0.8244	0.1560
黑龙江	0.4662	12.6324	0.6814	1.2185	0.0036	0.2196	7.5837	0	5.6085	1.1181	0.0602
上海	53.9216	0.6756	54.3266	42.1607	4.1642	27.4993	21.2195	16.2554	0	269.8932	1770.5554
江苏	8.4597	30.8542	32.0036	31.4457	1.0757	4.7824	6.2890	3.2955	274.4556	0	89.8968
浙江	0.1249	23.0056	3.8065	5.5611	0.0166	0.0409	0.7925	0.1182	1199.3516	59.9826	0
安徽	14.1447	60.6083	0.2269	0.4363	0.8197	3.1974	0.3675	1.2355	354.2484	1143.7151	69.4029
福建	0.2439	3.1828	2.4450	3.1749	0.1042	0.3419	0.7791	0.3250	18.8831	0.2879	3.6873
江西	1.0430	5.3310	0.0552	0.0349	0.1984	0.4074	0.0793	0.1829	19.8039	12.8188	5.2453
山东	0.5850	246.9672	44.0945	34.7225	0.0979	0.1625	1.7632	0.2611	49.6166	12.5299	0.0092
河南	9.3310	41.4314	0.7081	0.5287	1.2498	1.5315	0.2426	0.5987	25.2129	22.7428	4.1096

续表

地区	北京	天津	河北	山西	内蒙古	辽宁	吉林	黑龙江	上海	江苏	浙江
湖北	2.2806	28.8242	1.3853	4.3569	0.0678	0.2460	0.0611	0.0461	76.4253	42.9556	3.4837
湖南	4.7184	22.9248	0.0001	0.6550	0.3484	1.0168	0.0694	0.4394	59.1992	32.6951	8.2768
广东	2.7846	22.9393	0.7010	2.1587	0.0578	0.3100	0.0456	0.0801	78.2767	22.3507	3.3463
广西	0.4290	1.7209	0.0682	0.0006	0.1484	0.2130	0.0717	0.1217	2.7608	1.4560	0.6837
海南	0.0303	0.1527	0.0035	0.0003	0.0166	0.0176	0.0058	0.0098	0.2572	0.1180	0.0567
重庆	1.3844	8.2102	0.0143	0.5127	0.1740	0.3024	0.0129	0.1332	9.6524	4.6349	1.0184
四川	4.8543	17.6176	0.0990	0.2059	0.6343	1.0956	0.1598	0.5784	19.3683	10.4674	2.9188
贵州	0.5176	1.6639	0.1589	0.0331	0.2210	0.2437	0.1042	0.1421	2.1415	1.3971	0.6594
云南	0.4303	1.6105	0.0693	0.0011	0.1534	0.1945	0.0658	0.1157	1.8654	1.0385	0.4408
陕西	11.1217	38.0940	0.7297	0.2806	2.0928	2.0394	0.3647	0.9756	26.3910	17.8651	4.5159
甘肃	0.4764	1.6108	0.1407	0.0190	0.4664	0.1746	0.0731	0.1007	0.8168	0.5380	0.2031
青海	0.0096	0.0440	0.0015	0.0001	0.0161	0.0040	0.0015	0.0023	0.0216	0.0123	0.0043
宁夏	0.1042	0.3579	0.0371	0.0057	0.2560	0.0337	0.0153	0.0184	0.1209	0.0809	0.0293
新疆	0.0179	0.0818	0.0022	0.0001	0.0189	0.0107	0.0044	0.0077	0.0453	0.0224	0.0086

地区	安徽	福建	江西	山东	河南	湖北	湖南	广东	广西	海南	重庆
北京	45.4352	1.0626	11.8006	1.8521	65.1331	7.1380	15.1373	3.4153	6.8686	1.1708	6.9002
天津	48.1719	3.4310	14.9242	193.4705	71.5595	22.3231	18.1980	6.9616	6.8172	1.4599	10.1258
河北	0.0757	1.1066	0.0649	14.5034	0.5135	0.4505	0	0.0893	0.1134	0.0142	0.0074
山西	0.0744	0.7343	0.0210	5.8360	0.1959	0.7239	0.1116	0.1406	0.0005	0.0007	0.1357
内蒙古	0.0508	0.0088	0.0433	0.0060	0.1685	0.0041	0.0216	0.0014	0.0459	0.0124	0.0167
辽宁	1.9345	0.2805	0.8682	0.0969	2.0136	0.1450	0.6144	0.0716	0.6423	0.1284	0.2839
吉林	0.0911	0.2621	0.0693	0.4311	0.1308	0.0148	0.0172	0.0043	0.0887	0.0172	0.0050

续表

地区	安徽	福建	江西	山东	河南	湖北	湖南	广东	广西	海南	重庆
黑龙江	0.7932	0.2830	0.4136	0.1652	0.8353	0.0289	0.2817	0.0196	0.3896	0.0760	0.1326
上海	659.1628	47.6552	129.7952	90.9967	101.9494	138.5664	110.0163	55.6139	25.6044	5.7568	27.8698
江苏	2164.1272	0.7389	85.4346	23.3683	93.5160	79.1992	61.7880	16.1481	13.7315	2.6863	13.6089
浙江	87.4782	6.3035	23.2869	0.0115	11.2562	4.2786	10.4194	1.6105	4.2950	0.8595	1.9919
安徽	0	27.6245	0.1666	27.5276	0.1293	27.5422	0.6111	2.4962	0.2707	0.0193	0.3041
福建	20.3677	0	28.7348	0.5815	5.9039	6.1732	13.5344	6.3227	6.2744	1.6098	2.4543
江西	0.0473	11.0647	0	1.8426	0	8.4440	0.8211	1.0429	0.0738	0.0035	0.1294
山东	27.9289	0.8002	6.5847	0	44.3318	2.6759	5.6066	0.7191	2.8957	0.5210	2.1703
河南	0.0595	3.6848	0.2937	20.1073	0	5.2726	0.2836	0.5854	0.0616	0.0025	0.2797
湖北	28.2659	8.5927	30.5235	2.7068	11.7588	0	17.0181	0.0100	3.7037	0.5440	1.2261
湖南	0.6119	18.3796	2.8956	5.5330	0.6170	16.6031	0	4.0814	1.9044	0.1757	0.0963
广东	6.5375	22.4588	9.6206	1.8564	3.3315	0.0255	10.6759	0	30.9540	7.0459	1.4527
广西	0.0543	1.7074	0.0521	0.5726	0.0269	0.7241	0.3816	2.3713	0	0.0646	0.3918
海南	0.0016	0.1815	0.0010	0.0427	0.0004	0.0441	0.0146	0.2237	0.0268	0	0.0134
重庆	0.1960	2.1452	0.2937	1.3786	0.3917	0.7699	0.0620	0.3575	1.2586	0.1039	0
四川	45.4352	1.0626	11.8006	1.8521	65.1331	7.1380	15.1373	3.4153	6.8686	1.1708	6.9002
贵州	48.1719	3.4310	14.9242	193.4705	71.5595	22.3231	18.1980	6.9616	6.8172	1.4599	10.1258
云南	0.0757	1.1066	0.0649	14.5034	0.5135	0.4505	0	0.0893	0.1134	0.0142	0.0074
陕西	0.0011	4.6006	0.0117	4.2645	0.0188	2.9199	0.3162	1.7457	0.4638	0.0200	5.4645
甘肃	0.1499	1.1967	0.1727	0.7028	0.1252	1.0872	0.8355	1.0954	0.2614	0.0686	2.6994
青海	0.0411	0.8350	0.0302	0.5103	0.0273	0.4908	0.2080	0.5231	0.0008	0.0092	0.6254
宁夏	0.1101	5.2715	0.0088	11.2627	0.0484	6.1596	0.7439	1.4688	0.0894	0.0013	1.8435
新疆	0.0360	0.2654	0.0234	0.4803	0.0565	0.2519	0.0808	0.0880	0.0035	0.0037	0.2242

续表

地区	四川	贵州	云南	陕西	甘肃	青海	宁夏	新疆
北京	17.1984	8.9092	5.8828	52.3550	12.9769	1.0766	7.6147	1.1215
天津	15.4445	7.0867	5.4482	44.3716	10.8576	1.2195	6.4715	1.2678
河北	0.0365	0.2841	0.0984	0.3569	0.3983	0.0179	0.2818	0.0143
山西	0.0387	0.0302	0.0008	0.0701	0.0275	0.0007	0.0221	0.0004
内蒙古	0.0434	0.0735	0.0405	0.1902	0.2454	0.0349	0.3612	0.0229
辽宁	0.7311	0.7901	0.5009	1.8082	0.8960	0.0845	0.4642	0.1265
吉林	0.0437	0.1386	0.0695	0.1326	0.1539	0.0129	0.0862	0.0212
黑龙江	0.4096	0.4887	0.3162	0.9179	0.5483	0.0510	0.2692	0.0964
上海	39.7504	21.3525	14.7742	71.9662	12.8899	1.4032	5.1174	1.6431
江苏	21.8459	14.1665	8.3644	49.5403	8.6332	0.8126	3.4841	0.8246
浙江	4.0577	4.4540	2.3647	8.3418	2.1715	0.1885	0.8397	0.2113
安徽	0.0012	0.8031	0.1751	0.1614	0.3051	0.0069	0.1175	0.0068
福建	3.7413	4.7280	2.6204	5.6960	1.6594	0.1723	0.6022	0.1994
江西	0.0037	0.2628	0.0365	0.0037	0.0563	0.0008	0.0213	0.0008
山东	4.7722	3.8210	2.2036	16.7462	4.1330	0.3442	2.1512	0.3243
河南	0.0095	0.3088	0.0534	0.0326	0.2205	0.0027	0.1068	0.0019
湖北	3.3052	5.9788	2.1437	9.2642	2.1928	0.1510	0.7808	0.1222
湖南	0.3492	4.4827	0.8864	1.0915	0.6858	0.0290	0.2109	0.0241
广东	5.0428	15.3727	5.8308	5.6376	1.9553	0.1426	0.5675	0.1579
广西	0.1026	0.2811	0.0007	0.0263	0.0060	0.0008	0.0016	0.0007
海南	0.0018	0.0306	0.0033	0.0002	0.0026	0	0.0010	0
重庆	3.8842	9.3219	1.7155	1.7411	1.2255	0.0612	0.2705	0.0312
四川	0	4.2077	1.0809	0.2454	1.3291	0.0283	0.2155	0.0116
贵州	0.8661	0	0.2171	0.2053	0.0075	0.0108	0.0027	0.0073
云南	0.2801	0.2734	0	0.0372	0.0068	0.0016	0.0015	0.0013

续表

地区	四川	贵州	云南	陕西	甘肃	青海	宁夏	新疆
陕西	0.1847	0.7506	0.1081	0	1.0033	0.0043	0.3315	0.0017
甘肃	0.1729	0.0047	0.0034	0.1734	0	0.1422	0.0002	0.0055
青海	0.0009	0.0017	0.0002	0.0002	0.0346	0	0.0033	0
宁夏	0.0104	0.0006	0.0003	0.0214	0.0001	0.0050	0	0.0010
新疆	0.0007	0.0020	0.0003	0.0001	0.0024	0	0.0011	0

注：表中横行代表某地区高校研发资本向各地区的溢出程度，纵列代表某地区接受其他地区高校研发资本的溢出程度；另外，此处虽然仅列示了2022年的结果，但上述分析针对全样本时期

发资本溢出联系矩阵的"二值化"转换。据此，通过 Netdraw 软件绘制样本区间内高校研发资本溢出网络，如图 7.1 所示。此外，我们分别测算了 2010～2022 年高校研发资本溢出的网络联系数、网络密度、网络关联度、网络等级度和网络效率等指标，以分析样本期内整体网络演化特征，如图 7.2 和图 7.3 所示。

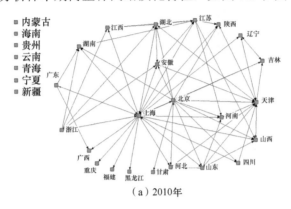

（a）2010年

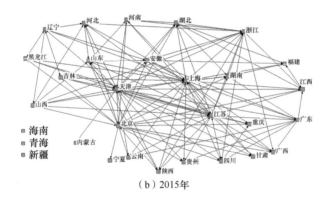

（b）2015年

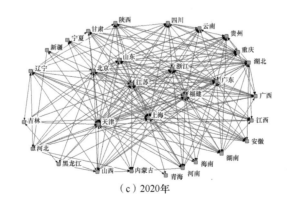

（c）2020年

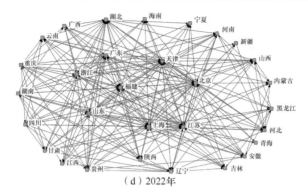

（d）2022年

图 7.1　2010 年、2015 年、2020 年和 2022 年高校研发资本溢出网络

未在网络图内的地区是高校研发资本溢出网络中的孤立点，表示这些地区与网络中的其他地区没有任何关联

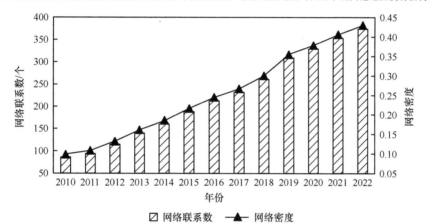

图 7.2　2010～2022 年高校研发资本溢出网络联系数与网络密度

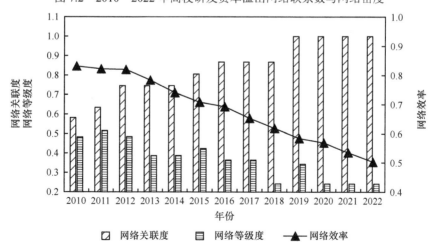

图 7.3　2010～2022 年高校研发资本溢出网络关联度、网络等级度和网络效率

　　从时序演化过程来看，我国高校研发资本溢出关联网络结构呈现从简单到复杂、从稀疏到稠密不断演变的特征。在考察期内，研发资本溢出网络中孤立点由

2010 年的七个地区减少至 2017 年的 0 个省份，即 2017 年及以后各地区高校部门均有联系，网络联系数显著增加，从 2010 年的 84 个增至 2022 年的 374 个，这表示高校研发资本溢出渠道明显增多。相应地，高校研发活动交流与合作日益密切，节点地区的集聚能力和扩散能力不断增强，处于边缘、孤立位置的地区逐步被关联网络吸纳，网络密度从 2010 年的 0.1080 升至 2022 年的 0.4299，这表明区域间高校研发资本溢出程度日益加强。这一方面与国家高度重视科技创新对经济高质量发展的重要驱动作用、各地区加大对高等教育研发投入有关；另一方面也是区域间开展合作办学、实施高校对口帮扶政策以及加强学术交流等的成果。此外，整体网络演化趋势显示，北京、上海、江苏、天津、广东、湖北、山东等高等教育资源丰富的地区，逐渐成为高校研发资本溢出网络的中心。然而，在整体网络最大联系数为 870 个的情况下，2022 年网络联系数仅为 374 个，可见当前研发资本溢出网络联系仍有进一步加强的空间。

此外，考察期内网络关联度逐渐攀升，从 2010 年的 0.5816 升至 2019 年及以后年份的 1.0。这意味着 30 个地区高校间的研发资本关联越来越密切，任意两个地区间的高校研发资本都存在空间关联和溢出关系。网络等级度从 2010 年的 0.4828 下降至 2022 年的 0.2424，这反映了区域间高校研发资本溢出网络等级度逐渐减弱。这与国家实施创新驱动发展战略、深化科技体制改革、尤为重视对欠发达地区高等教育的对口帮扶密不可分。从网络等级度取值看，高校研发资本溢出程度虽然仍呈现出区域非均衡性，但其逐渐下降的态势意味着区域间联系不断得到加强。网络效率从 2010 年的 0.8312 降至 2022 年的 0.5025，这说明区域间高校研发资本溢出网络中连线增多。这既与区域间的联系加强有关，也显示出高校研发资本溢出途径越来越多。

（二）区域维度下高校研发资本溢出个体网络特征分析

为揭示各地区在高校研发资本溢出网络中的地位与作用，本部分测算了 2010～2022 年高校研发资本溢出网络的点度中心度、中介中心度以及接近中心度。限于篇幅，仅列示了 2010 年和 2022 年的测算结果，如表 7.32 所示。

表 7.32　2010 年和 2022 年 30 个地区的高校研发资本溢出网络中心性分析

地区	点出度		点入度		中介中心度		地区	点出度		点入度		中介中心度	
	2010 年	2022 年	2010 年	2022 年	2010 年	2022 年		2010 年	2022 年	2010 年	2022 年	2010 年	2022 年
北京	13	28	3	15	41.53	38.60	河南	0	11	5	11	0	3.53
天津	10	28	9	25	88.82	102.38	湖北	6	21	5	16	16.99	12.61
河北	2	10	4	14	0.97	6.29	湖南	2	16	5	11	1.17	2.94
山西	1	11	5	13	0.63	8.66	广东	3	21	1	13	0	8.83
内蒙古	0	2	0	8	0.00	0.17	广西	0	7	2	11	0	0.48

续表

地区	点出度		点入度		中介中心度		地区	点出度		点入度		中介中心度	
	2010年	2022年	2010年	2022年	2010年	2022年		2010年	2022年	2010年	2022年	2010年	2022年
辽宁	2	13	3	11	21.30	6.55	海南	0	0	0	7	0	0
吉林	1	6	4	9	0.33	1.84	重庆	0	14	1	11	0	1.52
黑龙江	0	9	1	6	0	1.35	四川	2	14	2	12	0.30	3.31
上海	20	29	10	22	158.81	68.88	贵州	0	10	0	14	0	2.04
江苏	8	29	4	21	6.56	53.43	云南	0	4	0	12	0	0.10
浙江	5	22	3	15	1.25	15.81	陕西	2	2	4	13	5.43	0.05
安徽	4	13	6	11	11.83	5.50	甘肃	0	0	1	13	0	0
福建	0	20	1	19	0	20.18	青海	0	0	0	4	0	0
江西	0	10	4	11	0	1.61	宁夏	0	0	0	7	0	0
山东	5	21	3	15	5.10	13.33	新疆	0	3	0	4	0	0

结果显示，2010～2022年，我国30个地区的点度中心度呈现"点入度、点出度齐头并增"演变态势，点出度和点入度的平均值从2010年的2.87提升至2022年的12.47，可见我国高校研发投资在区域间流动的活跃度日益增加，向外辐射和向内吸引的双向效应不断增强。具体来看，北京、天津、上海和江苏等四个地区一方面凭借发达的经济和科技水平以及丰富的高校资源对其他地区高校研发活动形成强大的辐射带动能力（即点出度高）；另一方面，这些地区的高校与其他地区的高校研发活动交流合作日益频繁，吸收了其他地区高校先进的研发技术（即点入度高），从而始终处于高校研发资本溢出网络的核心地位。另外，浙江、安徽、广东等沿海地区凭借经济发展实力，以及湖北、湖南等地凭借丰富的高校资源表现出较为强劲的向外辐射能力和向内吸引能力（也即点入度和点出度均排名较为靠前）。与其形成鲜明对比的是，海南、甘肃、青海、宁夏和新疆等地因处于边缘地区，点出度和点入度均较小，且点出度小于点入度。可见，上述地区接受其他地区高校研发资本溢出较少，对其他地区的辐射影响也较弱。

我们以2022年为例展开具体分析。2022年30个地区点出度和点入度的均值同为12.47。其中，北京、天津、上海、江苏、浙江、福建、山东、湖北、广东等九个地区的点出度和点入度均高于平均水平，可见这些地区在研发资本溢出网络中与其他地区关联较多。相反，内蒙古、吉林、黑龙江、海南、青海、宁夏和新疆等地区远远低于平均水平，反映了这些地区与其他地区关联较少，这可能与经济发展水平、地缘因素以及高校数目等因素有关。此外，我们还发现点度中心度越高的地区，其中介中心度也越高。2022年30个地区中介中心度均值为12.67，天津、上海、江苏、北京、福建、浙江、山东等七个地区高于均值，这意味着其不仅处于研发资本溢出网络中的中心地位，还具有较强的控制其他区域间高校研发资本溢出的能力。海南、青海、宁夏和新疆等地区的中介中心度则排在后四位，意味着这四个地区处于研发资本溢出网络边缘地带，主要接受其他地区的高校研发资本溢出。

（三）区域维度下高校研发资本溢出网络的凝聚子群分析

针对 2022 年地区间高校研发资本溢出网络，我们利用迭代相关收敛方法——CONCOR 方法进行块模型分析。具体地，选择最大分割度为 2，收敛标准为 0.2，进而得到高校研发资本溢出网络的四个子群，结果如表 7.33 和图 7.4 所示。

表 7.33　子群间的研发资本溢出

板块	接收关系/个		发出关系/个		子群成员数/个	期望内部关系比例	实际内部关系比例
	子群内	子群外	子群内	子群外			
子群 1	11	71	11	103	4	10.34%	9.65%
子群 2	18	58	18	80	5	13.79%	18.37%
子群 3	48	100	48	95	13	41.38%	33.57%
子群 4	0	68	0	19	8	24.14%	0

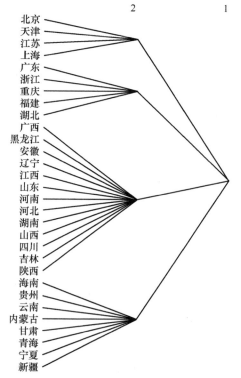

图 7.4　2022 年 30 个地区的高校研发资本溢出网络子群分布

1、2 分别表示第 1 层级和第 2 层级

子群 1 共有北京、天津、上海和江苏等四个成员，得益于区位和经济发展优势，这些地区汇集了全国大多数的高等教育资源，研发投入在全国遥遥领先。子群 1 共接收内部及其余三个子群的研发资本溢出关系 82 个，其中 71 个来自其余三个子群；子群 1 向子群内部以及其余三个子群发出的溢出关系数为 114 个，其中向子群 2～子群 4 溢出 103 个。可见，子群 1 作为高校研发资本溢出网络中的主力军，对其他地区的辐射影响能力最强，并且，该子群接受其他子群的研发溢出能力也最强，具有典型的"强者愈强"的特点。

子群 2 共有五个成员，分别为广东、浙江、重庆、福建、湖北等地区。相比子群 1，子群 2 中各成员教育资源虽略微不足，但经济发展优势突出，进而使得该子群研发资本溢出能力较强。子群 2 共向外发出溢出关系 98 个，其中向其余三个子群溢出 80 个；共接收溢出关系 76 个，其中来自其余三个子群的溢出关系 58 个。

子群 3 共有 13 个成员，分别为广西、黑龙江、安徽、辽宁、江西、山东、河南、河北、湖南、山西、四川、吉林、陕西等地区。因经济发展处于全国中等水平，这些地区较多地接受其余地区的研发资本溢出。数据显示，子群 3 共接收溢出关系 148 个，其中 100 个来自其余三个子群。此外，子群 3 也具有较强的向外溢出能力，共发出溢出关系 143 个，其中 95 个溢出至其余三个子群。

子群 4 共有八个成员，分别为海南、贵州、云南、内蒙古、甘肃、青海、宁夏、新疆等地区。这些地区处于偏远位置、经济发展水平相对落后、教育资源和教育研发投入相对匮乏，因而该子群更多地承接其余三个子群的研发资本溢出（来自其余三个子群的溢出关系 68 个），较少向其余地区产生溢出关系（向其余地区发出溢出关系 19 个）。与其余三个子群不同的是，子群 4 内部成员间并不存在相互溢出关系。

需要指出的是，2022 年高校研发资本溢出网络关联数为 374 个，子群内部之间的研发资本溢出关联数为 77 个，子群间的溢出关联数为 297 个。这表明子群间高校研发资本存在较为显著的关联关系，但板块间仍未显现齐头并进发展态势，仍需深入加强各子群之间的研发交流与融合。

第八章 政策建议与研究展望

第一节 研 究 结 论

本书基于大量文献调研，遵循"研究目标→理论阐述→表式设计→经验归纳→中国实践"的逻辑脉络，构建了研发卫星账户综合框架，在改进相关测算方法的基础上开展中国研发卫星账户编制实践，并得出以下结论。

1. 研发卫星账户编制方法主要结论

第一，研发卫星账户体系是以国民经济核算理论为指导，以研发活动、研发产品、研发产业为研究对象，以各类账户形式和系列表式对研发进行的全面核算。基于与 SNA 中心框架的关系，研发卫星账户可划为关键部门、内生和外生三个层次。其中，关键部门研发卫星账户刻画了研发活动蕴含的创新资源配置状况、研发产品的供给与使用状况、研发产业的发展与演化状况、研发产业与其他产业间的经济技术联系；内生研发卫星账户涵盖了研发活动产出、投资以及资本积累三位一体的完整生产链，与国民经济运行高度融合；外生研发卫星账户则是对研发活动外部效应的有效刻画。

第二，从方法设计看，关键部门研发卫星账户以研发活动、研发产品和研发产业为关键部门，从研发投入（人员、经费）、研发产出（论文、专利）、研发投入产出效率以及研发产业投入产出情况切入，共设计 17 张表式序列；内生研发卫星账户以揭示研发活动在国民经济中的流动脉络为目的，共设计包含"研发桥接表、研发供给使用表、研发固定资本形成表、研发资本存量表、研发资本化影响表"在内的 19 张表式序列；外生研发卫星账户以刻画研发活动的外部性导致的溢出效应为目的，共设计了"研发空间溢出表、研发产业溢出表和研发空间-产业交互溢出表"在内的 3 张表式序列。

2. 关键部门研发卫星账户编制实践主要结论

第一，研发产业部门应以研发活动为核心，覆盖与研发相关活动的研发产业群。根据活动目的，将研发产业群细分为研发产业核心层、研发产业支持层、研发产业扩展层。其中，研发产业核心层是研发活动行为主体（企业、高等院校、科研机构以及政府等机构部门）所从事的市场性和非市场性研发活动的集合，而研发产业支持层和研发产业扩展层则是为保障研发顺利进行而提供相关服务的关联行业群，本质上并不创造新知识，两者可并称为研发关联产业部门。进一步地，基于《国民经济行业分类》(GB/T 4754—2017),构建了中国研发产业分类框架,具体包括 10 个大类,39 个中类,67 个小类,涉及 GB/T 4754—2017 中八个门类、22 个大类、51 个中类和 101 个小类。

第二,从研发投入看,研发经费和研发人员投入实现了快速增长,且企业是主要贡献部门。但是,研发经费支出累积量偏低、研发经费来源单一、基础研究研发经费投入不足、企业承担基础研究比例较低、研发经费投入与研发人员间结构配置失衡等问题较为突出。从研发产出看,国内外三类专利申请受理数、授权数增长较快,且企业是主要申请受理和申请授权部门。但是,专利申请受理量大而申请授权量不大、专利量大而发明专利量不大等专利量质发展失衡现象较为严重。此外,从三类专利价值变动看,发明专利已成为决定中国专利价值的决定因素。从研发产业看,研发产业总产出从 2017 年的 4071.97 亿元增至 2020 年的 82 140.82 亿元,研发产业增加值从 2007 年的 1428.82 亿元增至 2020 年的 31 072.45 亿元,占 GDP 比重从 0.53% 跃升至 3.07%,说明研发产业对经济影响逐渐增大。

3. 内生研发卫星账户编制实践主要结论

第一,研发资本属性的凸显使得提出合理的研发资本存量测算方法成为关键。在本书中,我们基于资本测算理论,在改进现有财富性研发资本存量测算方法的基础上,将研发资本的生产属性与财富属性纳入统一的测度框架,提出一种研发资本存量的综合测算方法,综合测算财富性与生产性研发资本存量,进一步完善了研发资本的测度方法体系,也为准确分析研发资本对经济增长的贡献提供了更为扎实的测度基础。

第二,借助综合 PIM 测算了三种尺度下的财富性和生产性研发资本存量,测算结果符合"财富性研发资本存量总额、生产性研发资本存量、财富性研发资本存量净额依次降低"的资本递减规律。从经济总体看,两种属性的研发资本存量总体上规模增长明显,但增速有所放缓;从地区看,31 个地区两种属性的研发资本存量增势显著,具有空间集聚特征,但地区间差距逐步扩大;从行业看,36 个工业行业两种属性的研发资本存量均呈增长态势,且主要分布在化学原料和化学制品制造业,通用设备制造业,专用设备制造业,汽车制造业,电气机械和器材制造业,计算机、通信和其他电子设备制造业等。

第三,研发资本化核算后,中国的 GDP 规模、结构、增速以及收入分配结构均有所变化。1978~2022 年,从 GDP 规模调整看,第一轮 GDP 调整带来的增加量(年均 4169.19 亿元)大于第二轮调整的增加量(年均 1497.93 亿元),两轮调整叠加引致调整后 GDP 平均增速提升 0.03 个百分点,说明研发资本化对 GDP 增速影响远不如对 GDP 总额增幅的影响。从 GDP 结构调整看,研发资本化使平均最终消费率下降 1.18 个百分点，平均投资率提升 1.06 个百分点；消费需求平均贡献率下降 0.94 个百分点，投资需求贡献率提升 0.90 个百分点；从收入分配调整看，研发资本化导致总储蓄年均增加 1848.14 亿元。从研发投资强度与投入强度表现看，前者始终小于后者，说明提升中国研发资本转化率尤为必要。

4. 外生研发卫星账户编制实践主要结论

第一，科学研究和技术服务业、教育是各区域研发资本溢出受益者总效应最大的两个行业，且受益程度存在显著的空间差异；长三角地区、珠三角地区以及部分中部强省 15 个行业部门的研发资本溢出受益者效应主要依赖行业自身研发活动的支持，而西部偏远地区大部分依赖行业其他行业研发活动的支持；北京、安徽、四川、上海、湖北、陕西等地研发资本溢出受益者总效应较为显著，而新疆、宁夏、西藏不显著；区域内研发资本溢出受益者效应大于区域间研发资本溢出受益者效应，说明各地区主要从自身研发活动中获益。通过动态对比发现，2017 年超半数以上的地区研发资本溢出受益总效应程度较 2012 年有所增加，且除福建省外的其余地区区域间研发资本溢出受益程度均出现不同程度的提高。

第二，制造业、科学研究和技术服务业、教育是各地区研发资本溢出贡献者总效应最大的三个行业，且贡献程度存在显著的空间差异；除了山西、内蒙古、上海、江苏、山东、广东等地的研发资本溢出扩散至其他地区之外，剩余地区各个行业部门的研发资本溢出更多贡献至本部门内部；北京、上海、江苏、四川、山东等地的研发资本溢出贡献者总效应较为显著，而西藏、青海、宁夏、新疆则不显著；区域内的研发资本溢出贡献者效应皆远大于区域间研发资本溢出贡献者效应，这意味着各区域研发资本溢出主要贡献给了本地区内部。通过动态对比发现，2017 年超半数以上的地区研发资本溢出贡献总效应程度较 2012 年有所增加，且除海南省外的其余地区区域间研发资本溢出贡献程度均出现不同程度的提高。

第三，2010～2022 年，30 个地区高校研发资本溢出均值从 0.67 升至 26.26，研发资本溢出程度明显加深；高校研发资本溢出网络密度不断上升，网络关联度为 1，网络效率和网络等级度呈下降趋势，说明高校研发资本空间联系日益紧密，区域间研发资本溢出网络逐渐稳定，溢出渠道多重叠加。其中，北京、天津、上海和江苏等四个地区处于高校研发资本溢出网络的核心地位，而海南、甘肃、青海、宁夏和新疆等地区则处于网络边缘地位，易受制于其他地区。此外，从集聚特征看，各地区在研发资本溢出网络中被划分为四个凝聚子群，子群内高校研发资本存在的关联较为密切，但子群间仍未显现齐头并进的发展态势。

第二节　政策建议

1. 顺势而为积极开展基于中国国情的研发卫星账户编制理论研究和实践探索

完整刻画研发活动、研发产品以及研发产业的多维技术创新生态对推进创新驱动发展战略至关重要，由此可以借助极具灵活性的卫星账户来展示研发发展整体图景。因此，在理论未成体系而现实亟需的双重背景下，基于国民经济核算理论指导，结合中国现阶段发展需求，相关机构可以开展中国情境下研发卫星账户编制框架的体系化构建以及表式设计。在具体编制过程中，可充分借鉴美国、英国、加拿大、日本等发达国家的研发卫星账户在编制视角、编制思路与操作细节中的实践经验，并结合中国研发现实基础，积极开展中国研发卫星账户的编制实践。

2. 多措并举持续完善中国现行的研发统计调查制度

编制中国研发卫星账户以及时监测科技创新推进节奏需要强大的基础数据支撑。因此，进一步完善现行的研发统计调查无疑是获取满足研发卫星账户核算需求的研发数据资源的可行途径。具体来看，可从以下三个方面进行完善：一是拓宽研发统计调查范围，如增加研发进出口（如跨境研发资金流、跨国公司成员实施的研发、研发服务贸易等）的调查、增加对研发资源在国内不同部门之间流动的调查；二是增加研发统计专项调查，如以收集各产业研发生产活动的投入数据和产出数据为主旨的研发投入产出专项调查、以收集研发产品价格指数为主旨的研发产品价格指数专项调查、以收集研发产品使用寿命为主旨的研发产品使用寿命专项调查；三是细化研发统计调查内容，如根据生产目的的不同，设置自给性研发生产和以出售为目的的研发生产调查，资本性支出中增设软件研发活动调查数据等。

3. 持之以恒加强基础研究投入与改进基础研究评价机制

基础研究是技术创新的动力与源泉，对社会经济的发展具有重要引领作用。本书显示，相较发达国家，中国基础研究投入占研发经费投入比重严重偏低，且企业开展基础研究动力不足，持续加大基础研究投入成为提升中国科技实力的关键支撑点。一方面，应进一步完善基础研究投入机制，持续增加基础研究财政投入力度、优化支出结构，对企业投入基础研究实行税收优惠，并通过捐赠、设立基金、部省联合等方式构建多元化的基础研究稳定投入渠道。另一方面，改进创新人才评价激励机制，形成以创新能力、创新贡献、创新质量为导向的科技人才评价机制，强化对承担基础研究国家重大任务的人才和团队的激励，积极探索股权、期权、技术入股等多样化的人才激励形式；形成基础研究长周期评价与分类评价相结合的评价制度，注重基础研究成果向专利成果的转化和专利成果的商业化与产业化转化的后评价工作。

4. 抓住契机开展中国专利价值与专利资产价值测算的理论与实践研究

专利作为研发产出的典型代表，对其展开价值测算不仅是对中国专利测算"重数轻质"的有效补充，更是统筹推进知识产权强国建设的迫切需要。因此，在目前尚缺乏专利价值测算的统一理论框架下，对于中国这样存在大量未失效专利的创新后发国家，应积极展开符合本国国情的专利价值测算理论研究，分别探寻符合发明专利、实用新型专利、外观设计专利价值变动特征的测度模型或者评估方法，据此展开专利价值测算，将专利技术转化为推动经济发展的现实动力。另外，专利作为一类固定资产，同样具有资产的财富与生产双重属性，也应开展对专利资产财富性和生产性存量以及专利资产服务的测算，从而为更好分析专利对高质量发展的作用提供重要参考依据。

第三节　研　究　展　望

本书研究只是初步的尝试，研发卫星账户仍有许多问题需要进一步探索。未来研究可从以下几个方面展开。

第一，继续完善研发卫星账户的理论与方法体系。作为国民经济核算体系的重要组成部分，研发卫星账户也应具有明确的定义、清晰的核算范围、逻辑严谨的框架体系。本书仅是立足于现阶段中国研发统计发展的现实基础而构建的研发卫星账户理论框架。随着科技创新力度的不断增大，自主研发实力的不断增强，新行业、新模式的不断发展，未来仍需进一步调整研发卫星账户理论框架以适应新变化。例如，对研发产业的统计界定与分类问题，我们的讨论仍显稚嫩与粗糙，还需深入探讨，从而制定规范、科学的研发产业分类体系。

第二，继续探索研发卫星账户的应用研究。数据"卡脖子"是应用研发卫星账户的一个障碍。在内生研发卫星账户编制中，尽管我们对缺失的研发数据、行业合并与调整以及研发资本测算关键参数设置等问题提供了尽可能合理的解决办法；同时，借助投入产出表编制了关键部门研发卫星账户、外生研发卫星账户，但这些都是基于估算数据而做的应用分析。随着数据资料的丰富，未来可继续完善这些方面。另外，在外生研发卫星账户中，我们仅就行业与区域视角下的研发资本溢出效应展开分析，缺乏对研发资本溢出在区域以及行业的经济转型升级中所扮演角色的研究，这也是未来继续研究的方向。

第三，继续展开对研发产业内部结构的探讨。虽然本书对研发产业进行了分层次划分，但缺乏对于不同层次研发产业的比较，因此未能深入阐释研发产业的内部结构。例如，核心层研发产业、扩展层研发产业和关联层研发产业的构成情况，以及研发产业中市场性和非市场性研发产业的结构比例等。因此，未来要继续探讨研发产业的内部构成，进一步完善研发卫星账户。

参 考 文 献

艾伟强. 2020. 卫生卫星账户体系的理论、方法与中国实践[M]. 北京: 中国统计出版社.

艾伟强, 蒋萍. 2013. 卫生卫星账户: ISIC口径下医疗卫生服务统计扩展的有效途径[J]. 统计研究, 30(12): 24-30.

艾伟强, 王文峰. 2019. 卫生卫星账户的构建与编制: 国际经验及启示[J]. 统计与决策, 35(4): 21-24.

蔡海亚, 赵永亮, 南永清. 2021. 中国"互联网+"发展的空间关联网络及其影响因素: 基于社会网络分析视角的实证研究[J]. 地理科学, 41(6): 933-940.

蔡虹, 高杰, 许晓雯. 2004. R&D投资经济效果的实证研究[J]. 科学学研究, 22(1): 53-58.

蔡虹, 许晓雯. 2005. 我国技术知识存量的构成与国际比较研究[J]. 研究与发展管理, 17(4): 15-20.

蔡晓陈. 2009. 中国资本投入: 1978～2007: 基于年龄-效率剖面的测量[J]. 管理世界, 25(11): 11-20.

曹跃群, 秦增强, 齐倩. 2012. 中国资本服务估算[J]. 统计研究, 29(12): 45-52.

曹跃群, 赵世宽, 张晗. 2022. 省际R&D资本存量: 框架、检验及空间动态分析[J]. 科学学研究, 40(8): 1401-1412.

陈丹丹. 2017. 美国R&D卫星账户编制及其对中国的启示[J]. 统计研究, 34(4): 15-25.

陈金丹, 黄晓. 2017. 我国文化产业发展的空间关联网络结构研究[J]. 经济问题探索, (1): 177-184.

陈朴, 孙丹. 2023. 高校研发对企业创新的溢出效应分析: 在经济政策不确定性背景下[J]. 湖南师范大学社会科学学报, 52(3): 79-85.

陈诗一. 2011. 中国工业分行业统计数据估算: 1980—2008[J]. 经济学(季刊), 11(3): 735-776.

陈宇峰, 朱荣军. 2016. 中国区域R&D资本存量的再估算: 1998—2012[J]. 科学学研究, 34(1): 69-80, 141.

陈钰芬, 侯睿婕. 2019. 中国制造业分行业研发资本存量的估算[J]. 科学学研究, 37(9): 1570-1580.

陈钰芬, 侯睿婕, 吴诗莹. 2020. 不同活动类型研发资本存量的估算: 2009—2016[J]. 科学学研究, 38(6): 1028-1037.

初钊鹏, 王铮. 2013. R&D产业化耦合机制研究: 基于深圳的实证分析[J]. 科技进步与对策, 30(5): 60-64.

邓进. 2007. 中国高新技术产业研发资本存量和研发产出效率[J]. 南方经济, (8): 56-64.

邓小平. 1993. 邓小平文选 第三卷[M]. 北京: 人民出版社.

杜德斌, 周天瑜, 王勇, 等. 2007. 世界R&D产业的发展现状及趋势[J]. 世界地理研究, (1): 1-7.

杜瑶, 许永洪. 2024. R&D资本化背景下我国TFP增长率再测算[J]. 统计研究, 41(1): 33-45.

段绪来, 付群. 2020. 中英体育产业发展综合比较及对我国的启示: 基于英国体育卫星账户和中国体育产业统计公报[J]. 天津体育学院学报, 35(1): 56-63.

高敏雪. 2000. 卫星账户及其在美国的应用(四)研究与开发卫星账户[J]. 北京统计, (11): 14-15.

高敏雪. 2001. 卫星账户及其在美国的应用[J]. 统计研究, (8): 8-12.

高敏雪. 2017. 研发资本化与 GDP 核算调整的整体认识与建议[J]. 统计研究, 34(4): 3-14.

高敏雪. 2021. 面向新时代的国民经济核算研究议题及相关问题[J]. 统计研究, 38(10): 3-11.

高汝熹, 张国安, 谢曙光. 2001. 上海 R&D 产业发展前景[J]. 上海经济研究, (9): 22-28.

郭嘉仪, 张庆霖. 2012. 省际知识溢出与区域创新活动的空间集聚: 基于空间面板计量方法的分析[J]. 研究与发展管理, 24(6): 1-11, 126.

国务院发展研究中心"宏观调控创新"课题组. 2022. 适应新常态、面向市场主体的宏观调控创新: 对党的十八大以来我国宏观调控创新的认识[J]. 管理世界, 38(3): 9-19.

韩颖, 李丽君, 花园园, 等. 2010. 我国 7 个产业的产业间 R&D 溢出效应纵向比较分析[J]. 科学学研究, 28(4): 542-548.

韩颖, 刘星宇, 李丽君, 等. 2007. 我国产业间 R&D 溢出效应横向比较分析[J]. 预测, (4): 69-75.

韩颖, 王艳辉, 高东伟. 2009. 中国三次产业间 R&D 溢出效应纵向比较分析[J]. 东北大学学报(自然科学版), 30(4): 605-608.

韩玉婷. 2017. 浅析澳大利亚旅游卫星账户[J]. 统计与管理, (12): 129-130.

何平, 陈丹丹. 2014. R&D 支出资本化可行性研究[J]. 统计研究, 31(3): 16-19.

何秋琴, 郭美晨, 汪同三. 2019. 品牌资本、R&D 资本和全要素生产率[J]. 科学学研究, 37(3): 462-469.

侯睿婕, 陈钰芬. 2018. SNA 框架下中国省际 R&D 资本存量的估算[J]. 统计研究, 35(5): 19-28.

黄苹. 2008. 中国省域 R&D 溢出与地区经济增长空间面板数据模型分析[J]. 科学学研究, (4): 749-753.

黄璆. 2017. 中国物流卫星账户的构建与应用研究[D]. 大连: 东北财经大学.

江永宏, 孙凤娥. 2016a. 研发支出资本化核算及对 GDP 和主要变量的影响[J]. 统计研究, 33(4): 8-17.

江永宏, 孙凤娥. 2016b. 中国 R&D 资本存量测算: 1952～2014 年[J]. 数量经济技术经济研究, 33(7): 112-129.

姜念云. 2008. 研发产业: 审视研发活动的一个新视角[J]. 中国科技论坛, (8): 49-52, 85.

蒋萍, 蒋再平. 2020. 卫星账户研究视角与体系结构[J]. 统计研究, 37(9): 3-10.

蒋萍, 刘丹丹, 王勇. 2013. SNA 研究的最新进展: 中心框架、卫星账户和扩展研究[J]. 统计研究, 30(3): 3-9.

焦建玲, 杨宇飞, 白羽. 2017. 工业行业 R&D 技术溢出的社会网络分析[J]. 中国科技论坛, (10): 55-64.

金灿阳, 徐蔼婷. 2024. 基于财富和生产双重属性视角的我国数字资本测度研究[J]. 统计研究, 41(4): 12-26.

金灿阳, 徐蔼婷, 邱可阳. 2022. 中国省域数字经济发展水平测度及其空间关联研究[J]. 统计与信息论坛, 37(6): 11-21.

康蓉. 2005. 加拿大旅游卫星账户的编制[J]. 中国统计, (11): 40-41.

孔晴, 陈亮, 杨肃昌. 2021. 国际文化卫星账户的构建及对我国的启示[J]. 统计与决策, 37(15): 5-9.

黎洁. 2012. 各国旅游卫星账户编制方法的比较[J]. 统计与决策, 28(22): 4-6.

李海东. 2020. 中国非营利机构卫星账户[M]. 北京: 经济管理出版社.

李金昌, 金灿阳, 徐蔼婷. 2023. 中国数字资本服务测算[J]. 经济与管理评论, 39(1): 76-91.

李金昌, 连港慧, 徐蔼婷. 2023. "双碳"愿景下企业绿色转型的破局之道: 数字化驱动绿色化的实证研究[J]. 数量经济技术经济研究, 40(9): 27-49.

李金华. 2015. 中国国家资产负债表卫星账户设计原理研究[J]. 统计研究, 32(3): 76-83.

李京文, 黄鲁成. 2004. 关于发展北京 R&D 产业的思考[J]. 中国软科学, (8): 122-127.

李婧, 何宜丽. 2017. 基于空间相关视角的知识溢出对区域创新绩效的影响研究: 以省际数据为样本[J]. 研究与发展管理, 29(1): 42-54.

李敬, 陈澍, 万广华, 等. 2014. 中国区域经济增长的空间关联及其解释: 基于网络分析方法[J]. 经济研究, 49(11): 4-16.

李琳, 牛婷玉. 2017. 基于 SNA 的区域创新产出空间关联网络结构演变[J]. 经济地理, 37(9): 19-25, 61.

李梦程, 王成新, 刘海猛, 等. 2021. 黄河流域城市发展质量评价与空间联系网络特征[J]. 经济地理, 41(12): 84-93.

李向东, 李南, 白俊红, 等. 2011. 高技术产业研发创新效率分析[J]. 中国软科学, (2): 52-61.

李小胜. 2007. 中国 R&D 资本存量的估计与经济增长[J]. 中国统计, (11): 40-41.

李晓飞, 赵黎晨, 候璠, 等. 2018. 空间知识溢出与区域经济增长: 基于 SDM 及 GWR 模型的实证分析[J]. 软科学, 32(4): 16-19, 30.

李燕辉. 2020. 中国体育卫星账户的编制构想与应用研究[D]. 南昌: 江西财经大学.

李颖. 2019. 中国省域 R&D 资本存量的测算及空间特征研究[J]. 软科学, 33(7): 21-26, 33.

梁斌, 夏忠梁, 陈洪. 2017. 欧盟体育卫星账户的理论框架、指标体系与实践应用[J]. 上海体育学院学报, 41(6): 4-9, 41.

刘华军, 刘传明, 孙亚男. 2015. 中国能源消费的空间关联网络结构特征及其效应研究[J]. 中国工业经济, (5): 83-95.

刘建翠, 郑世林. 2016. 中国省际 R&D 资本存量的估计: 1990～2014[J]. 财经问题研究, (12): 100-107.

刘建翠, 郑世林, 汪亚楠. 2015. 中国研发(R&D)资本存量估计: 1978～2012[J]. 经济与管理研究, 36(2): 18-25.

刘莉. 2017. 我国 R&D 资本存量的估算: 1990—2013[J]. 商业经济研究, (9): 169-171.

刘卫东, 陈杰, 唐志鹏, 等. 2012. 中国 2007 年 30 省区市区间投入产出表编制理论与实践[M]. 北京: 中国统计出版社.

刘卫东, 唐志鹏, 陈杰, 等. 2014. 2010 年中国 30 省区市区域间投入产出表[M]. 北京: 中国统计出版社.

刘卫东, 唐志鹏, 韩梦瑶, 等. 2018. 2012 年中国 31 省区市区域间投入产出表[M]. 北京: 中国统计出版社.

柳卸林. 2005. 北京研发产业建设的机遇、现状和对策[C]//马林. 研发产业初论. 北京: 北京科学技术出版社: 137-152.

路守胜. 2009. 研究与开发卫星账户的建立方法研究[J]. 现代商业, (35): 166-167.

罗良清, 平卫英, 张雨露. 2021. 基于融合视角的中国数字经济卫星账户编制研究[J]. 统计研究, 38(1): 27-37.

马国标. 2007. 我国与 OECD R&D 核算的比较和借鉴[D]. 厦门: 厦门大学.

马树才, 李亮, 代金辉. 2023. 中国省际 R&D 资本存量及对经济增长贡献的测度研究[J]. 经济问题探索, (8): 36-50.

马晓君, 谷越, 宋嫣琦. 2022a. 能源卫星账户: 演化背景、发展历史及国际经验[J]. 统计研究, 39(1): 146-160.

马晓君, 赵雪, 徐晓晴. 2022b. 交通运输卫星账户的国际进展、改进方案与中国试编[J]. 统计研究, 39(12): 138-156.

马仪亮. 2014. 中国旅游卫星账户 2007 延长表编算研究[J]. 旅游学刊, 29(1): 47-54.

孟卫东, 孙广绪. 2014. 中国高技术产业各行业资源配置效率研究: 基于 R&D 存量 Malmquist 指数方法[J]. 科技管理研究, 34(4): 38-42, 79.

倪红福, 张士运, 谢慧颖. 2014. R&D 资本化及其对中国 GDP 与结构的影响分析[J]. 科学学研究, 32(8): 1166-1173, 1217.

倪红福, 张士运, 谢慧颖. 2014. 资本化 R&D 支出及其对 GDP 和经济增长的影响分析[J]. 统计研究, 31(3): 20-26.

潘文卿, 李子奈, 刘强. 2011. 中国产业间的技术溢出效应: 基于 35 个工业部门的经验研究[J]. 经济研究, 46(7): 18-29.

潘仙友, 郭敏, 董倩, 等. 2023. 基于新功能主义的政府 R&D 经费投入空间溢出效应研究[J]. 科技管理研究, 43 (8): 10-20.

彭英, 余小莉. 2021. 基于改进引力模型的江苏省城市创新空间关联及其影响因素[J]. 科技管理研究, 41(24): 81-86.

覃睿, 田先钰. 2007. 研发产业及其研究何以可能?[C]//第七届全国科技评价学术研讨会论文集. 北京: 中国科学学与科技政策研究会: 143-152.

邱叶. 2014. 基于 SNA2008 的中国 R&D 卫星账户编制研究[D]. 南昌: 江西财经大学.

屈超, 张美慧. 2015. 国际 ICT 卫星账户的构建及对中国的启示[J]. 统计研究, 32(7): 74-80.

宋炜, 贺继杨, 周勇, 等. 2023. 研发双循环溢出、价值链攀升与制造业技术跃迁: 来自 2008~2020 年的经验证据[J]. 科技进步与对策, 40(18): 42-49.

苏方林. 2007. 省域 R&D 知识溢出的 GWR 实证分析[J]. 数量经济技术经济研究, 24(2): 145-153.

孙凤娥, 江永宏. 2018. 我国地区 R&D 资本存量测算: 1978~2015 年[J]. 统计研究, 35(2): 99-108.

孙晓华, 郑辉. 2012. 基于投入产出法的制造业间 R&D 溢出效应测算及比较[J]. 科研管理, 33(2): 79-87.

"SNA 的修订与中国国民经济核算体系改革" 课题组, 许宪春, 彭志龙, 等. 2012. SNA 关于生产资产的修订及对中国国民经济核算的影响研究[J]. 统计研究, 29(12): 39-44.

汪桥红, 史安娜. 2013. 基于产业和区域层面的 R&D 溢出效应分析: 以区域间投入产出模型为例[J]. 经济经纬, 30(4): 21-26.

汪文璞, 徐蔼婷. 2022. 数字经济能驱动企业创新效率吗[J]. 现代经济探讨, (12): 79-90.

王华. 2017. 中国 GDP 数据修订与资本存量估算: 1952—2015[J]. 经济科学, (6): 16-30.

王建伟, 焦萍. 2010. 美国的运输统计与核算: 运输卫星账户与应用[J]. 中国统计, (2): 46-47.

王俊. 2009. 我国制造业 R&D 资本存量的测算 (1998—2005)[J]. 统计研究, 26(4): 13-18.

王孟欣. 2011a. 美国 R&D 资本存量测算及对我国的启示[J]. 统计研究, 28(6): 58-63.

王孟欣. 2011b. 我国区域 R&D 资本存量的测算[J]. 江苏大学学报 (社会科学版), 13(1): 84-88.

王淑英, 张水娟, 王文坡. 2018. R&D 投入与区域创新能力关系及溢出效应分析: 金融发展的调节作用[J]. 科技进步与对策, 35(2): 39-46.

王秀婷, 赵玉林. 2020. 产业间 R&D 溢出、人力资本与制造业全要素生产率[J]. 科学学研究, 38(2): 227-238, 275.

王亚菲, 王春云. 2018a. 中国行业层面研究与试验发展资本存量核算[J]. 数量经济技术经济研究, 35(1): 94-110.

王亚菲, 王春云. 2018b. 中国制造业研究与开发资本存量测算[J]. 统计研究, 35(7): 16-27.

王勇, 李明颢, 师琴娜. 2022. 欧盟体育卫星账户: 探索历程、核算理论与应用价值[J]. 统计研究, 39(4): 147-160.

王勇, 王云玥, 赵洋. 2020. 非营利机构卫星账户编制的国际进展: 标准更新及国家经验[J]. 统计研究, 37(10): 17-28.

王勇, 王云玥, 赵洋. 2021. 国际标准与本土情景融合下中国非营利机构卫星账户的核算框架[J]. 统计与信息论坛, 36(11): 3-13.

王铮, 龚轶, 刘丽. 2003. 中美间 R&D 溢出估计[J]. 科学学研究, 21(4): 396-399.

魏和清. 2012. SNA2008 关于 R&D 核算变革带来的影响及面临的问题[J]. 统计研究, 29(11): 21-25.

魏和清. 2014. 从美国国民账户的调整看研发资本化对宏观经济变量的影响[J]. 当代财经, (10): 5-16.

吴敏辉. 2003. R&D 产业化研究[D]. 上海: 复旦大学.

吴延兵. 2006. R&D 存量、知识函数与生产效率[J]. 经济学 (季刊), (3): 1129-1156.

吴延兵. 2008. 中国工业 R&D 产出弹性测算 (1993～2002) [J]. 经济学 (季刊), (3): 869-890.

席玮. 2015. 中国 R&D 资本存量与资本服务指数估算: 1995～2013[J]. 经济统计学 (季刊), (1): 65-73.

向书坚, 吴文君. 2019. 中国数字经济卫星账户框架设计研究[J]. 统计研究, 36(10): 3-16.

肖敏, 谢富纪. 2009. 我国区域 R&D 资源配置效率差异及其影响因素分析[J]. 软科学, 23(10): 1-5.

谢兰云. 2010. 中国省份研究与开发 (R&D) 指数及其存量的计算[J]. 西安财经学院学报, 23(4): 65-71.

谢兰云. 2013. 中国省域 R&D 投入对经济增长作用途径的空间计量分析[J]. 中国软科学, (9): 37-47.

谢术平. 2003. 新西兰旅游卫星账户的核算内容[J]. 山西统计, (9): 61-62.

熊浩, 鄢慧丽. 2014. 基于投入产出表的物流业卫星账户研究[J]. 中国经济问题, (5): 59-66.

徐蔼婷, 陈镜如. 2024. 新质生产力提升: 数字经济与技术创新协同助力[J]. 山西财经大学学报, 46(12): 1-15.

徐蔼婷, 靳俊娇, 祝瑜晗. 2019. 一种 R&D 资本存量的综合测算方法及应用研究[J]. 数量经济技术经济研究, 36(12): 145-164.

徐蔼婷, 靳俊娇, 祝瑜晗. 2021. 我国研究与试验发展资本存量测算: 基于财富与生产双重视角[J]. 统计研究, 38(5): 15-28.

徐蔼婷, 程彩娟, 祝瑜晗. 2022. 基于改进专利续期模型的中国专利价值测度: 兼论高价值发明专利的统计特征[J]. 统计研究, 39(3): 3-20.

徐蔼婷, 程彩娟, 祝瑜晗. 2022. 一种新的专利价值综合测度方法与应用研究[J]. 数量经济技术经济研究, 39(3): 130-151.

徐蔼婷, 连港慧. 2019. 面向知识经济的五大行业 R&D 资本存量测算研究[J]. 现代经济探讨,

(10): 9-18.

徐蔼婷, 邱可阳, 祝瑜晗. 2022. 一个新的创新水平衡量指标: R&D 投资强度及其衍生测度[J]. 财经论丛, (11): 21-31.

徐蔼婷, 邱可阳, 祝瑜晗. 2023. 中国省域创新能力及不平等测度[J]. 科技进步与对策, 40(15): 64-74.

徐蔼婷, 宋妙缘. 2024. 基于"价值创造-实现"路径的数据要素核算问题研究[J]. 现代经济探讨, (4): 13-21.

徐蔼婷, 汪文璞. 2024. 双轮快速审查制度改革对绿色专利的影响研究[J]. 科研管理, 45(12): 177-187.

徐蔼婷, 祝瑜晗. 2017. R&D 卫星账户整体架构与编制的国际实践[J]. 统计研究, 34(9): 76-89.

徐杰, 李钰垚, 肖远飞. 2024. R&D 资本化改革、创新驱动与中国制造业高质量增长[J]. 经济问题探索, (2): 129-141.

许涤龙, 周光洪. 2009. SNA 关于金融工具核算方法的修订[J]. 统计研究, 26(9): 39-47.

许福志, 徐蔼婷. 2019. 中国创新两阶段效率及影响因素: 基于社会资本理论视角[J]. 经济学家, (4): 71-79.

许良胜, 李莉. 2016. 战略性新兴产业 R&D 活动的产品分类及其干预策略研究[J]. 兰州财经大学学报, 32(5): 25-32.

许宪春, 郑学工. 2016. 改革研发支出核算方法 更好地反映创新驱动作用[J]. 国家行政学院学报, (5): 4-12, 141.

杨林涛, 韩兆洲, 王科欣. 2015a. SNA2008 下 R&D 支出纳入 GDP 的估计与影响度研究[J]. 统计研究, 32(11): 72-78.

杨林涛, 韩兆洲, 王昭颖. 2015b. 多视角下 R&D 资本化测算方法比较与应用[J]. 数量经济技术经济研究, 32(12): 90-106.

杨林涛, 邱惠婷. 2021. 中国财富性与生产性 R&D 资本存量估算: 基于非传统永续盘存法[J]. 数量经济技术经济研究, 38(11): 122-143.

杨仲山, 倪苹, 李凤新. 2022. 知识产权产品价值测算研究: 以专利增加值测算为例[J]. 统计研究, 39(1): 49-58.

杨仲山, 张美慧. 2019. 数字经济卫星账户: 国际经验及中国编制方案的设计[J]. 统计研究, 36(5): 16-30.

尹敬东, 李敏. 2017. 美国 R&D 卫星账户体系: 结构、方法和产出测量述评[J]. 南京财经大学学报, (6): 30-38.

尹静, 平新乔. 2006. 中国地区（制造业行业）间的技术溢出分析[J]. 产业经济研究, (1): 1-10, 68.

曾国屏, 谭文华. 2003. 国际研发和基础研究强度的发展轨迹及其启示[J]. 科学学研究, 21(2): 154-156.

曾五一, 王开科. 2014. 美国 GDP 核算最新调整的主要内容、影响及其启示[J]. 统计研究, 31(3): 9-15.

张德钢, 陆远权. 2017. 中国碳排放的空间关联及其解释: 基于社会网络分析法[J]. 软科学, 31(4): 15-18.

张德茗, 吴浩. 2016. 高校和科研机构的 R&D 对 TFP 的溢出效应研究[J]. 科学学研究, 34(4): 548-557.

张德茗, 谢葆生. 2014. 理工农医类高校 R&D 投入对企业技术创新的知识溢出效应分析[J]. 科研管理, 35(10): 136-143.

张古鹏, 陈向东. 2012. 基于发明专利条件寿命期的中外企业专利战略比较研究[J]. 中国软科学, (3): 1-11.

张红霞, 冯恩民. 2005. R&D 部门间溢出效应及中美日三国的比较分析[J]. 大连理工大学学报（社会科学版）, (2): 17-22.

张军, 吴桂英, 张吉鹏. 2004. 中国省际物质资本存量估算: 1952—2000[J]. 经济研究, (10): 35-44.

赵红光. 2007. R&D 产业内涵及其形成的动力机制分析[J]. 中国软科学, (2): 66-71, 86.

郑航, 叶阿忠. 2022. 城市群碳排放空间关联网络结构及其影响因素[J]. 中国环境科学, 42(5): 2413-2422.

郑姗姗, 杨建州, 郑珍远. 2023. 基于投入产出表的体育卫星账户编制及其应用[J]. 统计与决策, 39(24): 11-16.

郑彦, 罗良清, 孙雨茜. 2023. 我国文化卫星账户设计: 核算范畴、分类和框架构建[J]. 统计研究, 40(5): 132-143.

郑彦, 夏杰锋. 2021. 卫星账户核算: 理论发展与编制应用[J]. 统计与信息论坛, 36(12): 3-11.

中华人民共和国国家统计局. 2017. 中国国民经济核算体系: 2016[M]. 北京: 中国统计出版社.

钟祖昌. 2013. 研发投入及其溢出效应对省区经济增长的影响[J]. 科研管理, 34(5): 64-72.

周南南, 孙慧桐, 李昊宁. 2024. 中国分享经济卫星账户框架设计[J]. 统计与决策, 40(4): 5-11.

朱发仓. 2018. R&D 资本测度的逻辑: 理论与应用[M]. 北京: 经济科学出版社.

朱发仓, 郝敏, 高慧洁. 2019. 一种 R&D 资本平均服务寿命的估计方法及应用研究[J]. 数量经济技术经济研究, 36(2): 135-149.

朱发仓, 苏为华. 2016. R&D 资本化记入 GDP 及其影响研究[J]. 科学学研究, 34(10): 1465-1471, 1486.

朱发仓, 杨诗淳. 2020. 基于两种功能的中国 R&D 资本测度体系研究[J]. 统计研究, 37(12): 17-31.

朱平芳, 项歌德, 王永水. 2016. 中国工业行业间 R&D 溢出效应研究[J]. 经济研究, 51(11): 44-55.

朱有为, 徐康宁. 2006. 中国高技术产业研发效率的实证研究[J]. 中国工业经济, (11): 38-45.

祝瑜晗, 程彩娟, 徐蔼婷. 2023. 经济集聚下的专利"含金量"与产业结构优化: 基于 276 个城市的实证研究[J]. 统计研究, 40(12): 62-76.

邹文杰. 2012. 研发产业及其组织形式: 日本的实践与启示[J]. 中国经济问题, (4): 103-108.

内閣府経済社会総合研究所国民経済計算部. 2011. R&D サテライト勘定の調査研究報告書[J]. 季刊国民経済計算, 卷頭 1 枚(144): 1-222.

Adams J D, Jaffe A B. 1996. Bounding the effects of R&D: an investigation using matched establishment-firm data[J]. Round Journal of Economics, 27(4): 700-721.

Almeida P, Kogut B. 1999. Localization of knowledge and the mobility of engineers in regional networks[J]. Management Science, 45(7): 905-917.

Asamoah L A, Figari F, Vezzulli A. 2021. Spillover effects of innovation and entrepreneurial activity on income inequality in developing countries: a spatial panel approach[J]. Regional Science Policy & Practice, 13(5): 1661-1686.

Baley I, Blanco A. 2021. Aggregate dynamics in lumpy economies[J]. Econometrica, 89(3):

1235-1264.

Ballester M, Garcia-Ayuso M, Livnat J. 2003. The economic value of the R&D intangible asset[J]. European Accounting Review, 12(4): 605-633.

Barber-Dueck Conrad. 2008. The Canadian Research and Development Satellite Account, 1997 to 2004[EB/OL]. https://www150.statcan.gc.ca/n1/en/pub/13-604-m/13-604-m2007056-eng.pdf?st =fua0ZpCS [2024-12-12].

Berlemann M, Wesselhöft J E. 2014. Estimating aggregate capital stocks using the perpetual inventory method: a survey of previous implementations and new empirical evidence for 103 countries[J]. Review of Economics, 65(1): 1-34.

Bernstein J I, Mamuneas T P. 2005. Depreciation estimation, R&D capital stock, and North American manufacturing productivity growth[J]. Annals of Economics and Statistics, (79/80): 383-404.

Bernstein J I, Ishaq Nadiri M. 1988. Interindustry R&D spillovers, rates of return, and production in high-tech industries[J]. American Economic Review, 78(2): 429-434.

Cabrer-Borrás B, Serrano-Domingo G. 2007. Innovation and R&D spillover effects in Spanish regions: a spatial approach[J]. Research Policy, 36(9): 1357-1371.

Charlot S, Duranton G. 2004. Communication externalities in cities[J]. Journal of Urban Economics, 56(3): 581-613.

Christensen L R, Cummings D, Jorgenson D. 1980. Economic growth, 1947–73: an international comparison[C]//Kendrick J W, Vaccara B N. New Developments in Productivity Measurement and Analysis. Chicago: University of Chicago Press: 595-698.

Christensen L R, Jorgenson D W. 1973. Measuring economic performance in the private sector[C]// Moss M. The Measurement of Economic and Social Performance. Cambridge: NBER: 233-351.

Coe D T, Helpman E. 1995. International R&D spillovers[J]. European Economic Review, 39(5): 859-887.

Coe D T, Helpman E, Hoffmaister A W. 2009. International R&D spillovers and institutions[J]. European Economic Review, 53(7): 723-741.

Cohen W M, Levinthal D A. 1989. Innovation and learning: the two faces of R&D[J]. The Economic Journal, 99(397): 569-596.

Colombo S, Lambertini L. 2023. R&D investments with spillovers and endogenous horizontal differentiation[J]. Regional Science and Urban Economics, 98: 103861.

Dietzenbacher E, Los B. 2002. Externalities of R&D expenditures[J]. Economic Systems Research, 14(4): 407-425.

Drejer I. 2000. Comparing patterns of industrial interdependence in national systems of innovation: a study of Germany, the United Kingdom, Japan and the United States[J]. Economic Systems Research, 12(3): 377-399.

Düring A, Schnabel H. 2000. Imputed interindustry technology flows: a comparative SMFA analysis[J]. Economic Systems Research, 12(3): 363-375.

Eaton J, Kortum S. 1999. International technology diffusion: theory and measurement[J]. International Economic Review, 40(3): 537-570.

Eberhardt M, Helmers C, Strauss H. 2013. Do spillovers matter when estimating private returns to R&D?[J]. Review of Economics and Statistics, 95(2): 436-448.

Edworthy E, Wallis G. 2007. Treating research and development as a capital asset[J]. Economic & Labour Market Review, 1(2): 16-25.

European Commission, International Monetary Fund, Organisation for Economic Co-operation and Development, United Nations, World Bank. 1993. System of National Accounts 1993[M]. New York: United Nations.

European Commission, International Monetary Fund, Organisation for Economic Co-operation and Development, United Nations, World Bank. 2009. System of National Accounts 2008[M]. Washington: International Monetary Fund.

Eurostat. 2014. Manual on Measuring Research and Development in ESA2010[M]. Luxembourg: Eurostat Publishing.

Evans P, Hatcher M, Whittard D. 2008. The preliminary R&D satellite account for the UK: a sensitivity analysis[J]. Economic & Labour Market Review, 2(9): 37-43.

Finland S. 2009. Report on developing a Satellite account for research and development in Finland[J]. Statistics Finland, (6): 1-29.

Forni M, Paba S. 2002. Spillovers and the growth of local industries[J]. The Journal of Industrial Economics, 50(2): 151-171.

Galindo-Rueda F. 2007. Developing an R&D satellite account for the UK: a preliminary analysis[J]. Economic and Labour Market Review, 1(12): 18.

Goto A, Suzuki K. 1989. R&D capital, rate of return on R&D investment and spillover of R&D in Japanese manufacturing industries[J]. The Review of Economics and Statistics, 71(4): 555-564.

Griliches Z. 1979. Issues in assessing the contribution of research and development to productivity growth[J]. Bell Journal of Economics, 10(1): 92-116.

Griliches Z. 1980. R&D and the productivity slowdown[J]. American Economic Review, 70(2): 343-348.

Griliches Z, Lichtenberg F R. 1984. Interindustry technology flows and productivity growth: a reexamination[J]. Review of Economics and Statistics, 66(2): 324-329.

Guo Y, Zhang H. 2022. Spillovers of innovation subsidies on regional industry growth: evidence from China [J]. Economic Modelling, 112: 105869.

Gysting C. 2006. A satellite account for research and development, 1990-2003 [EB/OL]. https://www.dst.dk/Site/Dst/Udgivelser/GetPubFile.aspx?id=10901&sid=satellit [2024-12-12].

Hall B H. 2005. Measuring the returns to R&D: the depreciation problem[J]. Annales D'Économie et de Statistique, (79/80): 341-381.

Hall B H, Mairesse J. 1995. Exploring the relationship between R&D and productivity in French manufacturing firms[J]. Journal of Econometrics, 65(1): 263-293.

Hill C T. 1978. Technological innovation: agent of growth and change[C]//Hill C T, James M U. Technological Innovation for a Dynamic Economy. Oxford : Pergamon Press: 1-39.

Huang N, Diewert E. 2011. Estimation of R&D depreciation rates: a suggested methodology and preliminary application[J]. Canadian Journal of Economics/Revue canadienne d'Economique, 44(2): 387-412.

IASB. 2004. IAS 38 Intangible Assets[S]. London: IASB.

Ishaq Nadiri M, Prucha I R. 1996. Estimation of the depreciation rate of physical and R&D capital in the U.S. total manufacturing sector[J]. Economic Inquiry, 34(1): 43-56.

Jaffe A B. 1986. Technological opportunity and spillovers of R&D: evidence from firms' patents, profits, and market value[J]. American Economic Review, 76(5): 984-1001.

Jaffe A B. 1998. The importance of "spillovers" in the policy mission of the advanced technology program[J]. Journal of Technology Transfer, 23(2): 11-19.

Jaffe A B, Trajtenberg M. 1996. Flows of knowledge from universities and federal laboratories: modeling the flow of patent citations over time and across institutional and geographic boundaries[J]. Proceedings of the National Academy of Sciences of the United States of America, 93(23): 12671-12677.

Jaffe S A. 1972. A Price Index for Deflation of Academic R&D Expenditures[R]. Washington D.C: The National Science Foundation, NSF 72-310.

James K. 2013. Preview of the 2013 comprehensive revision of the national income and product accounts changes in definitions and presentations[J]. Survey of Current Business, 93(3), 13-39.

Jensen E J. 1987. Research expenditures and the discovery of new drugs[J]. The Journal of Industrial Economics, 36(1): 83-95.

Jin C, Xu A, Zhu Y, et al. 2023. Technology growth in the digital age: evidence from China[J]. Technological Forecasting and Social Change, 187: 122221.

Jorgenson D W, Ho M S, Stiroh K J. 2005. Productivity: Information Technology and the American Growth Resurgence[M]. Cambridge: The MIT Press.

Kaiser U. 2002. Measuring knowledge spillovers in manufacturing and services: an empirical assessment of alternative approaches[J]. Research Policy, 31(1): 125-144.

Kaneva M, Untura G. 2019. The impact of R&D and knowledge spillovers on the economic growth of Russian regions[J]. Growth and Change, 50(1): 301-334.

Keller W. 2002. Geographic localization of international technology diffusion[J]. American Economic Review, 92(1): 120-142.

Ker D, Galindo-Rueda F. 2017. Frascati manual R&D and the system of national accounts[C]//OECD. OECD Science, Technology and Industry Working Papers. Paris :OECD Publishing.

Ker D, Office for National Statistics. 2014. Changes to national accounts: measuring and capitalising research and development[EB/OL]. https://silo.tips/download/changes-to-national-accounts-measuring-and-capitalising-research-and-development [2024-11-12].

Lee J, Schmidt A G. 2010. Research and development Satellite account update: estimates for 1959-2007[J]. Survey of Current Business, 90(12): 16-27.

Li J, Lian G, Xu A. 2023. How do ESG affect the spillover of green innovation among peer firms? Mechanism discussion and performance study[J]. Journal of Business Research, 158: 113648.

Li W C Y, Hall B H. 2020. Depreciation of business R&D capital[J]. Review of Income and Wealth, 66(1): 161-180.

Lian G, Xu A, Zhu Y. 2022. Substantive green innovation or symbolic green innovation?The impact of ER on enterprise green innovation based on the dual moderating effects[J]. Journal of Innovation & Knowledge, 7(3): 100203.

Loeb P D, Lin V. 1977. Research and development in the pharmaceutical industry: a specification error approach[J]. Journal of Industrial Economics, 26(1): 45-51.

Mansfield E. 1987. Price indexes for R&D inputs, 1969–1983[J]. Management Science, 33(1): 124-129.

Mataloni L, Moylan C E. 2007. 2007 R&D satellite account methodologies: current-dollar GDP estimates[EB/OL]. https://www.bea.gov/system/files/papers/P2007-11.pdf[2018-12-25].

Myers K R, Lanahan L. 2022. Estimating spillovers from publicly funded R&D: evidence from the US department of energy[J]. American Economic Review, 112(7): 2393-2423.

OECD. 2001. Measuring Capital OECD Manual: Measurement of Capital Stocks, Consumption of Fixed Capital and Capital Service[R]. Paris : OECD Publishing.

OECD. 2009. Measuring Capita: OECD Manual (Second Edition)[R]. Paris: OECD Publishing.

OECD. 2010. Handbook on Deriving Capital Measures of Intellectual Property Products[R]. Paris: OECD Publishing.

OECD. 2015. Frascati Manual 2015: Guidelines for Collecting and Reporting Data on Research and Experimental Development[R]. Paris: OECD Publishing.

Okubo S. 2007. Framework for an industry-based R&D satellite account[EB/OL]. https://www.bea.gov/system/files/papers/P2007-13.pdf [2024-12-26].

Oltmanns E, Bolleyer R, Schulz I. 2008. A preliminary R&D satellite account for Germany[EB/OL]. http://old.iariw.org/papers/2008/Oltmanns.pdf [2024-11-12].

Oulton N, Srinivasan S. 2003.Capital stocks, capital services, and depreciation: an integrated framework [EB/OL]. https://www.ecb.europa.eu/events/pdf/conferences/oulton.pdf [2024-11-12].

Pöyhönen P. 1963. A tentative model for the volume of trade between countries[J]. Weltwirtschaftliches Archiv, 90: 93-100.

Robbins C A, Moylan C E. 2007. Research and development satellite account update: estimates for 1959–2004 and new estimates for industry, regional, and international accounts[J]. Survey of Current Business, 87(10): 49-64.

Schankerman M, Pakes A. 1986. Estimates of the value of patent rights in European countries during the post-1950 period[J]. Economic Journal, 96(384): 1052-1076.

Schreyer P, Zinni M B. 2021. Productivity measurement, R&D assets, and mark-ups in OECD countries[J]. Review of Income and Wealth, 67(4): 787-809.

Shang H, Jiang L, Pan X Y, et al. 2022. Green technology innovation spillover effect and urban eco-efficiency convergence: evidence from Chinese cities [J]. Energy Economics, 114: 106307.

Sidney A J. 1972. A price index for deflation of academic R&D expenditures[EB/OL]. https://files.eric.ed.gov/fulltext/ED067986.pdf [2024-12-12].

Sliker B. 2007. 2007 R&D satellite account methodologies: R&D capital stocks and net rates of return[EB/OL]. https://www.bea.gov/system/files/papers/P2007-14.pdf [2018-12-26].

Spithoven A, Merlevede B. 2023. The productivity impact of R&D and FDI spillovers: characterising regional path development[J]. The Journal of Technology Transfer, 48(2): 560-590.

Tanriseven M, van den Bergen D, van Rooijen-Horsten M, et al. 2008. Research and Development Statistics: R&D Capitalisation in the Knowledge Module[R]. Hague/Heerlen: Statistics Netherlands.

UNESCO. 2012. International standard classification of education (ISCED) 2011[EB/OL]. https://uis.unesco.org/sites/default/files/documents/international-standard-classification-ofeducation-isced-2011-en.pdf [2024-11-12].

van Rooijen-Horsten M, Tanriseven M, de Haan M. 2007. R&D satellite accounts in the Netherlands: a progress report[EB/OL]. https://www.cbs.nl/nl-nl/onze-diensten/methoden/onderzoeksomschrijvingen/aanvullende-onderzoeksomschrijvingen/r-d-satellite-accounts-in-the-netherlands-a-progress-report [2024-12-12].

von Brasch T, Cappelen Å, Hungnes H, et al. 2021. Modeling R&D spillovers to productivity: the effects of tax credits[J]. Economic Modelling, 101: 105545.

Wolff E N. 1997. Spillovers, linkages and technical change[J]. Economic Systems Research, 9(1): 9-23.

Wolff E N, Ishaq Nadiri M. 1993. Spillover effects, linkage structure, and research and development[J]. Structural Change and Economic Dynamics, 4(2): 315-331.

Xu A, Cheng C, Qiu K, et al. 2022. Innovation policy and firm patent value: evidence from China[J]. Economic Research-Ekonomska Istraživanja, 35(1): 2615-2644.

Xu A, Qiu K, Jin C, et al. 2022. Regional innovation ability and its inequality: measurements and dynamic decomposition[J]. Technological Forecasting and Social Change, 180: 121713.

Xu A, Qiu K, Zhu Y. 2023. The measurements and decomposition of innovation inequality: based on industry-university-research perspective[J]. Journal of Business Research, 157: 113556.

Xu A, Song M, Xu S, et al. 2024. Accelerated green patent examination and innovation benefits: an analysis of private economic value and public environmental benefits[J]. Technological Forecasting and Social Change, 200: 123105.

Xu A, Zhu Y, Wang W. 2023. Micro green technology innovation effects of green finance pilot policy: from the perspectives of action points and green value[J]. Journal of Business Research, 159: 113724.

Xu S, Lian G, Song M, et al. 2024. Do global innovation networks influence the status of global value chains? Based on a patent cooperation network perspective[J]. Humanities & Social Sciences Communications, 11: 892.

Yasin M Z, Esquivias M A, Lau W Y, et al. 2024. Friend or Foe? Revealing R&D spillovers from FDI in Indonesia [J]. Journal of Open Innovation: Technology, Market, and Complexity, 10(1): 100209.

Zhang J, Qi G, Wei K, et al. 2024. Spillover effects of interactions on user innovation: evidence from a firm-hosted open innovation platform [J]. Information & Management, 61(3): 103947.

Zhou S, Shan F. 2023. Discovery of innovation effect and spillover effect: evidence from intelligent manufacturing promoting low-carbon development[J]. Journal of Innovation & Knowledge, 8(3): 100383.

Zhou Y, Xu X, Tao L. 2022. The impact mechanism of high-speed railway on regional green innovation spillover under multi-dimensional paths[J]. Environmental Impact Assessment Review, 95: 106795.

Zipf G K. 1946. The P1P2/D hypothesis: on the intercity movement of persons[J]. American Sociological Review, (6): 677-686.

Zucker L G, Darby M R, Brewer M B. 1994. Intellectual capital and the birth of U.S. biotechnology enterprises[J]. American Economic Review, 88(1): 290-306.

后　记

每当夜深人静，伏案整理书稿时，思绪总会被拉回那段读博岁月。那时，图书馆的灯光常与星辰相伴，理论公式在草稿纸上汇聚成河，而我如同一名探索者，在统计学的密林中寻找路径。读博三年，紧张、忙碌且极富挑战，我逃离了外界的喧嚣浮躁，在一隅宁静中，如饥似渴地阅读和写作，那些黄卷青灯的日子，如今想来万般珍贵。我深刻体会到学术研究只有具备"板凳甘坐十年冷"的恒心定力，才能在这漫长又寂寞的长跑中守住初心。记得导师李金昌教授曾对我说，统计学是理解世界的语言，而经济统计学是这门语言中极富诗意的表达。这句话如同种子，深埋于心，最终在多年后生根发芽，成为本书的起点。

自 2008 年博士毕业，我在创新测度、国民经济核算改革与实践、面向社会经济领域重大现实的统计测度等领域持续深耕。也许是反复闪现于脑际的那些想法观点，急着要落在笔尖上、表格和模型中，十多年来，我相继有近 90 篇论文在《统计研究》、《数量经济技术经济研究》、《财贸经济》、《经济学家》、《中国人口科学》、*Journal of Business Research* 和 *Technological Forecasting and Social Change* 等国内外高水平期刊上发表。其中，17 篇发表在权威期刊《统计研究》上，ESI[①]高被引论文 7 篇，多篇被中国人民大学书报资料中心复印报刊资料全文转载。出版《未被观测经济估算方法与应用研究》《非 SNA 生产核算方法研究》《城市化进程中的非正规部门形成与动态演化》《植入行政记录的人口普查方法与应用研究》《非正规部门生产规模及其影响的统计研究》《浙江省研发资本化及驱动经济增长的贡献测度》6 部著作，对推动经济统计理论与应用研究具有较重要的价值。在《未被观测经济估算方法与应用研究》中，对应该纳入 GDP 核算而实际上未被核算的部分——未被观测经济，开展了具有创造性的研究，建立了一个较为完整的估算方法体系，并对中国未被观测经济的整体规模和分类规模进行了实际估算。国家社会科学基金统计学组召集人、国家级高层次人才邱东教授为我们的专著作序并评价"研究推动了我国该领域的实质性进展"，该部著作获得了浙江省第十六届哲学社会科学优秀成果奖一等奖和第十届全国统计科学研究优秀成果奖一等奖。在《非SNA 生产核算方法研究》中，我们首次系统构建了家庭生产、环境服务等非市场性活动的测量体系，让"看不见"的隐形经济浮出水面，该部著作获得了浙江省第十七届哲学社会科学优秀成果奖三等奖和第十一届全国统计科学研究优秀成果

---

① ESI（Essential Science Indicators，基本科学指标数据库）。

奖二等奖。在《R&D卫星账户整体架构与编制的国际实践》中，我们突破传统核算架构，将研发活动从附属角色提升为独立核算对象，为中国创新驱动发展战略提供了数据支撑，相关成果荣获首届《统计研究》优秀论文一等奖。在《城市化进程中的非正规部门形成与动态演化》中，我们以动态演化模型揭示了其与正规经济的共生关系，相关成果被纳入省级政策文件……

这些研究背后，是数百个日夜的田园调查、数千份数据的清洗训练、数万行代码的反复调试，以及与师生同窗、政府机构工作人员、国际学者不计其数的思想碰撞。我想，统计人的使命就是用数据缝合理论与现实的裂缝，这一信念支撑我熬过了无数个因模型运行失败而焦灼的夜晚，并将其融入了我每一次的研究写作，贯穿了我整个科研生涯的分分秒秒。

本书的雏形，始于一次奇妙的邂逅。我偶然读到高敏雪教授关于研发卫星账户的早期研究，那些对无形资本核算的探索令我着迷。彼时，卫星账户在国内尚属冷门领域，但国际学界已在SNA框架下将其视为破解经济复杂性的钥匙。我深知，这场挑战注定孤独艰难，却也坚信其意义值得一搏。之后数年，我与团队穿梭于国际标准与中国实践之间，试图在研发核算的空白处填补答案。我们借鉴美国、英国、加拿大等国的设计思路与操作细节，又结合中国区域数据，构建本土化的试编框架。记得第一次将某省研发支出转化为资本形成表时，那种"数据开口说话"的震撼，至今难忘。在此过程中，许宪春教授、曾五一教授、蒋萍教授、高敏雪教授、杨仲山教授等众多前辈关于卫星账户的研究给予了我重要启发，让我意识到研发卫星账户不仅是一种核算工具，还是透视中国经济高质量发展的棱镜，更是彰显社会价值、凸显民生温度的注脚，而他们的足迹，也如同星光照亮了我的求知之路。

这些年，我以创新测度为研究焦点，围绕研发资本化与专利价值测度两条主线，从方法创新和应用研究两方面入手，逐步形成了"由点及线绘面"的研究脉络，在研发经纬之间尽情织就蓝图：我们基于资本测度理论，以PIM为基础，充分厘析研发资本财富属性与生产属性的基本特征，提出了一种新的研发资本存量的综合测算方法，并将其应用在省域创新能力测度研究中；基于专利权人收益最大化决策理论，将专利续期模型应用对象扩展至潜在续期时长不可观测的未失效专利，提出了一种新的专利价值综合测算方法，并就高价值发明专利开展一系列分析解读。经过多年的创新与积累，围绕这一主题，我先后主持国家社会科学基金重大项目、国家社会科学基金重点项目、浙江省哲学社会科学规划重大课题等7个项目，在《统计研究》、《数量经济技术经济研究》、《科研管理》、*Journal of Business Research* 和 *Technological Forecasting and Social Change* 等高水平期刊上发表学术论文20余篇，相关成果荣获第九届高等学校科学研究优秀成果奖（人文社会科学）二等奖，位列世界经济学2019年最佳中文论文Top10榜首，不仅填补了国内相关领域的空白，还希望能为后来者铺就一块垫脚之石。

　　《中国研究与试验发展卫星账户编制方法与实践》的诞生，既是对过往研究的总结，也是对未来发展的期许。在全球化与数字化交织的今天，研发早已超越实验室的边界，成为国家竞争力的核心指标。《中共中央关于进一步全面深化改革推进中国式现代化的决定》明确强调，必须深入实施创新驱动发展战略，提升国家创新体系整体效能，科技创新对发展新质生产力、塑造竞争新优势的战略先导地位更加凸显，而作为科技创新核心活动的研发，其重要性与必要性不言而喻。然而，传统核算体系难以捕捉其全貌，价格指数的选择估算、资本服务的有效测度、多产业区域间交互溢出效应的分析方法等，这些"隐藏的河流"需要卫星账户的精准丈量。

　　本书尝试构建的研发卫星账户编制理论方法体系，不仅包含关键部门研发卫星账户、内生研发卫星账户、外生研发卫星账户三大层次，更是以研发活动为起点，系统刻画了研发活动投入、研发产品、研发产业、研发资本的全过程流动轨迹，以期展现中国研发资源的真实图景。在理论层面，我们创新尝试对研发资本测算方法论的突破，完整刻画研发资本溢出效应；在实践层面，我们系统编制了包含 91 张表式的中国情境下的研发卫星账户序列，并从账户分类视角、呈现方式、呈现结果等维度不断深化，充分拓展其应用广度与深度。

　　或许，这本书最大的意义在于"破界"：它打破学科壁垒，将经济统计学的严谨与创新管理的灵动相融合；它跨越时空界限，既接轨国际标准，又扎根中国土壤。正如 SNA 一直强调的，卫星账户的价值在于扩展国民经济核算的分析功能而不破坏其核心框架，这正是本书矢志追求的境界。

　　有人问我，为何执着于看似枯燥的核算方法？我想起一位前辈的教诲："每一张表格背后，都是时代脉搏的跳动。"从研发支出的分类争议，到知识产权的估值难题，这些问题不仅是学术课题，更是关乎国家创新战略的基石。我的追求是让卫星账户从理论殿堂走向政策实践，当某地政府依据本书方法评估科创园区效益时，当相关企业参考核算结果优化研发投入时，那些深夜推导的公式、反复校准的模型，便真正拥有了生命。这种"将论文写在大地上"的使命感始终支撑着我前行。未来，我将继续深耕研发资本与专利价值领域，探索高质量创新测度、绿色创新核算、数字知识产权等前沿议题，通过量化不可观察的价值，引导资源流向可持续发展的方向，努力为中国经济高质量发展提供更为坚实的统计支撑。

　　此书付梓之际，万千感谢涌上心头。感谢恩师李金昌教授、苏为华教授，二位的言传身教让我懂得治学如琢玉，精益求精，方能成器；感谢国家社会科学基金统计学组召集人、国家级高层次人才邱东教授百忙中为本书作序；感谢浙江工商大学统计与数学学院全体同仁，与各位的"学术争鸣"总能让我有所顿悟、豁然开朗。特别要感谢我的合作者靳俊娇博士和学生团队，他们是我并肩前行的最佳"战友"。那些共同熬夜修改文稿的日子，那些为某个论点争得面红耳赤的瞬间，既是科研路上珍贵的风景，也让我看到统计学薪火相传的希望。感谢我的家人，在无数个缺席的晚餐时刻，是你们的理解与包容，让我始终拥有最温暖的港湾和依靠。特别致谢国家统计局的实践支持，正是那些沾染泥土气息的基层数据，让一次次的理论研究得以生根。本书的出版受到国家社会科学基金重大项目"基于'知识产权强国'战略的高价值专利判别、测度与驱动效应的统计研究"（22&ZD162）、国家社会科学基金重点项目"研发卫星账户编制方法与应用研究"（17ATJ001）、浙江省登峰学科（浙江工商大学统计学）和浙江工商大学经济运行态势预警与模拟推演实验室资助。最后也要感谢自己，从懵懂学子到为人师长、从青葱岁月到韶华灼灼，改变的是岁月时势，不变的是对统计学的赤子之心。谨以此书，献给所有在统计学田野中默默耕耘的同道，愿我们永远保持仰望星空的理想与脚踏实地的谦卑，在真理与实据之间、在理想与信念之间，写下属于这个时代的注脚。

搁笔之际，窗外的腊梅含苞待放。愿这本书如同冬藏的种子，在研发核算的土壤中酝酿破土的力量，待到春日绽放出更茂盛的绿意，更愿它化作一座桥梁，连接象牙塔和烟火人间，让数据的理性之光，照亮每位创新者前行的路。

徐蔼婷

2024 年 12 月于杭州钱塘江畔